LIBRAIRIE ACADÉMIQUE DIDIER ET Cⁱᵉ

MARTHA BECKER
Le général Desaix. Étude historique. 1 vol. in-8, avec portrait. . . . 6 fr.

MARY (D')
Le Christianisme et le Libre Examen. Discussion des arguments apologétiques. 2 vol. in-8. . . . . 12 fr.

MATTER
Le Mysticisme en France au temps de Fénelon. 1 vol. in-8. . . . 6 fr.
Swedenborg. Sa vie, ses écrits, sa doctrine. 1 vol. in-8. . . . . 6 fr.
Saint-Martin, Le Philosophe inconnu, sa vie, ses écrits; son maître Martinez et leurs groupes. 1 vol. in-8. . . . . 6 fr.

MAURY (ALF.)
Les Académies d'autrefois, 2 parties :
— L'ancienne Académie des Sciences. 1 volume in-8. . . . . 7 fr.
— L'ancienne Académie des Inscriptions et Belles-Lettres. 1 volume in-8. . 7 fr.
Croyances et légendes de l'antiquité. 1 vol. in-8. . . . . 7 fr.

MÉNARD (L. ET R.)
Tableau historique des Beaux-Arts, depuis la Renaissance jusqu'au dix-huitième siècle (ouvrage couronné par l'Académie des Beaux-Arts). 1 vol. in-8. 6 fr.
Hermès Trismégiste. Traduction nouvelle avec une étude sur les livres hermétiques. 1 vol. in-8. . . . . 6 fr.
La morale avant les philosophes. 1 vol. in-8. . . . . 5 fr. 50

MERCIER DE LACOMBE (CH.)
Henri IV et sa politique. (Ouvrage couronné par l'Académie française. 2ᵉ prix Gobert.) 1 vol. in-8. . . . . 6 fr.

MERRUAU (P.)
L'Égypte contemporaine. 1840 à 1857. De Méhémet-Ali à Saïd-Pacha; avec une Étude sur l'Isthme de Suez, par M. F. de Lesseps. 1 vol. in-8. . . . . . . 5 fr.

MIGNET
Éloges historiques : Jouffroy, de Gérando, Laromiguière, Lakanal, Schelling, Portalis, Hallam, Macaulay. 1 vol. in-8. . . . . 6 fr.
Portraits et notices HISTORIQUES ET LITTÉRAIRES : Sieyès, Rœderer, Livingston, Talleyrand, Broussais, Merlin, D. de Tracy, Daunou, Siméon, Sismondi, Comte, Ancillon, Bignon, Rossi, Droz, Cabanis, Franklin, etc. Nouv. édit. 2 v. in-8. 10 fr.
Charles-Quint, SON ABDICATION, SON SÉJOUR ET SA MORT AU MONASTÈRE DE YUSTE. 5ᵉ édit., revue et corrigée. 1 beau vol. in-8. . . . . 6 fr.
Histoire de la Révolution française de 1789 à 1814. 9ᵉ édit. 2 vol. in-8. 12 fr.

MOLAND (LOUIS)
Origines littéraires de la France. Roman, Légende, Prédication, Poétique, etc. 1 vol. in-8. . . . . 6 fr.

MONNIER (F.)
Le Chancelier d'Aguesseau, etc., avec des documents inédits et des ouvrages nouveaux du Chancelier. (Ouvr. cour. par l'Acad. franç.) 2ᵉ édit. 1 vol. in-8. 6 fr.

MONTALEMBERT (COMTE DE)
L'Église libre dans l'État libre. Discours prononcé au congrès de Malines. 1 v. in-8. . . . . 2 fr. 50

MORET (ERNEST)
Quinze ans du règne de Louis XIV. 1700-1715. (Ouvrage couronné par l'Académie française, 2ᵉ prix Gobert.) 3 vol. in-8. . . . . 15 fr.

CORRESPONDANCE
POLITIQUE
DE
MASSIMO D'AZEGLIO

PUBLICATIONS DE M. EUGÈNE RENDU

RELATIVES A L'ITALIE

L'ITALIE ET LE PUBLIC FRANÇAIS. — 1846.

QUESTIONS ITALIENNES (articles publiés dans divers recueils). — 1846-1848.

L'ITALIE DEVANT LA FRANCE, avec une *Lettre à M. le Marquis Massimo d'Azeglio*. — Mars 1849.

CONDITIONS DE LA PAIX DANS LES ÉTATS ROMAINS. — Septembre 1849.

L'ITALIE ET L'EMPIRE D'ALLEMAGNE (Mémoire lu à l'Académie des sciences morales et politiques). — Décembre 1858.

L'AUTRICHE DANS LA CONFÉDÉRATION ITALIENNE. — 1859.

LA SOUVERAINETÉ PONTIFICALE ET L'ITALIE. — 1865.

Paris. — Imp. de P.-A. BOURDIER et Cie, 6, rue des Poitevins.

L'ITALIE

DE 1847 A 1865

CORRESPONDANCE POLITIQUE

DE

MASSIMO D'AZEGLIO

ACCOMPAGNÉE D'UNE INTRODUCTION ET DE NOTES

PAR

EUGÈNE RENDU

INSPECTEUR GÉNÉRAL DE L'INSTRUCTION PUBLIQUE
CORRESPONDANT DE L'ACADÉMIE ROYALE DES SCIENCES DE TURIN, ETC.

« Souvenons-nous que l'amour de la patrie
est sacrifice et non jouissance. »
LETTRE XXI.

PARIS
LIBRAIRIE ACADÉMIQUE
DIDIER ET Cⁱᵉ, LIBRAIRES-ÉDITEURS
35, QUAI DES AUGUSTINS

1867
Tous droits réservés.

PRÉFACE

« Interprète du sentiment public, et voulant
« payer un tribut solennel d'admiration et de re-
« connaissance à la mémoire de Massimo d'Aze-
« glio, nous invitons tous les Italiens à s'unir,
« pour élever un monument au grand citoyen
« qui, par les œuvres de la pensée comme par
« les œuvres de la main, a tant fait pour l'in-
« dépendance et pour la gloire de l'Italie. »

Le Municipe de Turin résumait jadis en ces termes les titres de l'homme d'État que l'Italie venait de perdre; et, le même jour (16 janvier 1866), le grand Conseil de Florence décidait que les restes mortels de l'illustre défunt seraient déposés à côté des dépouilles de Michel-Ange et d'Alfieri, dans le sanctuaire national de Santa-Croce.

PRÉFACE.

Je n'ai pas le dessein d'écrire en détail la vie politique de Massimo d'Azeglio. Cette vie est tout entière dans les Lettres qu'on va lire. Elle s'y peint avec la sincérité des confidences intimes et le charme des révélations imprévues.

M. d'Azeglio a laissé des mémoires dont il traça les premières lignes à la fin de l'année 1862 (V. Lettre CXXI). Ces mémoires, qui devaient éclairer les péripéties et mettre en relief mille détails secrets de l'histoire contemporaine de l'Italie[1], ne se rapportent qu'à la jeunesse de l'auteur, à son existence d'artiste, de romancier, de touriste politique, à ces temps, en un mot, où il *avait pris domicile sur la grande route*[2], et

---

1. « A propos, vous êtes trop mon ami, pour que je vous laisse ignorer ce qui serait fort indifférent aux indifférents. J'ai entrepris un travail de longue haleine : j'écris le *Memorie de ' miei, degli amici, le mie e quelle del mio tempo*. Est-ce assez? C'est un cadre où tout peut tenir, et qui me permettra de vider mon sac. Inutile de vous dire que je tâcherai d'être juste, ce qui veut dire sincère, comme si j'écrivais de l'autre monde. » (V. p. 265 ; 14 février 1863.)

2. M. d'Azeglio, dès ce moment, commença son œuvre de propagande au profit des idées qui ne cessèrent de diriger le parti « libéral modéré. » Il parle ainsi de cette curieuse période de sa vie (1844) : « Des diverses parties de l'Italie centrale, on me proposait
« de prendre le rôle d'une espèce de Grand-Orient directeur de
« toutes les sociétés secrètes ou non secrètes, d'une sorte d'*impre-*
« *sario* en chef de toutes les représentations révolutionnaires qu'il y
« aurait lieu de donner. Moi qui ne voulais, fût-ce en rêve, me lier
« à aucune secte, je refusai ce généralat, mais je résolus d'entre-
« prendre une *tournée*, qui me permettrait d'exposer officieusement

n'était encore, comme il le dit lui-même, que
« patriote fantaisiste. » La mort brisa la plume
de l'écrivain, lorsqu'il retraçait les derniers événements de l'année 1847.

Or, de l'année 1847 datent précisément les premières lettres de notre recueil; et la correspondance, se continuant jusqu'au mois de novembre 1865, embrasse presque complétement la grande et décisive période qui s'ouvre avec le règne de Pie IX et se clôt par la délivrance de la Vénétie. Cette correspondance achève donc l'œuvre interrompue; elle pourrait être intitulée : « Continuation des Mémoires » ou « Mémoires politiques de Massimo d'Azeglio. »

En effet, c'est avec les lettres en question que commence la vie politique proprement dite de l'homme illustre que l'Italie appela « son chevalier; » en qui s'est éteint le héros de la première

---

« mon projet. Un beau matin je partis seul, pour être sûr de
« n'avoir pas avec moi un espion; dans un *vetturino* de la Marche,
« je sortis par la *Porte du peuple*, et commençai ma « *via crucis.* »
« J'allais, sous prétexte de peinture, à petites journées; des noms
« m'étaient donnés de pays en pays; il va de soi que, pour trouver les
« propriétaires de ces noms, je ne prenais mes renseignements ni
« auprès des gens d'auberge, ni auprès d'aucun des protégés ordi-
« naires de la police. Ce fut tout un petit travail diplomatique dans
« lequel je déployai assez de grâce: et de fait, je n'ai jamais compromis
« personne. »

phase, de la phase irréprochable de la révolution péninsulaire ; et qui, ayant réuni tous les talents et savouré toutes les gloires, restera le représentant le plus complet du génie italien au dix-neuvième siècle.

Dans notre Correspondance, se révèle tout d'abord le chef de ce grand parti qui, depuis l'insurrection romagnole de 1844 jusqu'à la guerre de 1859, s'arma de la réforme contre la révolution ; l'auteur des pamphlets célèbres[1] qui, avec le *Primato* de Gioberti et les *Speranze* du comte Balbo, préparèrent le mouvement libéral de 1846 et l'explosion nationale de 1848. Puis, au milieu de la fumée des champs de bataille, apparaît le soldat de l'indépendance qui philosophe tout en guerroyant : on le voit entraîner au delà du Pô la petite armée pontificale, et tomber à Vicence sous les balles de Radetzky ; on l'entend, après Novare, pousser le cri d'une âme indomptée : *Nous recommencerons !* Vient ensuite le président du conseil, le ministre qui sacrifie à son pays une éclatante popularité, dévoue son nom aux responsabilités douloureuses d'un lendemain de défaite,

---

1. *Casi di Romagna*, 1845 ; — *Programma per l'Opinione nazionale*. 1847 ; — *Lutti di Lombardia*, 1848.

et négocie une paix de laquelle on peut dire qu'elle désarma le vainqueur sans rien faire perdre au vaincu. On le suit dans sa résistance aux entraînements d'une réaction partout maîtresse : c'est le temps où il en appelle au pays d'une Chambre en proie aux fureurs démagogiques; où il conserve au petit État sarde le statut constitutionnel qui, dans le naufrage de la fortune de l'Italie, surnage comme un signe de ralliement; où enfin, lorsque le Piémont, resté le seul pays vivant de la Péninsule, est en mesure de participer à l'expédition de Crimée, il remet au comte de Cavour une armée reconstituée et des institutions libres.

Tout cela sans bruit ni fracas, avec la simplicité de bon goût et la grâce parfaite qu'il savait mettre en toutes choses; héros sans emphase, patriote sans fanatisme, libéral sans comédie, ennemi de la déclamation et de l'enflure. Chez lui rien qui sentît l'apprêt, mais l'horreur du guindé et du faux; dans ses actes comme dans son style un naturel exquis; quoi qu'il fît ou dît, rien d'emprunté ni de factice; toujours semblable à lui-même, dans la villa de Cannero où, au milieu de ses pinceaux et de ses livres, il fai-

sait avec tant d'aménité cordiale les honneurs de son beau lac, et dans le cabinet de premier ministre, où il sauvait à la fois la liberté constitutionnelle et l'indépendance nationale de son pays. Jamais homme d'État n'accomplit plus modestement de grandes choses et n'en parla avec moins de prétention : « Eh ! oui, écrit-il au mo-
« ment où il dépose le pouvoir, me voilà libre ;
« et je pousse le cri d'un homme qui s'est dé-
« barrassé du poids dont sa poitrine était char-
« gée : ouf !

« J'avais accepté le gouvernail quand il m'était
« démontré que j'y pouvais manœuvrer avec plus
« de profit qu'un autre pour le pays. J'ai eu le
« bonheur de le tirer d'un mauvais pas, et de
« nous sortir des écueils sans trop d'avaries. Main-
« tenant, le navire est radoubé, et j'ose dire que
« les voiles peuvent flotter au vent; je quitte mon
« banc de quart : à un autre ! » (L. XXXI, novembre 1852.)

Ce qui, indépendamment de ses talents de premier ordre, avait assuré à M. d'Azeglio le rang qu'il occupait dans la confiance de l'Italie et dans l'estime de l'Europe, c'est que l'élévation de sa pensée jointe au sentiment le plus délicat de ce qui était vrai et juste, avait toujours préservé ce *grand honnête homme* des fanatismes et des partis pris qui ont égaré tant de ses compatriotes, et qui sont partout le péril des esprits généreux mais exclusifs.

M. d'Azeglio savait attendre et se maîtriser comme il savait agir. C'est lui qui, en 1847, écrivait dans son *Programme pour l'opinion nationale* ces paroles qui expriment si bien la modération dans la force : « Nous savons que l'occasion de reconquérir l'indépendance est peut-être éloignée. Nous l'attendrons avec une activité pleine de calme, nous appliquant non pas à troubler inconsidérément le repos d'autrui, mais à réformer nos institutions dans le lambeau d'Italie qu'on nous a laissé, à nous réformer nous-mêmes, à nous rendre dignes d'un regard de la Providence, et capables de mettre l'occasion à profit quand il lui plaira de nous l'envoyer. » Mais c'est lui aussi qui, *l'occasion* une fois venue, appelait l'Italie aux armes, et laissait tomber sur la Lombardie, comme l'étincelle sur la poudre, la parole de feu qui provoquait l'explosion [1];

---

1. *Lutti di Lombardia* — mars 1848.

c'est lui qui, à Vicence, se jetait sous la mitraille; c'est lui qui, après avoir cru longtemps et professé que l'Italie était appelée non pas à l'*unité* mais à l'*union*, voyant cette unité sortir d'événements imprévus et s'imposer à tous les patriotes, se ralliait à l'idée devenue le drapeau national, et écrivait :

« Si un congrès européen entreprenait de *dé-*
« *faire* l'Italie, qui se chargerait de l'exécution
« de l'arrêt? Car, il y aurait de Turin à Messine
« un grand parti, celui qu'on appellerait le parti
« de la dignité nationale, qui se lèverait pour la
« défense de l'unité *armatâ manu*, et, vous le
« pensez bien, j'en serais ! » (Lettre du 22 septembre 1862.)

Cette inspiration chevaleresque, signe distinctif et, si je puis dire, marque d'origine des œuvres et des actes de Massimo d'Azeglio, n'est nulle part plus vive que dans la correspondance où, entraîné par une causerie intime, il se plaît à livrer le fond de son âme. On l'y trouve lui-même et tout entier; et je ne sais ce qu'il y faut admirer le plus, de l'intérêt des détails, de l'élévation des idées, ou de la distinction et de la supériorité de la forme. Ces lettres ont été

écrites par l'homme d'État italien, en français. Eh bien! en même temps qu'elles offrent aux politiques une étude d'un puissant intérêt, elles sont un exemple pour les amis de la bonne et vraie langue française. On y sent un parfum de notre belle époque littéraire. Plusieurs sont des modèles du plus fin et aussi du plus grand style; dans toutes, on découvre les grâces d'un esprit qui prodigue, en se jouant et à son insu, les mots heureux et les hautes pensées. Voyez la lettre où il peint en artiste aussi bien qu'en soldat la marche de la petite armée pontificale de 1848, avec le *gonfalone* aux couleurs de l'Église et le *carroccio*; celle où, sur le coin d'une table de bivouac et sous le feu un moment interrompu de l'ennemi, il discute la situation politique de Pie IX et l'avenir du gouvernement papal; lisez les curieux billets où il parle si allègrement de ses soucis ministériels : « Je ne puis plus vous écrire ces longues lettres comme dans le *bon temps*; mais au moins un petit mot pour vous serrer la main et vous dire : Dieu vous garde de jamais devenir premier ministre! » Lisez surtout l'admirable lettre écrite sous le coup de la bataille de Novare : « Vous le savez à cette heure,
« tout est fini!... Avoir travaillé toute sa vie dans

« une seule pensée, sans espérer jamais qu'une
« occasion se présentât; la voir arriver surpassant
« toute prévoyance raisonnable, et puis sentir
« tout cet édifice s'écrouler en un jour! Après
« de pareils coups, on ne garde plus que les
« apparences de la vie. L'âme et le cœur sont
« morts; je ne verrai plus ma pauvre chère patrie
« délivrée du joug : que la volonté de Dieu soit
« faite!... Je suis à la Spezia, tâchant de me
« rétablir; ma blessure est toujours ouverte. Je
« ne vois plus rien à faire pour le moment. Il
« faut rouler jusqu'au fond de l'abîme pour
« voir où l'on s'arrêtera et pour se reconnaître.
« *Alors nous recommencerons!* Mais ce n'est pas
« moi qui cueillerai le fruit; souvenons-nous
« que l'amour de la Patrie est sacrifice et non
« jouissance. »

A neuf ans de là, au mois d'août 1858, à l'heure même où de profonds desseins mûrissaient à Plombières, — de sa modeste mais délicieuse retraite de Cannero, cette villa posée comme un nid d'alcyon sur les flots du lac Majeur, — ne se doutant pas de l'explosion qui allait avoir lieu tout à coup de la grande question momentanément assoupie, mais toujours plein de la pensée qui avait inspiré sa vie, l'ancien président du conseil écrivait ces mots où brûle la flamme de 1849 :

« .... Si j'étais jeune, je pourrais et je devrais
« même prendre part à la lutte (politique);
« mais il est tard à cette heure. Le but de
« toute ma vie est manqué; Dieu ne l'a pas
« voulu ou pour le moins l'a ajourné à une épo-
« que qui ne m'appartient plus ! Dès lors, il n'y
« a qu'à se retirer, ce que j'ai fait. Car, après
« avoir eu l'âme pleine de l'indépendance de
« sa race, les questions de mur mitoyen et
« même de portefeuille... franchement c'est plus
« fort que moi ! Mais si, par impossible, l'occa-
« sion arrivait, mes vieux os ne resteraient pas
« aux équipages ! »

Quand le coup de foudre éclata, M. d'Azeglio était à Florence. « Je suis accouru, lisons-nous
« dans une lettre du 9 février 1859, et j'ai
« écrit à Cavour que, malgré les objections
« que j'avais pu avoir par le passé contre sa
« politique, au point où en étaient les choses, je
« croyais qu'il n'était plus temps de la discu-
« ter, mais de la faire réussir. Ainsi me voilà
« enrôlé et *cavourien !* J'ignore à quoi je pour-
« rai être bon, et j'attends. »

Le roi Victor-Emmanuel et le comte de Cavour s'empressèrent de mettre à l'œuvre un si précieux auxiliaire. M. d'Azeglio fut chargé d'une mission à Rome. C'est de la ville éternelle qu'il écrivait à la date du 30 mars 1859 :

« Si l'on n'obtenait pas de véritables avantages
« pour la cause italienne, je ne répondrais
« de rien; mais je regarde l'hypothèse comme
« impossible. Personne, à mon sens, ne com-
« prend son temps comme l'Empereur. Il a vu
« quelle haute puissance était réservée à celui
« qui saurait s'emparer du rôle si longtemps
« dédaigné de défenseur du droit commun des
« peuples. Il l'a pris résolûment à la face du
« monde, comme il convient à un Napoléon à la
« tête des Français. Il n'est pas homme à aban-
« donner la plus magnifique position que puisse
« atteindre l'ambition d'un souverain, et pour
« sûr, on ne dira pas de lui

Che fece per viltate il grand rifiuto.

« Ainsi donc, du courage et du calme. »

Quinze jours plus tard, M. d'Azeglio se rendait, en qualité de ministre plénipotentiaire, à Paris et à Londres. Son nom, au moment des négociations suprêmes, était, pour l'Italie, une garantie que son honneur et ses intérêts seraient saufs; pour l'Europe, une assurance de politique modérée. En dépit des secrets élans de son patriotisme, le soldat de Vicence travaillait de tout son pouvoir au maintien de la paix; car, « avant tout, disait-il, il faut être chrétien. » Donnant son adhésion aux *quatre points* qui devaient être soumis à l'examen du Congrès, il accepta, au nom du gouvernement piémontais, le principe du désarmement général. C'en était fait de la guerre. Ce jour-là même, l'ultimatum de l'Autriche était adressé à Turin !

Quelles étaient alors les vues de M. d'Azeglio au sujet des questions si longuement et si violemment controversées de la *fédération* et de l'*unité*? Sa correspondance, à cet égard, est des plus instructives. Elle permet de suivre jour par jour, pour ainsi dire, avec les modifications de la pensée de l'homme d'État, les évolutions et, si l'on veut, les soubresauts de l'opinion publique italienne, à l'époque décisive où nous sommes parvenus.

Jusqu'à la paix de Villafranca, M. d'Azeglio ne considérait pas l'unité comme possible. « Avant

1859, a-t-il écrit dans sa dernière brochure [1]; qui pensait à l'unité? Des sectaires, oui. Il faut les avoir vus...! Pour moi, elle fut le premier de mes désirs et la dernière de mes espérances. » Le 9 février 1859, cinq jours après l'apparition de la célèbre brochure qui, posant devant l'opinion européenne la question d'Italie [2], développait le plan d'une confédération entre les États péninsulaires, l'ancien président du conseil disait dans une lettre fort curieuse [3] : « J'adopte pour le fond toutes les idées de la brochure... J'accorde que la fédération est la solution la plus pratique, sauf à avoir le secret d'en convaincre l'Autriche. J'accorde encore que le centre de la fédération, la Diète, doit résider à Rome. » La guerre éclate, l'Autriche est écrasée à Solferino, les préliminaires de la paix sont signés à Villafranca : « Les Italiens, s'écrie tout à coup
« M. d'Azeglio, dans une lettre où ce sage esprit
« s'associe (cette fois seulement) à toute la viva-
« cité des émotions nationales, n'accepteront
« pas, soyez-en sûr, la paix de Villafranca. Ce
« sera, que sais-je? L'inconnu! Qu'est-ce que

1. *Agli Elettori*, août 1865.
2. *L'Empereur Napoléon III et l'Italie*, 4 février 1859.
3. Lettre XL, *p.* 91.

« l'Autriche dans la confédération italienne? le
« loup dans la bergerie. » (L. du 24 juillet 1859,
p. 108.)

« Je vois poindre à l'horizon, dit-il quinze jours
« plus tard, des complications qui seront la suite
« de la paix subitement conclue. Ce qui a été dit
« et fait jusqu'alors pour l'organisation de l'Ita-
« lie, les événements et la force des choses vont
« rayer tout cela. » (13 août.)— Puis, dans une
lettre du 28 septembre, il donne la raison des
annexions qui s'accomplissent et de la chute des
souverainetés locales : « L'Autriche dans le qua-
« drilatère, c'est l'Italie à sa merci au premier
« jour. L'Italie ne voit que cela. Elle n'a plus
« qu'un désir, celui de se constituer, n'importe
« où ni comment, un groupe de provinces capa-
« ble d'opposer une résistance sérieuse à une
« puissance qui n'a rien perdu de sa force, et qui
« a redoublé de mauvais vouloir. Comment vou-
« lez-vous qu'on songe aux traditions historiques
« et aux intérêts de clocher? Dans la paix, ils
« auraient gardé quelque influence; mais dans la
« position actuelle, on ne songe qu'à créer des
« forces... On criera à l'ambition de Victor-Em-
« manuel, continue-t-il, c'est tout simple; le

« plus malin y serait pris. Et pourtant, moi qui
« connais le roi, et qui sais combien il en avait
« déjà par-dessus les oreilles de sa petite cou-
« ronne piémontaise, si vous saviez comme cela
« me fait rire de me figurer Victor-Emmanuel
« *dévoré d'ambition!* Non, tout cela n'expliquerait
« rien. Il n'y a qu'à admettre qu'il y a des entraî-
« nements inévitables, des antagonismes comme
« des affinités voulus par la nature des choses,
« et qu'à de certains moments, de grandes ré-
« novations s'accomplissent : comment? pour-
« quoi? parce quelles sont dans le cœur, dans
« l'esprit de tout le monde, parce que Dieu les y
« a mises et parce qu'il les veut. »

Plus tard, M. d'Azeglio s'est séparé du comte de Cavour. Gouverneur de la Lombardie (Voy. les lettres de janvier à septembre 1860) au moment où s'organisait contre le roi de Naples l'expédition que voilait le maintien des relations diplomatiques, il a refusé des armes à Garibaldi (L. LXIX); « ayant une réputation d'honnête homme à conserver, » il a fait, à Milan, « une politique à lui. » Puis, cette politique n'étant pas agréée, « j'ai dit adieu, dit-il, à mes ministres et à mes fidèles Milanais. » Qu'on ne lui

« parle pas de l'Italie méridionale, c'est sa bête noire. » (L. LXXVI.) « L'iniquité de Naples est la meule que l'Italie s'est attachée au cou. » Et il écrit : « Pour mon compte, je bénis la Providence de m'avoir donné une répugnance instinctive à tout ce qui n'est pas loyal. Cela m'a valu de m'être retiré à temps, et de n'avoir pas trempé dans toutes ces *bricconerie*. » L'illustre patriote est donc l'adversaire déclaré de l'annexion *violente* des provinces méridionales; mais s'il pense que l'Italie du Nord n'a pas le droit « de donner aux Napolitains des arquebusades au lieu de raisons » (L. LXXXIX), et qu'il faudrait trouver moyen, dans un vote libre, de savoir, « une bonne fois pour toutes, s'ils veulent de nous, oui ou non » (*Ibid.*), dès qu'il soupçonne la possibilité de voir son pays subir, dans le travail de sa constitution intérieure, la moindre pression étrangère, il s'indigne, porte la main à la garde de son épée [1], et, cherchant à expliquer, sinon à absoudre des entreprises que sa conscience politique a condamnées : « Il n'est « plus question aujourd'hui, à la suite de ces « prodigieux événements du Piémont, de la

---

1. Lettre CX.

« Toscane, des États romains, de Naples, mais
« de l'ITALIE, et je dis comme conclusion : quand
« on a foulé aux pieds une nation pendant des
« siècles ; quand rois, gouvernements, peuples
« voisins, soit par ruse, soit à main armée, se
« sont constamment réunis contre elle, pour
« l'exploiter à leur profit, pour la diviser, la
« partager, la vendre, la revendre, la torturer,
« l'anéantir, peut-on s'attendre qu'au jour de
« son réveil elle respectera les lois, les pactes,
« les traités qu'on a faits sans la consulter et
« dans le but de la rayer du nombre des na-
« tions ? Si on sème le vent, on récolte la tem-
« pête ! »

Qu'on laisse donc l'Italie à elle-même ; que, dans la crise de son organisation, nulle influence extérieure ne vienne renouveler la cause éternelle de ses divisions et de sa faiblesse, et l'empêcher de prendre son assiette naturelle en introduisant ou en maintenant parmi ses éléments nationaux des éléments factices, par conséquent de peu de durée[1]. « Bien des gens, écrit un jour M. d'Azeglio,

---

[1]. « Chaque évolution nouvelle de notre politique (15 mai 1860) ouvre une perspective qu'on ne soupçonnait pas; et je ne m'étonnerais point qu'on attribuât plus tard à des calculs machiavéliques et à des combinaisons profondes bien des faits et des solutions que ceux qui en

« me donnent ici pour un adversaire de l'unité ;
« on va trop loin. Mon opinion est simplement
« que les moyens par lesquels on a obtenu
« l'union matérielle ont nui à l'union des vo-
« lontés. » (L. CXXIV.) Et il accepte comme expression de sa propre pensée cette profession de foi du vénérable Gino Capponi (L. CXXII) :
« Aujourd'hui, on peut briser l'Italie, si nous
« avons des ennemis plus forts que nous. On ne
« peut plus la confédérer... Ainsi, quoique les
« difficultés, les mécontentements, et les souf-
« frances même soient, et, par la force des cho-
« ses, doivent être grandes, aucune autre idée
« que celle de l'unité ne peut sortir des entrailles
« du pays. Toute action qui s'exercerait du de-
« hors ne se présenterait que comme une op-
« pression odieuse, ferait verser des flots de sang
« et n'atteindrait pas le but. D'une telle pression
« sortirait peut-être une révolution qui en ap-
« pellerait une autre, et celle-ci serait effroyable.
« Aussi, pour nous, Italiens, il nous faut porter
« la fatigue de ce que nous avons entrepris, et

paraissent les auteurs n'auraient jamais crus possibles. Que voulez-vous ? *tout était factice* en Italie depuis quarante ans. Le mouvement de détente violente de ressorts si longtemps comprimés amène des résultats qui déconcertent toutes les prévisions. »

« la porter longuement. Quant aux étrangers,
« amis ou ennemis, ils n'ont rien de mieux à
« faire que de nous la regarder porter[1]. »

La question de l'unité de la Péninsule se lie par tous ses éléments à la question romaine. Sur ce terrain, Massimo d'Azeglio est l'adversaire déclaré du comte de Cavour. Depuis 1860 jusqu'à sa mort, il a combattu le programme de *Rome capitale*. La plume à la main ou du haut de la tribune, il a dénoncé ce programme comme un piége tendu par la Révolution cosmopolite à la révolution italienne, comme le mot d'ordre des sectes acharnées à la ruine du catholicisme en même temps qu'à la destruction de l'idée monarchique en Italie, comme l'*ultima ratio* du mazzinisme « spéculant sur l'effet rhétorico-classique que produit encore sur la foule des badauds le grand nom du Capitole. » Que le comte de Cavour soit sincère dans la poursuite de ce programme, M. d'Azeglio en doute fort. Ce n'est, à ses yeux, qu'affaire de tactique parlementaire. C'est le drapeau mazzinien dont l'auda-

---

[1]. Voy. la lettre entière, p. 268. — Cette lettre est d'une grande beauté, et M. d'Azeglio l'appelle « un document capital. »

cieux ministre a voulu s'emparer pour traîner à sa suite le parti *avancé*, sauf à mettre, à un moment donné, ce drapeau dans sa poche.

Si M. d'Azeglio ne veut à aucun prix de « Rome capitale, » d'un autre côté, il a joué un rôle très-actif dans les affaires de Romagne, aux mois de juin et de juillet 1859 (V. Lettres XLIV, XLV, XLVI), et il a poussé de tout son pouvoir aux annexions de l'Italie centrale[1]. Comment donc envisageait-il la question du pouvoir temporel? Quelle était, pour lui, la solution du redoutable problème dont il sondait la profondeur, et qui résumait à ses yeux les plus grands intérêts politiques et religieux du dix-neuvième siècle?

Au moment où la Convention du 15 septembre 1864 va échoir, il est de haute importance de savoir quelle était, à cet égard, la pensée de l'ancien président du Conseil. Or, cette pensée est tout entière, et en détail, dans les Lettres qui composent le présent volume. Il n'en est pas une, à vrai dire, où ne soit envisagée, sous quelqu'une de ses faces, tantôt sous le rapport religieux, tantôt sous le rapport de la nationalité italienne.

[1] Voy. les lettres de l'année 1860, et notamment celle du 15 avril et du 15 mai.

ici au point de vue des passions du moment, là au point de vue de l'intérêt permanent de l'ordre moral, la grande question posée par les événements à la sollicitude du monde catholique et à la raison des hommes d'État.

Issu de l'une des plus anciennes familles de l'aristocratie piémontaise, M. d'Azeglio avait gardé, sinon dans la pratique de sa vie, au moins dans les instincts de son intelligence, toutes les traditions morales de sa race. Son âme tressaillit quand, au sortir du règne douloureux de Grégoire XVI, parut se lever, à l'horizon du siècle, l'astre lumineux d'un grand pape. Je le vis à Rome, en 1847 ; il y travaillait d'un cœur dévoué à consolider la jeune popularité de Pie IX. Sa correspondance, qui commence à cette époque, porte à chaque page les traces de cette préoccupation.

« Voilà, — s'écrie-t-il au moment de la création
« de la consulte d'État, — voilà Pie IX promoteur
« de tout le mouvement libéral et la papauté à
« la tête du siècle. Qui l'eût dit il y a dix-huit
« mois? S'il continue, et pourquoi non? il de-
« vient le chef moral de l'Europe, et il fera ce
« que n'ont pu faire ni Bossuet ni Leibnitz, il ré-
« tablira l'unité du christianisme. J'ai toujours

« pensé que les plus grands événements reli-
« gieux étaient liés à la régénération politique
« et morale de mon pays. » « Si Pie IX veut,
« — écrit-il au mois d'avril 1848, — s'il con-
« sent à être ce que l'opinion fait de lui, la
« papauté est définitivement la force dirigeante
« de ce siècle. S'il s'y refuse, je ne sais ce qui
« arrivera. »

La guerre nationale éclatant, M. d'Azeglio y vit, pour la papauté temporelle, le moyen de retrouver, en se transformant, une raison d'être et un principe de force. « D'ailleurs, — écrivait-il
« tout en guerroyant en Lombardie (du quartier
« général de Bellune), — il ne s'agit pas seule-
« ment aujourd'hui de l'Italie; il s'agit de la
« chrétienté tout entière. Il faut décider quel
« sera le principe qui lui servira de pierre an-
« gulaire; et je pense, comme vous, que le prin-
« cipe catholique doit occuper cette place. »

Au milieu même de la lutte, il eut une grande idée. Il écrivit au pape pour le supplier de quitter Rome, de venir à Milan, de se poser en médiateur, et par l'action d'une autorité morale alors toute-puissante, d'arrêter l'effusion du sang chrétien. En demandant à la papauté de se faire la personnification de l'idée de nationalité, et, dans une guerre de principe, d'assurer le triomphe du droit nouveau, il la relevait à la hauteur du rôle social dont le moyen âge l'avait investie, et où, dans les premiers mois de 1848, l'opinion européenne était disposée à la replacer. L'âme de Pie IX s'ouvrait à cette pensée magnanime : les misérables intrigues qui, dès ce moment, sous prétexte de le sauver, poussèrent le pouvoir temporel à sa ruine, en détournèrent le Pontife. Les instances de M. d'Azeglio eurent, du moins, pour résultat la lettre célèbre du pape à l'empereur d'Autriche en date du 3 mai 1848[1]. Mais de cette lettre à la démarche solennelle et décisive que réclamait l'homme d'État, il y avait la distance qui sépare la parole de l'acte. « Pie IX, disait alors M. d'Azeglio, doit réhabiliter la papauté en Italie, comme Charles-Albert y a réhabilité la monarchie. Sans cela, des deux grandes bases de notre nationalité, la force morale et la force matérielle, il n'y aura que celle-ci de bien assise[2]. » Parole prophétique

---

1. Cette lettre que nous avons donnée dans la préface de *l'Italie et l'Empire d'Allemagne* (1858) a été souvent reproduite. Voy. à la fin de la note 1, p. 337.
2. Lettre XV.

et inspirée par un sentiment profond des influences morales de notre époque ! « La Providence, avait écrit M. d'Azeglio, n'offre pas deux fois une occasion telle que celle-ci[1]. »

Plus tard, alors que se développaient les conséquences de l'intervention française, l'ancien ami de Pie IX maudissait les fautes irrémédiables commises, dans la question italienne, par les hommes qui affichaient un dévouement exclusif aux intérêts du Saint-Siége : « Ah ! Rome ! Rome ! quand je pense à ce que Pie IX a été, à ce qu'il pouvait devenir pour lui-même, pour l'Italie, pour le monde ! Et maintenant[2] !... » Or il était en droit de flageller[3] les suggestions funestes des conseillers du Saint-Père et le systématique aveuglement du « parti catholique » de France ; car, à une époque où la prévoyance eût pu détourner le péril, il n'avait cessé de signaler les écueils : « J'enrage, écrivait-il en 1854[4], de voir
« la religion de mon pays se détruire avec cet
« acharnement par la main de ses chefs... et puis,
« j'ai aimé le pauvre *Pio nono*, et je l'aime en-

---

[1]. Lettre XII.
[2]. Lettre du 6 mars 1861.
[3]. Voy. la lettre du 4 mai 1861 et celle du 27 décembre 1859, p. 142.
[4]. Lettre du 15 mars.

« core ! » « Pie IX aurait pourtant, à l'heure qu'il
« est, continuait-il, une situation magnifique à
« ressaisir. Vous êtes à Rome : quoi qu'il fasse
« ou quoi qu'il tente dans le sens des réformes et
« de son œuvre à reprendre, vos baïonnettes le
« protégent. Que risque-t-il? Les mazziniens
« l'avaient renversé ; ils sont bannis. Cavaignac
« lui avait refusé quatre mille hommes à Civita-
« Vecchia pour le défendre ; Napoléon III lui
« donne une armée. Pour Dieu, qui l'empêche
« de mettre le temps à profit, et de redevenir
« lui-même? » Aussi, quand après les événements de 1859, il jetait un regard sur le passé :
« Il faut conclure de ce qui est arrivé, écri-
« vait-il, que Dieu n'a pas voulu le maintien
« du temporel ; qu'il voulait le châtiment de
« tous ces pouvoirs oublieux de leur origine et
« de leur mission ; qu'il voulait l'unité de l'Italie;
« qu'il voulait, en somme, tout autre chose que
« ce à quoi pensait la prévoyance humaine. »

Depuis la restauration de Pie IX par les armes françaises, jusqu'au mois d'avril 1859, M. d'Azeglio considérait le système d'une fédération appuyée sur des institutions représentatives comme la seule chance de salut pour le gouvernement

pontifical. Quand parut la brochure *Napoléon III et l'Italie*, il se rallia au plan que des amis du Saint-Siége, plus dévoués que clairvoyants, combattirent si violemment à Paris[1]. La paix de Villafranca et l'attitude du gouvernement romain vis-à-vis de la révolution nationale firent évanouir ce que M. d'Azeglio appelait depuis les *illusions du matin*. Dès lors il professa, d'accord avec Manzoni et Gino Capponi, que, dans la situation politique et morale de l'Italie et de l'Europe, la papauté temporelle « ne pouvait que régner sans gouverner; » qu'il lui fallait transformer complétement et le mode de son existence et le caractère de ses relations avec l'Italie; et que sa souveraineté politique devait devenir ce qu'elle avait été, du reste, au moyen âge, une souveraineté nominale et une suzeraineté[2]. — « La souveraineté nominale,
« répète-t-il à chaque instant. Hors de là point
« de salut. Car, hors de là, rien de possible que
« par les baïonnettes; et serait-ce là la politique
« du représentant de Celui qui a dit : Remettez
« l'épée au fourreau ! »

La dernière lettre de notre Correspondance té-

---

[1]. Voy. la lettre du 9 février 1859 et la note 6, à la fin du volume.
[2]. Voy. les lettres des 7 et 22 mars 1862.

moigne de la persistance de ses préoccupations et de ses craintes : « Quand on aura vu le talon « de votre dernier soldat, si à ce moment-là « le système de la suzeraineté n'est pas en vi- « gueur, si le *municipio* romain ne fonctionne pas « en dehors de tout pouvoir ecclésiastique direct, « le pouvoir du pape planant dans une sphère éle- « vée au-dessus des intérêts secondaires, comme « a dit l'Empereur dans sa lettre du 20 mai[1], « en vérité, je ne sais ce qui arrivera. »

Mais, s'il voulait que Rome fût italienne comme toute autre ville d'Italie, sauf une administration fonctionnant dans des conditions toutes spéciales, il ne cessa de soutenir envers et contre tous que le pape devait « y résider *seul*[2]. » Dès le jour où la théorie mazzinienne de Rome capitale « se dévoila, » il n'eut pas assez de sarcasmes pour « les bonnes gens qui, à l'effet de monter au Capitole, font de la *politique de libretto d'opera seria*, en ressuscitant Colà di Rienzo. » — « Je « nous croyais, dans ma simplicité, disait-il dès « 1861, à jamais délivrés des Grecs et des Ro-

---

1. Lettre du 20 mai 1862 au ministre des affaires étrangères.
2. Voy. le développement de cette idée dans la lettre du 22 août 1861, et dans le discours prononcé au Sénat le 4 décembre 1864, p. 304.

« mains. Je compte sur l'Empereur pour nous
« débarrasser de « Rome capitale ; » et il aura
« remporté pour nous un second Solferino. »

« Si au lieu d'agiter les badauds par cette
« sotte fantasmagorie, écrivait-il une autre fois [1],
« on tâchait de les diriger vers les vraies ques-
« tions, l'Italie ne s'en porterait pas plus mal, et
« Venise ne fuirait pas devant nous comme les
« mirages devant les caravanes ; » et avec le même
entrain qu'il avait affronté les balles de l'Autriche,
ils se précipitait, courage plus rare, au devant
de l'impopularité, en se jetant au travers du torrent, et écrivait le pamphlet qui était un défi
aux passions, ou, pour mieux dire, aux fureurs
du moment [2]. « Je vous expédie une brochure,
écrivait-il gaiement [3], pour laquelle vous me
chanterez un *Requiem*, si vous le voulez bien ;
car je vais être lapidé ! » C'est dans cette brochure qu'adjurant ses compatriotes de renoncer
à la *folie de Rome*, il proposa, pour la première
fois, de fixer le siége du gouvernement à Florence.

1. 16 avril 1862.
2. *Questioni urgenti.*
3. Voy. la lettre du 6 mars 1861.

M. d'Azeglio ne varia jamais sur ce point que Rome devait rester le siége exclusif de la papauté, « capitale inviolable du catholicisme; » que le chef de l'Église devait y avoir « le nom, l'indépendance, la grande et exceptionnelle situation d'un souverain; » que « l'indépendance financière de la cour de Rome devait être assurée, non par des subsides qui sont aléatoires, mais par des biens, des immeubles, donnés au pape en Italie et dans les divers pays catholiques[1]. » La passion raisonnée qu'il apportait dans cette lutte inspira son dernier discours[2] : « Le coup est parti et il a porté, écrivait-il le soir de la séance solennelle où, réduit au silence par la maladie, il avait fait lire son discours au sénat; j'étais dans l'attente des sifflets, au lieu de cela, la condamnation de *Roma o morte* a été reçue aux applaudissements du sénat et des tribunes! » Et il jetait un cri de triomphe, en apprenant que le duc de Persigny condamnait, lui aussi, dans sa *Lettre de Rome*, le programme emprunté à Mazzini par le comte de Cavour[3].

---

1. Voy. la lettre du 22 août 1861.
2. Voy. p. 302.
3. Lettre CXLV, p. 315.

De quelle manière s'opérerait la transformation du gouvernement pontifical? La lettre dans laquelle M. d'Azeglio développa sa pensée à cet égard fait partie de notre correspondance. Cette lettre, qui est un monument, fut placée sous les yeux de l'Empereur[1]. Elle contenait en germe la convention du 15 septembre 1864.

Dans cette grande affaire de Rome, la force, aux yeux de M. d'Azeglio, était absolument impuissante; d'une question de politique religieuse, la plus haute que la Providence pût poser à la raison de notre siècle, il n'admettait pas qu'il fût au pouvoir des hommes de faire une question de coups de canon[2] : à la force les œuvres de la force, à l'esprit les œuvres de l'esprit!

Toute la polémique parlée et écrite de M. d'Azeglio, ou pour mieux dire, sa vie publique tout entière, se distingue par deux caractères qui tranchent de la façon la plus nette sur le fond des mœurs et de la littérature politiques de l'Italie contemporaine : en premier lieu, une horreur invin-

---

[1]. Lettre du 28 janvier 1863.
[2]. Voy. les lettres des 27 décembre 1859 et 15 janvier 1865.

cible pour les hypocrisies de patriotisme, les bravades, le faux héroïsme dont un parti, qui n'a égalé son impuissance que par ses prétentions, s'est montré si prodigue; puis, une reconnaissance profonde et ouvertement déclarée envers la France et l'Empereur.

L'illustre patriote voudrait « se servir du fouet » contre le parti « qui triomphe tant que « personne ne se bat, vide les caisses, désorga- « nise tout, et, comme une bande de loups, se « rue sur le budget. » Quant au chef nominal de ce parti, instrument naïf du mazzinisme, quand à Garibaldi, M. d'Azeglio ramène à sa véritable mesure ce héros de parade et sa réputation de commande : « Garibaldi est sans con- « tredit un homme hors ligne comme aven- « turier, guerillero, partisan;... de plus, c'est « un honnête homme; mais il faudrait qu'on « sût, une bonne fois, que c'est une nullité abso- « lue comme intelligence : cœur d'or, tête de « buffle. Sa renommée, sa participation au suc- « cès de l'unitarisme sont pour les huit dixièmes « le fait d'un mot d'ordre, d'une manœuvre de « secte. » Arrière donc les braillards, les insulteurs et les ingrats ! car, ce que le cœur haut placé

de M. d'Azeglio pardonne moins encore que les fanfaronnades, c'est l'oubli des services reçus. Même au moment où les susceptibilités italiennes sont le plus vivement excitées, et où il les partage dans une certaine mesure, après la paix de Villafranca, « je m'abstiens de tout jugement, dit-il,
« sur la conduite de l'Empereur : il a été au feu
« pour nous ; et pour ce qui est de vos admi-
« rables soldats, j'embrasserais leurs genoux. »

« Ma reconnaissance pour la France, pour
« l'Empereur et pour l'armée, dit-il plus tard,
« je ne saurais l'exprimer par des paroles, tant
« elle est vraie et profonde ; et cette chienne de
« mauvaise presse qui n'a pas honte, chez nous,
« de vous injurier [1] ! »

Ce n'est pas seulement par ses lettres, c'est dans les appels qu'il adresse à l'opinion par la plume et par la parole, qu'il prend ses compatriotes à témoin de ses sentiments. « Il ne me
« plaît pas, s'écrie-t-il à la tribune du sénat,
« d'appliquer le mot *straniero*[2], ce mot sinis-
« tre dans notre histoire, au corps français
« d'occupation à Rome, à une fraction de cette

[1]. Lettre du 15 septembre 1865.
[2]. Étranger.

« noble armée à laquelle, ainsi qu'à son chef,
« l'Italie doit une gratitude éternelle. Un des
« avantages de la Convention, c'est de nous
« unir plus étroitement à la France et à l'empe-
« reur Napoléon, l'ami le plus véritable qu'ait
« jamais eu l'Italie [1]. » — Et, dans une dernière
brochure (septembre 1865), adjurant son pays
de renoncer « aux bavardages, aux vanteries, aux
démonstrations folles, » et de « s'élever par le caractère et par la pratique du devoir obscur à la
hauteur de fortunes inespérées, » il écrit : « Cette
« Italie que nous avons, l'aurions-nous jamais
« obtenue sans Napoléon III et l'armée fran-
« çaise ? Oui, je le dis bien haut : voilà nos bien-
« faiteurs ! Et je le dis, pour que chacun sache
« que j'appartiens à la phalange peu nom-
« breuse, il est vrai, de ceux qui croiraient
« s'abaisser si, du moins, à défaut d'autre moyen
« de s'acquitter, ils ne cherchaient à payer la
« dette qu'ont créée de grands bienfaits, par la
« reconnaissance la plus vive et la plus décla-
« rée. »

Cette reconnaissance eût grandi encore, si
M. d'Azeglio eût pu être témoin de la réalisation

1. Discours sur la Convention du 15 septembre.

complète du célèbre programme : *l'Italie libre jusqu'à l'Adriatique*. « Je compte bien vivre assez, s'il plaît à Dieu, écrivait-il en 1861, pour assister à la délivrance de Venise. » Si cette joie lui fut refusée, il vit du moins triompher les idées dont il s'était fait, dans les dernières années de sa vie, l'infatigable champion. Il n'avait cessé de réclamer, dans la question romaine, une entente diplomatique entre la France et l'Italie : la convention du 15 septembre répondit à ses vœux. Il avait combattu de toute son énergie la théorie de « Rome capitale : » le siége du gouvernement italien fut installé à Florence.

Il eût été naturel, à ce moment, ce semble, que le dévouement de l'ancien président du conseil fût mis, une fois de plus, à l'épreuve, et que, sa pensée venant à prendre possession des faits, il fût appelé de nouveau à la personnifier dans le gouvernement de son pays et à la représenter devant l'Europe. Mais, depuis longtemps, M. d'Azeglio ne voulait plus d'autre rôle que celui de « moraliste politique[1], » conseillant son pays envers et contre tous. « Ministre ! disait-il, je n'ai plus la force matérielle pour cette vie de

---

1. Expression de M. le marquis Gino Capponi.

chien. » D'ailleurs, ne courtisant que la vérité, se contentant d'avoir raison aux dépens des partis, les froissant tous à la fois, « j'ai fait tant
« et si bien, disait-il, qu'on ne peut plus me
« souffrir... Je suis au ban de la cour pour abus
« de sincérité; au ban du « parti catholique »
« pour *leso governo papale*; au ban de la maçon-
« nerie comme contraire à « Rome capitale ; »
« au ban des sectes et des rouges pour leur avoir
« dit des vérités trop dures. » Il aurait pu ajouter qu'il était au ban de toutes les médiocrités, parce que ne pouvant supporter rien de vulgaire[1]; jugeant toute chose d'après l'idéal que lui créait sa nature d'artiste, tempérée par le bon sens du politique; « aimant le beau en toutes choses et détestant le laid[2], » il éloignait de lui, sans même le vouloir, ceux que blessait sa supériorité morale. Aussi disait-il comme Dante : *Fo parte da me;* et, dégoûté, par moments, du spectacle des intrigues, des passions basses, des ambitions terre à terre, « du gâchis des sectes, » il ajoutait, dans un sentiment de résignation religieuse qui fut chez lui plus fort que toutes

---

1. Voy. la lettre du 2 novembre 1864.
2. Lettre du 23 novembre 1862.

les épreuves : « Si au milieu de tout cela, j'ai le
« cœur triste et la parole amère, ne m'en voulez
« pas. Je suis vieux, et je ne puis plus rien. Je
« n'ai qu'une chose à faire, et je la fais : je tra-
« vaille sur mon esprit et sur mes affections,
« pour les faire plier à la volonté de Dieu [1]. »
Tel fut Massimo d'Azeglio.

La publication des « Lettres » complétera, mieux que tous les éloges, ce que chacun sait de cet esprit charmant et de ce grand cœur. Le présent volume se compose exclusivement des lettres adressées à M. Doubet et à nous-même. Cette correspondance, poursuivie pendant près de vingt ans, forme dans l'*épistolaire*, comme disent les Italiens, de Massimo d'Azeglio, un ensemble exceptionnel, une œuvre à part, et qui a sa physionomie propre, physionomie qu'il convenait de ne pas altérer par le rapprochement de lettres recueillies entre les mains de personnes diverses. Ainsi ont pensé les juges les plus autorisés, en Italie et en France.

Je publie donc la « Correspondance » avec la certitude de répondre au désir de ceux qui, des

1. Lettre XCII.

deux côtés des Alpes, ont aimé et admiré cet homme illustre; je la publie comme un hommage à une grande et chère mémoire, et comme un enseignement pour l'Italie. Je puis dire, avec le légitime orgueil que m'inspire le souvenir d'une telle amitié, que Massimo d'Azeglio n'eut pas de secrets pour celui à qui sont adressées les lettres qu'on va lire. Dans les circonstances les plus délicates de sa vie politique, la confiance dont il l'honora fut sans bornes. J'ose affirmer que ses plus intimes pensées sont ici. Que les Italiens écoutent donc, une fois encore, cette voix qui ne s'éleva que pour leur faire entendre les conseils de la raison et de l'honneur; qu'ils sachent profiter des leçons qu'avec une autorité plus grande que jamais elle leur donnera du fond du tombeau !

8 octobre 1866.

CORRESPONDANCE POLITIQUE
DE
M. D'AZEGLIO

I

A MONSIEUR DOUBET [1].

Rome, 12 avril 1847.

Monsieur et ami, vous avez eu une excellente idée avec votre ballon d'essai qui m'apporte de vos nouvelles et me console quelque peu de votre départ de Rome. L'article est très-bon et tout à fait dans le ton voulu. Remerciez-

---

1. Gendre de l'ancien chancelier de l'Université de France, M. Ambroise Rendu. Obligé de passer en Italie, pour sa santé, les hivers de 1845, 1846, 1847, M. Doubet, esprit d'une rare finesse et d'une pénétration singulière, n'avait pas tardé, dans un temps où les oisifs parcouraient l'Italie comme on visite un champ funéraire ou un musée, à découvrir le feu caché sous une mort apparente; et comprenant toute la portée du mouvement politique et religieux qui se préparait, il s'était lié avec les chefs de l'opinion « libérale-modérée, » Massimo d'Azeglio, le marquis Gino Capponi, le comte Balbo, le comte Sclopis, l'abbé Raphaël Lambruschini, le comte Ridolfi, etc., etc. Dans un voyage à Paris, il était entré en relations suivies avec le célèbre auteur du *Primato*, Gioberti. — M. Doubet revit l'Italie en 1853 et 1854, chargé d'une mission par le ministre de l'Instruction publique; il reçut alors de Pie IX des témoignages d'une confiance particulière.

M. Doubet, chez qui les convictions religieuses s'appuyaient sur les

en bien M. Eugène Rendu; il a un mot sur Pie IX que je lui envie : « Il a trouvé du génie dans sa conscience. » C'est bien cela, et on ne pouvait rien dire de plus juste et de plus heureux.

Puisque votre jeune beau-frère a trouvé moyen d'avoir accès dans le *Siècle*, qu'il continue pour l'amour de Dieu et de l'Italie; je lui ferai passer par vous des matériaux. Pour *l'amour de Dieu* est le vrai mot; car, en vérité, on ne peut rien faire de mieux pour défendre la popularité de Pie IX que de guerroyer contre le *National* dans un journal de cette couleur. Deux lignes dans le *Siècle* sur le pape font plus d'effet que cent cinquante colonnes de l'*Univers*, la *Gazette*, et autres *ejusdem farinæ*. Louer un pape, c'est leur métier; mais le *Siècle*!... S'être emparé de cette batterie est un coup de maître, et je dirais volontiers, comme l'*ancien*, à votre beau-frère : « Soldat, je suis content de vous ! »

Il était bien nécessaire de montrer que l'édit du 15 mars[1], quoi que braillent ici quelques têtes chaudes, était déjà un grand progrès. Je le soutiens, moi, *mordicus*[2]:

---

idées les plus libérales, avait fondé, en 1840, à Paris, de concert avec MM. Rendu et de Vatimesnil, le « Cercle catholique, » où l'on s'honorait de montrer à la religion, dans la science, une puissance amie; dans la liberté, une alliée nécessaire; et où la jeunesse venait recueillir, au milieu de sérieux labeurs, les inspirations du P. Lacordaire, d'Ozanam et de l'abbé Maret. — M. Donbet mourut aux eaux de Cauterets, en 1858.

1. Édit réglant la situation de la presse, qui, depuis la fin de 1846, n'avait été soumise, dans les États romains, à aucune espèce de contrôle légal. Cet édit portait la signature du cardinal Gizzi, secrétaire d'État.

2. M. d'Azeglio venait de publier, à propos de l'édit sur la presse, une défense de Pie IX sous la forme d'une *Lettre au professeur Orioli*. Il y démontrait que les plaintes exprimées par quelques esprits emportés étaient une injustice et une ingratitude. « Persuadons-nous, disait-il, que le bien à faire; que le mal à éviter, Pie IX les voit aussi

le *Contemporaneo* et la *Bilancia*[1] s'en contentent parfaitement. Allons doucement, pour Dieu! allons doucement. Vous savez que je ne suis pas pressé, et vous connaissez ma théorie sur les réformes prématurées.

Ce qui va trop doucement, et même ne va pas du tout, c'est votre ambassade. Je sais bien que l'affaire des mariages espagnols gêne terriblement le gouvernement français, en Italie; aussi n'avons-nous pas la prétention d'exiger de M. Guizot une déclaration de guerre à M. de Metternich. Si les mariages espagnols sont avantageux pour la France, cela vous regarde; mais, sauf meilleur avis, vous n'avez pas non plus précisément intérêt à jouer en Italie absolument le même air que l'Autriche. Qu'y gagnerez-vous? Or, dans ce moment-ci, les deux flûtes, je vous assure, sont terriblement d'accord; et je ne vois que l'Angleterre qui puisse s'en réjouir. Vous lui laissez là, à elle qui au fond se moque parfaitement de notre progrès libéral et national, un admirable terrain, et elle saura l'exploiter.

Savez-vous qu'il ne serait précisément gai ni pour nous, ni pour vous, qu'il fût démontré ou du moins établi dans l'opinion que la France déserte le mouvement italien, qui est bien le plus grand mouvement politique et religieux produit depuis trois siècles. Heureusement Pie IX, quoique isolé par votre fait, se maintient parce qu'il agit

bien que nous les voyons nous-mêmes. Mais, placé à une hauteur d'où son regard embrasse l'ensemble des choses, il juge mieux que nous de l'opportunité, des obstacles et des périls. Au timon du navire, il a sous les yeux l'immensité de la mer; nous sommes, nous autres, sur le pont ou dans les parties basses, d'où nous ne voyons qu'un coin de l'horizon par quelques écoutilles. Je crois la comparaison exacte, tirons-en des conséquences. » (*Lettera al professore Francesco Orioli*, Roma, 28 marzo 1847.)

1. Journaux fondés, sur l'autorisation personnelle de Pie IX, à la fin de 1846.

par devoir. Il n'est bruit, ces jours-ci, que de sa réponse à l'ambassadeur d'Autriche. Celui-ci se plaignait de la fermentation qui se développe dans le nord de l'Italie : « On n'y parle plus, disait-il au pape, que d'union et d'indépendance italiennes. » « Ces idées-là datent de plus loin, a répondu Pie IX ; ne vous en prenez pas à moi. Comme Italien, je ne puis les blâmer; comme souverain, je désire un bon voisinage avec l'Autriche ; comme pape, je demande à Dieu la paix entre les nations. Mais j'ai à remplir mon devoir. »

Voilà qui est très-beau, et faites sonner haut ces paroles-là; mais ce qui est triste, c'est qu'elles n'ont pas plu au *dormeur*[1]. Qu'y faire?

Adieu : à bientôt des nouvelles.

II

AU MÊME.

Rome, 28 mai 1847.

Monsieur et cher ami, j'ai fait votre commission à Beretta, et vous envoie deux lignes d'information que vous utiliserez à votre convenance.

Le cardinal Micara est mort. C'était un homme intègre, à formes un peu dures, qui s'était acquis une grande popularité, à l'époque de la *sede vacante*, pour avoir vertement tancé le cardinal Lambruschini[2] pour le nombre

---

[1]. Nom sous lequel on désignait, en ce moment, à Rome, l'ambassadeur de France, le comte Rossi.

[2]. Le cardinal Lambruschini lui ayant demandé, au conclave de 1846, quel nom il prévoyait devoir l'emporter : « Si Dieu fait l'élection, répondit Micara, Mastaï sera nommé ; si le diable s'en mêle, ce sera vous... ou moi. »

de créatures qu'il s'était faites aux frais de l'État, le cardinal Bernetti pour l'affaire des Suisses, et le cardinal T*** pour ses dilapidations. Il a été évêque de Frascati où il a fondé, de ses deniers, en grande partie, un mont-de-piété, un hôpital et un *orfanotrofio*. Il fut ensuite transféré à Velletri. Ayant passé sa vie dans le couvent des Capucins, sans même avoir de chevaux en propre, et les louant pour les occasions *di cappella*, il a amassé une fortune de cent mille écus dont il a disposé en entier en faveur de différents établissements : entre autres trente mille, dit-on, pour les *scuole infantili* [1]. Il était de Frascati, issu de parents obscurs et pauvres. Ces notes, pour le cas où vous voudriez mettre quelque part un bout de biographie.

Le crédit du gouverneur [2] baisse tous les jours davantage; je pense qu'il va bientôt être remplacé. On parle de Rusconi, qui était à Ancône, ou comme gouverneur ou comme trésorier. Il y a aussi le projet de faire régir les finances provisoirement par un conseil d'administration.

J'ai fini mon *Programme* [3], et j'espère vous l'envoyer

1. Salles d'asile.
2. Mgr Grassellini, créature du cardinal Lambruschini, dévoué aux idées autrichiennes.
3. *Programma per l'opinione nazionale*. Ce programme fut le manifeste du grand parti qu'on appelait le parti libéral-modéré; ce parti, qui, à vrai dire, était la nation tout entière et qui avait préparé le mouvement de 1846, avait déjà exposé ses doctrines dans la brochure célèbre de M. d'Azeglio (1845) : *Ultimi casi di Romagna*.

Ce *Programme* pouvait se résumer ainsi : Plus d'émeutes ni d'insurrections ; mais efforts soutenus pour unir dans une même pensée de progrès intérieur et de nationalité les peuples et les princes ; concilier et non diviser, afin de pouvoir, sans les affaiblir par la lutte, diriger toutes les forces de la nation vers ce but commun : l'indépendance. M. d'Azeglio terminait son manifeste par ces belles paroles : « Nous savons que l'occasion de reconquérir l'indépendance est peut-être éloi-

bientôt. Il faut pourtant qu'avant je le communique à Turin, Florence, Bologne. La *Bilancia* ne peut plus marcher. Orioli est décidé à en sortir. On pense à mettre à la place de la *Bilancia* un autre journal par actions; nous verrons. J'ai écrit à Balbo de s'occuper du sujet que vous m'avez indiqué. Il le ferait mieux que moi. S'il refuse, je m'en tirerai de mon mieux.

Le pape est parti hier pour Subiaco, à trois heures du matin. Il y avait cinq ou six mille personnes à lui donner le bon voyage. C'était une rude épreuve pour l'enthousiasme des Romains qui aiment assez leur lit ; Pie IX en a triomphé, comme vous voyez, d'une manière brillante.

Quant à votre ambassade, elle est toujours plus isolée. C'est tout à fait une *quarantaine*. J'ai entendu dans la société l'observation qu'elle était encore plus isolée que l'ambassade d'Autriche, qui du moins vit par soi, agit par soi et pour soi, et qui a un point de contact avec le pays par le parti rétrograde. C'est là un singulier jeu !

P.-S. Je vous envoie la notice sur l'Académie. Antonelli aura le chapeau.

gnée. Nous l'attendrons avec une activité pleine de calme, nous appliquant, non pas à troubler inconsidérément le repos d'autrui, mais à réformer nos institutions dans le lambeau d'Italie qu'on nous a laissé, à nous réformer nous-mêmes, à nous rendre dignes d'un regard de la Providence, et capables de mettre à profit l'occasion, quand elle voudra nous l'envoyer. Que s'il plaisait à Dieu de ne pas l'accorder avant que cette génération ne passe, nous saurons nous soumettre avec une résignation virile. Sous le poids de cette sentence, nous travaillerons avec une égale persévérance à l'œuvre de la régénération italienne ; et nous descendrons dans la tombe, bénissant Dieu de nous avoir permis de la faire avancer d'un seul pas, et de quitter la terre où dorment nos pères moins malheureuse qu'ils ne l'avaient laissée. »

III

AU MÊME

Rome, 24 juin 1847.

Mon cher ami, j'ai reçu hier votre bonne lettre de Paris et je suis bien content que votre voyage ait été heureux et que vous soyez là où vous pourrez mettre à profit vos études sur l'Italie.

La princesse[1] m'a écrit, ainsi qu'à Orioli, et il paraît que tout s'arrange à ravir. Ce qui pourtant ne s'arrange guère, c'est la position de ce cher Orioli qui s'est tout à fait fourvoyé. Il y avait arrangement préalable entre le gouvernement et la *Bilancia*, c'est constaté.... Après cela, que voulez-vous qu'on dise? Je crois ou j'aime à croire qu'Orioli n'en savait rien. Mais le public n'est pas si accommodant, et voilà un homme, qui pouvait rendre de grands services, mis tout à fait à l'index, faute d'esprit de conduite. Et ne m'avoir rien dit de tout cela, lorsqu'on voulait m'enrôler! N'allez pas raconter cela à Paris *per carità;* on dirait: Voilà bien les Italiens! Et pourtant un seul parmi ces messieurs a fait tout le mal, et vous avez pu voir que moi et bien d'autres nous faisons tout notre possible pour mettre hors de cours cette damnée *furberia;* malheureusement le gouvernement en est pétri; on ne change pas ses habitudes d'un jour à l'autre: l'affaire de Dragonetti en est la preuve. Deux fois on a voulu le chasser, deux fois on s'est effrayé de la rumeur publique, et on l'a laissé tranquille, et cela avec tout plein de petites *furberie* qui m'ont l'air de grandes maladresses par le temps qui court. Les fêtes de l'élection

---

1. La princesse Belgiojoso.

allaient se gâter. Le gouverneur a appelé Sterbini et Dragonetti et leur a dit qu'il aurait fait tous ses efforts pour qu'il pût rester. Il n'y avait rien de positif dans cet engagement. Comme vous voyez pourtant, le public (qui, entre nous, tenait peut-être à avoir un petit carnaval de plus) s'en est contenté. Je m'attends à voir encore le bon Dragonetti relancé au premier jour ; alors ce sera un joli *crescendo*.

Je ne conçois pas comment on a choisi ce brave homme pour en faire un Catilina. Évidemment on avait besoin d'un épouvantail — ou bien on a voulu détacher le public de Pie IX — ou bien... que sais-je? Ce n'est pas facile à deviner, tout ce *pasticcio*. Au reste, que tout ceci reste entre nous; il n'est pas bon de mettre le public dans toutes ces confidences. Pantaleoni [1] me dit vous avoir écrit sur les affaires courantes. Le conseil des ministres, autre *pasticcio* où le législatif et l'exécutif se confondent ensemble de plus belle! mais voilà que c'est déjà contremandé ou ajourné, à ce que l'on dit.

J'ai été chez le pape lui parler de nos réunions et du *programme*, non pas pour demander permission de publier, mais pour savoir s'il me fallait rester après la publication; il a été charmant pour moi, et *je reste*. L'Ordre que le Saint-Père a fondé est comme tous les Ordres du monde ; on vient de l'appliquer sur la poitrine de bon nombre de princes et ducs d'*ici*, de façon que du premier bond, cela ne signifie plus rien.

Une circulaire a paru pour remercier des fêtes populaires et pour que cela finisse [2]; quelques phrases, tout

1. Un des médecins les plus distingués de l'Italie, ami intime de Massimo d'Azeglio. M. Pantaleoni, membre de la chambre des députés romaine en 1848, et orateur très-écouté, s'honora en protestant presque seul avec M. Minghetti, et publiquement, au milieu de la défaillance universelle, contre l'assassinat du comte Rossi.

2. " ..... Pour les raisons ci-dessus exposées, le Pape désire voir

bonnement maladroites à mon avis, ont effarouché le public qui y voit une imitation du discours du roi de Prusse. Je ne m'en effraye guère, moi; mais j'ai cru toutefois opportun d'ajouter une note là-dessus, dans le *Programme*. — Balbo m'a écrit que l'article sur la politique de la France devait, selon lui, être concis et sans détails sur le personnel diplomatique de crainte d'irriter[1]; je ne sais trop qu'en penser. Le fait est pourtant que je ne me sens pas de force à le faire pour être lu en France. Je ne voudrais tomber ni dans des banalités, ni dans quelque chose de trop amer. D'après la réponse un peu vague de Balbo, je n'ai pas pu comprendre s'il s'en chargerait ou non. Je lui ai écrit à ce sujet.

Le programme, à Florence, a été adopté; du moins, m'écrit-on, *ha piaciuto*. Je n'ai que deux mots de Galeotti[2] qui m'annonce une lettre plus explicite. Ni à Florence, ni à Turin, on ne l'a encore reçu; et, où je l'ai seulement annoncé, on ne pense pas qu'il faille le signer collectivement. *Così sià!*

Lettres de Pantaleoni et de moi : j'espère que vous voilà renseigné pour le moment. Présentez mes hommages respectueux à Mme Doubet; — et remerciez la princesse de l'*Ausonio*[3] que j'ai reçu. Tout à vous.

mettre un terme à des démonstrations ruineuses, et chacun reprendre le cours de ses travaux, en attendant patiemment l'adoption des mesures que le gouvernement proposera pour le bien du pays. »

1. A Turin, la diplomatie française semblait prendre à tâche, en ce moment, de provoquer le sentiment national. Notre ambassadeur avait déclaré publiquement que le livre du comte Balbo, qui venait de conquérir une universelle popularité, les *Speranze d'Italia*, insultait la France en menaçant l'Autriche.

2. Auteur d'un livre fort distingué qui parut en 1846 : *Della Sovranità e del Governo temporale dei Papi*; plus tard membre de l'assemblée nationale de Toscane.

3. Revue mensuelle consacrée aux intérêts italiens, et qui paraissait à Paris.

IV

AU MÊME.

Rome, 6 juillet 1847.

Mon cher ami, nous venons de traverser heureusement une crise qui n'a pas été sans danger. La maladroite *notificazione* de Gizzi pour remercier de la part du pape des démonstrations et *prier* que cela finît, et les quelques phrases entortillées où on se montrait décidé à ne pas satisfaire *certains* désirs, et à ne pas dépasser *certaines* limites, avaient prodigieusement contrarié.

On a commencé par causer, commenter et discuter comme on le fait à Rome à présent. Puis des rassemblements, des promenades par le Corso, des cris : « Viva Pio IX *solo*, morte à Lambruschini! » Puis voilà qu'un soir, après minuit, étant déjà couché, on vient me dire que les quatorze rioni avaient décidé de faire une démonstration, et que, d'un autre côté, nombre de personnes songeaient à les prévenir par une « Adresse au pape » pour exposer à Pie IX l'état des choses. On envoyait savoir si je voulais me charger de la rédaction. Je répondis que j'avais eu la même idée, et que le soir même j'en avais parlé à un de mes amis, mais que dans ma position vis-à-vis du pape je n'aurais pas jugé convenable d'en prendre l'initiative; que pourtant, une fois qu'ils avaient pris cette résolution eux-mêmes, je croyais qu'elle pouvait éviter des malheurs et que je me mettais à leur disposition.

Je fis l'Adresse [1] qui le lendemain fut discutée et approuvée au *Circolo romano* [2], et qui, à cette heure, a

1. Voir à la fin de cette lettre.
2. Cercle où se réunissaient la noblesse et la bourgeoisie de Rome.

déjà à peu près cinq mille signatures; on attend celles des provinces. Il y a bien eu quelques hésitations au commencement. Les princes et ducs surtout n'ont pas fait preuve de civisme et de courage. Ils commencent à se décider, maintenant que les autres ont ouvert la brèche : ils auraient pu mener, et les voilà à la remorque. Votre *dormeur*[1] s'est très-bien conduit. Je ne sais quelle mouche l'a piqué, mais le fait est qu'il a dit à Silvani qu'une dépêche de M. Guizot le chargeait de parler au pape en notre sens. Il lui a montré la dépêche qui était aussi explicite que possible. Il est positif qu'il a parlé au pape *senza complimenti*. Au fait, la mouche qui l'a piqué, c'est qu'il a fort bien jugé la situation ; et probablement il a envoyé à Paris, toute faite, la dépêche qu'on devait lui écrire. L'Adresse a produit deux bons effets : d'un côté elle a calmé le peuple ; de l'autre elle en a imposé au gouvernement et fait une fameuse peur aux rétrogrades. Ils sont devenus doux comme un gant. Hier soir enfin, a paru l'édit sur la garde nationale [2], à peu près votre loi française, et pour tout l'État. Les cris ont commencé au café *Nuovo* et dans le Corso avec tous les trépignements d'usage. La foule a crié : « lumi ! lumi ! » et l'illumination s'est improvisée.

Ciceruacchio[3] ces jours-ci a été le premier citoyen de

On y recevait les journaux, et l'on y causait de toutes choses avec une liberté absolue.

1. Voy. note 1, page 4.

2. Art. 1ᵉʳ. La garde civique sera composée de tous les habitants de Rome ou des étrangers légalement domiciliés à Rome, qui ne seront pas âgés de moins de vingt et un ans et de plus de soixante ans.

Art. 13. Des instructions seront rédigées pour les provinces, suivant les mêmes bases, qui témoigneront hautement de la confiance du Saint-Père dans l'amour de ses sujets envers sa personne sacrée et dans leur dévoûment à l'ordre public.

3. Angelo Brunetti, dit Ciceruacchio, loueur de chevaux et marchand de foin, que son éloquence naturelle et sa belle conduite en des

Rome; il a exhorté, harangué et s'est mis en quatre pour maintenir l'ordre; il y a réussi, surtout en payant à boire à tous les mécontents, ce qui a constitué une buvette assez considérable.... et tout cela de ses deniers. On est entré chez moi, et j'ai dû interrompre ma lettre pour la rédaction d'une autre adresse dont le but est de demander pour commandant de la garde *civica* le comte Joseph Mastaï, ancien militaire et libéral déclaré. En voilà une autre lancée : on m'a transformé en *scrivano di piazza Montanara;* vous savez ce que c'est. — Voilà où en sont les choses; vous serez content de nous, j'espère. Je le suis au dernier degré du public romain, qui a mis un ensemble, un à-propos, une modération dans tout ceci, vraiment au-dessus de tout éloge. Le parti rétrograde a reçu un échec dont il ne se relèvera pas ; le parti extrême-gauche, ce qui à Rome a une autre signification que chez vous, est bridé par la garde nationale. Tout va pour le mieux; maintenant poussez-nous, il est temps. L'Adresse contient les trois demandes importantes : garde, presse, députés. Si votre ministère et la presse nous donnent la main, c'est l'affaire d'un coup de collier, et nous voilà en plein courant : le reste nous regarde; mais il faut absolument arriver à réaliser un ensemble d'institutions sérieuses, qui soient à la fois un point d'appui et un point d'arrêt. Pour Pie IX, le plus grand danger serait de flotter dans l'indécis et dans le vague, et le gouvernement ne peut longtemps rester dans la rue ni au *Circolo romano*.

A propos, Balbo vient de m'adresser M. Geofroy, de la

circonstances graves, notamment lors de l'inondation de décembre 1846, avaient rendu très-puissant sur le peuple. On le désignait sous le titre de *Capo Popolo Romano*. De sa maison de la via Ripetta, il dirigeait et remuait à son gré toute la ville au moyen de quatorze *popolani*, représentant les divers quartiers de Rome, sorte d'état-major constamment à sa disposition.

Revue des Deux-Mondes, qui vient, je pense, pour voir si nous sommes gens qui valent la peine. Ce n'est pas un allié à dédaigner, comme vous voyez, et je me suis mis en frais de coquetterie. Le journalisme toscan a fait une entrée en scène magnifique, vous aurez vu cela. Adieu donc, mon cher ami, j'ai à peu près vidé le sac. Pantaleoni travaille, et a véritablement la *furia francese* que nous adoptons tous plus ou moins. Il vous fait ses amitiés.

V

ADRESSE A SA SAINTETÉ PIE IX.

(TRADUCTION)

Très-Saint Père,

En nous approchant du trône de Votre Sainteté, nous sentons que nous sommes des sujets respectueux et soumis; nous sentons en même temps que nous sommes des fils que le souvenir des bienfaits reçus et qu'un sentiment d'affectueux abandon poussent à chercher dans le cœur d'un père leur plus sûr, ou mieux, leur unique refuge.

Nous mettons dans Votre Sainteté une confiance entière. Comment cette confiance nous manquerait-elle, quand nous pensons à la sollicitude pleine d'amour avec laquelle Votre Sainteté, se sacrifiant elle-même, épuise ses forces et sa vie pour soulager nos misères?

Mais précisément parce que nous connaissons les sentiments de Votre Sainteté, parce que nous nous sentons le pouvoir de lui offrir ce retour dont Dieu lui-même se tient pour satisfait, le don de nos cœurs et de nos volontés, nous élevons la voix pour lui faire connaître que cette main bienfaisante qu'elle tend à son peuple ne parvient pas jusqu'à lui. Nous devons croire qu'une force occulte et ennemie s'interpose entre elle et nous, nous enlève le fruit de ses bienfaits, et entrave le plus ardent désir de Votre Sainteté: celui de nous voir tranquilles et heureux. Contre cette force nous supplions Votre Sainteté de nous défendre en nous arrachant à des incertitudes qui peuvent être exploitées au profit de desseins pervers.

Nous ne considérons pas comme sans péril notre condition présente.

Il est, nous le savons, dans la pensée de Votre Béatitude d'accorder l'institution d'une garde nationale à des citoyens que le sentiment de leurs propres intérêts et leur dévouement rendent les plus fermes soutiens de la paix publique. Dans les villes où cette institution existe déjà, ils ont donné l'exemple de l'ordre et de l'obéissance, et c'est grâce à eux qu'on a vu cesser les délits qui contristent trop souvent votre cœur paternel et portent de cruelles atteintes à la morale publique. Nous formons des vœux ardents pour que les sages intentions de Votre Sainteté ne soient pas entravées par les insinuations qui montrent le péril là où sont le salut et le remède à de graves désordres.

Que Votre Sainteté se fie à son peuple. S'il vous vénère et s'il vous aime, vous l'avez vu; et il sait que s'il s'éloignait de Votre Sainteté, il n'aurait plus à qui recourir.

Votre Sainteté a voulu être informée des besoins des populations et a pensé qu'il convenait d'interroger ceux qui vivent au milieu d'elles. Elle a convoqué auprès d'elle les hommes considérables des provinces. A ce généreux appel, les cœurs se sont ouverts à l'espérance. Mais voici qu'on élève des obstacles, qu'on fait surgir des difficultés imprévues; et l'on sent se répandre dans les masses ces craintes, ces inquiétudes, peu mesurées parfois dans leur expression, qu'excite naturellement la menace continuelle d'un péril caché et mal défini.

Encore une fois, que Votre Sainteté se fie à son peuple. Il ne place pas dans les envoyés des provinces l'espérance illusoire de systèmes inopportuns et prématurés, de nature à entraver un pouvoir qu'il voudrait, au contraire, voir plus libre et plus plein dans son exercice. S'appuyant sur les paroles et sur les intentions bienveillantes du Saint-Père, il a l'espoir qu'avec le concours de ces envoyés, on réorganisera l'élément communal et provincial mis en œuvre par l'élection populaire; il a l'espoir que la désignation des députés provinciaux sera rendue stable par un mode de nomination à époques fixes qu'il plairait à Votre Sainteté de déterminer; il a l'espoir enfin que leurs conseils, fondés sur la connaissance sérieuse des besoins, et sanctionnés par la puissance suprême, se transformeront en lois; et que l'exécution de ces lois sera confiée à un conseil de ministres dont les attributions, nettement définies, seront fixées par un acte du pouvoir souverain.

Votre Sainteté a ordonné que, pour la protection des citoyens, on rédigeât un code qui fît connaître et déterminât les attributions de la police. Cette sage et paternelle volonté a dû recevoir son accomplissement; nous en attendons avec une vive anxiété l'application et les effets.

L'édit sur la presse a fixé de sages et raisonnables limites à la manifestation de la pensée; mais l'exécution n'en est pas régulière. Des instructions secrètes, des applications arbitraires, nous pouvons en fournir la preuve, dénaturent l'œuvre généreuse de Votre Sainteté.

Ayez confiance, ô bienheureux Père, dans ceux qui ne demandent rien que ce qu'il est dans la pensée de Votre Sainteté de leur accorder. Nous vous supplions seulement de faire en sorte que vos dons ne nous soient pas enlevés, et que Votre Sainteté nous maintienne dans la possession de ses bienfaits.

Dieu ne repousse pas les justes prières, les prières des cœurs sincères, inspirées par une volonté droite. Si tels sont nos cœurs et nos volontés, si nos paroles sont dictées par des intentions pures, Votre Sainteté le sait. Qu'elle les accueille dans son cœur paternel, qu'elle les pèse dans sa justice, et qu'elle reçoive les protestations d'obéissance absolue que nous lui faisons dès à présent pour tout ce qu'elle voudra décider dans son amour et dans sa sagesse.

Unis dans ces sentiments et prosternés aux pieds de Votre Sainteté, nous lui demandons appui et protection, en implorant la bénédiction apostolique.

VI

A MONSIEUR DOUBET.

25 juillet 1847.

Mon cher ami, en vérité vous me faites une part que je ne mérite pas, en me croyant si fort indispensable à Rome. Je vous assure qu'on s'en tirerait fort bien sans moi à l'heure qu'il est. Ce sont gens qui comprennent à demi-mot. L'essentiel était de leur montrer en quoi consiste leur véritable force et où est leur faiblesse. Je vous assure qu'ils ne s'y trompent plus maintenant. Et quant aux applications, laissez-les faire.

Je passe aux nouvelles, qui sont l'important. La garde nationale une fois accordée [1], on voulait abandonner l'idée de l'*Adresse* ; mais j'ai fait comprendre, et aisément, qu'au contraire (qu'elle dût être présentée ou non) il était important que tout le monde sût que l'Adresse circulait et se couvrait de signatures, et qu'il ne fallait pas,

1. Édit du 5 juillet.

en quelque sorte, nous soustraire à l'appui que nous promettait *le dormeur réveillé*[1]. En effet, les signatures ont continué à Rome et en province; alors la *Bilancia* a publié un long article (et c'était semi-officiel, comme vous savez) de Cattabene, disant que le pape aurait accordé ce qu'on demandait, mais *qu'on pensait* qu'il aurait désiré qu'on s'abstînt de la présentation officielle. Alors tout a été dit; et ni la *Bilancia*, ni Cattabene, ni le pape ne nous ont trompés, car les choses vont de mieux en mieux. Mais procédons par ordre.

Le bruit d'une conspiration sanfédiste s'était répandu : beaucoup la prenaient fort au sérieux, et des symptômes assez graves se déclaraient de tous côtés. Un beau matin on trouva affichée une liste manuscrite des noms des conspirateurs : Nardoni[2], Freddi[3], Alai, Muzzarelli, Minardi et quelques autres, ou employés de la police ou anciens mouchards des gouverneurs de « Gregoriaccio » (vous savez, c'est le mot propre à Rome). La foule se pressait pour lire : quelques gendarmes voulurent arracher les affiches; on les pria de les laisser, et ils furent assez bien élevés pour ne pas désobliger les lecteurs. Quelques-uns de ces messieurs de la liste eurent la singulière idée de se montrer dans les rues. On commença : *Eccolo, ecco quel birbone!* et puis des sifflets, des huées, puis enfin on se mettait à leurs trousses. Ils doublaient le pas, on doublait le pas; ils couraient, on courait. A la fin c'était une véritable chasse. On en a arrêté plusieurs de cette manière; et penser que ce peuple qu'on peint si féroce, archi-foulé par ces canailles pendant si longtemps, n'a pas arraché un cheveu de leur tête, et les a simplement

---

1. Voy. note 1, page 4.
2. Ancien chef de la police, sorti du bagne de Naples, et accueilli à Rome sous l'administration du cardinal Lambruschini; destitué et chassé par Pie IX, il était rentré clandestinement.
3. Maréchal de la gendarmerie de Bologne, créature de Nardoni.

conduits au corps de garde! C'est pourtant bon à consigner dans vos journaux, pour qu'on voie si nous sommes aussi cannibales que l'Autriche, les rétrogrades et tout le tremblement, veulent le faire croire! Il faut dire pourtant qu'on n'a pas manqué de bonheur, car il y a deux cas où peut-être les choses pouvaient tourner mal. Un certain Bertola fut en véritable danger; mais Bianchini et Tommasoni (vous savez, cet aide de camp à moi) haranguèrent le peuple, et il put enfiler sa porte et tirer le verrou. Un autre, Minardi[1], s'était réfugié dans la maison en face de S. Andrea delle Fratte; elle fut cernée, et il était question de l'assommer. Le père Ventura accourut, harangua, et, tandis que le père parlait, on parvint à le faire esquiver par les toits.

Au milieu de tout cela, le cardinal Gizzi avait renoncé[2]. Le cardinal Ferretti[3] arriva le soir à dix heures pour prendre sa place. J'étais à ma fenêtre, deux bougies à la main, car le peuple aux cris de : « *Lumi, lumi!* » suivait et entourait la voiture, lui jetant par la portière : « *viva Ferretti; giustizia! Mandi via quei birboni!* » — Les bons conseils ont fait leur effet, à ce qu'il paraît; après deux jours, Grassellini[4] a reçu l'ordre de sortir des États du pape, et à cette heure on le sait arrivé à Naples. Un grand nombre d'arrestations ont eu lieu. On a nommé *vice-governatore*, un laïc, l'avocat Morandi, qui dit à tout le monde qu'on fera le procès aux coupables, et que dans quinze jours les Romains *sapranno cose che non s'aspettano.* Je ne crois pas beaucoup aux conspirations dramatiques : c'est pourtant un fait que les portes étaient marquées de

---

1. Le plus détesté des agents de Nardoni. Son nom était devenu, dans la bouche de la plèbe, l'injure la plus grossière.
2. 16 juillet 1847.
3. Cousin du pape, délégat d'Urbino et Pesaro.
4. Mgr Grassellini, gouverneur de Rome, créature du cardinal Lambruschini, et dévoué aux idées autrichiennes.

S. M. (*sacco-morte*) en plusieurs endroits; — que l'on a arrêté plusieurs de ces brigands de Faenza que le cardinal Bernetti avait enrôlés pour contenir les libéraux en les assommant, et qui ont si bien fait leur devoir. Ils étaient venus sans papiers, et on a trouvé sur eux des armes, des napoléons et des ungari, monnaies autrichiennes qui sont fort rares ici, surtout chez le peuple; — que les Autrichiens sont entrés à Ferrare avec du canon, demandant à être logés (le pape, a, dit-on, protesté d'une manière fort énergique); — que dans une église de Bologne un inconnu a dit tout haut, tandis que le prédicateur parlait en faveur de Pie IX : « *Il predicatore è un c... ed è più c... chi lo sente.* » Une bagarre s'en est suivie, et l'individu a été sauvé avec beaucoup de peine et mis en prison.

Tout ceci est arrivé le jour où on devait faire une fête sur la place du Peuple (la fête a été contremandée) et où on disait que devait éclater le complot, les sbires tombant sur la foule à coups de sabres, comme on a fait à Parme, à Lucques et à Sienne. Quelque peu crédule qu'on soit, il est impossible de ne pas y voir un plan arrangé; et qui pourrait l'avoir arrangé, si ce n'est cette damnée Autriche qui croit faire ici le duplicata de la Gallicie? Mais *fiasco* complet : la garde nationale s'est rassemblée en un clin d'œil, le jour même des affiches; tout le monde voulait en être; les corps de garde regorgeaient; on courut au Castello prendre des fusils, des gibernes et des cartouches, et le soir des patrouilles de vingt hommes se croisaient en tous sens. Elles ont arrêté près de soixante de ces brigands romagnols, et la nuit j'ai été réveillé par des cris qui partaient, devinez un peu... de la place Monte d'Oro; et dans votre appartement on était venu prendre le Bertola qui y était logé. — Enfin tout s'est calmé, on a réussi à persuader le peuple de la nécessité d'éviter le désordre, et il faut lui rendre cette justice, qu'il a été admirable de bon sens et de docilité.

Des changements importants sont déjà faits dans le personnel : d'abord Mgr Grassellini. C'est un fait inouï qu'un gouverneur soit exilé de la sorte; mais ou il était du complot, ou il laissait faire; car ces jours-là il est resté dans une inaction complète. On peut dire que pendant une semaine il n'y a pas eu de gouvernement; et pas un individu n'a été maltraité ni un foulard volé ! Mgr Corboli[1] a quitté sa place aussi, mais honorablement; et il a été mis à des affaires purement ecclésiastiques. Santucci et Sabbatucci sont également renvoyés. Benvenuti, de la police *idem*. Dans la secrétairerie d'État, on a placé Mgr Sbarretti, un avocat Ridolfi, libéraux et honnêtes gens. Il paraît à peu près certain qu'on sécularisera les finances et la guerre qu'on donnera au duc Massimo Rignano et au prince Barberini. Le cardinal Ferretti a été avant-hier aux corps de garde de la garde nationale, a beaucoup remercié et encouragé, et a dit : « Bravi « giovanotti, il Papa è contento... Bisogna istruirsi, e così « faremo vedere che non abbiamo bisogno di stranieri « per difenderci. »

De tout ceci il résulte (et il faudrait le faire sonner bien haut dans les journaux) qu'on ne veut ici ni la révolution ni le désordre, mais simplement de bonnes lois; et franchement !.....

Le parti rétrograde et l'Autriche font tout leur possible pour faire naître des troubles; et il serait bon que la voix de l'opinion publique tonnât contre de telles infamies, et les vouât à l'exécration de tous les honnêtes gens. Ce parti est encore très-fort en Piémont, soutenu par le comte de la Margherita, ministre des affaires étrangères, le comte Latour, gouverneur de Turin, et l'archevêque. Imaginez ! On a défendu le *Contemporaneo*, et les

---

1. Sous-secrétaire d'État sous le cardinal Gizzi.

journaux toscans que Pie IX ne croit pas dangereux.

Si vous pouviez, avec toutes les formes voulues, faire mettre quelque chose sur Charles-Albert; faire dire que sa marche incertaine lui enlève l'influence qu'il devrait avoir et qu'il avait en Italie, etc... — vous nous rendriez un grand service. Ce pays-là a besoin d'être poussé.

Pie IX a donné un grand exemple de tolérance : il s'occupe d'améliorer le sort des juifs[1]; il leur permet de sortir de leur détestable *ghetto*, d'entrer dans la garde nationale. Mais chez le peuple le préjugé est encore puissant. Nous travaillons à le détruire[2].

J'espère qu'en voilà, des matériaux ! J'ai à peine assez de place pour vous dire combien je suis peiné de l'état de votre santé et pour vous serrer la main.

Tout à vous.

VII

AU MÊME.

Pesaro, 4 septembre 1847.

Mon cher ami, Pantaleoni vous aura écrit que j'ai quitté Rome. Sans me faire la moindre illusion sur les moyens de défense des forces que le gouvernement échelonne dans la Romagne[3], il m'a semblé qu'il était con-

---

1. Dès le début de son règne, Pie IX avait voulu que les juifs romains prissent part à la répartition de ses aumônes; et, le 13 juillet 1846, il avait reçu au Quirinal une députation d'Israélites venus pour lui témoigner leur reconnaissance des mesures bienveillantes dont ils étaient l'objet.

2. M. d'Azeglio préparait sa brochure *Della Emancipazione civile degli Israeliti*, qui parut au mois de décembre 1847.

3. Le 17 juillet, un corps d'Autrichiens (compagnies d'infanterie, escadron de hussards et deux batteries) était entré dans Ferrare. Cette troupe s'était rangée en bataille sur la Grand'place, et avait demandé

venable de se mettre à portée pour tout ce qui pouvait arriver. Le fait est que tout cet appareil est fort peu de chose en réalité. Le pape comprend que, pour le moment, les choses en resteront là : et comme un mouvement de troupes entraîne beaucoup de dépenses et qu'on n'a pas le sou, je crois qu'on a mis exprès beaucoup de lenteur, pour attendre que les affaires s'arrangeassent à meilleur marché.

Malgré cela, je m'égosille à prêcher qu'on se prépare, car tôt ou tard la partie doit être jouée. Si l'Autriche n'a pas le droit de se mêler dans tout ce qui se passe au sud du Pô, elle en a de fameux motifs ; et elle s'en mêlera si jamais elle se sent les coudées franches. Ainsi, *Estote parati*.

Je me suis arrêté à Pesaro, où j'attends le dénouement, qui paraît imminent. Si les choses avaient tourné autrement, et que les Autrichiens se fussent avancés, je suis convaincu que le terrain aurait été disputé. L'enthousiasme était à son apogée. Les gardes nationales et les volontaires se tenaient prêts partout. Quant à moi, j'ai mis de côté, dans cette occasion, mon éternel sermon sur la modération, et je prêchais tout le contraire. C'était pourtant prêcher des convertis.

Après cela, je ne me faisais aucune illusion sur nos forces, car je n'ai foi que dans le canon et la discipline ; mais je persuadais à tout le monde que l'Europe n'aurait pas exigé de nous une grande victoire, mais de grands

---

des logements et des vivres au légat cardinal Ciacchi. Le cardinal avait répondu par une protestation énergique qui avait excité dans toute l'Italie un enthousiasme guerrier. Loin d'arrêter le mouvement libéral, cette démonstration de l'Autriche l'accéléra : le roi de Sardaigne fit assurer Pie IX de ses sympathies ; le grand-duc de Toscane rappela dans une proclamation qu'il était Italien de naissance ; et, le 4 septembre, concéda des réformes analogues à celles dont le pape avait pris l'initiative.

dévouements. Le *Journal des Débats* se moque de nos hymnes guerriers, et je conviens que quelques journaux ont chanté sur un ton qui pouvait prêter au ridicule. Mais il serait bon aussi de songer en quel état ont réduit l'Italie nos détestables gouvernements, et que, s'il y a eu des fautes, il y a eu aussi beaucoup de malheur. Si on voyait un homme qu'on aurait roué de coups, affaibli et enfin garrotté pour le voler, et qui, réussissant à recouvrer l'usage d'un bras, tenterait quelque chose pour sa délivrance, il y aurait sans doute de la gaucherie dans ses efforts. Mais serait-ce drôle, et des gens de cœur pourraient-ils s'en amuser? Au reste, considérant que la race humaine n'est pas généreuse, ce sera à nous de faire en sorte qu'on nous prenne au sérieux. — Et patience! — La guerre que nous devons faire le cas échéant, c'est la guerre de défense, la guerre citadine plus qu'autre chose. C'est ce qui dérange le moins les habitudes. On trouverait plus de gens disposés à se faire tuer, que de gens capables de soutenir les fatigues des marches, des bivouacs, des nuits à la belle étoile ou à la pluie. On n'arrive à cela que par l'habitude; la bonne volonté n'y fait rien.

Adieu, mon cher ami. Je ne sais où cette lettre vous trouvera; vous serez peut-être déjà dans le Midi. Hommages à Madame Doubet; et si vous m'écrivez, — à Florence, poste restante.

Tout à vous.

VIII

A MONSIEUR EUGÈNE RENDU.

Turin (fin de septembre).

Mon cher Monsieur,

Permettez-moi, sans avoir encore le plaisir de vous connaître *de visu*, de vous adresser mes remercîments personnels et ceux de mes compatriotes pour les bons coups d'épaule que vous nous avez donnés dans la presse parisienne. Vous avez au mieux compris la situation, et, du premier coup, saisi la note : puissions-nous, en France et en Angleterre, avoir beaucoup d'amis tels que vous! D'après ce que m'écrit cet excellent Doubet, j'ai espoir de vous voir prochainement soit ici, soit à Rome, où je retournerai bientôt. A l'avance, soyez le bienvenu, et comptez que vous serez traité en *amico di casa*.

Je suis venu ici après un séjour de quelques semaines dans la Romagne, et j'ai trouvé le comte Balbo fort irrité contre le gouverneur piémontais, qui ne marche pas, et contre l'ambassade de France, qui l'encourage à ne pas marcher. Je ne suis pas, moi, très-inquiet de ce retard du Piémont : je pense que c'est affaire de calcul et de préparation. Le roi veut prendre son moment, et, une fois lancé, il ne reculera pas, sauf à mécontenter la France, ou du moins le gouvernement français, — il faut bien vous le dire, — au moins autant que l'Autriche. Cela est fâcheux, mais cela est.

Bon gré mal gré, il faut absolument que les États d'Italie se mettent à l'unisson avec Rome. Maintenir des dissemblances de principe entre les divers États est aujourd'hui chose impossible, comme vous l'avez très-bien compris et dit, aussi impossible que d'empêcher l'eau de prendre son niveau dans des tubes différents alimentés par une même source. Pie IX a pris les devants; tant mieux pour la papauté, et tant pis pour les autres souverains d'Italie, qui désormais doivent faire le saut périlleux.

Tout va très-bien à Rome ; de mieux en mieux, m'écrit-on. D'un jour à l'autre va paraître le *Motu proprio* sur la municipalité de Rome, et un second sur l'assemblée des représentants des provinces sous le nom de *Consulte d'État*. Le cardinal Ferretti a promis, et on compte sur sa parole. La seconde de ces institutions est de la plus haute importance ; elle va de pair avec la grande affaire de la *ligue douanière* à laquelle va accéder le Piémont. Voilà Pie IX promoteur de tout le mouvement libéral, et la papauté à la tête du siècle. Qui l'eût dit il y a dix-huit mois! Maintenant, je ne donne pas trois mois à tous les princes d'Italie pour qu'ils se soient mis au pas[1]. Si Pie IX continue, et pourquoi non? il devient le chef moral de l'Europe, et il fera ce que n'ont pu faire ni Bossuet ni Leibnitz : il rétablira l'unité du christianisme[2].

1. Le 28 septembre 1847, au moment où M. d'Azeglio écrivait ces lignes prophétiques, le grand-duc de Toscane remplaçait le ministère de la résistance par le comte Serristori et le marquis Ridolfi ; le 11 février suivant, il promettait une représentation nationale, et quatre jours après accordait une Constitution.— Le 28 octobre, le roi de Sardaigne faisait publier un programme contenant la promesse d'une loi sur la presse, d'une nouvelle organisation communale, d'un nouveau code pénal, de l'établissement d'une cour de cassation, etc. ; le 8 février 1848, il promulguait le « statut fondamental destiné à établir dans ses États un système complet de gouvernement représentatif. » — Le 29 janvier 1848, à l'heure même où le ministère français, étrangement renseigné par ses agents, déclarait à la tribune que, de dix ans encore, il ne serait pas question de régime constitutionnel pour les États d'Italie, le roi de Naples promettait, dans une proclamation, la création de deux chambres, la liberté de la presse, l'organisation de la garde nationale ; et la Constitution était publiée le 10 février.

2. Les réformes inaugurées par Pie IX avaient excité l'enthousiasme en Angleterre et aux États-Unis. Un grand *meeting*, en l'honneur du pape, eut lieu, à New-York, au mois d'octobre 1847 ; ce meeting composé de dissidents de toutes les nationalités vota une adresse à *Sa Sainteté Pie IX*. On y lisait : « ... Nous vous offrons ce témoignage de respect et d'une sympathie sans bornes, non point comme catholiques, mais comme fils d'une république et amis de la liberté. Nous vous saluons comme l'instrument envoyé par le ciel pour opérer la régénération d'un peuple et nous prions Dieu de vous accorder des jours assez longs pour qu'il vous soit donné de voir le complet développement de la politique féconde qui doit rendre votre nom immortel. »

On se rappelle que le sultan Abdul-Medjid avait voulu nouer des

J'ai toujours pensé que les plus grands événements religieux étaient liés à la régénération politique et morale de mon pays.

Ce n'est pas ainsi malheureusement que parlent en France les journaux semi-officiels. Pour Dieu! qu'a donc le *Journal des Débats*? Que peut gagner votre ministère à faire ou à laisser insulter par le principal de ses organes un peuple qui fait les efforts les plus méritoires pour se tirer de l'état d'abjection où l'avaient réduit ses détestables gouvernements? Et penser que c'est un ex-Italien, le signor Libri, qui broche, on ne sait sous quelle impulsion, les articles les plus perfides et les correspondances les plus venimeuses! M. Guizot, — ce grand esprit, — peut-il croire servir les intérêts de la France en s'aliénant ainsi tout un peuple qui renaît? Comment accepte-t-il de tels instruments? ou comment est-il si mal renseigné sur nos affaires? Toute votre diplomatie paraît, en Italie, s'inspirer du mot de Louis-Philippe : *Pie IX travaille sur le vide*. — Sur le vide! non, mille fois non! nous le montrerons. Le roi serait-il jaloux de la popularité du pape? A-t-il peur d'être entraîné et débordé par Pie IX? Ce n'est pas impossible; mais nier le mouvement, ce n'est pas l'empêcher.

Nous reprendrons la conversation sur ce sujet-là et bien d'autres, puisque vous venez nous voir, mon cher Monsieur. A bientôt donc.

---

relations diplomatiques avec le chef de la chrétienté, et qu'il avait député, en grande pompe, un ambassadeur à Rome. Depuis Bajazet et Innocent VIII, aucun envoyé musulman n'avait foulé le sol du domaine de saint Pierre.

IX

AU MÊME.

Rome, 19 décembre 1847.

Mon cher Monsieur,

Depuis votre départ de Rome, la *Consulte* a eu plusieurs réunions; la plus importante a eu lieu samedi 11 courant; on a discuté la question de la publicité de ses actes; c'est la grosse affaire. Le comte Luigi Mastaï, neveu du pape, a dit que, dans sa pensée, la Consulte était une institution analogue à votre conseil d'État, et que, livrer ses délibérations au public, c'était altérer son caractère. Lauri a répondu qu'une telle assimilation était inexacte : une représentation consultative du pays est fort au-dessus du conseil d'État, délégation pure et simple du pouvoir. — Alors le comte Mastaï s'est tourné vers le cardinal Antonelli, qui préside, comme vous savez, et lui a rappelé une conversation qu'il avait eue, disait-il, avec le pape, en présence de Minghetti et de quelques autres[1]. Minghetti a aussitôt fait observer qu'une conversation n'était pas un élément officiel de discussion, et a exprimé le regret qu'on eût prétendu peser sur les délibérations de la Consulte en y faisant intervenir, sans une volonté formelle de sa part, l'opinion présumée du Saint-Père. — Le cardinal a approuvé les

---

[1]. Les principaux membres de la Consulte (choisis par le pape sur une liste dressée en nombre triple par chaque conseil provincial, lequel lui-même avait reçu les présentations des conseils communaux) étaient : pour Bologne, Silvani et Marco Minghetti; pour Ferrare, Gaetano Recchi; pour Ravenne, le comte Pasolini; pour Ancône, le prince Simonetti; pour Macerata, le marquis Amico Ricci; pour Frosinone, l'avocat Pasquale Rossi.

paroles de Minghetti, et la Consulte, à la majorité de 21 voix contre 4, a voté pour la publicité.

Cela n'est pas sans importance. La Consulte est appelée à jouer un très-grand rôle dans les affaires romaines.

Eh bien, que vont faire vos chambres? On dit ici que le discours du trône gardera un complet silence sur les affaires d'Italie et de Rome [1]. De la part du *roi très-chrétien*, ce serait bizarre; mais je n'en serais pas étonné, à voir ce qui se passe : savez-vous que votre chargé d'affaires de Turin est allé l'autre jour *avec les ambassadeurs d'Autriche et de Naples* trouver notre ministre des affaires étrangères pour protester contre les manifestations qui ont eu lieu à Gênes lors des fêtes du 10 décembre [2]? Que dites-vous de cela? et dès lors que peut-on attendre du discours du roi?

Si vos députés trouvent que tout va pour le mieux, c'est leur affaire; seulement il ne faut pas être surpris que votre gouvernement s'enfonce chaque jour ici dans la déconsidération; que le *Journal des Débats* devienne, en Italie, la bête noire; et que lord Minto, pendant que votre ambassadeur reste chez lui, crie à tue-tête, au milieu d'applaudissements frénétiques : « Vive la ligue italienne! vive Pie IX [3]! » — A qui s'en prendre?

Tout à vous.

X

A MONSIEUR DOUBET.

Rome, 5 janvier 1848.

Mon cher ami,

Je suis en retard avec vous à cause de la grippe qui

1. Ces *on dit* se trouvèrent exacts.
2. Fêtes commémoratives de l'expulsion des Autrichiens en 1747.
3. Lors de la fête de l'installation de la Consulte d'État. — Le soir de cette fête, tous les ministres étrangers, à l'exception de l'ambassadeur de France, furent acclamés au théâtre Torlonia.

m'a mis en état de chômage pendant quelque temps, et dont il m'est resté un éblouissement lorsque je travaille. Je ferai mon possible pour vous donner une idée de ce qui se passe ici, sans trop m'étendre sur les détails. D'ailleurs j'ai causé de tout cela avec votre beau-frère.

L'année dernière la question était posée entre le souverain et les sujets sans intermédiaire, et le difficile était d'amener les affaires à une bonne solution sans bouleversement. Le problème a été résolu d'une manière assez heureuse. Cette année, entre les deux extrêmes, nous avons le corps intermédiaire de la *Consulta*. Elle est la clef de voûte, et il ne faut s'occuper que de son affermissement. Ceci dépend surtout d'elle-même, de sa modération et de sa fermeté. A la manière dont elle s'y prend, nous avons lieu d'espérer qu'elle sera bientôt ce qu'elle doit être. Je fais mon possible pour que tout le monde concoure à lui donner l'importance et l'influence désirables. Le pape répugnait à lui accorder la publicité de ses actes : il paraît à peu près sûr qu'on l'y décidera.

Le parti du mouvement a imaginé, ces jours passés, de formuler nombre de demandes, parmi lesquelles quelques-unes étaient raisonnables, comme l'*abolition de la loterie*, etc.; d'autres naïves, comme de respecter le cachet des lettres, d'avoir *fiducia nel popolo*, etc.; d'autres ridicules, comme d'*inccorraggire la marina*, etc.; et ces demandes, on les a adressées au Saint-Père. J'ai tâché de faire comprendre qu'il aurait fallu les envoyer à la Consulta pour montrer qu'on la regarde comme une puissance réelle et comme une représentation de la nation. Il me semble que cette idée a été acceptée.

Il y a deux jours, le cardinal Ferretti a été averti qu'une *grande émeute* allait avoir lieu. Les portes du Quirinal furent aussitôt fermées; on plaça cinquante dragons pour les garder à l'extérieur, et un bataillon occupa la place et les rues qui y aboutissent. C'était le soir. Dans la nuit les postes de la Civica furent doublés, et tout le monde se regardait sans trop savoir de quoi il était question. Ces marques de méfiance excitèrent du *malumore*. Le peuple se porta chez le sénateur Corsini pour le *prier* d'aller chez le pape et de lui demander la raison (et peut-être *raison*) de ce qui se passait. Le pape répondit qu'il ignorait les motifs qui avaient décidé le cardinal à se mettre en état de siége, qu'il avait une entière confiance dans son peuple, et que le lendemain il lui donnerait *soddisfazione*. En effet, le lendemain il est sorti, et a fait une longue promenade dans Rome au milieu des *vivat!* et des applaudissements, et de nombre d'avis et de conseils qu'on lui beuglait par la portière; après quoi tout le monde s'est retiré, point battu, mais content, et tout a été dit. Les cris contre Savelli, le gouverneur, et contre la police et *i birboni* qui entourent le pape, n'ont pas manqué. Ciceruacchio, monté derrière une des voitures de la suite, portait un grand drapeau avec cette inscription : « Santo Padre, fidate vi nel popolo; Dio e convoi. » Tout cela est bel et bon ; il faudrait cependant que ces mouvements de la rue eussent leur fin ; et pour cela, il faut que la *Consulta* se charge sérieusement de représenter le pays.

Le fait est que le gouverneur est un coquin, — je n'en ai pas de documents, mais j'en ai la conviction ; — il a effrayé Ferretti, qui a donné dans le piége. Il paraît que c'est une des *solite* manœuvres du parti. Des lettres des provinces avaient averti de prendre garde, qu'on allait essayer d'exciter des troubles.

Le pape s'attire ces désagréments en s'obstinant à garder des gens qui jamais ne se rallieront sincèrement à lui : ce qui fait que la déloyauté du gouvernement perce dans tous les actes; le parti exalté se cabre et devient tous les jours plus nombreux, et le nôtre perd du terrain.

Malgré cela, je vois la position actuelle sans trop d'inquiétude, et je crois que quelques fautes et quelques inconvénients serviront à éclairer le gouvernement. Quant à la crainte d'un 93, la *civica*, le Piémont, et en dernier ressort l'Autriche, sont là pour nous empêcher de dérailler.

Sur ce que vous me demandez de votre ambassade, je n'ai rien de plus brillant à vous dire : isolement et méfiance comme par le passé ; la France est toujours à sa place, mais votre gouvernement ne saurait tomber plus bas dans l'opinion ; et je dois même vous dire que si dans cette session les députés ne faisaient rien pour l'honneur du pavillon, on commencerait à se demander si le pays est bien réellement mécontent du rôle qu'on lui fait jouer. Quant à moi, je ne croirai jamais que la France ait perdu sa générosité millénaire.

Tout à vous.

XI

A MONSIEUR EUGÈNE RENDU.

Gênes, 23 mars 1848.

Mon cher Monsieur,

Nous nous plaignions que votre gouvernement retardât le mouvement italien. Nous ne pouvons plus en dire autant à cette heure. Vous nous menez ventre à terre. Avec cela, nous ne serons pas désarçonnés, je l'espère. Les fabuleux événements qui se sont succédé chez vous avec une si prodigieuse rapidité devaient nécessairement exposer à quelques dangers notre tranquillité intérieure.

Mais, d'un côté, les gouvernements ont pris soin de satisfaire l'opinion publique ; de l'autre, les populations ont fait preuve de bon sens, de sens pratique, et ont fort bien compris la différence qui existe entre la situation de la France et la nôtre; en résultat, nous n'avons rien perdu sous le rapport de l'ordre, et nous avons beaucoup gagné en sécurité, puisque nous trouvons beaucoup moins d'obstacles dans les oppositions du parti rétrograde et de la bureaucratie. Un nouveau ministère presque entièrement séculier, et une *constitution* qui va paraître demain et que les événements de France auront sans doute rendue plus libérale, ont été tout naturellement amenés par votre nouvel ordre de choses. On songe à l'armement et à remplacer beaucoup d'anciens employés. L'opinion publique est satisfaite, et je ne redoute aucune secousse pour le moment.

J'ai demandé aux ministres, qui sont tous mes amis[1], quelle était la pensée du pape au sujet de votre République. Le pape dit que l'Église a toujours reconnu et doit toujours reconnaître tous les gouvernements. Il attend seulement, comme de raison, la communication officielle des changements survenus dans votre système et l'installation définitive de celui que vous avez adopté.

Au reste, aucun homme de bon sens ne pourrait, à l'heure qu'il est, trouver mauvais ni extraordinaire qu'on ait proclamé chez vous la République. Où diable trouver un roi de France après ce qui s'est passé? En fait de monarchie, on ne peut certainement pas accuser les Français d'y avoir mis de la mauvaise volonté.

Voilà, mon cher monsieur Rendu, ce que j'avais à vous dire au sujet de votre interpellation. Sachez en même temps que nous faisons tous des vœux bien sincères pour la prospérité de la France et de la République. J'ai connu il y a douze ans M. de Lamartine; il serait

1. Les ministres étaient : cardinal Antonelli, secrétaire d'État, ministre des affaires étrangères; Recchi, à l'intérieur; Sturbinetti, à la justice; Minghetti, aux travaux publics; Morichini, aux finances; prince Aldobrandini, à la guerre; Galletti, à la police; cardinal Mezzofanti, à l'instruction publique; Pasolini, au commerce.

tout simple qu'il ne se souvînt pas de moi; je voudrais pourtant lui adresser mes félicitations, et je vous prie de vouloir bien vous en rendre l'interprète; et vous me connaissez assez pour savoir qu'elles sont sincères.

Si vous écrivez à M. Doubet, faites-lui mes amitiés; je lui ai écrit à Nice il y a quinze jours.

Tout à vous.

XII

AU MÊME.

Sans date (commencement d'avril).

Mon cher monsieur et ami, je vous envoie une *Adresse des Italiens au Saint-Père*. Vous verrez où nous en sommes, moralement[1]. Si Pie IX veut, s'il consent à être ce que l'opinion fait de lui, la papauté est définitivement la force dirigeante de ce siècle. S'il s'y refuse, je ne sais ce qui arrivera. La Providence n'offre pas deux fois une occasion telle que celle-ci.

1. Très-Saint Père, la bénédiction de Dieu invoquée par Votre Sainteté est descendue sur l'Italie. Dieu a exaucé la voix magnanime qui, des hauteurs du Vatican, implorait le triomphe des opprimés et la rédemption d'un peuple.

L'âme inondée d'allégresse, tous les Italiens se tournent vers le pontife qui a inauguré la régénération de l'Italie et le supplient d'achever son œuvre. Les peuples d'Italie ont conscience de leur nationalité; fils de la même famille, ils aspirent à se réunir, dans un pacte fraternel, autour de leur père, qui est aussi leur libérateur; ils vous demandent de faire en sorte qu'une représentation de tous les États de la Péninsule provoquée par vous se réunisse à Rome en parlement national.

Bienheureux Père! dans le grand naufrage de toutes les puissances de la terre, dans cette sublime réorganisation des nationalités européennes, un seul pouvoir est debout, parce qu'il repose sur les fondements de la vérité, c'est le vôtre. Votre Sainteté a prononcé la parole

Le pape vient de répondre à l'*Adresse,* ou plutôt aux événements, par une sorte de proclamation *aux peuples d'Italie,* qui a sa grandeur, mais où les points décisifs ne sont pas abordés ; elle se termine par ces paroles :
« Puisse le Seigneur faire descendre sur vous cet esprit
« de conseil, de force et de sagesse dont le principe est
« la crainte de Dieu ; afin que nos yeux voient la paix
« régner sur cette terre d'Italie que, si dans notre cha-
« rité universelle pour le monde catholique tout entier,
« nous ne pouvons l'appeler la plus chère, Dieu a voulu
« cependant mettre la plus près de notre cœur. »

C'est beau ; mais voici la lutte qui commence entre le chef de l'Église et le prince italien. Et pendant ce temps-là on se bat en Lombardie !

Tout à vous.

XIII

A MONSIEUR DOUBET.

Quartier-général de Mont-Bellune, 5 mai 1848.

Mon cher ami, votre lettre m'a trouvé sur la Piave ; inutile de vous dire combien j'ai été content de la bonne causerie que vous m'y faites et qui m'a rappelé celles de Rome. Qui l'aurait dit alors ? Nous y voilà pourtant.

Je vous remercie de tout ce que vous me dites de bienveillant au sujet de ma pairie. Je ne sais trop si je devrai accepter quand on me la proposera officiellement, car je n'ai reçu aucun avis ou lettre ou autre chose du minis-

---

qui a ouvert la nouvelle ère italienne et européenne. A Votre Sainteté la gloire de donner une splendeur incomparable à la papauté en montant à la dignité de modérateur de tous les peuples italiens, et en rendant à Rome sa primauté morale et civile non-seulement en Italie, mais en Europe et dans le monde... »

tère. Nous verrons après. Pour le moment il est bien question de cela !

Ce que vous me dites sur l'état de la France me semble parfaitement juste. Quant à l'Italie, ce n'est pas moi, soyez-en sûr, qui hâterai la république. Au reste il est question maintenant de la chrétienté en masse plutôt que d'une nation. Il faut décider quel sera le principe qui lui servira de pierre angulaire, et je pense, comme vous, que Rome et le principe catholique sont les seuls qui peuvent occuper cette place. J'en écris continuellement à Rome. J'insiste pour que le pape s'explique; on me l'a à peu près promis. Pie IX et Charles-Albert peuvent seuls sauver l'Italie, non pas des *stranieri*, mais des Italiens qui seraient le plus à craindre, à peine le danger passé. Au reste l'erreur actuelle des hommes nouveaux, c'est de s'évertuer à promettre et de tâcher d'assurer à un chacun un bien-être qui n'est pas de ce monde. Il faudrait plutôt leur apprendre à s'en passer, et voilà où le seul principe chrétien peut réussir.

Je sais que je prêche à un converti ; aussi j'arrive à vous donner des détails sur nous. Je pense que vous désirez les connaître et qu'ils pourront vous intéresser. D'abord je dois vous dire que je n'ai accepté mon grade [1] que par la raison que faisant la guerre à mes frais, et après avoir déclaré que je ne pensais aucunement à suivre une carrière, je ne faisais de tort à personne ; et il est peut-être à propos que j'aie une position qui me donne *voce in capitolo*, à l'armée, dans la circonstance actuelle.

Dans les cas ordinaires nous nous serions peut-être jetés un peu étourdiment entre deux armées. Mais dans cette guerre tout à fait anormale, nous n'avons rien fait de bien héroïque, je vous assure ; et le général Durando

---

[1]. Celui d'adjudant général sous les ordres du général en chef de troupes pontificales, Durando.

serait à même de se tirer d'un plus mauvais pas que celui-ci. Après avoir passé le Pô, nous sommes restés quelque temps en observation près de Mantoue. Ensuite, l'armée de Nugent menaçant d'avancer, en trois marches nous sommes arrivés ici avec tout notre matériel. Les populations nous ont reçus partout comme des sauveurs, avec toutes sortes de démonstrations de joie. Nous avons pris soin de bien faire mousser notre bon Pie IX, son armée *oltre Pô* pour la cause italienne : c'est un fait immense. Nous avons travaillé tout l'hiver à l'amener, et ça a été le but de ma campagne d'hiver.

Outre l'effet moral, il me semblait important que l'extrême droite de la ligne italienne ne restât pas à découvert. Enfin nous y voilà ; mais si je vous disais tout ce qu'il nous en a coûté de peines et de soucis, vous nous admireriez un petit peu. Il était question de pousser quelqu'un qu'il faut absolument faire avancer, et qu'un rien peut faire trébucher. Au reste il faut se dire à tout moment : C'est Dieu qui mène tout ceci.

Notre corps d'armée a eu sa gauche engagée à Governolo ; nous n'avons pas à nous plaindre : trois morts et six blessés ; et les ennemis près de deux cents. On les eût dits frappés d'aveuglement, ces braves Autrichiens : Imaginez qu'ils abordent le village par une chaussée, en colonne d'attaque, *sans remarquer* deux pièces de huit qui les regardaient dans le blanc des yeux. Vous pouvez penser : deux coups de mitraille à deux cents pas, quel effet cela a produit. J'ai visité les blessés hongrois qui craignaient que je ne vinsse là pour les faire fusiller, et je leur ai dit : « Vous brûlez nos villages, vous tirez sur « nos paysans qui se sauvent des flammes, eh bien, moi « je vous ferai panser comme les nôtres et vous reverrez « votre pays. » Les malheureux criaient : *Viva Pio nono!* ils me disaient que leurs chefs étaient ivres et qu'on les avait fait boire aussi pour les mener à l'attaque.

Les officiers ne se gênent guère avec les pauvres diables : les morts et les *demi-morts*, on s'en débarrasse à la fois ; et plusieurs furent jetés dans le Mincio ce jour-là pour qu'on *ne connaisse pas les pertes*. On a violé, brûlé, pillé, assassiné plusieurs villages ; les prisonniers blessés dont je vous parlais étaient entre les mains d'un corps franc qui ressemblait assez à une bande de brigands : eh bien, lorsque ce corps vint nous rejoindre à Ostiglia, deux jours après, il apporta les blessés autrichiens dont ils avaient soigné le transport, et qu'on déposa à l'hôpital du village. Voyez pourtant ces brigands d'Italiens, s'ils sont aussi méchants qu'on le dit !

Un de nos jeunes gens eut le poignet coupé. Je voulais le consoler ; il me répondit, en me montrant sa main droite : *Resta questa*. Le sommeil a été long, mais le réveil est complet et puissant, je vous assure. Notre armée marche avec un *carroccio*. Ne vous moquez pas de moi ; c'est un peu moyen âge ! J'ai pensé que l'armée pontificale devait avoir un service régulier, et j'ai fait arranger un autel sur un chariot ; rien n'y manque, y compris le mât qui porte un *gonfalone* aux couleurs de l'Église, avec *Viva Pio nono!* d'un côté, et de l'autre *Dio lo vuole!* Aujourd'hui, jour de la fête du pape, *nous avons dit* la messe en plein air, toute l'armée rangée sur quatre lignes, par un temps magnifique, et avec une multitude de paysans des environs. Notre aumônier, qui est un carme, a fait un petit discours de circonstance, et tout cet ensemble, je vous assure, était d'un grand effet. Aussi l'enthousiasme était à son comble.

Je fus bien touché aussi l'autre jour par une scène d'un genre différent. Nous étions sur la route de Belluno ; nous rencontrâmes une maison isolée près d'un groupe d'arbres. En nous approchant, nous aperçûmes une vingtaine de petites fillettes toutes agenouillées sous les arbres, les mains jointes et priant pour nous ; près de là, un vieux paysan et quelques autres individus : il n'y eut pas un cri, pas une voix qui se fît entendre, pas une remarque. Nous passâmes en silence. Après quelques minutes, me retournant pour voir si je les apercevais encore, je vis plus d'une vieille moustache qui s'essuyait les yeux. C'est bien simple en apparence; mais, dans notre position, vous ne sauriez croire quel effet cela nous fit.

Maintenant nous attendons la division Ferrari, et puis nous passerons la Piave et ensuite le Tagliamento, et, Dieu aidant, nous rejetterons l'ennemi au delà de l'Isonzo.

Notre armée a vraiment l'aspect d'une croisade. Outre la ligne qui est très-bien, nous avons une armée de volontaires et de paysans, avec costumes de fantaisie : lances, fourches, et toutes sortes d'instruments dont on a fait des armes. De plus, des prêtres, des moines qui, au reste, pourraient bien ne pas porter tous ces pistolets et ces poignards ; mais le moyen de le leur faire comprendre ? Enfin, tout ceci ne manque pas de couleur locale.

Vous devez tout ce babil à la frayeur des populations qui ont détruit les ponts et nous ont forcés à faire halte sur la Piave. J'ai eu un peu de loisir, et je vous l'ai consacré.

Présentez mes hommages à madame Doubet, et dites à la petite fillette qu'elle aussi prie pour nous, pour l'Italie, bien entendu ; et que Dieu fasse de nous ce qui lui sera plus utile.

XIV

AU MÊME.

Vicence, 26 mai 1848.

Mon cher ami, bien des bruits ont couru à notre sujet, et je pense que vous désirez sans doute savoir à quoi vous en tenir. Pour expliquer tout ce qui s'est passé, il faudrait entrer dans de longs détails, et je n'en ai pas le loisir. J'essaye d'être concis et clair, si cela est possible. Le général Ferrari commandait environ huit mille hommes de Civica. La nécessité évidente d'appuyer ces troupes avec de la ligne, et les instances pressantes de Ferrari portèrent le général Durando à lui céder la moitié de ses troupes de ligne, et il resta avec moins de quatre mille hommes. Notre ligne de la Piave, qu'il était impossible de garder avec aussi peu de forces, fut tournée par la gauche. Le général Ferrari engagea mal à propos la division Livri, qui fut repoussée sur Treviso, où elle s'enferma, obligés nous-mêmes de gagner la ligne de la Brenta avec nos quatre mille hommes, au milieu d'une plaine, à portée de l'armée autrichienne forte de seize mille hommes et trente pièces de canon : j'ai plusieurs fois pensé à vous pendant trois jours de marche, et à vos inquiétudes au sujet de notre petit nombre. Peu s'en est fallu que nous fussions entourés, faits prisonniers, etc., etc. Heureusement Durando a fait tant et si bien que nous nous sommes dégagés, et, après bien des marches et contre-marches, nous nous sommes jetés dans Vicence, que l'armée autrichienne venait de quitter après avoir tenté vainement une attaque. Nous arrivions brisés par des marches forcées, dont la dernière avait été de treize heures. Malgré cela, après avoir fait manger la soupe à la troupe, le général Durando fit une sortie pour pincer l'arrière-garde de l'ennemi. Ceci ne pouvait avoir aucun résultat sérieux. Le pauvre général Antonini, qui s'était distingué en Pologne et ailleurs, y perdit le bras droit. Après deux jours, l'ennemi, qu'on croyait à Vérone, revint brusquement sur ses pas, et attaqua Vicence avec quarante pièces et dix-huit mille hommes. Il y eut douze heures de bombardement, sans qu'il y eût un *seul*[1] blessé

---

1. Je viens d'apprendre qu'un homme fut tué et un autre blessé.

dans la ville. C'est à ne pas y croire. Aux barricades et dans deux sorties à la baïonnette, nous eûmes une quinzaine de morts et une vingtaine de blessés. Le lendemain, on s'attendait à une nouvelle attaque. On met le nez dehors, avec grandes précautions, pour reconnaître. Plus d'Autrichiens !

Le jour de répit n'a pas été perdu : nous nous sommes terrassés, barricadés, fortifiés sur tous les points, car j'oubliais de vous dire que la ville n'a pas d'enceinte ; et maintenant, s'ils reviennent, nous sommes en mesure. Une personne qui a vu l'armée revenant de Vicence dit qu'elle emmenait trente-deux chariots de blessés ; on ne fait qu'enterrer des Croates qu'on trouve tout autour, dans les blés. Le général autrichien avoue avoir perdu deux mille hommes entre tués, blessés, désertés, etc. Un déserteur bohême nous a dit que tous les siens étaient extrêmement fatigués de cette guerre ; que les Croates seuls tiennent bon, mais qu'ils se sont mis dans la tête qu'un charme existe qui empêche les *Papalini* d'être atteints. Ce matin, l'ennemi ne paraît nulle part, et j'ai profité de ce repos pour vous donner de nos nouvelles.

J'ai fait la partie militaire : passons à la politique.

La république de Venise meurt d'inanition. Toute la terre ferme l'abandonne et va se réunir au Piémont. Durando et moi, que les républicains ont pris en grande *amitié*, nous sommes censés nous être vendus à Charles-Albert, et avoir tout exprès mis dans l'embarras la Sérénissime pour la livrer au roi. Vous ne sauriez imaginer tout ce qui s'est dit et publié d'aimable sur notre compte, personne ne s'avisant que quatre mille hommes ne sauraient livrer bataille à seize mille ; que laisser arriver ce renfort à Radetzki n'était pas précisément faire notre cour à Charles-Albert, et que céder la plus grande partie des forces papales au général Ferrari, républicain de première force, n'était pas non plus se montrer fort

royalistes, etc., etc. Mais l'homme a, je crois, l'usage de la raison, tout exprès pour déraisonner. — Quoique je vous parle de cela légèrement, je n'en ai pas moins passé quelques mauvais quarts d'heure à ce sujet. Mais maintenant j'en ai pris mon parti.

Savez-vous que je crains bel et bien que les républicains du jour ne finissent par réconcilier tout le monde avec les rois — pour la seconde fois ! — Quant à moi, une fois délivré des Autrichiens (et cela je le tiens pour sûr), si je vois le gâchis trop fort, je prends mes Invalides : je me retire de l'arène active, et je tâcherai de servir mon pays en écrivant selon la circonstance. Mais qu'est-ce qu'une brochure jetée au milieu des passions? une feuille dans la chute du Niagara.

Après tout, je ne puis employer plus de forces que Dieu ne m'en a données; et cela, je le ferai jusqu'au dernier soupir.

Adieu, mon ami, mes hommages à madame Doubet, et qu'elle prie pour l'Italie.

Votre dévoué.

29 mai.

J'ajoute quelques mots pour vous dire que l'ennemi n'a plus paru. Ces canailles de Napolitains, qui devaient nous relever ici, ont rebroussé chemin... Ils sont la honte de l'Italie. On n'a jamais pu leur persuader de traverser le Pô. J'espère bien qu'on les canardera par les fenêtres partout où ils passeront. On m'écrit qu'on songe à les désarmer, et à nous envoyer fusils et cartouches qui arriveraient fort à propos.

J'ai renoncé à ma pairie : surtout à cause de ce qu'on disait ici que j'étais vendu à Charles-Albert, et que j'avais conseillé d'éviter de rencontrer l'ennemi pour réduire la république aux abois. On m'offre une candidature, et je ne sais trop comment m'y soustraire. Nous verrons. Adieu.

XV

A MONSIEUR EUGÈNE RENDU.

Vicence, 8 juin 1848.

Mon cher ami, M. Doubet m'a envoyé l'*Ère nouvelle*[1]. J'ai vu l'article au sujet des *lutti*[2], tracé, on le voit bien, par *amica manus*. Ce n'est pas la première fois que j'ai à vous dire cela, et à vous exprimer combien je suis touché de votre constante bienveillance à mon égard. L'article de l'*Univers* et votre confutation (n° 38) m'a vivement intéressé. Cela se rattache à une grande question que j'ai toujours tremblé de voir mettre sur le tapis. Le pape a-t-il la liberté de ses actes ou ne l'a-t-il pas? Est-il le maître à Rome, oui ou non? J'ai toujours pensé que du jour où cela serait mis en question, de grandes perturbations pourraient s'ensuivre pour le catholicisme et pour la cause italienne, qui, selon ma manière de voir, y est étroitement liée. Maintenant je le vois, le mot est lâché. Les Autrichiens, les jésuites, les rétrogrades et

---

1. On sait que l'*Ère nouvelle* avait été fondée par le P. Lacordaire, au lendemain de la révolution de février. — Ce journal, en regard de l'*Univers* et de l'*Ami de la religion*, était l'organe des catholiques libéraux, et le défenseur de la cause italienne.

2. *Lutti di Lombarda*, Rome, 24 février 1848. — Ce pamphlet était tombé sur la Lombardie comme une étincelle sur la poudre. L'auteur y avait signé la déclaration de guerre à l'Autriche, après avoir dressé, pièces en main, son acte d'accusation. Acceptant les conséquences de sa patriotique audace, M. d'Azeglio avait voulu soutenir de son épée la cause qu'il avait défendue de sa plume; il avait changé d'arme au service de la même pensée.

compagnie en feront leur profit en exploitant, dans leur intérêt, les âmes à convictions sincères, mais timides ou peu éclairées. Je vais mettre sous vos yeux ma manière de voir à ce sujet. Je le ferai incomplétement et sans beaucoup d'ordre, car je n'ai guère de temps à vous donner. Radetzki a passé l'Adige avec les débris de son armée (qui sont pourtant encore une trentaine de mille hommes et soixante-dix bouches à feu), et je ne serais nullement étonné qu'il voulût nous donner un petit bonjour en passant; d'autant plus qu'il a une dent contre Durando et Vicence qui l'ont déjà repoussé deux fois.

Je suis à chaque instant interrompu pour affaires de service, devant nous tenir prêts pour cette nuit..... Précisément je reprends la plume après une assez longue interruption causée par un envoi de sel destiné à saler la soupe des Autrichiens, et qui salera la nôtre, car j'ai fait mettre la main dessus.

Pie IX n'est plus roi absolu, cela est manifeste, dit-on. D'accord, puisqu'il est roi constitutionnel. Mais est-il réellement assiégé dans le Quirinal par une faction que rien ne saurait satisfaire, qui en veut à son pouvoir, à son existence comme pape et comme souverain? Je ne pense pas qu'on puisse le dire. Pie IX a le sentiment du bon au suprême degré; mais, — entre nous, — il n'a pas dans la même mesure celui du grand, et j'ose ajouter, du vrai, dans ce sens qu'il n'a pas su accepter les conséquences de ses prémisses; il n'a pas su voir son rôle dans son entier. Sa bonté, qui est son caractère dominant, lui a fait donner l'amnistie; mais cette même bonté l'a empêché de dominer ce vieux parti romain qui, sous le masque de la religion, n'avait d'autre but que de ramener le gouvernement à l'ancien système. L'émeute, croyez-moi, se rassemble sous les fenêtres du pape, mais elle n'est pas à son adresse. Elle s'en prend à lui, parce qu'il n'a pas éloigné des hommes dangereux qui ont toujours comploté, intrigué, et qui continuent sur le même pied contre l'indépendance de l'Italie, en faveur de l'Autriche et de ses partisans. Ces gens-là ont si bien pris leurs mesures qu'ils ont fait tomber au milieu de nous la fameuse *enciclica*[1] comme une bombe, juste au moment où elle pouvait faire le plus de mal. Notre armée en a été presque dissoute. Je pourrais vous citer nombre de faits de ce genre. Et puis, dit-on, on veut rendre le pape esclave ! Non, mille fois non ! Rome, et les provinces, et l'Italie entière le sentent bien, qu'elles ont besoin du pape : mais on ne voudrait pas qu'à chaque instant sa bonté (ou sa faiblesse) vînt nous exposer à de si terribles dangers. Que le pape prenne une position franche, digne de lui, surtout comme pontife; qu'il dise, d'un côté, aux Italiens : Je ne saurais vous contester le droit de reconquérir votre indépendance; de l'autre, à l'Autriche : La guerre que vous faites est sans but, elle fait verser inutilement le sang de vos soldats; l'Italie vous a échappé et c'est à jamais, car l'entière civilisation chrétienne a proclamé juste le droit des nations de s'appartenir. Qu'il ajoute ce que peut dire à ce sujet le chef de la chrétienté, et cela à la face du monde, sans tergiversations, sans semblants de peur ou de faiblesse, imitant le langage et le ton des grands papes du moyen âge. Si, après cela, Pie IX ne devient pas ou plutôt ne redevient pas l'idole, le maître de ses sujets et de l'Italie, je veux être pendu !

La lettre du pape à l'Empereur[2] me semble bien pâle. Mgr Morichini (sauf erreur) vient d'être envoyé à Vienne. Nous verrons. Tant que le ministère Minghetti a duré, j'ai insisté pour que le pape fît entendre sa voix de pontife. J'aurais voulu qu'il allât à Milan, se poser en médiateur ou pacificateur. J'avais, de la même manière,

---

1. Encyclique du 29 avril 1848.
2. Lettre en date du 3 mai 1848. Voy. la note 1 à la fin du vol.

conseillé d'envoyer un nonce cardinal, avec toute la pompe possible, en Suisse. Les choses se sont arrangées d'elles-mêmes, mais je ne pense pas que la papauté y ait gagné dans l'opinion publique. Pie IX doit la réhabiliter en Italie, comme Charles-Albert y a réhabilité la monarchie. Sans cela, des deux grandes bases de notre nationalité, la force morale et la force matérielle, il n'y aura que celle-ci de bien assise. — Voilà ma manière de voir.

Bien entendu, tout ceci n'est que pour vous seul. S'il avait dû en être autrement, j'aurais mis moins de laisser-aller dans mes expressions. Je vous envoie un récit des opérations de Durando, et une publication que j'ai fait paraître hier. Si le bruit que Durando et moi nous étions *vendus* est arrivé jusqu'à vous, ces pièces vous serviront d'explication. Je crois que cette guerre ne durera pas longtemps, pourvu que les Italiens sachent éviter les dangers de la victoire.

Tout à vous.

P. S. Bien des choses à Geofroy. Veuillez lui passer un des deux exemplaires du récit, si cela peut lui être bon à quelque chose.

XVI

AU MÊME.

Florence, 30 août 1848.

Mon cher ami, la dernière fois que je vous ai écrit, c'était de Vicence, l'avant-veille de notre catastrophe que vous aurez lue dans les journaux. Si vous avez reçu ma lettre, vous aurez vu que je m'y attendais un peu, car ayant déjà repoussé trois attaques et sachant que Radetzki en personne arrivait sur nous, je pensais bien qu'il n'aurait pas voulu en avoir le démenti et qu'il aurait pris ses mesures en conséquence. Effectivement, il se présente avec 45 mille hommes et 110 pièces de canon et nous n'étions que 10 mille et 25 pièces. Aussi, après douze heures d'un jeu assez serré, il a fallu traiter.

J'avais une peur du diable de faire le voyage de Bohême, et, s'ils avaient voulu, ils nous auraient pincés. Heureusement on se contenta de nous renvoyer chez nous, en nous disant que c'était en récompense de notre défense mais je crois que le vrai motif fut que Radetzki voulut être aimable avec Pie IX ; ce qui, au reste, lui était dû par reconnaissance : le compte de l'*enciclica* fut soldé[1].

J'ai rapporté de Vicence, comme souvenir, un bon coup de feu dans le genou droit, qui m'a fait beaucoup souffrir, et qui me tiendra au régime des béquilles encore pour deux ou trois mois. Malgré tous nos désastres, je ne suis pas du tout découragé. Franchement, je craignais pour l'Italie une victoire trop facile, presque autant qu'un désastre. Si nous nous fussions débarrassés du *straniero* dans une campagne, Dieu sait où nous aurait conduits la violence des passions politiques et l'outrecuidance des partis dont la présomption n'aurait plus eu de bornes. Comme de raison, il y a de bien mauvais éléments chez nous; il est bon que tout se purifie au creuset de l'adversité.

Au reste, vous savez que ma foi dans l'avenir de l'Italie est inébranlable. Vos malheureuses affaires de juin nous ont délivrés de la république. Tout ce qui possède est dans les transes que vos républicains ne soient l'avant-garde des communistes. Aussi toutes les intrigues de Mazzini et compagnie n'aboutissent qu'à des explosions plus ridicules que dangereuses, comme a été l'échauffourée de Livourne. La nuit dernière, le gouvernement a

---

[1]. Au sujet de cette appréciation de la célèbre Encyclique du 29 avril, voyez la note 1, à la fin du volume.

pris son grand courage à deux mains et a fait arrêter G***
et nombre de mauvais drôles qui s'obstinent à vouloir
faire de la république sans républicains. Le public a
applaudi à cette mesure. Nul doute que les émissaires
autrichiens ne soufflent dans la république et le communisme; mais *fiasco*. Chez nous, il y a plus de riches
que de pauvres : peu de misère; et la misère qui se
chauffe au soleil n'est pas rageuse comme la misère de
mansarde.

J'ai vu notre cher Doubet, qui a été charmant pour
moi, en me donnant deux de ses journées à une petite
villa où je suis établi à un mille de Florence[1]. Il m'a dit
qu'il voulait vous envoyer un article que j'ai publié dans
la *Patria*[2], et m'a engagé à vous adresser ce que je
publierais par la suite. Je vous en envoie donc un autre[3]
et je le rends responsable de ma présomption. Si vous le
jugez à propos et si vous en avez le moyen, je serais
bien aise que ces articles pussent pénétrer en Allemagne.
Il me semble qu'on n'a pas assez relevé l'étrange incon-
séquence de l'assemblée de Francfort, au sujet de notre
nationalité. Si une voix s'était élevée du sein de l'assemblée nationale pour stigmatiser l'improbité des libéraux
tudesques, cela aurait eu du retentissement et aurait
ajouté à l'effet de vos nobles professions de foi; obtenir
ce résultat avec d'obscurs articles de journaux : *Ci vuol
altro!*... Adieu, mon cher ami, écrivez-moi si vous en
avez le temps.

1. Villa Almansi.
2. *L'onore dell' Austria e l'onore dell' Italia.*
3. *Quale sarà il diritto pubblico Europeo?* — Un troisième article
(*Parentele vecchie e parentele nuove*) plaisantait « les *frères* et amis »
prenant la place des gouvernements *paternels*. Un mot de cet article fit
fureur : « Les procédés des rois se disant *nos pères*, écrivait M. d'Azeglio, m'avaient fait désirer d'être orphelin; les faits et gestes des révolutionnaires se disant *nos frères* me font désirer d'être fils unique. »

XVII

AU MÊME.

Florence, 12 novembre 1848.

Mon cher ami, je vous ai envoyé sous bande un petit libretto[1] que je viens de publier. Vous trouverez peut-être que ce n'était pas la peine de dire ce qui a été dit cent fois. Songez que j'écris pour l'Italie, où malheureusement, au train dont on y va, il faudra bientôt s'entendre, si, lorsqu'on dit *pain*, tout le monde comprend la même chose.

Je vous dois encore des remercîments pour votre remarquable brochure. Je ne pense pas, du reste, — et je me range de votre avis là-dessus, — que des lois politiques puissent suffire au traitement des plaies actuelles. On songe bien plus aux droits qu'aux devoirs ; tandis que les seuls devoirs exactement remplis peuvent assurer les droits communs. En dehors de cela, il n'y aura à peu près que des questions d'impunité.

Chez nous aussi on a terriblement besoin du sentiment du devoir et du sacrifice. En Toscane, la faction G*** est en train d'opérer un renversement d'idées complet. Une bande de fous et de coquins du plus bas

---

1. *Timori e speranze*, brochure dirigée contre cette classe de républicains qui tuaient la liberté en Europe. « Si nous ne revenons pas à la monarchie *pure*, disait M. d'Azeglio, ce n'est pas la faute des républicains. Rendons leur la justice qu'ils font tout ce qu'ils peuvent pour nous ramener au droit divin. »

« Chaque peuple, continuait l'auteur, a le gouvernement qui résulte de son état social, par conséquent le gouvernement qu'il mérite... la France ne méritait pas la république ; elle ne l'a pas et ne l'aura pas tant qu'elle ne s'en sera point rendue digne.

« Quant à l'Italie !... »

étage sont parvenus, par l'intimidation, à se rendre les arbitres du pays. Si un faitpareil eût eu lieu sur une plus grande échelle, ç'aurait été un bien grand péril pour la cause italienne. Réduit à de petites proportions, ce sera peut-être une leçon. Reste pourtant le mauvais exemple d'une grande immoralité. Il est pénible de devoir reconnaître qu'il a été donné par un homme qui jouissait d'une grande réputation de probité. C'est même là ce qui le rend plus dangereux. Tout cela est ignoble et déplorable. Nous allons voir les élections. C'est aux Toscans à prononcer leur arrêt. Espérons qu'ils en comprennent la gravité.

Chez vous, la besogne n'avance pas beaucoup non plus, ce me semble.... Je me trompe peut-être, mais je ne crois à la possibilité de la république, ni en France, ni ailleurs en Europe. Je suis grand républicain, moi, voyez-vous; mais précisément à cause de cela, je m'en tiens à la monarchie. Je crois que la république est une espèce de prix de vertu que le bon Dieu accorde aux peuples qui le méritent. — C'est le prix Monthyon de la Providence, — et je n'ai pas l'idée qu'il y ait une nation en Europe qui ait le droit de le réclamer. Avec cela je comprends très-bien qu'on ait voulu essayer chez vous; mais que cela puisse marcher, j'en doute. Quant à nous, on n'arrivera pas même jusqu'à l'essai. Mais il est possible que nos brouillons réussissent à emmêler les affaires et à faire les leurs sous prétexte de république. Je ne serais pas étonné qu'au bout de tout cela il nous vînt un bon petit despotisme tricolore, à vernis constitutionnel.

Dans quelques jours je me rendrai à mon poste à la chambre de Turin. J'attends seulement que le trou que j'ai à la jambe depuis cinq mois soit entièrement cicatrisé. Je ne sais plus rien de notre cher Doubet. Est-il à Montpellier comme il en avait le projet? faites-lui bien mes amitiés quand vous lui écrirez, et *vogliatemi bene*.

XVIII

AU MÊME.

Sans date. (Fin de janvier 1849.)

Mon cher ami, vous recevrez, en même temps que ces deux lignes, un compte rendu *à mes électeurs* [1]. Je ne mets pas de mitaines pour dire leur fait aux drôles qui, sous prétexte de république, et après tout ce qui s'est passé, rendent mon malheureux pays la risée de l'Europe en osant bien crier: « La guerre des princes est finie, la guerre des peuples commence! » O dérision! aussi je mets le fer rouge sur la plaie [2].

Vous trouverez une page sur Rome. J'ai soulagé ma conscience [3]. Pauvre Pie IX! il a été trahi des deux

---

1. *Ai suoi elettori Massimo Azeglio.* Cette brochure est peut-être le chef-d'œuvre de l'auteur.

2. « Vous vous en prenez de nos désastres aux gouvernements, aux ministres, aux souverains... Vous ne voulez pas comprendre que, chez un peuple comme le nôtre, il ne s'agit pas de changer les formes, mais de nous changer, nous ; de nous régénérer nous-mêmes ; de secouer notre inertie ; de nous arracher à la fange des lâches habitudes ; de cesser d'être à la fois des vantards et des incapables ; de devenir une nation, vive Dieu! qui ait des mérites et des vertus, au lieu d'être une race abaissée, avilie, objet de la risée des forts!

« Ayez au moins le courage d'entendre ces paroles, Italiens! J'ai bien le courage de les dire! » (P. 48.)

3. « Oui, l'entourage de Pie IX, abusant de sa candide nature, n'a que trop divisé et rendu ennemies les deux forces qui, unies, auraient subjugué le monde, la foi et la liberté ; oui, Rome et l'Italie, et tous ceux à qui sont chers, en ce monde, le droit et la justice, tous ceux qui eurent un esprit et un cœur pour comprendre Pie IX, ce qu'il fut, ce qu'il est, ce qu'il pouvait devenir pour la civilisation entière, ont eu à pleurer sur de fatales erreurs et à maudire les intrigues qui les ont produites. Oui, cela est vrai! Mais il n'y avait que la sottise et la perversité qui pussent croire remédier à un si grand mal en violant toutes

côtés. Les rétrogrades ont préparé le champ aux démagogues. Le P. Ventura a écrit très-justement des premiers : « Ils s'en vont répétant : nous l'avions bien dit ; le « pape se perdait ! — et ils s'applaudissent d'avoir débité « des prophéties dont ils se chargeaient eux-mêmes de « procurer l'accomplissement. » Ah! mon ami, la sotte espèce que l'espèce humaine!

XIX

A MONSIEUR DOUBET.

Turin, 15 janvier 1849.

Mon cher ami, effectivement j'étais venu à Turin appelé par le roi pour former le cabinet ; je suis venu, mais pour décliner cet honneur. Je n'aurais pas voulu faire la guerre à l'Autriche tout seul, et encore moins faire la paix — et *la signer*. Outre cela l'opposition, ayant les per-

les lois divines et humaines !... Comment ne pas avoir compris qu'en dépit de tout, Pie IX était de tous les princes, de tous les hommes le plus inviolable? que pour l'Europe, Pie IX était toujours le pontife de l'amnistie et des réformes? que l'Europe et le monde, trop éloignés pour se préoccuper de questions locales, auraient dit à l'Italie : Anathème! en entendant tonner le canon tourné contre Pie IX ? qu'ils l'auraient traitée de folle, d'ingrate, d'injuste, d'étrangère à tout élément de vie politique? qu'ils l'auraient déclarée indigne de liberté et d'indépendance? et qu'ils auraient dit de l'Autriche et du roi bourbon? « Ceux-là connaissent l'Italie; ils savent comment elle mérite d'être « traitée ! »

« Ah! on n'a pas compris que le drapeau italien, le drapeau de la liberté et de l'indépendance ne pouvait se déployer aux yeux de l'Europe tant qu'il était souillé de l'horrible tache du sang de Rossi ! Et l'on n'a pas lavé cette honte ! il était plus pressé d'imaginer, à Rome aussi, le ministère démocratique. Rome l'a eu, ce ministère, et après? Vous avez à choisir aujourd'hui entre l'anarchie, la guerre civile et l'intervention étrangère. » (P. 54.)

turbateurs de Gênes à ses gages, aurait rendu tout ministère impossible, le sien excepté. Il faut que les exaltés fassent leur temps ; il faut que le pays les voie à la besogne, les connaisse et s'en lasse. C'est ce qui commence à arriver. Les ministères démocratiques de Rome, Florence et Turin, sont l'expression et l'ouvrage de la jeune Italie. C'est un fait connu de tout le monde, excepté de l'abbé Gioberti qui croit mener et est mené. Les républicains ont réussi, en flattant sa vanité, à s'en faire un instrument, et à se couvrir de son nom et de sa réputation. Mais comme d'un côté l'inexpérience et l'incapacité politiques de Gioberti sont immenses[1], et que de l'autre l'absurdité des théories de la jeune Italie saute aux yeux de tout le monde, une fois qu'on veut les traduire en pratique, il en résulte que le ministère actuel a très-peu de chances de pouvoir se soutenir longtemps, même avec une chambre de sa couleur ; car l'Europe et les faits sont là pour leur donner de fameux démentis.

Le mouvement général révolutionnaire n'est pas, en ce moment, à l'état ascendant ; il est ou stationnaire ou descendant, et ce n'est pas un petit pays comme le nôtre qui pourra aller contre le courant. Ainsi je ne vois pas en noir pour notre avenir, mais je vois *en stupide*, malheureusement. On fera beaucoup de sottises comme la proclamation Buffa à Gênes, comme les choix de nos agents diplomatiques, etc., etc., et il faudra en revenir aux modérés comme il arrive partout.

Gioberti, après avoir fondé sa politique sur la papauté

1. M. d'Azeglio modifia ce jugement sévère quand Gioberti, un mois plus tard, forma le projet de restaurer par les armes piémontaises le pape et le grand-duc, afin de donner des gages aux idées conservatrices, et d'épargner à l'Italie une intervention étrangère. Ce projet, vivement soutenu par le comte de Cavour (dans le journal qu'il dirigeait, le *Risorgimento*), se fût réalisé, sans la défection d'une partie du ministère guidée par M. Rattazzi.

et sur l'union entre les souverains et les peuples, se trouve amené à une cordiale entente avec les exaltés, et la révolution romaine excommuniée par la politique, à l'heure qu'il est, aussi bien que par la religion ; et je ne vois pas comment il se tirera de là. Avec la proclamation Buffa, il donne gain de cause à la *jeune Italie;* et voilà encore une négation de ses principes ; c'est mal commencer pour un homme d'État. Aussi est-il démonétisé, et je considère cela comme une grande perte pour notre cause. La vanité et l'ambition sont de tristes guides.

J'ai toujours pensé que les révolutionnaires romains se fourreraient dans une impasse, et je le crois plus que jamais. Pie IX reviendra pour sûr ; j'aurais voulu qu'il revînt sans excommunication et sans intervention ; et c'était possible, à savoir s'y prendre. Mais l'Autriche, la Russie, etc., étaient là pour brouiller les choses et avoir un peu de désordre au service de la réaction. De tout ceci il résultera, je pense, que le pape rentrera par une porte et que la papauté sortira par l'autre. Ces damnés exaltés ont réussi à tout bouleverser, l'Autriche aidant ; et voilà où en est ce mouvement italien si grandiose au commencement !

Votre plan d'une double abdication serait fort de mon goût ; mais ni Charles-Albert ni Ferdinand n'en viendront jamais là, sans de nouveaux et bien graves événements. Je ne désespère pas entièrement de la médiation[1]. Il

---

[1]. L'assemblée constituante française avait adopté, dans la séance du 25 mai 1848, un ordre du jour ainsi conçu : « L'assemblée invite la commission du pouvoir exécutif à prendre pour règle de sa conduite ce vœu unanime de l'assemblée : *Affranchissement de l'Italie.* » Mais, au mois d'août, le maréchal Radetzki rentrait victorieusement dans la capitale de la Lombardie. — A ce moment un projet de *médiation* proposé par l'Angleterre remplaça, pour le gouvernement français, la promesse d'intervention armée. Il fut déclaré officiellement que « la médiation en Italie serait suivie d'un *prompt et favorable*

convient à l'Europe, si elle veut la paix, de finir la question italienne, et à l'Autriche de renoncer à un pays qui ne lui serait d'aucune utilité désormais.

J'espère que le climat de Montpellier vous sera avantageux. Celui de Turin est un peu froid pour ma blessure, qui est encore ouverte.

Tout à vous.

XX

AU MÊME.

Spezia, 21 mars 1849.

Mon cher ami, j'ai reçu votre bonne lettre et je ferai tenir *l'acclusa* à Son Éminence qui sera assurément touchée de votre sollicitude à son égard, mais qui n'a au reste aucun danger ni aucune vexation à redouter ni à Chiavari, ni en tout autre endroit du Piémont où il lui plairait de s'établir. Nous ne sommes point enflammés à ce point.

Maintenant *politichiamo*. — Quoique je sois modéré, *codino*, etc., je suis au fond et serai toujours du parti qui

---

résultat » (note du ministre des affaires étrangères, au *Moniteur* du 12 août); — on répéta à la tribune « que la médiation ne serait pas sérieuse si elle n'avait pour objet l'affranchissement de l'Italie. » — Plus tard, au mois d'octobre, le général Cavaignac calmait par ces mots les inquiétudes de l'assemblée nationale : « Le fait de la médiation prouve suffisamment que les bases de la négociation ne sont pas les traités de 1815 ; s'il n'y avait pas eu d'autre base à prendre que ces traités, *la médiation devenait inutile.* » En dépit de tels engagements, le projet de médiation, qui n'était qu'un leurre mis en avant par l'Autriche, ne reçut même pas un commencement d'exécution. (Sur l'attitude du gouvernement français dans la question italienne pendant l'année 1848, voy. la brochure *L'Italie devant la France*; mars 1849.)

sauvera l'Italie. Si les exaltés y parviennent, va pour les exaltés! Mais de ce que l'Italie n'a déployé que peu de forces l'année dernière, sous la main du grand-duc et de Pie IX, il ne s'ensuit pas qu'en écartant ces princes, elle sera en état et aura la volonté de faire davantage. Les princes et leurs gouvernements ont eu le tort principal assurément pendant toute la période qui s'est écoulée depuis 1815; mais l'année dernière est peut-être l'époque où il y a eu le moins de reproches à leur faire. C'est la nation, le peuple qui est *rovinato;* et tous les changements de système, de parti, de gouvernement ne sauraient jamais obtenir qu'un peuple *rovinato* devienne tout à coup ce qu'il devrait être pour agir et réussir. Bien loin de là, ces secousses, ces commotions antipathiques au vœu et à l'intelligence des masses, les irritent, les éloignent, et détruisent le peu d'ordre et partant le peu de forces dont on aurait pu disposer. C'est comme qui se trouverait en mer par un gros temps avec un navire mal gréé et mal monté. Mieux vaut encore le garder tel qu'il est et l'utiliser comme on peut, que d'y faire des radoubages pendant lesquels, sans avoir encore les nouveaux moyens, on se trouve dépouillé de ceux qu'on possédait.

C'est ce qui est arrivé à Florence et à Rome. On n'a plus ni les petites armées ni le petit boursicaut de la monarchie constitutionnelle, et on n'a pas l'équivalent de la république. Ajoutez que les gens qui ont mené tout cela sont de si abominables coquins; ils ont tellement foulé aux pieds tout ce qu'il y a au monde de principes honnêtes; ils exercent un si effroyable despotisme, persécutant et dépouillant leurs ennemis pour gorger leurs amis, que le peuple, les paysans, les masses, — c'est affreux à dire, — désirent, et, au besoin, recevraient les *Tedeschi* comme des libérateurs.

En Toscane et à Rome on fait un bruit d'enfer pour

la *guerra santa*, on parle de milliers d'hommes, de levées en masse, de piques et de faux; et le fait est que la conscription n'a jamais pu être établie, que la capitale est dans un sauve qui peut général; et que si on parvenait à réunir quelques corps de volontaires, on n'aurait ni officiers ni sous-officiers pour les commander, n'ayant pas de cadres, — et pas le sou pour les payer.

Notre pauvre Piémont s'est mis à sec d'argent et d'hommes, et nous voilà lancés contre une puissance de trente-six millions. Mais ce n'est, par Dieu! pas les Mazziniani qui feront la besogne; ce seront bien nos pauvres paysans, nos pauvres soldats qui, sachant parfaitement combien la lutte sera rude et disproportionnée, abandonnent leurs femmes et leurs enfants, — car toutes les réserves marchent, — sans un murmure, et vont se faire tuer, parce que c'est leur devoir et parce que le roi y va.

Je vous assure, mon ami, qu'à voir partir ces admirables gens, je me sens le cœur serré, en songeant qu'eux, sans peut-être s'en rendre compte, travaillent, au prix de tous les sacrifices, à ce qui est réellement, uniquement important pour faire *risorgere* l'Italie à l'indépendance; tandis que les mazziniens n'ont jamais pu prendre sur eux d'entendre siffler une balle, et ne pensent qu'à leur république, qui se résume à satisfaire l'ambition et à remplir les poches des principaux meneurs.

J'ai de terribles inquiétudes au sujet de la guerre, tout en croyant que nous pourrions avoir des succès *sul primo*. Mais après : si la Russie s'en mêle, et peut-être l'Angleterre, que sais-je? Si la Hongrie succombe; si le Lombardo-Veneto ne s'insurge pas; si on nous laisse seuls, qu'arrivera-t-il? Je l'ignore; mais si on fait quelque chose, ce ne seront pas par les exaltés, mais en dépit des exaltés et de tous les bâtons qu'ils nous ont jetés dans les roues. Savez-vous ce que M*** a dit, à ce qu'on prétend, au Circolo? « L'armata piemontese ci è contraria (pas « républicaine) speriamo che sarà dispersa. » Je ne l'ai pas entendu, mais si on lui prête un pareil propos, c'est qu'on connaît ses sentiments et ceux de son parti.

Quant à votre idée sur Ferrare, je puis vous en dire long, car, il y a un an, j'étais là avec Durando, et nous avions formé le projet de tenter un coup de main; mais nous n'avons jamais pu faire comprendre aux habitants que Ferrare, ville immense, à rues très-larges, avec de grands jardins, cours, etc., était bâtie exprès pour être bombardée. On nous a bien bombardés deux jours dans cette pauvre Vicence, toute de ruelles! et je crois qu'il n'y a pas eu quatre personnes tuées dans l'intérieur de la ville; mais les Ferrarais y mirent une obstination ridicule. Il faut dire aussi que leur forteresse est bien autre chose que la Bastille : bastion, fossé, chemin couvert et glacis, rien n'y manque. Nous n'avions pas de gros calibre, ni de génie, ni de compagnies de sapeurs. Nous avions pensé à l'escalade, mais les fossés sont remplis d'eau et de fange où on enfonce. Je vous assure que l'entreprise n'était guère possible sans un siége dans les formes. On aurait pu cerner la place et la bombarder; mais on n'aimait pas les bombes! Je ne crois pas que cette année on serait plus entreprenant; et, si l'amour-propre d'auteur ne m'égare pas trop, je ne pense pas que l'armée républicaine vaudra cette pauvre petite armée papale qui nous a fait suer sang et eau à rassembler et à conduire, et qui a pourtant causé d'assez jolies pertes à l'Autriche.

L'Autriche, de son côté, m'en a causé une fort grande, à moi personnellement; et je me trouve être un pauvre invalide, tandis que tout le monde part, et je me sens bien isolé. Ma blessure fait toujours rage; il y a carie dans le tibia et un trou à mettre le doigt. Ces jours derniers j'ai voulu m'essayer à suivre la petite guerre de la division Marmora; mais mon état empire, et le chirurgien m'a déclaré que, si je ne me tiens tranquille, le mal fera des progrès au lieu de guérir. C'est qu'aussi j'avais dû partir douze heures après le coup de feu reçu, et suivre la colonne par un soleil et une poussière diaboliques, et cela m'a abîmé. Et puis je ne me suis peut-être pas assez soigné, allant à Turin par le froid. Enfin je me trouve écloppé, et quoique je me soumette à un traitement sévère, j'ignore si j'arriverai à temps. C'est pourtant dix mois que cela dure !

J'allais en Toscane pour faire sortir ma fille du couvent; arrivé à Pise, je fus averti que l'on voulait me mettre la main dessus ou m'assassiner; l'avis n'était pas bien clair. Je partis à cheval par les bois le long de la mer, et en deux jours je vins à la Spezia sans encombre. J'attends ma fille qui, j'espère, pourra y arriver de même.

Voilà, mon cher ami, de la correspondance à dose héroïque; j'ai pourtant la présomption de croire que vous m'avez lu jusqu'au bout. Veuillez remercier Eugène de tout le mal qu'il se donne à notre intention. Ses articles me paraissent du plus grand mérite, et je le remercie aussi du relief qu'il donne à mes pauvres brochures.

Addio.

XXI

A MONSIEUR EUGÈNE RENDU.

Spezia, 3 avril 1849.

Mon cher ami, vous le savez, à cette heure, tout est fini[1]. Je l'avais prévu, — et il ne fallait pas être sorcier pour cela, — lorsque je refusai la présidence du conseil, ne voulant ni jeter le pays dans le désastre qui le frappe maintenant, ni signer une paix qu'une suite funeste

1. Bataille de Novare, 23 mars 1849.

d'erreurs et de fautes avait rendue inévitable. Je crois vous l'avoir écrit dans le temps.

Vous pouvez imaginer comme j'ai le cœur serré. Avoir travaillé toute sa vie dans une seule pensée, sans espérer jamais qu'une occasion se présentât; la voir arriver, surpassant toute prévoyance raisonnable; et puis sentir tout cet édifice s'écrouler dans un jour ! Après de pareils coups on ne garde que les apparences de la vie. L'âme et le cœur sont morts. Je ne verrai plus ma pauvre chère patrie délivrée du joug. Que la volonté de Dieu soit faite !

Je n'ai pas la force de vous expliquer quel malheureux rôle ont joué dans notre catastrophe l'ignorance, les mauvaises passions, les rages de parti. Je vous raconterai cela un jour. Pour le moment, je désire seulement qu'on sache, — puisque tout est perdu, — qu'au moins l'armée s'est bien battue. Nous n'avons plus que notre honneur. Dans notre chambre, — formée par Valerio et la jeune Italie de tout ce qu'il y avait de médiocre et de vulgaire dans le pays, — un M. L... a prononcé des paroles inconcevables. Ce n'était guère mauvais vouloir, je pense, mais pure bêtise. Il donnait à entendre que l'ennemi était inférieur en nombre, et n'avait que trente-cinq mille hommes ! Voici ce que m'écrit mon frère de Turin :
« Abercromby (ambassadeur d'Angleterre) ha detto e
« ripetuto che Radetzki stesso trattenendosi con lui gli
« aveva dichiarato, che senza la forte maggioranza del
« numero, e di nuovi battaglioni che faceva avanzare a
« rinfrancar l'azione, la giornata, per lui, era perduta :
« quei diavoli di Piemontesi, diceva, sono sempre gli stessi,
« e malgrado il minor numero loro e la stanchezza delle
« marce fatte, ho temuto piu d'una volta di dovermi riti-
« rare. » Deux généraux de division sont morts : le marquis Passalacqua et M. Perrone, celui qui servait en France, et y a épousé la nièce de M. de La Fayette. Un

autre est blessé, le général Bes. Dans tous les régiments, un grand nombre d'officiers tués ou blessés. Dans un seul de bersaglieri, sur trente officiers, vingt-cinq manquèrent à l'appel le soir. L'artillerie a fait des pertes énormes. Un des fils de Balbo, Ferdinand, un brave jeune homme de dix-huit ans, lieutenant dans la batterie où son frère Prosper était capitaine, a eu la tête emportée par un boulet. Ce pauvre Balbo, qui ne vit que pour ses enfants, supporte cependant ce malheur avec une grande fermeté. — Il paraît que le général Ramorino est un traître. Il a désobéi au général en chef, et fait manquer son plan. On l'a arrêté à Arona, comme il se sauvait en Suisse, et on l'a conduit à Turin garrotté. Il est sous conseil de guerre.

Je suis à la Spezia, tâchant de me rétablir; mais ma blessure est toujours ouverte, et je crains que j'en aurai encore pour longtemps. Elle m'a épargné d'être témoin de cet affreux désastre. J'attends ma fille qui est au couvent, à Florence, et dont la santé réclame des soins assidus. Je vais m'y consacrer. Cela m'aidera, j'espère, peu à peu, à *accepter*. Je ne vois plus rien à faire pour le moment. Il faut rouler jusqu'au fond de l'abîme pour voir où l'on s'arrête, et pour se reconnaître. Alors nous recommencerons! mais ce n'est pas moi qui cueillerai le fruit. Souvenons-nous que l'amour de la patrie est *sacrifice*, et non *jouissance*.

Veuillez, je vous prie, communiquer à M. Doubet ce qu'il y a d'essentiel dans cette lettre; je suis sûr qu'il partage notre affliction. Et surtout, tâchez que tout le monde sache que nous étions cinquante mille hommes, comme avoue Radetzki dans son bulletin, et qu'il nous a attaqués avec quatre-vingt mille, et que nous nous sommes bien battus. — Adieu, mon cher ami, nous sommes accablés, mais point découragés; c'est un long travail à refaire, voilà tout. Vous qui avez plaidé notre cause avec tant de cœur et de talent, aidez-nous à rétablir les faits, et à préserver le seul bien qui nous reste — l'honneur.

XXII

AU MÊME.

Sarzana, 22 avril 1849.

Mon cher ami, j'ai reçu votre brochure[1], et quoiqu'elle soit trop bienveillante pour moi, j'ai tellement besoin en ce moment que mes amis soient *trop* bienveillants, que je ne puis m'empêcher de vous dire : *Vous avez bien fait*, comme Jean Bart! Mais ce qui me contrarie extrêmement, c'est qu'il paraît, d'après votre lettre, que vous n'avez pas reçu ma dernière que je vous écrivais peu après le désastre de Novare, non plus qu'une brochure que je vous avais envoyée. C'était un document fort curieux : une discussion du conseil général de la république de Florence en 1497, concernant l'impôt progressif proposé par un Proudhon du quatorzième siècle avec toutes les idées socialistes du jour. Si vous n'avez pas reçu ce document, je vous le renverrai, car il peut être utile de le publier ou de le faire connaître chez vous dans le moment présent.

Quant à nos désastres, il ne fallait pas être bien sorcier pour les prévoir; mais il fallait, par contre, être imbécile au suprême degré, et *birbante* à l'avenant, comme Mazzini et compagnie, pour commettre les énormes fautes qu'on a commises et qui ont jeté le pays dans un affreux malheur.

C'est à recommencer! — sans doute; mais l'occasion re-

[1]. *L'Italie devant la France*, précédé d'une lettre à M. le marquis Massimo d'Azeglio.

commencera-t-elle aussi? — Nous aurons toujours gagné des constitutions.— D'accord. — Mais il n'est rien moins que certain que, nous ayant été données prématurément, et sans que les masses y fussent nullement préparées, elles puissent faire le bien du pays, et constituer un véritable progrès. Vous savez mon idée que *le riforme immature ritardano le riforme mature*, et tout ce qui se passe depuis un an n'est pas fait pour me faire changer d'avis. Il me semble en outre qu'il en est de toute l'Europe à peu près comme de notre pauvre Italie; et quelquefois je me demande s'il n'y a pas une véritable analogie entre le grand mouvement du seizième siècle, la réforme religieuse, et le grand mouvement des dix-huitième et dix-neuvième, la réforme politique; et si de la même manière que les excès de la première ont abouti à l'indifférence religieuse, les excès de la seconde ne nous conduiront pas à l'indifférence politique?

En Italie il me semble que nous sommes en bon chemin pour cela. Comment prétendre que notre pauvre peuple ait en vénération ce qu'il y a de plus vénérable au monde, l'indépendance et la liberté, après avoir vu à l'œuvre des imbéciles et des coquins tels que...

A propos de l'ambassade de Paris, j'avais été nommé ce mois de septembre, mais l'état de ma blessure me rendit impossible d'accepter, et je l'ai regretté. A cette heure je vous avoue que je ne le désire nullement et mon seul vœu est d'être où je suis, dans un petit endroit où je n'ai à rougir devant personne. Rien qu'à penser d'entrer dans un salon où je rencontrerais des étrangers de tous les pays, cela me donne le frisson. J'avais espéré pouvoir un jour lever la tête, et dire: « J'ai l'honneur d'être Italien ! »

Je vous remercie de l'intérêt que vous prenez à ma blessure. Je suis obligé d'éviter tout ce qui est exercice un peu violent; je puis cependant marcher et monter à cheval, mais *con riguardo*. J'espère qu'en une couple de mois je pourrai être guéri, et cela étant, j'en aurai eu pour un an. Pour ce que j'ai à faire à présent, autant vaut être écloppé que sain. Nous n'avons pour le moment qu'à nous laisser rouler jusqu'au fond de l'abîme. Après, nous verrons quel est le nouveau point de départ.

Tout à vous.

XXIII

AU MÊME.

10 avril.

Mon cher ami, voici de nouveau la brochure en question[1].

Je l'ai reçue de M. Ridolfi. Son beau-frère, le comte Guicciardini, la lui a envoyée de Florence. Ce dernier a trouvé, dans les archives de sa famille, ces documents (c'est pour vous dire qu'ils sont bien authentiques) d'un haut intérêt de circonstance, et les a publiés. L'historien Guicciardini, dont il descend, était secrétaire du conseil, et a tenu note de cette curieuse discussion, retrouvée aujourd'hui, bien à point, dans ses papiers. La proposition du Proudhon du quinzième siècle a été rejetée comme celle du Proudhon du dix-neuvième.

Comme vous savez, Florence secoua le joug des Médicis en chassant Piero, fils de Laurent le Magnifique, en 1494, et conserva le gouvernement populaire jusqu'en 1512. — Le second discours présente des rapprochements curieux entre la position des Florentins et celle des Français aujourd'hui; mêmes idées, mêmes désordres, mêmes craintes ou espérances, ou facilité d'une restauration.

Et votre Proudhon, à vous, que devient-il? C'est un des produits qui, ce me semble, ne feront pas mon-

1. *La decima scalata* (l'impôt progressif) *in Firenze, nel* 1497.

ter les actions de la république. Est-ce toujours le nom qu'on lui donne (à votre gouvernement)?

XXIV

AU MÊME.

Turin, 21 mai 1849.

Mon cher ami, je ne puis plus vous écrire ces longues lettres, comme dans le *bon temps;* mais au moins un petit mot pour vous serrer la main, et vous dire : Dieu vous garde de jamais devenir premier ministre !

J'ai refusé longtemps, parce que *moi* entrant au ministère des affaires étrangères au moment des négociations pour une paix avec l'Autriche, cela me faisait un drôle d'effet[1], et je supposais que cela devait en faire un plus drôle encore aux puissances amies et ennemies. Mais les intérêts de la tranquillité intérieure l'ont emporté. On se méfiait, — à tort, je vous assure, — de mon honorable prédécesseur[2], qu'on jugeait un vrai *codino*, un rétrograde, etc., et le parti anarchique semait l'in-

1. Le soldat de Vicence, le « chevalier de l'Italie, » en acceptant le pouvoir pour signer la paix avec l'Autriche, faisait à son pays le plus grand de tous les sacrifices. — « Gouverner un pays dissous par l'anar-
« chie, qui seule levait la tête au milieu de la prostration générale;
« recueillir l'héritage de deux guerres malheureuses; accéder aux
« dures conditions d'une paix traitée d'ignominieuse par les partis
« exaspérés; imposer à une nation ruinée l'humiliant sacrifice de sa
« rançon; jeter en pâture à des haines certaines et à toutes les calom-
« nies une gloire dont aucun nuage n'avait troublé l'éclatante popu-
« larité, une telle œuvre ne pouvait être entreprise ni par une âme
« timide ni par un esprit ambitieux. Sans hésiter Massimo d'Azeglio
« y dévoua sa renommée. » (*Le comte de Cavour, récits et souvenirs*, par M. de La Rive, neveu de M. de Cavour.)

2. Le général de Launay, Savoisien.

quiétude et le mécontentement partout, et sous cette impression nous étions menacés de troubles peut-être, et sans nul doute d'élections rouges. J'ai dû me convaincre qu'il fallait s'exécuter, et me voilà président du conseil. Je vous envoie mon *Programme*. Les anarchistes ont jeté les hauts cris pour la phrase *la guerra e impossibile;* — les mots qui la suivent, — *ma è altrettanto impossibile il disonore*, sont pourtant assez significatifs, ce me semble : *Ma non c'è peggior sordo, di quello che non vuol sentire.* — Aussi les modérés ont-ils compris. J'ai fait mes conditions avant d'accepter. J'ai combattu toute ma vie pour notre nationalité, et jamais je ne signerai une paix où ce principe serait, je ne dis pas désavoué, — mais même passé sous silence. Je me trompe fort ou l'Autriche ne permettra jamais qu'on en souffle mot. Alors je me retirerai, et un autre pourra la signer honorablement, sinon utilement pour le pays; car je crois que l'abandon tacite de ce principe, qui est notre véritable force en Italie, réduirait le gouvernement constitutionnel à une impuissance absolue.

Pendant que je reste au ministère, je fais de mon mieux à l'intérieur comme à l'extérieur. Je m'efforce de mettre tous les ressorts en état de fonctionner. Mais j'ai entre les mains une machine bien détraquée. On ferme des clubs; on fait la guerre à notre détestable presse; demain on fusillera probablement le général Ramorino. Je tâche de remettre la discipline partout, et comme je ne prétends ni me préparer le terrain pour des ministères à venir, ni être adoré des mazziniens, je vais droit mon chemin, sans autre préoccupation que le bien public et mon devoir.

Bien des choses à M. et madame Doubet et à la fillette; et qu'elles prient pour nous.

A vous de cœur.

XXV

AU MÊME.

Acqui, 13 septembre 1849.

Mon cher ami,

Mon neveu [1] m'avait déjà écrit ce que vous me dites dans votre dernière au sujet des articles du journal en question, et je n'avais besoin, je vous assure, d'aucune de ces explications pour savoir à quoi m'en tenir là-dessus. Je sais fort bien qu'on ne se corrige pas de ses défauts; et vous avez toujours eu celui de me voir trop *in bello;* mais je suis si indulgent pour les défauts de mes amis!...

Doubet m'a écrit; mais je suis tellement affairé que je n'ai pu encore trouver un moment pour lui répondre. Quoique aux eaux, et partant en *vacances*, les dépêches ne chôment pas, et me prennent tout le temps que les *boues* laissent libre. La cure paraît faire son effet, et cette damnée blessure sur le point de se fermer pour tout de bon : *Fiat!*

Nos chambres vont leur train, comme vous voyez; ne pouvant nous pourfendre, elles nous font une guerre de coups d'épingle. C'est désolant comme ces gens-là sont imbéciles! Ne voient-ils donc pas que le ministère a déjà bien à faire à soutenir la Constitution, et *qu'après nous, les Croates;* et que le jour où je quitterais le ministère, une moitié peut-être de ces messieurs irait à Fénestrelles?

J'écris si à la hâte, qu'en vérité je ne sais si vous me comprendrez. Si vous pouvez avoir action sur quelque journal qui avertisse nos chambres de leur position *réelle*

---

1. Le marquis Emmanuel d'Azeglio, aujourd'hui ambassadeur à Londres, alors ministre de Sardaigne à Paris.

vous nous rendrez un grand service. Je voudrais éviter une dissolution, si c'est possible.

Tout à vous.

XXVI

A MONSIEUR DOUBET.

Acqui, 18 septembre 1849.

Mon cher ami, je suis en retard avec vous, mais je crois inutile de réclamer votre indulgence; elle m'est acquise depuis longtemps, et vous savez du reste que dans mes délits de correspondance il y a des circonstances atténuantes.

J'ai éprouvé une bien vive satisfaction en trouvant dans votre lettre une entière approbation de notre paix[1]. Ce n'a pas été sans peine, je vous assure, qu'elle a pu être conclue à ces conditions; et si je l'avais conclue huit jours après!.... Le cardinal Mazarin n'aurait pas besoin de me demander si je suis *houroux*. En effet, je l'ai été au delà de toute expression. Puisse le bon Dieu m'accorder la continuation de ce bonheur pour mon pays!

Je ne puis pas me vanter d'en avoir eu beaucoup dans les élections; elles sont le résultat des intrigues de la jeune Italie qui, par le moyen de la société *agraire* d'abord, et maintenant avec les correspondances de la *Concordia*, couvre le pays d'un réseau d'intrigues contre lesquelles le parti raisonnable se trouve impuissant. Mais comme heureusement on n'obtient jamais de grands résultats avec l'intrigue et les *fourberies*, tout cela n'a abouti qu'à produire une chambre qui ne représente ni l'opinion du pays, ni le *possible* au point de vue général. Elle se trouve donc dans l'isolement et dans l'impuissance de

1. Signée le 6 août, à Milan.

prendre l'initiative dans les affaires; et elle se voit réduite à nous faire une guerre de chicane et de coups d'épingles tout en se laissant remorquer, parce qu'il n'y a rien de mieux à faire : *tanto è vero* que les conspirations ne servent de rien et que, pour changer la face d'un pays, il faut agir largement, loyalement et au grand jour sur les masses. Mais on est loin de comprendre cela en Italie et même en Europe !

Les affaires de Rome me font l'effet d'une suite de maladresses et de fautes; on voit bien qu'ils ne connaissent pas le *monsignore* type. Cette lettre du président[1] a un peu trop de la *furia francese*, ce me semble. Il fallait *d'abord* avoir un plan bien arrêté — c'était l'important — *ensuite* le suivre avec une fermeté calme remplie de formes, mais inébranlable. Au lieu de cela on a faibli, fléchi en prime abord, et puis tout à coup on prend des airs menaçants; aux monsignori surtout il ne faut jamais donner le prétexte de se poser en *victimes*. Maintenant le gant est jeté, il n'y a plus à s'en dédire; reste à voir s'il y a encore une France au monde, ou bien s'il ne nous reste plus qu'une Russie.

Je suis venu à Acqui pour mon ennuyeuse blessure; j'espère en voir la fin cette fois-ci; je repars demain pour Turin, et vous ne doutez pas, mon cher ami, qu'à peine arrivé je m'occuperai de l'affaire dont vous me parlez; et que si je réussis à faire quelque chose qui vous soit agréable, j'aurai gagné ma journée bien mieux que Titus.

J'ai écrit ces jours passés à Eugène. — Si vous croyez que la *Genesis* de notre chambre que je me trouve vous avoir faite dans cette lettre puisse être un renseignement utile, veuillez le lui communiquer.

Veuillez présenter mes hommages à Madame Doubet

---

1. Au colonel Edgard Ney, 18 août 1849.

et à Mademoiselle, — je pense qu'on ne dit plus la fillette, — et priez pour moi.

Tout à vous.

XXVII

A MONSIEUR EUGÈNE RENDU.

Turin, 28 novembre 1849.

Mon cher ami,

Merci de votre aimable lettre, et de votre brochure [1] que j'ai lue avec le plus grand intérêt et que j'ai trouvée d'une grande justesse d'aperçus. On voit bien que vous n'avez pas perdu votre temps en Italie et que vous la *savez*. Malheureusement pour nous, on ne peut en dire autant de vos compatriotes, surtout des diplomates. Ce sont des médecins qui ne connaissent pas le *sujet*.

Je vous avouerai franchement que, sur un seul point, je ne partage point votre opinion. Je veux parler de la démocratie et de votre dernière phrase. Comme toutes les désignations politiques, le mot est classique. Si par démocratie on entend l'égalité devant la loi, j'en suis. Mais il me semble qu'on l'entend autrement aujourd'hui, et que, chez nous surtout, ce n'est qu'un appel à toutes les passions et à toutes les incapacités, un *imperium in imperio*, une aristocratie par l'autre bout tout aussi exclusive que l'ancienne. Je ne vois pas dans l'histoire que la démocratie ainsi comprise ait jamais rien fondé.

L'histoire de Florence résume en petit celle de toutes les démocraties. Au treizième siècle, les *grandi* furent chassés par les démocrates. Ces démocrates, ce furent, après, les Albizzi et leur parti. Au quatorzième, les démocrates encore chassèrent les Albizzi : ces démocrates-là

---

[1]. *Conditions de la paix dans les États Romains.*

furent, après, les *Médicis !* Je ne vois guère que le monde ait changé depuis lors, et il me semble que chaque démocratie a ses Albizzi et ses Médicis, aujourd'hui comme alors. *Nil sub sole novum.* Savez-vous ce qui me passe par la tête? C'est probablement une extravagance. Que le mouvement politique du dix-neuvième siècle suivra les phases du mouvement religieux du seizième. Nous finirons par l'indifférence en matière de politique; et dans cent ans il y aura un *Essai* à faire pour un Lamennais homme d'État. Ne vous moquez pas trop de moi si je laisse aller ma plume au gré de mon esprit prophétique, que je ne vous donne pas comme absolument infaillible.

Ce qui est moins infaillible que moi encore, c'est notre chambre, laquelle décidément n'était plus possible [1]. Vous aurez vu que le roi a adressé directement un appel au pays : j'espère que le pays comprendra. — Une seconde dissolution depuis Novare ! C'est beaucoup; mais c'est la dernière ressource des amis du gouvernement constitutionnel en Italie. Je joue la partie. Il était de mon devoir de le faire. Dieu veuille que je la gagne ! Bien des choses vont dépendre du résultat. Pensez un peu à nous, et

Vogliate mi bene.

---

[1]. La proposition Cadorna, aux termes de laquelle le traité de paix signé avec l'Autriche n'était accepté que sous conditions, venait d'être votée par soixante-douze voix contre soixante-six. La dissolution de la chambre fut prononcée le 20 novembre. La proclamation du roi parut le même jour; M. d'Azeglio la terminait par ces mots : « Si les élec- « teurs me refusent leur concours, ce n'est pas sur moi que retombera « la responsabilité de l'avenir. Ce ne sera pas à moi qu'ils auront à « s'en prendre, mais à eux-mêmes. » — Le pays répondit à la confiance du roi et à l'espoir de M. d'Azeglio. Trente députés de la gauche seulement reparurent dans la nouvelle chambre qui s'ouvrit le 20 décembre 1849.

XXVIII

A MONSIEUR DOUBET.

12 mars 1851.

Mon cher monsieur Doubet, le bon temps est passé, alors que je pouvais écrire de longues lettres tout à l'aise, sans avoir, comme aujourd'hui, un de ces diables du Dante qui me poursuit de son fouet sous la forme d'une dépêche ou d'une affaire courante. Quoi qu'il en soit, je ne veux pas laisser sans un mot de réponse votre bonne lettre, pour vous expliquer le silence que nous avons gardé au sujet des accusations portées contre nous à l'époque de la loi Siccardi[1]. Pourquoi, disait-on, n'avoir pas traité avec le Saint-Siége?

Les négociations commencées en 1847[2] aboutirent à

---

1. Loi présentée le 25 février 1850, pour la réforme de la juridiction ecclésiastique en matière civile.

2. Au mois de novembre 1847, le comte Avet, ministre des grâces et de la justice, adressa des observations au roi sur la question du for ecclésiastique. Intervint la Constitution du 4 mars 1848; le roi Charles-Albert semblait y trancher la question, car l'art. 68 déclarait que la justice est administrée au nom du roi, et par des juges qu'il institue ; et l'art. 24 proclamait l'égalité de tous les citoyens devant la loi.

Au mois de mai 1848, l'un des plus éminents jurisconsultes de l'Italie, un homme dont les convictions religieuses ne peuvent être soupçonnées, le comte Sclopis, alors garde des sceaux, rappela la note écrite par son prédécesseur, et déclara que — « l'existence d'une juridiction privilégiée, indépendante du pouvoir royal et relative à des affaires essentiellement temporelles, ne pouvant plus se concilier avec les dispositions du statut, » — il était devenu nécessaire de réclamer l'abolition du privilége accordé au clergé tant pour les matières civiles que pour les matières pénales. Il faisait entendre que la résistance à la réforme réclamée « pourrait devenir une source funeste de conséquences redoutables pour la religion et la bonne harmonie que le gouvernement

un contre-projet qui démontra l'impossibilité de s'entendre, puisqu'il réservait à la cour de Rome le jugement en dernier ressort en matière criminelle, la nomination des évêques, l'administration des bénéfices vacants, etc. Assurément, ce contre-projet à la main, nous pouvions répondre victorieusement, et dire : Nous ne traitons pas, parce que la cour de Rome rend tout traité impossible. Mais nous aurions porté un terrible coup aux sentiments religieux du pays; car c'est un triste document qui prouve une ténacité d'intérêts temporels et un aveuglement incroyables; et nous avons préféré le silence. Voilà le mot de l'énigme : Dieu m'est témoin de l'entière sincérité de nos intentions.

Du reste, en fait d'aveuglement, Rome a atteint désormais les limites du possible. Vous avez vu ce pauvre pays au temps où le sentiment religieux, étouffé sous de longues années d'un affreux gouvernement, renaissait avec l'espérance d'un meilleur avenir. Eh bien, à cette heure, le gouvernement est pire que sous Grégoire XVI; c'est la *vendetta pretina* dans sa plus fâcheuse expression. Un évêque de mes amis, revenu de Rome, me disait qu'un dimanche il célébrait la messe à dix heures à Sant'-Andrea-della-Valle, et qu'il n'y avait pas douze personnes dans cette grande église ! Le bas peuple surtout n'a plus que haine dans le cœur. Tout cela est triste, bien triste, mais on devait s'y attendre. Chez nous, par contre, personne n'est forcé d'aller à confesse, ni à

de Sa Majesté a vivement à cœur de maintenir avec le Saint-Siége. » Le marquis Pareto fut chargé d'ouvrir les négociations. Une note adressée au cardinal Soglia, premier secrétaire d'État, expliquait qu'il était désirable, dans l'intérêt du Saint-Siége, de prévenir par un prompt accord le moment où le parlement viendrait à s'emparer de la question. Au projet formulé par le comte Sclopis, le 22 octobre 1848, il fut répondu par un contre-projet. C'est de ce document que parle ici M. d'Azeglio.

communier, et pourtant les églises sont pleines ; le jubilé, au dire du pape lui-même, s'est fait à son entière satisfaction. Il paraîtrait donc que ce n'est pas l'égalité devant la loi (des prêtres comme des autres citoyens) qui altère le sentiment religieux, mais bien plutôt les privilèges et les illégalités.

Je sais que je parle à un converti, aussi je m'en tiens là. Je finis en constatant un fait que je déplore amèrement : l'expédition de Rome, la réaction cléricale, les exagérations de votre *parti catholique*, les intrigues contre l'Angleterre (je sais que vous n'êtes pas anglomane, mais vous êtes clairvoyant et juste), la guerre sourde faite aux institutions constitutionnelles et au Piémont, ont rendu le pape impossible sans l'occupation étrangère. Je ne parle pas de son temporel ; mais son autorité morale est détruite. Ce pauvre Pie IX a été indignement traité par une secte de sacripans qu'il était juste de jeter dehors ; mais il ne fallait pas punir le pays tout entier en le livrant à la secte opposée.

Tout à vous.

XXIX

A MONSIEUR EUGÈNE RENDU.

24 mai 1852.

Mon cher ami,

Un petit mot d'explication, à vous notre avocat toujours dévoué, sur ce qui vient de se passer ici. Comme bien vous pensez, on a fait beaucoup de commérages : un ministère n'est pas culbuté sans qu'on jase à tort et à travers ; vous saurez, vous, le dessous des cartes ; je n'ai pas besoin de vous demander la discrétion.

Depuis la fameuse séance du 5 février, la séance du

Connubio[1], j'étais assez fraîchement avec Cavour[2]. Figurez-vous que mon cher collègue, sans dire gare, avait arrangé l'affaire sous main avec Rattazzi, et qu'il avait fait son *speech*, qui engageait si fort le ministère, sans m'en parler. Ce jour-là, — comme tant d'autres jours, depuis cette ennuyeuse blessure, — j'étais au lit avec la fièvre, et le conseil des ministres se tenait chez moi. Cavour, au pied de mon lit, prend un des ministres dans l'embrasure de la fenêtre, et lui dit quelque chose comme : « Ce Menabrea[3] m'ennuie, et je suis tenté de renoncer à son appui. » Je ne sus rien autre chose : l'intrigue avait été conduite par F***, M***, V***. Au sortir de chez moi, l'explosion avait eu lieu à la chambre.

Nous étions dans des circonstances bien graves[4] ; je ne voulus pas que le public fût mis au fait des divisions intérieures; et, voulant voir venir, je fis comme ce général

1. On donna ce nom à l'alliance parlementaire contractée par le comte de Cavour, alors ministre des finances, avec le chef du centre gauche de la chambre, M. Rattazzi. « J'ai été quelque peu étonné, « dit le comte de Revel, répondant à M. de Cavour, que le ministre « des finances, voulant faire divorce avec cette partie de la majorité « qui, jusqu'à présent, sauf une circonstance spéciale, a toujours sou- « tenu le ministère, ait en même temps contracté *mariage* (*connubio*) « avec l'autre partie. » (Séance du 7 février 1852.) M. Menabrea avait, de son côté, fait la déclaration suivante : « M. le ministre des « finances veut faire voile vers d'autres rives parlementaires : libre à « lui ; je ne l'y suivrai pas. »

2. C'était M. d'Azeglio qui, à la mort de M. Santa-Rosa, avait fait entrer au ministère le comte de Cavour. Quand le roi signa la nomination du nouveau ministre : « Je le veux bien, dit-il à M. d'Azeglio « et à ses collègues ; mais rappelez-vous qu'il vous prendra tous « vos portefeuilles. »

3. M. Menabrea, général du génie du plus haut mérite et orateur distingué ; envoyé au parlement par la Savoie, il était alors un des chefs de la droite. — M. Menabrea a été, comme on sait, ministre des travaux publics du royaume d'Italie.

4. Discussion de la loi sur la presse.

qui, désobéi par sa troupe, se met pourtant à sa tête pour cacher à l'ennemi la sédition. Mais vous comprenez que la situation ne pouvait pas se prolonger bien longtemps.

Je n'avais jamais, moi, pactisé avec le centre gauche; j'entendais qu'il vînt à nous, et non pas nous à lui; grande différence entre Cavour et moi!

Donc, quand l'autre jour Rattazzi s'est trouvé porté à la présidence de la chambre par la grâce du cher auteur du *Connubio*, la mesure a été comble; et, l'humilité chrétienne n'étant malheureusement pas de mise en politique, je ne pouvais accepter ce soufflet. D'ailleurs, il s'agit bien de questions de personnes! Il s'agissait de savoir si le ministère et sa politique s'en allaient à la dérive.

Le jour de l'élection [1], j'étais encore au lit: (pauvre président du conseil! comme vous voyez; — Circonstance atténuante : j'ai gagné ma blessure en me battant pour le pays.) J'apprends la nomination de Rattazzi; j'écris au roi que, forcé de garder trop souvent et la chambre et le lit, je suis dans l'impossibilité de me défendre contre l'intrigue, et que je lui remets ma démission.

Le roi l'accepta avec celle du cabinet tout entier, me chargeant de constituer une administration nouvelle, ce que je viens de faire en excluant Cavour et Farini. Ils me souffletaient en faisant nommer Rattazzi; je les ai mis à la porte.

Il y allait de ma dignité personnelle, en même temps que du maintien de notre programme politique. J'ai dû agir ainsi, et rester ministre. Mais, grand Dieu! quand pourrai-je me tirer du tourbillon? Je ne puis pas faire longtemps encore ce métier; mes forces s'y refusent; et

---

1. Le 11 mai 1852

dès que je trouverai un joint, vous verrez si je suis sincère.

Je n'ai pu faire rentrer dans l'administration nouvelle un ancien et excellent collègue M. Galvagno[1]. Une sorte de petit *imbroglio* l'avait fait sortir du ministère de l'intérieur il y a trois mois. Il en a, je le crains, conservé quelque petite chosette contre moi, ce qui m'afflige, car c'est un homme d'un beau caractère, et un cœur d'or. Je l'ai toujours aimé autant qu'estimé. Qu'on fait peu ce que l'on veut, même quand on est *au pouvoir!* Bien mauvaise expression : ce qu'il faut dire, ce n'est pas être « au pouvoir, » mais « au devoir. »

Soyons-y jusqu'au bout; mais Dieu sait !...,

Adieu; je devais ces détails à votre amitié, je vous les griffonne à la hâte.

---

[1]. On comptait dans le nouveau ministère MM. la Marmora, Paleocapa, Pernati, Cibrario présenté pour les finances à M. d'Azeglio par le comte de Cavour lui-même; le retour de M. Galvagno eût été une déclaration de guerre au centre gauche, qui voyait en lui son adversaire le plus ardent. Entré au parlement, dans la première législature de 1848, M. Galvagno vota avec MM. Pinelli, Cavour et Sclopis, dans la question de la fusion de la Lombardie avec le Piémont. Ce fut lui qui, d'accord avec MM. Boncompagni et Ferraris, proposa à la chambre, le 20 juillet 1848, de conférer temporairement au roi le pouvoir dictatorial. Pendant l'armistice Salasco, M. Galvagno appuya l'administration présidée par M. Perrone, et combattit de toutes ses forces la politique de M. Rattazzi. Collègue de M. d'Azeglio, comme ministre de l'intérieur, après Novare, il consacra tous ses efforts à l'affermissement du régime constitutionnel. M. de Cavour disait de lui : « Bien qu'avocat, il sait, dans les affaires politiques, l'être aussi peu que possible. »
— M. Galvagno vient de recevoir un témoignage éclatant de l'estime de ses concitoyens : il a été élu syndic de la ville de Turin.

XXX
AU MÊME.

Conegliano, 11 juillet 1852.

Mon cher ami,

Je vous remercie de votre bonne lettre à laquelle je n'ai pas répondu plus tôt, à cause de la recrudescence de *seccatura* qui m'a assailli, comme de raison, les derniers jours de mon séjour à Turin.

J'ai transporté mes pénates à Conegliano, *Riviera di Ponente*, où je m'occupe à m'occuper le moins possible, car j'étais exténué par les huit mois de session et par un travail que mon état de santé rend doublement fatigant.

Je suis bien sensible, croyez-le, au vif intérêt que vous prenez soit à nos affaires, soit au rôle que personnellement je me trouve y devoir jouer. Il paraît réellement que la Providence n'abandonne pas les hommes de bonne volonté, puisque c'est là à peu près mon seul mérite, et que, malgré bien des écueils et des difficultés, nous sommes parvenus jusqu'ici à maintenir notre programme intact.

J'ai reçu les livres que vous avez eu la bonté de m'envoyer, et dont je vous remercie sincèrement[1]. C'est une grande question pour nous comme pour tout le monde : préparer la génération nouvelle! On comprend, à ce qu'il paraît, qu'il faut bâtir sur la religion : seulement, à mon avis, ce qui peut faire renaître la foi, ce ne sont ni les processions, ni des boutiques plus ou moins fermées, par décret, les dimanches; mais bien plutôt la charité, l'humilité, et toutes les vertus *chrétiennes prêchées d'exemple*. Et voilà ce qui me semble être assez peu compris par bien des gens. *Basta, Dio provederà!*

Rappelez-moi au souvenir de M. Doubet, et croyez-moi tout à vous.

1. Ouvrages relatifs à l'instruction publique.

XXXI

AU MÊME.

Novembre 1852.

Eh ! oui, mon cher ami, me voilà libre[1] ; et je pousse le cri d'un homme qui s'est débarrassé du poids dont sa poitrine était chargée ; ouf !

J'avais accepté le gouvernail quand il était démontré que j'y pouvais manœuvrer avec plus de profit qu'un autre pour le pays. J'ai eu le bonheur de le tirer d'un bien mauvais pas, et de nous sortir des écueils sans trop d'avaries. Maintenant le navire est radoubé, et j'ose dire que les voiles peuvent flotter au vent. Je quitte mon banc de quart ; à un autre !

Cet autre, que vous connaissez[2], est d'une activité diabolique, et fort dispos de corps comme d'esprit ; et puis cela lui fait tant de plaisir !

Quant à moi, outre que je ne suis pas « dévoré d'ambition, » je n'en puis plus physiquement ; depuis trois ans je m'assassine, et les affaires eussent fini par en souffrir. J'ai à me reprocher, je vous le dis franchement, de n'avoir pas mis assez d'activité dans les dernières affaires de Rome[3]. On a fait quelques sottises qu'une action personnelle plus minutieuse de ma part aurait sans doute prévenues[4].

---

1. M. d'Azeglio donna sa démission le 22 octobre 1852.
2. Le comte de Cavour prit en main les affaires à son retour d'un voyage en France et en Angleterre. Il avait donné rendez-vous à Paris à M. Rattazzi, et ces deux hommes d'État y avaient obtenu audience du prince président.
3. Démêlés survenus à l'occasion du projet de loi sur le mariage civil.
4. M. d'Azeglio veut parler probablement ici de la présentation qui

A propos de sottises, peut-être avez-vous entendu dire quelque chose de notre querelle avec votre ministre à Turin, M. de B***. On a brodé là-dessus; voici le vrai. — Il s'agissait, vous le savez, de l'*internement* d'un de vos réfugiés de Nice, un avocat. Cet individu avait sollicité un délai pour cause de santé de sa femme. J'avais consulté confidentiellement, par déférence pour votre gouvernement, le représentant de la France. Voilà-t-il pas, qu'après je ne sais quel délai, M. de B*** m'écrit un billet dans lequel il me disait qu'il suffisait d'être des... quelque chose comme « canailles » pour être protégés par moi et par le gouvernement piémontais. Je lui envoyai mes témoins, l'un desquels était la Marmora. Le billet fut retiré, et une réparation consentie. J'ai gardé le dossier.

Enfin, on va se reposer de tout cela. Bien des choses à M. Doubet.

Tout à vous.

XXXII

A MONSIEUR DOUBET [1].

Conegliano, 13 août 1853.

Monsieur et ami, je vous remercie de votre bonne

avait été faite au Saint-Père d'une lettre du roi Victor-Emmanuel, lettre accompagnée d'un mémoire dont les auteurs étaient les deux ministres Boncompagni et Cibrario. — L'envoyé extraordinaire du roi près le Saint-Siége, diplomate fort habile et d'une haute intelligence, le chevalier de Sambuy, avait supplié le gouvernement sarde de ne pas donner suite à un projet de communication dont le fond comme la forme lui paraissaient regrettables. Le ministre, M. de la Marmora, avait répondu sèchement en invitant M. de Sambuy à exécuter l'ordre qui lui avait été donné. La teneur des documents dont il s'agit était en contradiction flagrante avec les instructions données par M. d'Azeglio à l'envoyé sarde, au début de sa mission.

1. M. Doubet remplissait alors en Italie une mission du ministre de l'instruction publique.

lettre du 1ᵉʳ août, et je m'empresse de vous répondre avant que j'aie perdu votre trace, comme il m'est arrivé il y a quelques mois. J'ai vu Eugène à Paris en allant à Londres; non en revenant, car je ne me suis pas arrêté. Vous imaginez sans doute avec quel vif intérêt j'ai causé avec lui pendant le peu de moments que nous avons pu nous donner; comme vous le pensez bien, il n'y a pas eu lieu à des félicitations réciproques sur nos affaires.

Vous êtes à même de pouvoir juger en quel état se trouvent celles de l'Italie. Je ne suis pas assez égoïste pour que l'état prospère du Piémont me fasse oublier les souffrances de mes compatriotes du reste de la Péninsule; mais lorsque tous abusent de tout, il ne saurait en être autrement. Je déplore autant que vous l'affaiblissement du sentiment religieux que vous avez remarqué pendant votre séjour à Nice; le mal existe, nul doute à ce sujet. Reste à savoir à qui la faute? Et comme je connais assez notre malheureux pays pour me faire une idée exacte de la situation des différents États dont il se compose, et que je ne pense nullement me tromper en affirmant qu'il y a beaucoup plus de religion chez nous que chez nos voisins et qu'à Rome même, j'en conclus que ce n'est ni le *Statuto*, ni la liberté de la presse, ni la loi Siccardi ou celle sur les fêtes qui sont cause de l'affaiblissement de la foi chrétienne, mais bien plutôt l'évidence qui résulte pour tout le monde, à notre époque où tout se sait si vite, que le plus souvent la religion n'est que le masque dont se couvrent les passions les plus vulgaires et les plus sordides intérêts.

Ainsi, tandis que d'un côté on vous dit : *Dio e popolo*, l'un portant l'autre, du côté opposé on vous crie : *Dio e...* tant d'autres choses! et je ne serais pas à bout d'exemples, mais à quoi bon? Ce n'est pas moi, pour sûr, qui changerai tout ça. Pour mon compte, je n'y vois que du feu — ou, pour être plus vrai, que de l'obscurité. Ainsi laissons faire à notre maître à tous, il en sortira bien sans nous.

Je suis à Conegliano, bien tranquille, et enchanté de ne pas être à la roue du gouvernail par le temps qu'il fait. J'ai descendu mon quart; aux autres maintenant.

J'espère bien vous voir à votre passage; quant à moi, je suis ici jusqu'à l'hiver.

Tout à vous.

XXXIII

AU MÊME.

24 février 1854.

Mon cher monsieur et ami, je suis réellement charmé d'apprendre que le séjour de Nervi ait eu pour votre santé de si heureux résultats. Je me félicite d'avoir eu ma petite part dans tout cela, quoique dans le choix de votre propriétaire je n'aie pas eu la main heureuse; mais comme on dit en Italie : *Per strada s'aggiusta la soma*, et c'est, il me semble, ce qui est arrivé.

Je voudrais bien qu'à Paris on acceptât votre point de vue relativement aux affaires d'Italie, et à l'appréciation de son état réel. Je n'ai pas grande confiance dans les aperçus du cher M***, charmant garçon, avec un talent fort distingué pour vous improviser un sonnet, mais qui m'a toujours fait l'effet de ne pas improviser avec un égal bonheur les jugements politiques; et pourtant ce sont ces faiseurs d'embarras qui, étant les plus remuants, se tiennent d'ordinaire en première ligne, et finissent plus ou moins par être écoutés.

Nous voilà donc à la levée du rideau : le nouveau drame s'annonce de manière, dès le prologue, à faire croire qu'il ne manquera pas d'intérêt; nous verrons si les gouvernements d'Europe comprendront une bonne fois qu'il serait temps de s'occuper sérieusement à établir quelque chose qui ait chance de durée.

En vérité, si tout ce qu'on a fait depuis un an, et ce qu'on fera probablement dans un an d'ici, ne devait aboutir qu'à la paix armée avec peur des rouges d'un côté, peur du czar de l'autre, et à grand renfort encore de questions ouvertes, telles que les affaires italiennes, hongroises, polonaises et allemandes, etc., etc.; si tous les frais, toutes les pertes qu'amènera l'*imbroglio* actuel ne devaient aboutir qu'à la remise en vigueur du *statu quo* qui a duré depuis 1815 jusqu'à 1848, ce serait à désespérer de l'humanité, de la civilisation, de la diplomatie et de tout ce qui s'ensuit.

Enfin, nous verrons arriver; et, en attendant, ne nous inquiétons pas trop; car le bon Dieu a son idée, et on peut présumer qu'il saura nous tirer de là sans nos conseils.

Veuillez faire bien des amitiés de ma part à M. Borghelli, avec mes hommages à Mme la comtesse Ricci.

Tout à vous.

XXXIV

A MONSIEUR EUGÈNE RENDU.

15 mars 1854.

Mon cher ami,

Merci de votre bon souvenir; voilà longtemps que nous ne nous étions écrit. Certes, on ne s'oublie pas; mais la vie s'éparpille si fort !

J'ai reçu dernièrement une lettre de Doubet, datée de Nervi. Toujours préoccupé, comme vous savez, de l'état religieux de l'Italie centrale, il en est fort attristé, et il a raison; car il voit juste, et il vous a probablement communiqué les impressions qu'il rapporte de ses courses à travers les États pontificaux. L'exaspération s'y accroît chaque jour. Le moyen de rester catholiques pour des gens qui voient le catholicisme devenir chaque jour davantage, au siége même du gouvernement pontifical, un *instrumentum regni* et une arme contre la nationalité d'un peuple! La *guerre au Piémont* et aux institutions représentatives, voilà le grand mot d'ordre des monsignori et le remède à tous les maux de l'Église. — A votre aise, messeigneurs; continuez sur ce pied, et dans cinq ans vous m'en direz des nouvelles! Vous ne savez pas ce que c'est que la propagande faite dans toute l'Italie et dans le monde entier par une masse d'émigrés qui emportent, avec la haine au cœur contre *i preti*, la résolution de revenir un jour se venger, coûte que coûte. Vous voulez faire du dogme le rempart de la *boutique*, vous verrez comment on arrive à la boutique à travers le dogme!

Pour Dieu, vos évêques de France ne comprennent donc pas un mot à cette situation? Qu'ils consultent l'archevêque de Gênes[1]! Il leur dira qu'il se forme, en ce moment, dans sa ville même, une association de jeunes gens qui s'engagent à ne jamais participer à aucun acte de la religion catholique; il vous dira que les trois malheureux qu'on vient d'exécuter (pour l'affaire fort ancienne des prêtres de Saint-Calixte, au temps de la République mazzinienne) ont déclaré qu'ils ne se confesseraient qu'au ministre protestant anglais de Rome; il vous dira, etc.

Je ne crois pas, moi, au protestantisme en Italie; on décatholicisera, on ne luthérisera, on ne calvinisera pas; mais quand les masses y auront cessé d'être catholiques, que seront-elles? Rien qu'une pourriture; et les monsignori sauront à qui s'en prendre!

---

1. Mgr Charvaz, prélat connu pour sa modération et ses tendances libérales.

Dites et redites tout cela au cardinal de Tours[1] qui est un homme d'un esprit si sage, et qui pourrait beaucoup à Rome s'il était appuyé par quelques-uns de ses collègues français. L'évêque de Troyes aussi pourrait peut-être quelque chose; mais on le dit assez mal en cour (de Rome s'entend). Enfin, ne trouverait-on pas chez vous une dizaine d'évêques qui eussent le courage de se concerter pour faire ouvrir les yeux? mais il faudrait oser rompre avec M. Veuillot.

Pie IX aurait pourtant encore, à l'heure qu'il est, une situation magnifique à ressaisir. Vous êtes à Rome; quoi qu'il fasse ou quoi qu'il tente, dans le sens des réformes et de son œuvre primitive à reprendre, vos baïonnettes le protégent. Que risque-t-il? Les Mazziniens l'avaient renversé; ils sont bannis. Cavaignac lui avait refusé 4,000 hommes à Civitta-Vecchia[2] pour le défendre contre la révolution; Napoléon III lui donne une armée. — Pour Dieu, qui l'empêche de mettre le temps à profit, et de redevenir lui-même?

J'ai l'air en vous parlant ainsi d'être un *fervent*. — Moi qui suis sincère avant tout, je ne voudrais pas que vous me crussiez plus catholique que je ne le suis; mais en vérité, j'enrage de voir la religion de mon pays se détruire avec cet acharnement par la main de ses chefs; et puis, j'ai aimé le pauvre *Pio nono* et je l'aime encore!

Après tout, ce n'est pas mon affaire, et comme je le dis souvent : *Dio provvederà!*

---

1. Mgr Morlot, depuis archevêque de Paris.
2. Pie IX fit cette demande très-secrètement, au mois de septembre 1848, par lettre autographe.

XXXV

AU MÊME.

Paris, dimanche, 25 août 1855.

Mon cher ami, mille fois merci de votre *pavé*, et mille fois pardon de ne pas vous en avoir remercié en personne; mais je suis la feuille sèche prise dans la trombe.

Je trouverai pourtant le moment de venir vous serrer la main, dussé-je me faire porter déserteur. Ce serait fâcheux cependant: car je suis ici comme paratonnerre[1].

Tout à vous.

XXXVI

A MONSIEUR DOUBET.

Turin, 3 avril 1857.

Mon cher monsieur et ami, je vous remercie de votre bonne lettre qui me prouve que vous n'oubliez pas vos amis. Je ne vous oublie pas non plus, croyez-le bien; mais comme vous dites : on est obligé par le temps qui court de vivre si vite, que le temps vous fait défaut pour les correspondances comme pour bien d'autres choses.

Je partage votre avis sur l'Italie, non-seulement sur les chemins de fer, mais généralement sur toutes les réformes. Une nation qu'on démolit pièce à pièce depuis des siècles se trouve naturellement à terre sans force, sans nerf; et vouloir la remettre sur pied d'un coup de baguette, prétendre qu'elle marche, qu'elle agisse et

---

1. M. d'Azeglio avait accompagné le roi Victor-Emmanuel dans son voyage à Paris et à Londres, en qualité d'aide de camp. Sa présence prouverait à l'Europe, disait le comte de Cavour, *che non siamo infetti dalla labe rivoluzionaria.*

qu'elle fasse bien ses affaires, serait la même chose que d'exiger d'un homme qu'on aurait tenu au lit pendant un an et traité au petit lait, qu'il remportât un prix de pugilat. En 48, on a commis bien des fautes; malgré cela, vu les antécédents, je trouve encore qu'on a fait des miracles. Mais 48 n'en a pas moins démontré que les décrets ne suffisent pas pour changer une nation, et que le bon Dieu seul peut dire au paralytique : *Tolle grabatum tuum et ambula*. Nous autres hommes, nous devons trouver la possibilité de lui rendre préalablement la force de marcher par des moyens à notre portée, et ces moyens se résument pour les nations dans le mot *réformes*.

Permettez-moi de vous dire que votre personnage haut placé qui demande : *Que faut-il faire pour l'Italie?* me fait assez l'effet de Pilate demandant : *Quid est veritas?* Est-ce que l'Europe a jamais posé SINCÈREMENT la question? Est-ce qu'elle a jamais attendu la réponse? N'a-t-elle pas toujours voulu faire nos affaires chez nous et sans nous? J'en aurais bien long à dire à ce haut personnage, s'il avait la patience de m'écouter ! Après tout, je ne pense pas que tout cela puisse s'arranger vite; ce n'est pas l'Italie seulement qui attend une solution, c'est le monde entier. Le vieux principe est parti, le nouveau n'est pas encore arrivé ; ou s'il est arrivé, ce n'est qu'en théorie. De là la singulière logique du congrès de Paris au sujet de Naples... Heureusement pour vous le papier finit, et avec lui ma dissertation.

Je vous serre la main à vous et à Eugène; et veuillez dire à qui voudra l'entendre que, si on ne sait que faire pour l'Italie, on ne fasse *rien*, qu'on quitte ce sol ingrat, qu'on abandonne cette *gente incontentabile*. Nous nous en tirerons comme nous pourrons. Sommes-nous trop exigeants ?

Tout à vous.

XXXVII

A MONSIEUR EUGÈNE RENDU.

Cannero, lac Majeur, 21 juin 1858.

Mon cher ami,

Que de bonnes choses j'ai trouvées dans votre *amabilissime* lettre en date du 15 courant, qui ne m'est parvenue qu'hier, et comme je vous en remercie! J'ai passé par Aix quelquefois dans la saison des eaux, mais je ne m'y suis jamais arrêté. Ce serait un grand plaisir pour moi de vous y rencontrer, mais ne connaissant pas vos projets, j'ai pris des engagements qui me conduiront en Toscane le mois prochain. Aux premiers jours d'août, je serai pourtant de retour ici; et il faudrait avoir du malheur, si les Alpes, qui n'ont pu arrêter tant de braves gens (depuis des siècles), qui n'arrivaient pas toujours à propos, devaient vous empêcher, vous, notre vieil ami, de venir nous voir et me serrer la main.

Me voilà donc tout à l'espoir que vous vous déciderez. Je demeure sur les bords du lac Majeur, près de Cannero, dans une petite maisonnette que je me suis bâtie, et où je serais heureux de vous offrir, ainsi qu'à madame Rendu, une hospitalité d'artiste. D'après votre lettre, je vois que j'ai l'honneur d'être connu d'elle de la manière qui m'est le plus favorable, — sur vos rapports. Êtes-vous sûr que je soutiendrai la réputation que vous m'avez faite?

Quant à la politique, je suis exactement au même point que vous. Je me suis rejeté en arrière de plusieurs siècles, et je me console du monde présent en voyant que l'histoire n'est qu'un tissu de transactions plus ou moins boiteuses, qui ont constamment tiraillé la pauvre postérité d'Adam en sens divers, sans jamais lui permettre d'atteindre son but. Ariman et Orsmuzd me font l'effet d'être aussi dispos aujourd'hui que du temps des vieux mages. Si j'étais jeune, je pourrais et je devrais même prendre part à la lutte, mais il est tard à cette heure. Le but de toute ma vie est manqué! Dieu ne l'a pas voulu, ou pour le moins l'a ajourné à une époque qui ne m'appartient plus. Dès lors, il n'y a qu'à se retirer, ce que j'ai fait : car après avoir eu l'âme pleine de l'indépendance de sa race, les questions de mur mitoyen et même de portefeuille... franchement, c'est plus fort que moi! Mais si, par impossible, l'occasion arrivait, mes vieux os ne resteraient pas aux équipages!

Heureusement le papier finit, car une fois à cheval sur ces idées, elles prennent le mors aux dents.

Tout à vous.

XXXVIII

AU MÊME.

Eaux de Montecatini, 13 juillet 1858.

Mon cher ami, je crois que pour le coup je vous tiens. Aucun motif ne me retient ici en Toscane, et mon projet était déjà de retourner à la fin de juillet; ainsi n'ayez aucun scrupule. Il est donc convenu que, sauf force majeure, le 3 août je vous attends à Cannero.

Voici maintenant le fil d'Ariane pour vous tirer d'affaire. A Turin vous partez à 7 h. 50 du matin, retenant vos places pour *Arona;* à Rovere vous vous arrêtez un quart d'heure, le temps de vous rafraîchir; vous changez de train, et vous arrivez à Arona un peu avant midi. La station est au bord du lac; transférez-vous sur le vapeur immédiatement : de Cannero à ma maisonnette, il y a une demi-heure à faire en bateau, et je viendrai vous prendre. Pour me faire savoir que vous êtes à bord, voici le signal : ma maison se trouve sur la rive gauche, à un quart d'heure avant d'arriver à Cannero; les hommes du bord vous la montreront. Quand vous passerez devant, vous vous placerez à la poupe, à côté du timonier, et vous agiterez un mouchoir; de mon côté, je hisserai un petit pavillon en signe d'entente et je partirai immédiatement pour venir vous chercher. A trois heures et demie vous arrivez, ainsi ce n'est pas une très-longue course; et si vous apportez une forte dose de bonne volonté, vous vous trouverez à merveille. Ainsi au revoir pour le 3 août, à 3 h. 50 minutes[1].

XXXIX

AU MÊME.

Cannero, 19 septembre 1858.

Mon cher ami.

J'ai été bien douloureusement affecté de la triste nouvelle que j'ai trouvée dans votre lettre, — bien plus que

1. Le plain-pied où s'élève la villa de M. d'Azeglio est taillé à vif dans la montagne, et surplombe le lac. A gauche, au delà du village de Cannero, une cascade de montagnes s'échelonnent jusqu'aux Alpes et se couronnent de neiges. A droite, un promontoire porte jusque dans les flots les verdoyants massifs du sein desquels se détache, sur un ciel d'azur, le blanc clocher de l'église d'Oggebbio.
De la terrasse, conquise sur un rocher de marbre et que bordent les cactus et les lauriers-roses, la vue s'étend, au delà du lac Majeur, sur de gracieuses collines dont les lignes mollement dessinées se perdent dans les vapeurs bleuâtres du lac de Lugano. En 1858, cette rive était la rive autrichienne. « J'ai pris ma retraite en face de l'ennemi, disait l'illustre patriote. En regardant ce rivage, je frémis, mais je me tais; ne voulant pas troubler par des récriminations puériles un silence qui me semble la condition de ma dignité personnelle comme

surpris. Ce pauvre cher Doubet, depuis bien longtemps, me faisait l'effet d'un homme qui se survit à force d'énergie; chez lui, l'épée a bien usé le fourreau; car, malgré l'état de sa santé, j'ai vu peu d'esprits plus prompts que le sien et peu de volontés plus fermes. Je le pleure bien sincèrement; mais est-il bien à plaindre? Je commence à m'apercevoir que ce qui est triste, à coup sûr, c'est de vieillir, parce que les séparations se multiplient, et qu'on s'en va pièce à pièce. L'isolement dans la foule vous fait désirer de suivre les vôtres plutôt que de rester avec des inconnus. Après tout, ce n'est pas nous qui sommes les maîtres, et il faut obéir à celui qui nous fait à chacun notre part.

Je n'ai pas oublié votre travail qui m'a si vivement intéressé[1], et qui, par son point de vue, se trouve si complétement d'accord avec les idées de Balbo et avec les miennes; oui, il faut rapporter tous les travaux historiques sur l'Italie à l'idée de l'indépendance. Il fut un temps, on ne saurait le nier, où nos meilleurs esprits se trouvaient fascinés par la préoccupation classique de l'antique *Empire*, et caressaient l'idée d'un retour de suprématie pour l'Italie à la place de celle de son autonomie. C'était bien la fable du chien qui abandonne la réalité pour saisir l'image reflétée dans le courant. Mais on s'a-

---

de la dignité de mon pays. Je ne verrai pas cette rive redevenir italienne!... » Or, en ce moment même, le comte de Cavour arrivait à Plombières.

1. *L'Italie et l'empire d'Allemagne.*

L'auteur, en exposant l'antagonisme des deux grandes doctrines politiques sur lesquelles, aux yeux de l'Italie, a reposé pendant le moyen âge et les premiers siècles des temps modernes, le droit public de l'Europe, — la doctrine théocratique et la doctrine de la monarchie impériale, — signalait la naissance et les développements de la théorie du *droit national*, au delà des Alpes, et recherchait dans l'histoire les origines de l'idée d'une *confédération* entre les États italiens.

perçoit à certaines hésitations de ces grandes intelligences que leur raison avait l'instinct du vrai, et suivait à contre-cœur les errements de l'imagination. Je pense que, dans l'intérêt de notre cause, il est important de le constater, comme il est utile de faire connaître les écrivains qui ont vu la question sous son véritable point de vue. Trajano Boccalini, peu connu même en Italie, est remarquable sous ce rapport. J'espère vous l'envoyer le mois prochain, par occasion. Je l'ai relu et j'en ai été frappé. Mettez Autriche au lieu d'Espagne, et c'est une brochure de circonstance pour 1858.

Adieu, cher ami, laissez-moi espérer que 1859 vous ramènera sur notre rivage, puisque le gîte ne vous a pas trop désappointé.

XL

AU MÊME.

Turin, 9 février 1859.

Cher ami,

Je l'ai lue, cette brochure[1] qui fait tant de bruit, qui émeut les hommes d'État, la bourse et le public. . . .
. . . .
J'adopte pour le fond toutes les idées de la brochure. Je ne ferais de réserves que sur la forme à donner à leur application. Mais comme on glisse sur les questions de détail, il est possible que nous nous rencontrions aussi sur ce terrain.

J'accorde que la fédération est la solution la plus pratique, sauf à avoir le *secret* d'en convaincre l'Autriche. J'accorde encore que le centre de la fédération, la diète, doit résider à Rome. J'accorde même, quoique

---

1. La brochure *Napoléon III et l'Italie*. Cette brochure avait paru le 4 février.

en me tortillant un peu, que le Pape la préside ; mais il serait dangereux de se faire trop d'illusions à ce sujet. Le succès du projet est au prix d'une exacte appréciation de la réalité ; de ce qui est possible dans l'état actuel des hommes et des choses : en dehors de cela, *in vanum laboraverunt.*

N'allez pas penser que je sois un mécréant. Je le suis bien moins que la majorité des Italiens! Mais on veut faire, oui ou non, quelque chose de réel, de juste, de bon pour l'Italie, et dans l'intérêt de la sécurité de l'Europe. Si c'est oui, la vérité, la réalité d'abord ; les systèmes, après.

Le pape des Italiens n'est pas le pape du reste de la catholicité. — L'Italie est la minorité, soit. Mais puisque c'est de l'Italie qu'on veut s'occuper, il faut l'accepter telle qu'elle est, telle que l'ont faite ses antécédents historiques, politiques, sociaux, religieux, etc., etc.

Pour l'étranger, le Souverain disparaît sous la majesté du Pontife, du vicaire de Jésus-Christ, du chef de la communion chrétienne la plus logique, la plus ancienne, la plus fortement organisée; pour le reste du monde, Pie IX est le pape de l'amnistie et du pardon; il est l'initiateur des réformes et de la régénération de l'Italie. Pour les Italiens, par contre, le Souverain cache le Pontife. Bien plus que le vicaire de Jésus-Christ, ils voient en lui le vicaire de l'*Empire*, l'obstacle permanent contre lequel se sont brisés les efforts des générations pour conquérir l'indépendance et la liberté. Ils ont sous les yeux la *Curia Romana;* comment voulez-vous qu'ils prennent le change? Comment voulez-vous qu'ils partagent au même degré la vénération dont l'entourent les catholiques de l'étranger?

Le gouvernement romain, qu'a-t-il fait des trois millions de chrétiens que la Providence lui avait donnés ? Après quatre ou cinq siècles d'expérience où en sont-ils?

Ils sont les moins religieux, les plus sceptiques des chrétiens, et ce gouvernement ne se soutient (cas unique dans le monde) que par la présence de deux armées étrangères. Et il s'est trouvé un chrétien, un catholique convaincu qui a pu dire aux sujets du pape : « Votre es-« clavage est indispensable à la foi catholique ! » Croit-on que dans l'esprit des Italiens cet argument puisse augmenter beaucoup leur attachement à la foi de leurs pères? Ou pour le moins, ne seraient-ils pas en droit de demander si les mots : « Oneratis homines oneribus quæ « portare non possunt, vos autem ne quidem digito tan-« gitis sarcinas ! » ne sont plus dans l'Évangile ?

Si tout ceci est vrai, et je doute qu'on puisse démontrer le contraire, il en résulte que la méfiance des Italiens contre le pouvoir temporel des papes, contre leur manière de comprendre les grands intérêts de la nation, est un fait qu'il ne dépend de personne d'annuler, et dont il faut tenir grand compte dans tout projet d'arrangement définitif et viable. Dès lors la présidence du pape peut être facilement admise par le catholicisme étranger, sans que cette approbation exerce une grande influence sur les populations italiennes, et rende plus facile l'organisation, l'établissement pratique d'un tel pouvoir.

Ce sera à ceux qui domineront la situation d'aviser.

Mais avant tout, croyez-vous que nous soyons bien rapprochés du moment où ces questions recevront une solution pratique et définitive? Pour ma part je l'espère peu. Il est possible du reste que l'Empereur, en se montrant bien résolu, finisse par déterminer la partie adverse à faire des propositions sérieuses.

Quant à la guerre elle-même, malgré tout cet appareil, je suis encore à me demander si elle est possible, au milieu d'une prostration aussi générale ? — Et puis... des libérateurs !... là... des libérateurs.. pour tout de bon ? Avouez que, dans l'histoire, ce serait du fruit nouveau !

J'étais à Florence tranquillement lorsque la bombe a éclaté. Je suis accouru, et j'ai écrit à Cavour que malgré les objections que j'avais pu avoir par le passé contre sa politique, au point où en étaient les choses, je croyais qu'il n'était plus temps de la discuter, mais bien de réunir tous les efforts pour la faire réussir. Ainsi me voilà enrôlé et *cavourien!* J'ignore à quoi je pourrai être bon: et j'attends.

Je n'ai jamais pu vous envoyer les notes dont nous étions convenus, car pour arriver jusqu'à M. C***, sans s'exposer à des tracasseries de police, j'ai eu bien des ménagements à garder. Mais j'ai *avviato l'affare* et j'espère pouvoir obtenir bientôt une réponse. Merci encore de l'autre brochure; vous me comblez de dons, et moi je n'ai jamais rien à vous offrir. Contentez-vous de savoir que je vous aime bien, et que je vous serre la main *di vero cuore*.

XLI

AU MÊME.

Genzano, 30 mars 1859.

Mon cher ami,

Je suis bien en retard avec vous, et je me sentirais bien coupable si je ne pouvais pas dire en toute conscience que depuis mon arrivée à Rome, je ne m'appartiens plus. Je commence par vous remercier de vos deux bonnes lettres. Vous êtes bien toujours notre vieil ami de 1847-48. Que Dieu vous en récompense!

J'ai trouvé Rome la même en haut; comment changerait-elle? En bas, c'est autre chose. Je ne reviens pas de ma surprise. L'esprit public a fait un pas immense. Les libéraux du *Circolo romano* qui voulaient adopter le *pilum* des légionnaires pour combattre Radetzki, com-

prennent aujourd'hui la nécessité de procéder avec union
et prudence : dans ce qui est désirable, ils comprennent ce
qui est possible, et ne demandent qu'à être guidés. « Que
la nation, disent-ils, obtienne justice. Si nous ne l'obte-
nons pas pour Rome même, patience, nous attendrons. »
La couche inférieure, à la vérité, mord son frein, et il faut
s'occuper incessamment à la tenir en bride; mais enfin,
on l'y tient; et il y a dix ans, vous savez comment elle
allait !

Après cela, si on n'obtenait pas des avantages véritables pour la cause italienne, je ne répondrais plus de
rien. Mais je regarde l'hypothèse comme impossible.
Personne, à mon sens, ne comprend son temps comme
l'Empereur. Il a vu que la toute-puissance était réservée
à celui qui saurait s'emparer du rôle si longtemps dédaigné de défenseur du droit commun des peuples. Il l'a
pris résolûment à la face du monde, comme il convient
à un Napoléon à la tête des Français. Il n'est pas homme
à abandonner la plus magnifique des positions que
puisse atteindre l'ambition d'un souverain, et pour sûr,
on ne dira pas de lui :

> Che fece per viltate il gran rifiuto.

Ainsi du courage et du calme; et voyons venir.

De mon côté, je m'efforce de m'acquitter de ma
tâche, celle d'empêcher qu'on lui mette ici des bâtons
dans les roues. Et pour ce qui est d'aller à Paris, personne ne me l'a proposé; ainsi ne dites pas que je
n'ai pas voulu. J'y serais allé sans doute avec plaisir ;
mais une fois que je me suis enrôlé sous la bannière du
rival, je ne connais que la discipline; et je ne demande
qu'à être utile, n'importe dans quel rôle.

Pardon si je vous envoie cette lettre ainsi barbouillée,
mais je n'ai pas le temps de la refaire.

Tout à vous.

P.-S. Vous avez très-bien fait de parler à Cavour[1] dans le sens que vous me dites; et je suis d'avis (au point de vue même de la simple tactique), que tout en agissant vis-à-vis du gouvernement romain comme on doit agir vis-à-vis d'une puissance de laquelle on a de bonnes raisons de se défier, les publicistes italiens devraient prodiguer à la papauté des hommages et des respects. Pourquoi laisser à l'Autriche l'avantage de dire : « L'Italie est l'ennemie de l'Église ? »

A ce propos, je suis bien aise de ce que vous me mandez du P. Ventura. Si beaucoup de membres du clergé se ralliaient comme lui à la *Brochure*, on éviterait bien des chocs qui se produiront, je le crains : je n'imagine pas que sa lettre au cardinal Antonelli[2] ait produit grand effet.

1. M. de Cavour était venu passer huit jours à Paris, dans la seconde moitié de mars.
2. Le P. Ventura avait donné au plan exposé dans la brochure *Napoléon III et l'Italie* l'adhésion la plus explicite. Ce plan lui paraissait la consécration des idées mises en avant par Gioberti dans le *Primato*, par le comte Balbo dans les *Speranze d'Italia*, et par lui-même dans son *Essai sur le pouvoir public*. Le célèbre religieux avait écrit au cardinal Antonelli pour le supplier de ne pas laisser le clergé s'engager dans une voie d'opposition à la politique qui seule, selon lui, pouvait raffermir le pouvoir du Saint-Père en Italie. « La guerre « paraît très-probable, disait le P. Ventura; mais il va dépendre de « la conduite qu'on tiendra à Rome de changer en guerre révolution-« naire une guerre décidée dans une pensée conservatrice. Il serait « désastreux que le clergé se lançât dans une lutte contre la politique « de la *Brochure*, et qu'il manifestât des sympathies pour l'Autriche. « Cela pourrait tout compromettre et tout perdre. » — Mais au moment même où le P. Ventura donnait ces conseils, l'*Univers* et le *Correspondant* ouvraient le feu.

XLII

AU MÊME.

Turin, 10 avril 1859.

Mon cher ami, j'arrive de Rome et je vais partir pour Paris, où je pense être rendu dimanche ou lundi[1]. Je reçois à l'instant votre lettre du 6. Je n'ai qu'une crainte, c'est de ne pas justifier la bonne opinion que vous avez de moi : pourrai-je être bon à quelque chose ?

Votre remarque sur le ton de nos journaux est parfaitement juste ; ils n'ont pas de tact. Il est vrai de dire pourtant que s'ils confondent le gouvernement romain avec l'Autriche, ils sont maladroits mais point calomniateurs : nous parlerons de tout cela. Seulement dites bien à tout le monde que la presse piémontaise dirigée par toutes les médiocrités de l'émigration pour huit dixièmes, n'est pas le moins du monde l'expression de l'esprit public actuel en Italie ; elle n'est que le reflet des déclamations d'une coterie d'émigrés et de quelques députés de l'extrême gauche qui ont pris le haut du pavé,

---

1. M. d'Azeglio se rendait à Paris, en qualité d'envoyé extraordinaire et ministre plénipotentiaire auprès des cours de France et d'Angleterre. Le journal *la Patrie* annonçait son arrivée en ces termes : « De tous côtés, on a accueilli avec une vive satisfaction la nouvelle que cet illustre personnage reprenait, dans les circonstances présentes, le rôle actif dont l'investissent la confiance et le respect universels. On a senti que si quelques chances d'une paix compatible avec les justes exigences de l'Europe et les intérêts légitimes de l'Italie pouvaient encore être dégagées de la position actuelle, la main de l'ancien président du conseil était plus apte que toute autre à accomplir une tâche si délicate. On s'est dit qu'en tout cas l'œuvre à laquelle M. d'Azeglio aurait pris une part personnelle et directe, — que cette œuvre aboutît à la paix ou que décidément elle dût conduire à la guerre, — serait acceptée par l'opinion comme l'œuvre de la sagesse, et comme le résultat d'une impérieuse nécessité. »

et que les autres laissent faire, comme il arrive un peu partout.

Quant au reste de l'Italie que je viens de traverser, vous ne sauriez vous imaginer à quel point tout a changé ; le bon sens a prévalu partout. A Rome, les républicains de 1849, les mazziniens d'autrefois, les carbonari, tous enfin comprennent qu'on a affaire à l'Europe et qu'il faut compter avec elle, avec la catholicité, avec l'opinion, etc... J'ai bien chanté sur ce ton, comme vous pouvez penser ; et prévoyant le cas où des complications politiques empêcheraient pour le moment l'accomplissement complet de nos vœux, je les ai préparés à accepter le *possible*[1]. Je vous assure que si on peut obtenir

---

1. On sait qu'au commencement de 1859, l'Autriche exerçait sur l'Italie centrale une domination à peu près absolue. Militairement, elle occupait Parme, Plaisance, et s'appuyant sur Ferrare et Bologne, s'étendait le long de l'Adriatique jusqu'à Ancône. Diplomatiquement, elle avait confisqué à son profit, au moyen des *petits traités*, la souveraineté que l'acte final du Congrès de Vienne avait assurée aux Etats italiens. En effet, la convention du 12 juin 1815, en associant la Toscane à la défense de l'Autriche en Italie, plaçait Florence sous la main de Vienne ; les duchés de Modène, par le traité du 24 décembre 1848, de Parme, par celui du 4 février suivant, avaient abandonné à l'Autriche le droit d'intervenir à son gré « toutes les fois que pouvait l'exiger la *prudence*. » Les duchés s'étaient de plus engagés à ne conclure aucune convention militaire quelconque sans le consentement de la cour de Vienne. En Romagne, l'influence de l'antique ennemie de l'Italie était consacrée par la substitution de l'autorité militaire autrichienne à l'autorité pontificale dans la sphère administrative et jusque dans l'ordre judiciaire. La souveraineté du pape n'y existait plus que de nom ; les chefs militaires inscrivaient en tête de leurs publications cette phrase significative : « L'imperiale e real governo *civile* e militare, residente a Bologna, ordina..., etc., etc. » On connaît le rôle qui était dévolu à la *Société Ferdinandéenne*. Cette influence de l'Autriche partout acceptée par les gouvernements italiens les avait tués dans le respect des peuples. Dépourvus de tout point d'appui national, ils ne vivaient que d'une vie factice et empruntée..

quelque chose de *réel*, l'émancipation de la droite du Pô, par exemple, on s'en contentera, et on attendra le reste sans murmurer. Sans doute il ne faudrait pas imaginer qu'on en pût sortir par une déception ; mais cela je le regarde comme impossible.

Adieu et à bientôt[1].

XLIII

AU MÊME.

Turin, 27 mai 1859.

Mon cher ami, je veux vous écrire tous les jours depuis mon arrivée, et puis....., vous savez, l'enfer est pavé de bonnes intentions! Aujourd'hui, enfin, voilà votre lettre qui arrive et la résolution est prise. Je commence par vous dire combien je suis touché du bon souvenir que veulent bien garder Mme Rendu et madame votre belle-mère de ma courte, trop courte apparition rue de Clichy. Veuillez me mettre à leurs pieds où je dépose humblement ma demande pour le titre d'*amico di casa*. Après ceci, jugez si je serais content de pouvoir, de manière ou d'autre, vous amener au milieu de nous. Je vous avouerai que je ne parviens pas à former un plan raisonnable à ce sujet. Mais enfin les déplacements de tout genre s'exécutent aujourd'hui avec tant d'imprévu qu'il ne faut désespérer de rien ; et vous croirez sans peine que si l'occasion s'en présente, je la saisirai avec empressement.

Je suis revenu de mon voyage pas mal éprouvé, mais

1. Après quelques jours passés à Paris, M. d'Azeglio s'était rendu à Londres où il avait adhéré aux *quatre propositions* qui avaient pour but de « substituer aux traités conclus entre l'Autriche et les duchés une confédération des Etats de l'Italie entre eux pour leur protection mutuelle tant intérieure qu'extérieure. » A cet instant décisif, il avait

une vingtaine de jours de calme m'ont mis à même de pouvoir de nouveau être attelé; la charrette est lourde et la route mauvaise, mais je me laisse faire. Si je vous parlais au lieu de vous écrire, je vous en narrerais plus long; pour le moment, je vous dirai seulement que je suis en train d'organiser des corps d'infanterie, d'artillerie et de cavalerie, tout à fait comme les *capitani di ventura* du seizième siècle, qui plantaient leur drapeau sur la place du marché, avec un trompette et un bureau d'enrôlement, et qui criaient : « Chi vuol venire con me? » On peut se vanter un peu avec ses amis, et surtout leur dire les choses qui nous font plaisir. Sachez donc que j'ai la satisfaction de voir accourir en foule officiers et sous-officiers, tous libérés du service, mais qui me disent : « Avec vous, nous venons. » Suis-je donc vantard! Tout ce monde-là a la moustache grise, mais le général, à cet égard, n'est pas sans reproche, et j'espère que s'il est vrai que besoin fait trotter la mule, nous trotterons bien aussi pour un meilleur motif.

Les choses vont bien ici, et quoiqu'on n'ait encore rien fait d'important, les affaires d'avant-garde ont toutes été à notre avantage. Il faut voir comme on reçoit vos soldats! Hier, deux escadrons de lanciers passaient sous mes fenêtres au milieu d'une foule ne sachant plus comment exprimer son bonheur, et presque tous les officiers portant un gros bouquet que les dames leur avaient jeté des balcons! C'est la lune de miel en son plein,

également accepté, au nom du roi de Sardaigne, le principe d'un désarmement simultané des puissances engagées dans la lutte diplomatique. On pouvait croire à la réunion prochaine d'un Congrès où les États italiens eussent été représentés, et où, selon le vœu de la brochure *Napoléon III et l'Italie*, « la diplomatie ferait, la veille d'une lutte, ce qu'elle ferait le lendemain d'une victoire, » quand tout à coup le cabinet de Vienne adressa au cabinet de Turin (23 avril) la sommation d'avoir à désarmer le premier et sans délai.

et j'espère qu'elle sera *la comète de miel* (passez-moi le néologisme) et encore de celles à révolutions séculaires.

Je me laisse aller à bavarder, et j'oubliais presque de vous dire combien je trouve utile et important le sujet que vous voulez traiter. Faire comprendre que l'Autriche mine moralement la papauté, sous prétexte de la servir, c'est là le point le plus important. Si ces Monsignori voulaient seulement se laisser servir! mais.....

Je pense que dans une quinzaine de jours je quitterai Turin assez tolérablement accompagné ; et il est possible que je puisse bientôt vous dire quelque chose de plus explicite à mon sujet.

Tout à vous.

P.-S. Merci de la communication que vous me faites de la lettre du P. Lacordaire à l'abbé Perreyve[1]. Voilà

---

1. Lettre écrite de Sorèze, le 23 avril 1859 :

..... « L'Autriche ne pèse pas seulement sur l'Italie d'un poids injuste et oppressif qui retient ce pays sous un régime militaire; elle pèse aussi sur l'Église en empêchant la papauté de conserver en Italie le caractère qu'elle y avait toujours eu, et qui la rendait chère à ses habitants. Depuis 1815, appuyée sur le bras de fer de l'Autriche, elle s'est peu à peu aliéné le cœur de tout ce qui l'entoure, et elle n'a plus vu le salut que dans une compression par la main de l'étranger. Soit donc que je considère l'Italie comme une nationalité ou un ensemble de nationalités évidemment opprimées, soit que je la considère au point de vue de la papauté et de l'Église, je crois que l'état actuel est intolérable et qu'il en faut souhaiter la fin. Ce fut, du reste, toujours la politique de nos rois, de rendre à l'Italie sa pleine indépendance : Henri IV, Richelieu, Louis XV, firent des traités dans ce sens ; et, si telle était leur pensée lorsque l'Autriche ne possédait du sol italien que le chétif duché de Milan, que serait-ce aujourd'hui où l'anéantissement de l'État de Venise a fait de cette puissance la dominatrice absolue des vingt-deux millions d'hommes de la péninsule ? Sans doute l'élément révolutionnaire et anti-chrétien est fort à craindre ; mais il se nourrit principalement des généreuses passions du patrio-

deux nobles esprits, et, enfin, des gens qui *comprennent*. Dieu veuille que leur pensée soit quelque peu contagieuse dans votre clergé, qui généralement, ce me semble, suit la bannière de l'*Univers*. *Aures habent et non*

tisme, et c'est cette place d'armes qu'il faut lui enlever par une guerre de puissance à puissance, où l'on a des chances de vaincre l'ennemi sur le champ de bataille, et de contenir en même temps l'esprit révolutionnaire et anti-chrétien. Que si la Providence permet aux passions déchaînées de prévaloir un moment, ce sera sans doute une grande calamité; mais ce sera la faute de ceux qui, en 1815, ont tellement abusé de la force contre des nationalités dignes de respect, et leur ont fait une situation qui n'a cessé de s'aggraver depuis quarante-cinq ans. Nous aurons eu, du moins, en France, l'honneur de briser avec ce parti injuste, et de verser notre sang pour une cause juste et libérale. »

....

.... « Quelque sévère que l'on soit pour un gouvernement, il faut reconnaître ce qu'il tente de bien, et j'avoue que si la politique actuelle de l'Empire ne cache aucun piége, s'il soutient à la fois la cause de l'indépendance italienne et la cause des libertés de l'Eglise, je ne pourrai m'empêcher de lui être reconnaissant. La guerre de Crimée était déjà une belle guerre, mais sans grand péril, à cause de l'alliance étroite de la France et de l'Angleterre; celle-ci, au contraire, est périlleuse, plus juste encore, et à ces deux points de vue, elle mérite un assentiment plus marqué. L'Empire joue son existence, et devant l'égoïsme politique qui nous étreint depuis 1815, c'est une noble attitude que l'on n'était pas en droit d'espérer.

« Voilà, mon cher ami, mes sentiments. Je ne crains rien pour Rome : elle peut souffrir un jour; mais il vaut mieux souffrir en se sauvant que jouir en se perdant. Les malheurs de l'Église de France, de 1793 à 1801, l'ont épurée et rajeunie; il en sera de même de l'Église romaine et de l'Église italique, si Dieu les appelle toutes deux à des épreuves et à des expiations.

« Ne vous figurez pas, du reste, que nous soyons les seuls catholiques à penser ainsi. Il en est une multitude qui ne forment pas d'autres vœux. Mais le régime autrichien a franchi les Alpes, et les violences de la presse, qui se dit ultramontaine parmi nous, impriment aux esprits une sorte de terreur puérile. Cette tyrannie passera comme toutes les autres; elle est à la veille, je crois, de recevoir un grand coup, et, dans tous les cas, il en sera ce qu'il plaira à Dieu ! »

audiunt; oculos habent... Cécité et surdité ; c'est beaucoup.

La lettre que le P. Lacordaire vous avait adressée à vous-même était déjà très-significative[1]. Pour Dieu, on devrait répandre ces lettres-là par milliers.

XLIV

AU MÊME.

Turin, 5 juin 1859.

Cher ami, votre amitié, de près comme de loin, veille constamment sur moi ; l'article que vous m'envoyez en est la preuve. Mille fois merci pour la cent et unième fois. Si je n'arrive pas à toutes les grandeurs de ce monde, ce ne sera pas de votre faute. Cette fois-ci, il paraît pourtant que je ne serai pas destiné à continuer les Bernabi Visconti et Cie. Mon règne n'est pas de ce monde-là. J'attends toujours les événements qui doivent m'ouvrir les portes de celui qui m'est destiné. En attendant, je continue à former des cadres, et à rassembler mon matériel. Vous voyez par les journaux comme nos affaires marchent bien et rapidement. Je crois que l'Empereur est général.

---

1. . . . . « Sortir de là est le besoin du monde et de l'Église, son plus pressant besoin. Y parviendra-t-on cette fois ? C'est le secret de Dieu. Mais, tôt ou tard, soit que les nations étrangères ne le permettent pas aujourd'hui, soit que les passions révolutionnaires y mettent entrave, tôt ou tard, j'en ai la conviction, l'Italie sera libre et rassemblée dans ses divers Etats sous une confédération libérale et chrétienne. Jamais avant ce grand événement, qui se liera peut-être à la chute européenne de l'islamisme, jamais l'Eglise ne reprendra dans le monde le terrain qu'elle a perdu depuis Luther. L'Italie libre, c'est la papauté délivrée, quelles que soient aujourd'hui les apparences contraires ; et sans la papauté délivrée de l'étranger et de l'absolutisme autrichien, il n'est pas possible de ramener les peuples au berceau de la foi. — Voilà, Monsieur, mes sentiments ; ils sont conformes aux vôtres..... » (Sorèze, 12 avril 1859.)

Ses derniers mouvements le prouvent, et les hommes spéciaux les admirent beaucoup.

Inutile de vous parler de l'élan des troupes. C'est réellement hors ligne. La présence des souverains et l'émulation entre les deux armées donne à toute action un caractère d'impétuosité à laquelle rien ne peut résister. Aussi, pas une affaire où les Autrichiens aient tenu. Le roi a fait des siennes. Il s'est tellement exposé à Palestro que les zouaves l'ont *empoigné* pour l'empêcher d'aller se faire casser le cou. Après l'affaire, ils l'ont nommé *caporal;* et l'Empereur, après l'avoir sermonné sur son imprudence, lui a dit : « Si ça vous arrive encore, je vous mettrai aux arrêts. »

On tremble en songeant à la possibilité d'un malheur; mais c'est beau et c'est utile : s'il gagne du terrain, il l'aura bien mérité. Quelle drôle de figure font, à côté de lui, les autres souverains d'Italie! Décidément, je crois que tout ça va crouler, et définitivement. L'Autriche tombera sous la question financière autant que sous la question militaire ; elle servira d'exemple au monde qui verra quelle est la dernière conséquence de l'injustice : se briser contre l'impossible.

Adieu, cher ami, adieu, mesdames, adieu, enfants. Priez pour nous; et *vogliatemi bene.*

XLV

AU MÊME.

Turin, 10 juin 1859.

Cher ami,

Ce qui se passe en Romagne peut devenir fort compromettant si on n'y prend garde, je suis entièrement de votre avis; mais le jour devait venir où cette chienne de question aurait mis tout le monde au pied du mur, et nous y voilà bel et bien. Il n'est plus possible de tergiverser aujourd'hui. Il faut donner la meilleure forme possible à la solution ; d'accord. Mais elle est inévitable. Or, voici l'état des choses au moment où je vous écris. Les sujets du pape, en Romagne, ne veulent plus de son gouvernement, c'est notoire. Les Autrichiens quittent les provinces ; celles-ci se séparent sans le moindre effort, sans l'ombre d'une violence, comme tout ce qu'il y a de plus naturel. Voici comment les choses se sont passées à Bologne : au départ des Autrichiens le cardinal Millesi envoya chercher le Municipio : « Signori, possono « rispondere della tranquillità ? — Eminenza, no. — « Dunque me ne vado! — Eminenza, si. » Pas plus fin que cela.

Après le départ du cardinal, tout le monde s'est embrassé, on a proclamé d'enthousiasme la dictature de Victor-Emmanuel ; et, de proche en proche, ça va comme les capucins de cartes. — Maintenant il n'y a que deux partis à prendre : ou répondre à la députation de la Romagne : *Nescio vos !* et alors dans un mois, au plus tard, Mazzini et ses assassins régneront ; on commencera par les prêtres, et comme l'appétit vient en mangeant, on passera aux propriétaires, etc... Et alors? Il faudra bien faire (avec plus de difficultés, et avec une lourde responsabilité de tout ce qui serait arrivé de désordres) ce qu'on peut faire avant, avec certaines formes et sous certaines conditions.

Le Piémont, non plus que la France, ne doivent avoir aucune part dans le mouvement ; mais une fois que le mouvement est fait et achevé, cela devient une question d'humanité, de droit naturel ; et si le parti, ou mieux encore, si la secte politique qui porte le masque catholique et qui ne cesse de confondre à dessein les intérêts religieux avec les intérêts politiques, veut nous attaquer, eh bien ! le monde civilisé jugera, et nous nous défendrons. Je vous demande si, dans le moment actuel, il est possible de satisfaire à toutes les exigences ? On peut diriger certains mouvements, mais les comprimer, impossible. J'ai la Romagne à conduire. Comme vous voyez, on me fait là un fameux lot ! Je n'ai jamais reculé devant les difficultés; aussi, va pour la Romagne ! mais aux conditions qui résultent de tout ce que je viens de vous dire.

Après le fait accompli, plutôt que de laisser égorger les prêtres, j'irai, et je ferai de mon mieux. Mais quant au fait lui-même, ça ne regarde que les Romagnols, et je ne m'en mêle pas. Si le cas arrive, et je le vois venir au pas de course, mon thème est simple. Je vais leur déclarer que je n'entends nullement préjuger les questions politiques, mais simplement sauvegarder la tranquillité publique, et utiliser les ressources du pays en faveur de la cause de l'indépendance. L'urgence du moment, c'est d'avoir des soldats et de l'argent pour les payer. Les questions internationales viendront après. Vous comprenez que pour tenir au milieu de tous ces éléments, il me faut des forces. Je réunirai ma brigade en formation à celles déjà organisées que me fournit le gouvernement. Avec cela je suis en mesure. Vous me demanderez si cette position m'amuse beaucoup. Devinez : l'enjeu, c'est ma réputation !

XLVI

AU MÊME.

Turin, 3 juillet 1859.

Mon cher ami, cent fois j'ai voulu vous écrire ces jours-ci, et toujours des notes de fournitures, des rôles, des postulants, des récalcitrants, qui se mettaient en travers ! Enfin, il faut bien pourtant que je vous dise un mot avant de partir, et comme c'est pour demain il n'y a pas de temps à perdre.

La question s'est débrouillée finalement! La députation des Romagnes a vu l'Empereur et le Roi, et celui-ci lui a fait la réponse que vous verrez bientôt dans les journaux : elle n'est pas entièrement d'accord avec celle qu'on lui avait prêtée; et à ce sujet, je vous l'avoue, tout accoutumé que je suis à l'impudence des mensonges de la *secte*, cette fois-ci j'ai été pris au dépourvu. Enfin n'importe : cela n'a pas empêché le roi de reconnaître qu'on ne peut pas laisser les Suisses égorger les femmes et les vieillards, ni la *sociale* trouver son nid au beau milieu de l'Italie; et cela ne m'empêchera pas non plus d'aller prêter main-forte aux lois élémentaires de l'humanité et de l'Évangile. Ah! si le pape voulait seulement!...

Imaginez que j'ai commencé cette lettre il y a trois jours, et je ne sais trop si elle pourra partir aujourd'hui.

Les détails qu'on reçoit de Pérouse sont affreux. Et passe encore pour ces mercenaires! Mais les récompenser, proclamer qu'ils ont suivi leurs instructions, ça fait tourner la tête! Dieu permettrait-il que tout sentiment religieux, toute idée morale se perdît en Italie? *Si sal evanuerit, in quo salietur?*... Comme vous pouvez penser, ces horreurs ont produit en Romagne une levée en masse : on s'assemble, on marche sur les brigands. Dieu sait quelles conséquences s'ensuivront.... Et voilà le fruit de la politique impitoyable qui a prévalu pourtant, pendant cinquante ans, dans les chancelleries européennes.

Hier, j'ai vu l'article que vous m'avez envoyé : *Grazie fratello!* Il faudra bien enfin que les honnêtes gens arrachent le masque aux hypocrites! *Mille tenerezze* à vos dames et aux petiots.

Tout à vous.

XLVII

AU MÊME.

Turin, 24 juillet 1859.

Cher ami, si, — il y a deux mois, — on avait proposé le problème suivant : Aller en Italie avec deux cents mille hommes, dépenser un demi-milliard, gagner quatre batailles, restituer aux Italiens une de leurs plus belles provinces, et en revenir maudit par eux, on aurait déclaré le problème insoluble. Eh bien, il ne l'était pas; le fait l'a prouvé.

Le quadrilatère est intact; la Lombardie est ouverte : qu'une occasion se présente, et l'Autriche aura tout repris.

D'ailleurs, qu'est-ce que l'Autriche dans une confédération italienne? Le loup dans la bergerie. L'Empereur a oublié à Villafranca le chapitre des *speranze*[1] que vous citez, et qui est pour nous la loi et les prophètes.

Dans l'Italie centrale, les esprits enflammés par tant de promesses n'accepteront pas, soyez-en sûr, la paix de Villafranca. Ce sera, que sais-je? l'inconnu! — On peut répondre : Mais enfin, vous avez gagné la Lombardie! — D'accord. — Mais la position est moins sûre aujourd'hui qu'elle ne l'était avant la guerre, et à un changement quelconque qui arrive en France ou en Europe, songez à quelles terribles éventualités nous nous trouvons exposés.

---

1. *Delle Speranze d'Italia*, cap. vi, p. 43 de l'édit. de 1855. Dans ce chapitre, le comte Balbo démontrait que la Confédération était impossible pour les États italiens si on y admettait une puissance étrangère. « Alors même que l'on stipulerait et jurerait que le pape serait président, le pape ne le serait pas; sa présidence ne serait qu'un mensonge; dès que l'Autriche ferait partie de la Confédération, l'Autriche serait tout, et l'égalité des membres de la fédération deviendrait une fiction diplomatique; non, les princes italiens et leurs ministres ne se feront pas volontairement plus dépendants, plus esclaves qu'ils ne le sont aujourd'hui. »

Après cela, je m'abstiens de tout jugement sur la conduite de l'Empereur; en fin de compte, il a été au feu pour nous contre l'Autriche; et pour ce qui est de vos admirables soldats, j'embrasserais leurs genoux. Mais cela n'empêche pas que notre pauvre Italie ne soit dans une terrible situation! En vérité, je m'y perds!

Pour ce qui me regarde, voici mon histoire en peu de mots. Je ne voulais pas aller à Bologne tant que la question des Suisses[1] n'était pas résolue. Je disais au ministère : Vous vous mettez dans l'alternative de devoir ou vous retirer devant une sommation, ou de faire la guerre au pape. Un ordre militaire m'a forcé d'y aller. Une fois là, la Giunta m'a déclaré qu'elle était impuissante à maintenir l'ordre. C'était vrai. J'ai dû prendre la dictature, contrairement à mes instructions, qui me le défendaient formellement. Après trois jours, l'ordre m'est arrivé de me concentrer et de me diriger vers la Lombardie avec mes troupes et mes employés. D'un côté, les Suisses de Pérouse étaient à la frontière, et, à l'intérieur, les mazziniens n'attendaient que mon départ. Je n'ai pas hésité. Je me suis dit : L'abandon immédiat de ces populations serait le déshonneur pour le roi et pour moi; dès lors c'est l'impossible, et j'ai désobéi. Au lieu de me concentrer, j'ai fait un détachement de neuf mille hommes que j'ai envoyé couvrir la frontière, et j'ai laissé trois mille hommes à la défense du gouvernement que j'avais établi à Bologne, confiant à mon chef d'état-major, le colonel Falicon, tous mes pouvoirs.

Après cela, je suis parti pour Turin; je me suis présenté au roi, et je lui ai dit : « Sire, Votre Majesté peut me mettre sous conseil de guerre, car j'ai formellement désobéi à ses ordres. » Il m'a demandé des explications,

---

1. On désignait sous ce nom les mercenaires allemands qui avaient figuré à Pérouse.

et, après les avoir écoutées, il m'a dit : « *Vous avez bien fait; l'ordre qui vous a été expédié était un malentendu.* » Voyez pourtant de quelles circonstances imprévues et inexplicables peut dépendre le sort des hommes et la marche des événements! Vous imaginez quels moments j'ai dû passer; et ajoutez la circonstance matérielle d'une atmosphère de feu. Dans les salons du palais de Bologne, j'avais 32 degrés Réaumur! Je suis encore accablé d'affaires; ainsi, la suite prochainement.

Mille tenerezze.

XLVIII
AU MÊME.

Cannero, 13 août 1859.

Mon cher ami.

J'ai à vous remercier de votre brochure[1], véritable boulet rouge dont vous avez atteint l'Autriche à la ligne de flottaison. Et malgré tout cela, malgré le mensonge et la fraude permanente sur laquelle elle s'appuie, elle est loin de vouloir sombrer!

A ce propos, — à propos de Rome surtout, — permettez-moi de vous dire mon idée. Je vois poindre à l'horizon bien des complications qui seront la suite de la paix subitement conclue. Ce qui a été dit et fait jusqu'alors pour l'organisation de l'Italie, les événements et la force des choses vont rayer tout cela; et Rome se trouve dans une situation absolument nouvelle. Eh bien, avant tout, — il s'agit ici de politique, — et coûte que coûte, le salut de mon pays! C'est au pape, comme aux autres princes italiens, à s'arranger en conséquence. Or défendre le pape pontife, c'est sans doute le devoir de tout catholique convaincu. Mais soutenir, à un point de vue absolu, le pape souverain, présenter le pouvoir tem-

1. *L'Autriche dans la Confédération italienne.*

porel, tel que nous le voyons, comme une condition nécessaire du maintien de la religion, ce ne serait certes pas là le moyen de soutenir la foi. Je connais assez bien Rome. Soyez persuadé que plus elle se sentira en sûreté, plus elle se perdra. Ce qui a fait descendre Rome à sa misère actuelle, c'est le trop de protection. Sans cette conspiration d'intérêts qui travaille dans tous les pays catholiques au profit de la Rome temporelle, elle ne se serait pas endormie dans une sécurité aussi complète; la foi n'aurait pas abandonné l'Italie; l'indifférence serait moins générale; et la France n'aurait pas à choisir entre l'évacuation de Rome et le rôle peu agréable qu'elle est obligée d'y jouer. Ne vaudrait-il pas mieux dire une bonne fois ce qui en est, même au pape?

J'ai peu à vous dire sur nos affaires. L'Italie centrale s'organise. Mes anciens sujets sont admirables de calme et de discipline.

Je crains peu une intervention. Ce serait monstrueux après les déclarations du comte Walewski en 1856, et après la proclamation de Milan. A tout prendre, j'incline pour le *laisser faire*. C'est la solution qui n'engage aucune responsabilité.

Et Zurich? Viendra-t-on à bout de faire quelquechose?

P.-S. — Je suis furieux contre vous : venir à Annecy, et dédaigner le pauvre petit Cannero !

XLIX

A MONSIEUR A. DANTIER.

Cannero (lac Majeur), 26 août 1859.

Monsieur,

J'ai reçu l'obligeante lettre, ainsi que la brochure[1] que vous m'avez fait l'honneur de m'adresser.

Je vous en remercie pour moi et pour mon pays. C'est

1. *Les Communes lombardes, l'Empire et la Papauté*. Retraçant les

avec bonheur que je vois grossir les rangs de nos défenseurs ; et il faut bien croire que la Providence veut réellement nous secourir, quand elle nous donne pour auxiliaires l'épée et la plume de la France.

L'idée qui résume votre travail est on ne peut plus opportune ; notre salut est dans l'union. Sous ce rapport, on ne saurait demander davantage à nos populations. Il est impossible de faire quelque chose de plus net, de plus clair, de plus unanime, que ce qui vient d'être fait en Toscane et à Modène[1]. Très-probablement la même chose se répétera à Bologne[2]. Et penser que ces pays-

grandes luttes qui avaient divisé les puissances entre lesquelles se partageait l'Italie du moyen âge, l'auteur rappelait aux populations de la Péninsule que si leurs ancêtres n'avaient recueilli de leurs guerres civiles que l'anarchie et la servitude, ils pouvaient trouver, au contraire, dans l'esprit de concorde et d'union, la force et l'indépendance nationale. — M. Dantier vient de rendre un service signalé aux études historiques en publiant un livre considérable : *Les Monastères Bénédictins de l'Italie*, 2 vol. in-8°. Il y plaide, au nom de la science, et pièces en main, la cause de l'Ordre illustre qui a donné tant d'érudits à l'Italie aussi bien qu'à la France.

1. Jusqu'à la paix de Villafranca, les dictatures offertes par la Toscane, Parme, Modène, au roi Victor-Emmanuel, n'avaient pas signifié : absorption dans le Piémont, système unitaire ; mais simplement : collation d'un pouvoir de direction au point de vue de la guerre nationale. — La paix signée inopinément avec l'Autriche transforma les données du problème (voyez plus bas la lettre du 28 septembre) ; une volte-face eut lieu dans les idées comme dans les faits : — le 14 juillet, la consulte de Florence demande à Victor-Emmanuel de conserver le protectorat de la Toscane. — Envoi d'une députation à l'empereur Napoléon III, députation composée de MM. Peruzzi, Matteucci, Lajatico. — Convocation des collèges électoraux pour le 7 août. — L'assemblée nationale de Florence vote la déchéance de la dynastie de Lorraine (16 août) et l'annexion de la Toscane au Piémont (20 août). — En même temps, décret de l'assemblée de Modène, portant que François V d'Autriche d'Este est déchu de la souveraineté (20 août), et vote de l'annexion des provinces modénaises au Piémont.

2. Le 14 juillet, l'Empereur avait écrit au Saint-Père pour lui expo-

là se sont gouvernés eux-mêmes dans des moments d'une profonde excitation morale, et ont préparé des votations aussi calmes et aussi solennelles! A mon sens, l'histoire n'abonde pas de pareils faits. On ne pourra plus dire, au moins, que l'état de siége est le seul moyen de garantir l'ordre en Italie.

Veuillez dire à notre ami Rendu que je lui suis on ne peut plus reconnaissant de l'excellent conseil qu'il vous a donné, et agréez l'expression de mes sentiments les plus distingués.

L

A MONSIEUR EUGÈNE RENDU.

Cannero, 18 septembre 1859.

Mon cher ami,

Après dîner, on paye la carte; et quand on en est à sa-

---

ser les conditions dans lesquelles la paix de Villafranca pourrait produire des effets heureux pour les États de l'Eglise : « Dans le nouvel
« ordre de choses, Votre Sainteté peut exercer la plus grande influence
« et faire cesser pour l'avenir toute cause de trouble. Qu'Elle consente,
« ou plutôt que, *de motu proprio*, Elle veuille bien accorder aux Léga-
« tions une administration séparée, avec un gouverneur laïque nommé
« par Elle, mais entouré d'un conseil formé par l'élection; que cette
« province paye au Saint-Siége une redevance fixe, et Votre Sainteté
« aura assuré le repos de ses États, et pourra se passer de troupes
« étrangères...... Je supplie Votre Sainteté d'écouter la voix d'un fils
« dévoué à l'Eglise, mais qui comprend les nécessités de son époque,
« et qui sait que la force ne suffit pas pour résoudre les questions et
« aplanir les difficultés. Je vois dans la décision de Votre Sainteté, ou
« le germe d'un avenir de paix et de tranquillité, ou bien la continua-
« tion d'un état violent et calamiteux. » — Un plan complet fut soumis, d'après ces bases, par le duc de Gramont, au gouvernement du Saint-Père (mois d'août); les chefs du mouvement en Romagne adhéraient à ce plan, qui se rattachait à l'idée émise au congrès de 1856, d'après une proposition présentée, en 1815, par le comte Aldini à MM. de Talleyrand et Metternich.

troisième jeunesse, on ne saurait ni s'en défendre ni s'en plaindre. Aussi je l'ai payée, en passant un mois assez souffrant de quelques avaries que j'avais rapportées de mes dernières expéditions. Me voilà maintenant à peu près radoubé.

Le moment serait mal choisi pour être malade, car ce moment paraît suprême pour l'Italie. Si on m'avait annoncé tout ce qui se passe maintenant, il y a deux mois, j'aurais ri au nez du prophète. Qui eût cru possible de voir les Romagnols doux et sages, les Toscans énergiques, et tous les clochers, à l'esprit dix fois séculaire, crouler avec un si parfait ensemble dans toutes les villes italiennes !

Mais tout n'est pas là. Et les Vénitiens, qui sont les premiers à repousser l'étrange marché que leur propose l'Autriche, et qui disent : « Souffrons pour le bien général ; notre tour viendra ! » Et les Romains, qui s'engagent à ne rien tenter contre leur gouvernement, quoi qu'il arrive, pour ne pas fournir de prétexte aux ennemis de l'Italie ? Est-ce que vous ne nous permettrez pas de nous admirer un peu ?

Maintenant, voilà l'article du *Moniteur*[1] qui m'arrive

---

[1]. « La première question était de savoir si l'Autriche céderait par traité le territoire conquis ; la seconde, si elle abandonnerait franchement la suprématie qu'elle s'était acquise dans toute la Péninsule ; si elle reconnaîtrait le principe d'une nationalité italienne, en admettant un système fédératif ; si, enfin, elle consentirait à doter la Vénétie d'institutions qui en fissent une véritable province italienne.

« Relativement au premier point, l'empereur d'Autriche céda sans contestation le territoire conquis, et, relativement au second, il promit les plus larges concessions pour la Vénétie, admettant pour son organisation future la position du Luxembourg vis-à-vis de la Confédération germanique ; mais il mettait à ces concessions, pour condition *sine qua non*, le retour des archiducs dans leurs États.

« Ainsi la question se trouvait bien nettement posée à Villafranca :

en pleine poitrine ; j'en ai perdu les étriers, je l'avoue, au premier choc. Mais je les ai vite repris. Impossible, à mon sens, que l'Empereur soit fort en colère contre tout ce qu'on fait en Italie. Je crois plutôt que l'article, ainsi que l'excursion de notre cher Reiset et de Poniatowski, tout cela, c'est pour dégager sa parole envers l'Autriche.

ou l'Empereur ne devait rien stipuler pour la Vénétie et se borner aux avantages acquis par ses armes, ou bien, pour obtenir des concessions importantes et la reconnaissance du principe de la nationalité, il devait donner son adhésion au retour des archiducs. Le bon sens traçait donc sa conduite, car il ne s'agissait nullement de ramener les archiducs avec le concours de troupes étrangères, mais au contraire de les faire rentrer, avec des garanties sérieuses, par la libre volonté des populations, auxquelles on ferait comprendre combien ce retour était dans les intérêts de la grande patrie italienne.

« Voici, en peu de mots, l'exposé véritable de la négociation de Villafranca ; et pour tout esprit impartial, il est évident que l'empereur Napoléon obtenait, par le traité de paix, autant et plus peut-être qu'il n'avait conquis par les armes. Il faut même bien le reconnaître : ce n'est pas sans un sentiment de profonde sympathie que l'empereur Napoléon vit avec quelle franchise et quelle résolution l'empereur François-Joseph renonçait, dans l'intérêt de la paix européenne et dans le désir de rétablir de bonnes relations avec la France, non-seulement à une de ses plus belles provinces, mais encore à la politique, dangereuse peut-être, en tout cas non dépourvue de gloire, qui avait assuré à l'Autriche la domination de l'Italie.

« En effet, si le traité était sincèrement exécuté, l'Autriche n'était plus pour la Péninsule cette puissance ennemie et contrariant toutes les aspirations nationales, depuis Parme jusqu'à Rome et depuis Florence jusqu'à Naples ; mais elle devenait au contraire une puissance amie, puisqu'elle consentait de plein gré à ne plus être puissance allemande de ce côté des Alpes et à développer elle-même la nationalité italienne jusqu'aux rivages de l'Adriatique.

« D'après ce qui précède, il est facile de comprendre que si, après la paix, les destinées de l'Italie eussent été confiées à des hommes plus préocupés de l'avenir de la patrie commune que de petits succès partiels, le but de leurs efforts aurait été de développer et non d'entraver les conséquences du traité de Villafranca. Quoi de plus simple

Puisqu'il était convenu qu'on n'aurait pas employé la force, elle est entièrement dégagée, selon moi.

A tout prendre, je crois que si nous serrons nos rangs sans dépasser certaines limites, l'Europe finira par s'en arranger. Hors les intéressés, je ne vois trop ce qui pourrait effrayer nos voisins dans la création d'un État de

et de plus patriotique, en effet, que de dire à l'Autriche : Vous désirez le retour des archiducs? Eh bien, soit ; mais alors exécutez loyalement vos promesses concernant la Vénétie : qu'elle reçoive une vie à elle propre ; qu'elle ait une administration et une armée italiennes; en un mot, que l'empereur d'Autriche ne soit plus, de ce côté des Alpes, que le grand-duc de la Vénétie, comme le roi des Pays-Bas n'est pour l'Allemagne que le grand-duc du Luxembourg.

« Il est possible même que, par suite de négociations franches et amicales, ont eût amené l'empereur d'Autriche à adopter des combinaisons plus en rapport avec les vœux manifestés par les duchés de Modène et de Parme.

« L'empereur Napoléon, après ce qui s'était passé, devait compter sur le bon sens et le patriotisme de l'Italie, et croire qu'elle comprendrait le mobile de sa politique, qui se résume par ces paroles : « Au
« lieu de risquer une guerre européenne et par conséquent l'indépen-
« dance de son pays; au lieu de dépenser encore 300 millions et de
« répandre le sang de 50,000 de ses soldats, l'empereur Napoléon a
« accepté une paix qui sanctionne, pour la première fois depuis des
« siècles, la nationalité de la Péninsule. Le Piémont, qui représente
« plus particulièrement la cause italienne, trouve sa puissance consi-
« dérablement augmentée; et, si la confédération s'établit, il y jouera
« le principal rôle ; mais une seule condition est mise à tous ces
« avantages, c'est le retour des anciennes maisons souveraines dans
« leurs États. »

« Ce langage, nous le croyons encore, sera compris de la partie saine de la nation ; car sans cela qu'arrivera-t-il? Le gouvernement français l'a déjà déclaré : les archiducs ne seront pas ramenés dans leurs États par une force étrangère ; mais une partie des conditions de la paix de Villafranca n'étant pas exécutée, l'empereur d'Autriche se trouvera délié de tous les engagements pris en faveur de la Vénétie. Inquiété par les démonstrations hostiles sur la rive droite du Pô, il se maintiendra en état de guerre sur la rive gauche, et, au lieu

douze millions d'hommes. La question romaine, non plus, ne me paraît pas de nature à soulever des obstacles insurmontables. Tout ce qui se passe à cette heure dans les États du pape pousse à une solution. Mais je ne veux pas aborder cette question ; je crois que vous me trouvez tout à fait trop peu papiste, et que, sans le vouloir, je froisse vos opinions. Je ne dirai qu'une chose. Songez à tout ce que nous avons souffert dans nos sentiments et dans nos affections par le fait de la cour de Rome, et soyez sévère, si vous le pouvez, contre notre *anti-papisme*, qui, du reste, non-seulement n'attaque point la foi, mais par contre servirait à la réhabiliter dans les cœurs si profondément irrités de nos populations[1].

d'une politique de conciliation et de paix, on verra renaître une politique de défiance et de haine qui amènera de nouveaux troubles et de nouveaux malheurs.

« On semble espérer beaucoup d'un congrès européen ; nous l'appelons nous-même de tous nos vœux, mais nous doutons fort qu'un congrès obtienne de meilleures conditions pour l'Italie. Un congrès ne demandera que ce qui est juste, et serait-il juste de demander à une grande puissance d'importantes concessions sans lui offrir en échange des compensations équitables ? Le seul moyen serait la guerre ; mais, que l'Italie ne s'y trompe pas, il n'y a qu'une seule puissance en Europe qui fasse la guerre *pour une idée* : c'est la France ; et la France a accompli sa tâche. » (*Moniteur du 9 septembre*.)

1. Nous ne saurions trop, sur ce point délicat, nous attacher à faire connaître la pensée de M. d'Azeglio.

« On taxe les Italiens d'irréligion, écrivait-il dans *la Politique et le Droit chrétien*, on les dénonce aux nations étrangères comme les ennemis acharnés du Saint-Siége ; et il se trouve des dignitaires de l'Église qui, dans leur inexpérience pleine de sincérité, nous le voulons croire, pensent faire œuvre pie en soulevant, contre notre pays, la bonne foi des ignorants et la crédulité des simples.

« Est-ce manquer à la loi religieuse de dire que le pouvoir temporel, à l'heure présente, loin d'être, pour le pouvoir spirituel, une garantie d'indépendance, n'est plus qu'un péril et une servitude ? de soutenir que l'Église gagnerait tout, soit à transformer radicalement un gou-

Quant à moi, personnellement, je suis assez perplexe sur ce que j'ai à faire. Me tenir entièrement à l'écart me répugne dans un pareil moment; de l'autre côté, il me répugne tout autant de m'enrôler sous une bannière pour laquelle je n'ai aucune..... confiance[1], et que j'ai vernement qui est l'embarras de l'Europe civilisée, soit à rejeter loin d'elle une responsabilité qui l'écrase? d'ajouter que le spectacle de trois millions d'hommes mis violemment hors la loi du dix-neuvième siècle, pour être retenus de force sous une sorte de machine pneumatique, qu'un tel spectacle n'est pas fait pour ramener les peuples à l'Église ; et que donner, comme conséquence pratique et rationnelle de la loi chrétienne, un système d'oppression morale et politique qui en est la négation absolue, n'est pas le moyen d'attirer à la foi des générations indifférentes ou sceptiques ?

« Que si les défenseurs du gouvernement clérical actuel persistent à répéter le mot atroce, — qui est un aveu en même temps qu'un crime, — prononcé par un de leurs orateurs : « L'esclavage des États romains est nécessaire à la foi catholique, » alors, nous n'avons plus qu'un vœu à former, qu'une espérance à concevoir, c'est que Dieu, dans sa miséricorde, veuille sauver de leurs mains la religion et l'Italie !........ Ah ! nous connaissons cette *ultima ratio* d'adversaires qui, habitués à mettre les choses saintes au service des intérêts, n'hésitent point, par une audace sacrilège, à placer le tabernacle entre eux et les coups de l'Europe, et en parlant de leurs larmes, à mettre le feu aux poudres, c'est-à-dire aux consciences.

« Dans cette tactique est notre plus grand danger, j'ajoute aussi le plus grand danger du catholicisme. Ce n'est pas d'aujourd'hui que cet enchevêtrement des choses de Dieu et des choses de l'homme est la perte de l'Église. Sans ce fléau, eût-on eu la Réforme ? Sans ce fléau, aurait-on aujourd'hui l'immense apostasie qui se prépare ? Hélas ! hélas ! écoutera-t-on toujours, la quiétude au front et le sourire sur les lèvres, retentir cette grande et sainte invective :

> *O Simon mago, ó miseri seguaci*
> *Che le Cose di Dio. . . . . . .*
> *. . . . .*
> *Per oro et per argento adulterate. . . »*

[1]. On sait que M. Rattazzi avait pris le pouvoir des mains du comte de Cavour, après la paix de Villafranca.

toujours traitée en adversaire politique. J'ai bien un projet qui me trotte par la tête, mais il est terriblement audacieux. Je voudrais écrire quelque chose qui pût être lu et qui *méritât* d'être apprécié à l'étranger au moment de l'ouverture du congrès, et l'écrire *en français*, encore! Je ne manque pas de front, comme vous voyez! Le titre serait le *Droit public et la Conscience*, ou la *Morale;* ou bien le *Droit public et le Droit chrétien !*.... le but, de démontrer que les embarras et les calamités de l'Europe et de l'Italie sont la conséquence du désaccord qui règne entre les deux droits, etc. Cela suivi ou précédé d'un exposé de nos questions depuis 1848 jusqu'à aujourd'hui, etc.

Vous me direz sans doute d'exécuter mon projet, car votre seul défaut est de me gâter. Mais enfin veuillez me dire bien sincèrement ce que vous en pensez. J'ai écrit deux articles dans l'*Opinione;* mais qui lit l'italien hors de l'Italie?

Mettez aux pieds de ces dames *l'amico di casa* et croyez-moi

Tout à vous.

LI

AU MÊME.

Cannero, 28 septembre 1859.

Cher ami,

Mille fois merci de votre excellente lettre. Il faut que vous vous intéressiez bien vivement à nous pour que vous employiez votre temps à un examen aussi détaillé de nos questions.

Je trouve vos raisonnements parfaitement justes; la preuve, c'est que je les ai faits et dits moi-même quand il était temps, soit à Turin, relativement à ma mission de Bologne, soit à Florence, quand j'ai vu les ministres avant de me rendre à mon poste. Les événements ont été plus forts que les raisonnements. Il faut accepter les faits.

Sans la paix de Villafranca, bien des choses étaient possibles, qui, avec la paix, ne le sont plus.

L'Autriche dans le quadrilatère, c'est l'Italie à sa merci au premier jour. L'Italie ne voit que cela. Elle n'a plus qu'un désir, celui de constituer, n'importe où ni comment, un groupe de provinces capable d'opposer une résistance sérieuse à une puissance qui n'a rien perdu de sa force, et qui a redoublé de mauvais vouloir. Comment voulez-vous qu'on songe aux traditions historiques ou aux intérêts de clocher? Sans la paix, ils auraient gardé quelque influence, réduite pourtant à des proportions minimes; car, je puis vous l'assurer, le municipalisme est expirant en Italie. Mais, dans la position actuelle, on ne songe qu'à créer des forces, et on doit reconnaître que les petits États italiens ont payé assez cher leurs glorioles locales pour que le goût leur en soit passé.

Ainsi je réponds à vos raisonnements qu'ils sont justes, mais qu'il est trop tard. Le plus curieux, c'est qu'on ne sait à qui s'en prendre. La France? elle a donné son argent et son sang pour notre cause. L'Italie? on l'a torturée pendant quarante ans, et puis tout à coup on lui coule du feu dans les veines, on l'arme, on l'excite! (Vos chefs disaient : « Mais vous ne bougez pas; mais vous ne faites rien! » On ne me l'a pas raconté, je l'ai entendu de mes oreilles.) Et après cela on voudrait crier le *quos ego*, et faire le calme plat! — A la rigueur, on pourrait s'en prendre à l'Empereur; mais savons-nous ses motifs? et d'ailleurs qui a jamais fait pour nous rien de comparable à ce qu'il a fait? — Il n'y a qu'à reconnaître humblement que ce ne sont pas les hommes qui mènent le monde, mais que c'est Dieu seul, et cela posé, il ne nous reste qu'à le suivre.

Que résultera-t-il de tout ceci? je l'ignore. Mais il pourrait bien se faire que la Providence eût raison de la diplomatie, et l'obligeât à se tenir pour contente. On criera à l'ambition de Victor-Emmanuel en attendant. C'est tout simple, le plus malin y serait pris. Et pourtant, pour moi qui le connais, et qui sais combien il en avait déjà par-dessus les oreilles de la petite couronne piémontaise, si vous saviez comme cela me fait rire de me figurer Victor-Emmanuel *dévoré d'ambition*[1] !

---

1. M. d'Azeglio a dit, à ce sujet, dans *la Politique et le Droit chrétien* :

« Il y a d'autres griefs contre l'Italie. Ce roi qui a su maintenir avec la Constitution de son pays le programme de l'indépendance nationale, quel reproche vivant pour les gouvernements de Rome, de Toscane, de Modène! Le Piémont, ce petit État qui, à force de sacrifices et de courage, entraîne à sa suite une nation entière, quel scandale pour l'Autriche et pour les représentants du principe païen de la force!

« Il faut donc miner l'autorité morale du Piémont et dévoiler l'*ambition insatiable* de son roi, etc., etc.

« Parlons froidement : que voyons-nous? D'un côté, l'Autriche, depuis quarante années, employant tous les moyens pour s'emparer de l'Italie, matériellement et moralement, en dépit des traités; foulant aux pieds tout droit et toute justice; appelant à son aide l'immoralité, la corruption; soufflant dans le foyer révolutionnaire, afin de pouvoir ensuite se voir appelée à l'éteindre, etc., etc. De l'autre, le Piémont serré de toute part, étreint dans un cercle qui, chaque jour, se rétrécissait; vaincu d'abord, mais non découragé, et maintenant son indépendance; relevant fièrement son drapeau constitutionnel sur le champ de bataille de la Tchernaïa : puis, tout à coup envahi et se défendant à l'aide, sans doute, d'un tout-puissant secours, mais conquérant les éloges des premiers soldats du monde à Montebello, à Palestro, à San-Martino. Voilà les faits! Et quand ce petit pays, qui a eu tous ces courages, qui a supporté tous ces sacrifices, qui a bravé toutes ces fortunes, attire ensuite à lui les volontés et les cœurs; quand l'Italie entière, qui voit, d'un côté, des souverains infidèles au pays; de l'autre, un roi tenant haut et ferme le glorieux drapeau de ses pères; quand

Non, tout cela n'expliquerait rien, et il n'y a qu'à accepter le fait tel qu'il est, et admettre qu'il y a des entraînements inévitables, des antagonismes comme des

l'Italie répudie les premiers, et, acclamant le second, fait de lui « l'élu de la nation ; » quand cela arrive, l'Europe s'étonne, la diplomatie s'émeut, et l'on décrète d'accusation le Piémont et son vaillant souverain !

« Non, le Piémont ne nourrit pas une « ambition insatiable. » Dans le mouvement qui se fait, le Piémont ne pousse pas, il est poussé ; et une inévitable nécessité lui impose le rôle dont il se voit investi.

« Du moment que le vasselage de l'Autriche était brisé, le Piémont devenait nécessairement le point de mire des espérances de la nationalité italienne. On l'accuse de faire de la propagande : il en fait, cela est vrai ; et il fait la plus invincible de toutes, celle du courage, celle de la liberté unie à l'ordre, celle de la réforme des lois, celle de l'honneur militaire et de l'enthousiasme national. Son roi faisait de la propagande au milieu des boulets et de la mitraille, tandis que les princes déchus, après avoir fui non pas devant les violences de leurs sujets, mais devant leur mépris, étaient passés à l'ennemi. Ces princes-là, de leur côté, faisaient aussi de la propagande : chacune de ces deux propagandes a porté ses fruits.

« Le Piémont est ambitieux ! — Plût à Dieu que, pour le bien de l'Italie et pour la paix de l'Europe, il y eût eu depuis longtemps, entre les souverains de la Péninsule, l'ardente émulation d'une ambition semblable ! sans doute, pour nous Piémontais, il manquerait alors à notre histoire de brillantes pages ; notre pays ne serait pas hors de pair parmi les États de la Péninsule ; mais qu'importe ? Il n'y eût pas eu tant d'années perdues pour la régénération de l'Italie ; l'Italie n'aurait pas eu à gémir sur les caractères brisés, sur les intelligences éteintes, sur les forces de son peuple paralysées sous l'oppression, sous le poids d'un système qui est un insolent défi jeté à la raison humaine aussi bien qu'au droit chrétien. Pour ses souverains déchus, s'en prendre au Piémont, c'est, en vérité, trop facile; qu'ils s'en prennent à eux-mêmes ! S'ils trouvent l'Europe indifférente, s'ils voient leurs sujets qui, ne les connaissant plus, se réfugient sous l'épée de Victor-Emmanuel, que cette dure leçon profite à tous les pouvoirs ; qu'ils apprennent par là que la vieille politique, la politique païenne, n'est plus de mise dans une société renouvelée par l'esprit chrétien, et où la voix de la justice doit faire taire, enfin, la voix du canon. »

affinités voulues par la nature des choses, et qu'à de certains moments, de grandes rénovations s'accomplissent : comment? pourquoi? Parce qu'elles sont dans le cœur, dans l'esprit de tout le monde; parce que Dieu les y a mises, et parce qu'il les veut.

Ainsi, vous voulez donc que je m'aventure *à faire de la prose!* soit. Je pense, en définitive, que mon manuscrit ne s'imprimera pas tout seul. Je serai en tout cas à temps d'en faire des cornets si cela me convient. Votre correction du titre est juste, et je vous en remercie.

Et le mandement de l'évêque d'Arras? On dirait, en vérité, qu'on a juré de déraciner tout sentiment religieux du cœur des Italiens!

Il appelle l'état actuel des Romagnes une « décomposition sociale! » Que doivent penser les masses d'un système qui n'est que mensonge et calomnie? Chez nous les gens *religieux* pensent que l'Église, dans son organisation actuelle, devient une secte politique; et les *non religieux*, qu'il faut l'abattre à tout prix si on veut avoir une patrie et une nationalité !

Avec vous je ne parviens jamais à me taire; heureusement le papier finit.

Tout à vous.

LII

AU MÊME.

Cannero, 20 octobre 1859.

Cher ami.

J'ai reçu les deux journaux. Je tiendrais beaucoup, si ce n'était pas trop « moutarde après dîner, » à y voir ma lettre sur les affaires de Parme, ou publiée ou résumée [1].

---

1. Assassinat du colonel Anviti, ex-président des tribunaux militaires du duché. Ce malheureux, saisi par la populace, avait été mutilé

Ce n'est pas de l'amour-propre littéraire, vous concevez ; mais bien de l'amour-propre national, et aussi un peu personnel, comme caractère. Je suis à confesse, comme vous voyez. L'effroyable affaire ! J'en ai eu la fièvre, je vous l'assure !

Ma brochure pourrait bien être comme le Messie des

et décapité ; sa tête, colportée trois heures durant par toute la ville, avait fini par être fixée sur la colonne de marbre qui orne la Grand'-Place. — M. d'Azeglio, à l'occasion de cette « scène de cannibales, » fit insérer dans la *Gazette Piémontaise* la lettre dont les fragments suivent :

« Je ne voulais pas le croire ; mais il n'y a plus à douter. Il est temps de parler pour qui a un cœur d'homme et d'Italien.

« Jusqu'à ce jour du 5 octobre, l'Italie pouvait lever le front haut devant les nations, et dire : Laquelle de vous, après quarante ans d'un esclavage corrupteur, a su montrer, à l'égal des Italiens, des vertus rares même parmi les peuples habitués à la liberté politique? L'Italie pouvait défier avec son nom seul toutes les forces de ses ennemis, parce que ces forces se brisaient devant cette sentence de l'opinion : « Que nul ne touche à l'Italie ! »

« Aujourd'hui, l'Italie a le front souillé d'une tache, elle doit le baisser et rougir : elle n'est plus inviolable.

« Il nous faut le dire, nous, les premiers, et le dire avec des paroles qui montrent qu'en Italie ne sont éteints ni le sens de l'honneur ni le sens du patriotisme ; il faut crier : Le crime de Parme est *un épouvantable forfait!*...... Qu'a fait pendant quatre heures la garde nationale? qu'a fait le gouvernement? qu'ont fait les spectateurs? Jusqu'à ce qu'on rende compte de tout cela, la reponsabilité la plus grave pèse sur la ville de Parme..... Parme a laissé faire une tache au nom italien, Parme et son gouvernement. Que ce gouvernement et Parme nous rendent l'honneur.

« Tout dépend de leur conduite.

« L'Italie attend.

« Cannero, 12 octobre 1859. »

Un mois plus tard, M. d'Azeglio écrivait, à propos de cette même affaire, dans *la Politique et le Droit chrétien* (p. 108) :

« On nous dénonce à l'Europe comme des *révolutionnaires!* Si nous sommes révolutionnaires dans le sens néfaste d'un mot trop cruelle-

Juifs plutôt que comme celui des chrétiens. Je suis loin de regarder sa publication comme assurée. Toutefois j'y travaille ferme. Il y a tant de choses à dire! et il faut choisir ce qui peut tenir dans le cadre, et encore que ce soit le meilleur. Après tout, vous avez eu l'imprudence de vous engager pour l'emploi de *sacri palatii magister*, et je vous tiens comme censeur responsable.

La défense de publier de nouveaux mandements tels que ceux que nous avons lus arrive tard, à mon sens, pour être utile au sentiment religieux en Italie. On se faisait une autre idée, je vous l'avoue, de la portée d'esprit politique de l'épiscopat français. Je suis bien aise d'apprendre de vous qu'il ne partage pas dans son ensemble les opinions des quatre évêques qui ont parlé. Je pense qu'il est superflu de dire que, pour la religion, ce serait un grand bien si cette divergence d'opinion était déclarée et connue du public; car aucun évêque n'aura le courage de rompre avec M. Veuillot... Je n'ai jamais vu la fureur de se démolir soi-même poussée aussi loin ; et penser que personne ne voit cela dans les hautes sphères de ce qu'on appelle le *parti catholique!*

Je n'ai pas refusé la présidence du conseil, car le roi

---

ment consacré par les infamies d'une époque célèbre, alors nous acceptons les anathèmes de nos ennemis. Mais nous en appelons à la loyauté de tous les honnêtes gens, où sont, chez nous, les théories du communisme, du socialisme, du bouleversement social? où les attaques à la propriété, les prédications incendiaires et les apparitions sanglantes du spectre de 1793 ? — Mais le meurtre d'Anviti! — Oui, nous avons eu un fait, un fait à jamais douloureux, mais un seul, qui a souillé la pureté du mouvement régénérateur; oui, nous l'avouons la rougeur au front et la douleur dans l'âme; mais un cri d'horreur est parti à l'instant même de tous les points de l'Italie pour foudroyer les auteurs du crime. Pour notre part, nous l'avons stigmatisé devant l'Europe. Qui donc oserait faire peser la responsabilité de ce fait isolé sur la nation entière? Et aussi, ajouterons-nous, quel est le peuple parmi nos voisins qui, *se sentant sans péché*, nous jettera la première pierre ? »

ne me l'a pas offerte ; et en tout cas, je ne pourrais pas
accepter un poste pour lequel les moyens me font défaut ;
je ne suis plus capable de soutenir une pareille fatigue.
Si j'étais ministre, j'irais, je crois, meilleur train qu'on
ne va. Car je suis d'avis qu'il fallait y penser avant de
s'engager (je l'ai assez prêché). Mais maintenant c'est une
affaire d'honneur. Abandonner les provinces annexées,
jamais[1] ! On me dira : Et la guerre ? Eh bien, la guerre,
nous la ferons, et une autre Novare ne tuerait pas le
Piémont ni une autre maison de Savoie, au lieu qu'une
lâcheté nous tuerait tous, et quelle fin !

LIII

AU MÊME.

Turin, 12 novembre 1859.

Cher ami.

Je suis en retard avec vous, bien à regret, croyez-le.
Mais si vous saviez combien j'ai eu d'embarras ces jours

1. « Si l'Autriche eût abandonné la Vénétie, écrivait ailleurs et au même moment M. d'Azeglio (*la Politique et le Droit chrétien*, p. 120), il eût été *politiquement*, sinon moralement, possible (je ne parle pas ici du vœu des populations) d'accepter la restauration des souverains déchus ; mais, dans la situation présente, l'Autriche restant en possession des forteresses, y compris Peschiera et Mantoue, toutes deux détachées pour elle de la Lombardie qui s'affaiblit d'autant, le seul moyen de ne pas rendre absolument précaire la position de la Sardaigne et tout à fait illusoire l'indépendance de l'*Italie italienne*, consiste dans la formation d'un État assez fort pour suppléer au défaut de frontières, et pour opposer une résistance réelle au retour de l'état de choses que, sous les yeux de l'Europe consentante, la France a entendu renverser. Voilà ce que le bon sens de l'Italie entière a merveilleusement compris. De là cet élan unanime vers la Sardaigne ; de là l'abandon de toutes les traditions égoïstes, de tous les instincts les plus enracinés et les plus chers au municipalisme italien ; de là, enfin, les fameuses *annexions*. »

passés! Et je ne suis pas au bout. qui pis est. Ainsi — *poco e buono*, — si c'est possible.

Je ne suis pas à Milan : je ne veux pas avoir pour maître M. R***... Quel Romain je fais! On dit qu'on trouva dans le cœur de la reine Marie... *Calais!* On trouverait dans le mien si on en faisait l'autopsie : *Italie centrale*. C'est là aussi que je pense me diriger sans autre chose que la cape et l'épée[1]. Je n'ai pas le temps de vous parler de tout cela. Je vous dirai seulement l'effet que me fait en général la politique de l'Europe. Elle me rappelle le trappiste donnant tous les jours un coup de bêche à sa fosse. Tout le monde proclame que l'opinion est la reine du monde, et tout le monde agit comme si elle n'existait pas. Si réellement elle existe, ce que je crois assez, elle arrivera après le trappiste et en sera le fossoyeur... La suite à un prochain numéro.

J'aurai bientôt achevé mon travail. Il y aura après à corriger, limer ; et puis je vous l'enverrai. Je voudrais savoir (vu que mes finances se modèlent sur celles de l'Autriche) si vous croyez qu'on trouverait un éditeur assez can-

---

1. « Les positions y sont nettement dessinées : D'un côté, des populations trahies par leurs souverains ; laissées sans guides, et cela quand les appels de la France et du Piémont avaient porté au comble l'exaltation du sentiment national, ces populations se donnent des gouvernements, les suivent avec une intelligente docilité, résistent aux bouillants entraînements de leur nature méridionale, déjouent les astucieuses menées de deux partis extrêmes : les voilà, depuis six mois, ces millions de *révolutionnaires*, donnant au monde l'exemple scandaleux de l'ordre quand on attendait d'eux l'anarchie, et d'une société sauvée du naufrage de tous les pouvoirs par une sagesse qui déconcerte les *habiles* et par une modération qui exaspère les provocateurs. Ces perturbateurs, ces incendiaires, demandent un roi ! Or, s'ils demandent un roi, qui voulez-vous qu'ils choisissent? le duc de Modène ou le grand-duc de Toscane, qui ont passé à l'ennemi! Quel autre donc que Victor-Emmanuel, qui vient de tirer l'épée pour la cause nationale? » (*La Politique et le Droit chrétien.*)

dide pour publier à ses frais[1]..... Avoir osé écrire en français et paraître dans le monde parisien ! Ajoutez à tous vos témoignages d'amitié celui de vouloir me parcourir, et me dire bien franchement : *Imprimez* ou *jetez-moi ça au feu.* Je vous prie de croire que je suis aussi peu archevêque de Grenade que possible; aussi allez de l'avant. Mieux vaut pour moi une petite blessure d'amour-propre par la main de l'amitié, qu'une grosse égratignure de la lourde griffe du public. Songez qu'en étant cruel vous serez clément.

Tout à vous.

P. S. Je vous envoie mon article comme simple document : il n'est plus temps d'en parler. Les articles annexés sont de mon frère Robert, mon aîné[2]. C'est un homme d'une probité antique et profondément chrétien.

LIV

AU MÊME.

Turin, 18 novembre 1859.

Cher ami,

J'ai fini mon pastiche. Maintenant je vais *le lire* pour voir ce qui en est. J'espère vous l'envoyer dans une dizaine de jours.

Vous serez content de nous. Garibaldi a donné sa démission, et s'est rendu à Nice[3]. Et le *Times* qui en fait

---

1. La brochure à propos de laquelle la modestie de M. d'Azeglio lui inspirait de telles craintes fut publiée par Dentu, et se vendit en huit jours à 15,000 exemplaires.

2. Le marquis Robert d'Azeglio, sénateur.

3. En quittant l'Italie centrale, Garibaldi jetait pour mot d'ordre aux populations : Armement général; souscription pour l'acquisition d'*un million de fusils.*

un Washington! A-t-il perdu l'esprit? Mais je vous avoue que je suis saisi de dégoût en voyant comme on s'y prend pour conduire, sans qu'il y paraisse, les moutons à l'abattoir. Après les tours de force de ces malheureux pour maintenir l'ordre, ils demandent un homme, — non une armée, — qui, par son nom, suffira à éviter l'anarchie! et on répond froidement : *Ça préjuge la question!*

Elle est, pardieu! assez préjugée, j'espère, par la votation de déchéance et l'élection; et si le congrès passe outre après cette immense manifestation d'un peuple, il mettra des mitaines apparemment pour faire rappeler le prince de Carignan[1]! Quelle élévation, quelle sagesse d'un côté dans ces populations! Quelles misères, quelles finasseries dans la politique! Mais ce temps-ci a de bons yeux : Si le duc de Valentino, Machiavel, etc., vivaient aujourd'hui, je parie qu'ils seraient francs, et ne mentiraient jamais.

Ma course en Toscane est ajournée, nous verrons plus tard.

Tout à vous.

1. Après la lettre de l'Empereur au Roi de Sardaigne (20 octobre), lettre qui remettait sur le tapis le plan primitif de la Confédération (Parme et Plaisance devant être cédés au Piémont, le grand-duc rappelé en Toscane, la duchesse de Parme à Modène); après la signature du traité de Zurich, qui réservait les droits des princes dépossédés, la réponse de l'Italie centrale ne s'était pas fait attendre. Les quatre assemblées, toscane, modénaise, parmesane et romagnole, avaient voté simultanément (7 novembre) « la régence du prince de Carignan. » — Le prince de Carignan répondit aux députations venues à Turin, que « des raisons de convenance politique, au moment de l'ouverture d'un congrès, l'empêchaient d'exercer son mandat. » M. Buoncompagni remplaça le prince avec le titre de gouverneur général de la Ligue « pour maintenir les bonnes relations entre les États confédérés et le gouvernement du roi Victor-Emmanuel. »

LV

AU MÊME.

Turin, 25 novembre 1859.

Mon cher ami,

Je vous expédie mon manuscrit. Je l'ai *lu*, et franchement j'espérais mieux. Mais puisque vous avez l'obligeance de le voir, je m'en rapporte à vous entièrement, et je vous prie et *supplie*, si vous trouvez qu'il n'est pas opportun de le publier, de me le dire clair et net; et ce sera, comme vous comprenez, un véritable trait d'ami de votre part.

Dans ce moment de questions *archi-positives*, je crains qu'on ne trouve que j'appuie trop sur les principes, que je disserte trop. Mais, à mon sens, tout le mal vient d'une erreur dans le point de départ, et, cela étant, qu'y a-t-il de plus positif qu'un principe à établir, surtout au moment où le concile politique qui va s'ouvrir devra, comme celui de Nicée, fixer son symbole? Il paraît, quoi qu'on fasse, que l'Italie du centre gardera son bon sens et sa tranquillité. C'est une singulière époque que la nôtre! Les soldats à la guerre corrigent les sottises des généraux; les populations, en temps de paix, corrigent les sottises des hommes d'État. Si cela continuait ainsi, ne pourrait-il pas en advenir que le peuple souverain se décidât à faire ses affaires lui-même? Si j'étais roi ou empereur, je mettrais cette question à l'étude.

Je vous envoie le texte de cette espèce de catéchisme autrichien, d'où j'ai tiré ma citation. C'est un monument.

LVI

AU MÊME.

Turin, 17 décembre 1859.

Cher ami,

J'ai été pour voir Desambrois[1], mais il est déjà parti. Je vais lui écrire pour le prévenir. Veuillez lui remettre l'exemplaire pour l'Empereur. J'ai à vous prier d'envoyer ma brochure à Mme de Rayneval, dame de l'Impératrice. J'ai dîné à côté d'elle aux Tuileries, et nous avons parlé théologie tout le temps. Le lendemain, elle m'envoie trois volumes *pour me convertir*, avec quelques lignes aimables et spirituelles, écrites sur le premier feuillet. La conversion n'est pas encore complète, mais je voudrais du moins lui prouver que je n'ai pas oublié sa bonté pour moi, — sans prétendre à mon tour *la convertir*.

Veuillez bien ajouter à la liste M. Cousin, M. Pourtalès, ministre de Prusse; M. Kisseleff, de Russie; M. Lavradio, ministre de Portugal à Londres, et M. Bunsen, qui était ministre de Prusse en Angleterre, et qui doit être à cette heure à Heidelberg. M. Pourtalès saura probablement où lui envoyer la brochure.

Je vous nomme encore Reizet, malgré son équipée de *l'Italie centrale* ; et puis enfin, — j'y tiens beaucoup, — les quatre évêques qui nous ont si vivement attaqués. N'oubliez pas surtout Mgr de Poitiers : c'est un homme de grand talent et d'un fin esprit, avec qui je regrette bien d'être en si profond et si complet dissentiment.— Pardon de tout cela.

---

1. Président du conseil d'Etat, l'un des négociateurs du traité de Zurich, ministre de Sardaigne à Paris.

Comme j'ai juré de ne plus vous ennuyer de mes remerciements, je les saute à pieds joints.

Il paraît que le congrès fait comme le mirage du désert; si j'avais prévu un tel retard, j'aurais pu me reconnaître un peu mieux, être plus concis, plus serré.

Envoyez-moi la lettre pour P***. Nous avons notre poste, comme de raison, et sûre comme la tombe. Voilà ce que gagnent ces gouvernements-là : diminution dans la recette des postes!

LVII

AU MÊME.

Turin, 25 décembre 1859.

Cher ami,

Les cent exemplaires ne sont pas encore arrivés. On m'assure que même à grande vitesse ils mettront cinq jours.

Le libraire d'ici en a reçu six par la poste, et je me suis lu. Vous réclamez l'amnistie. Puisqu'on m'a fait étudier le grec, je sais que le mot veut dire *oubli;* et comment jamais oublier ce que vous avez fait en cette occasion? Je vous serre la main en frère, et je vous dis merci du fond du cœur.

J'ai fait un gros oubli dans l'envoi des brochures : la princesse Mathilde. Si ce n'est pas trop tard, veuillez y pourvoir. Je suis un ingrat, car la princesse a été toujours excellente pour moi.

On a eu l'idée, en effet, de me nommer représentant de l'Italie centrale au congrès[1]. Mais il faudrait que je

---

1. Pendant que le comte de Cavour eût été, devant les représentants de l'Europe, l'organe du Piémont, l'Italie centrale eût eu pour interprète M. d'Azeglio, assisté, pour la Toscane, de MM. Galeotti et Giorgini ; pour les provinces Émiliennes, de MM. de Minghetti et Malmusi.

puisse être admis à parler en son nom ; et les gouvernements le voudront-ils? Je ne prétendrais pas assurément entrer au congrès comme *plénipotentiaire;* mais il faudrait pourtant qu'il fût décidé en principe qu'on doit *écouter* nos raisons.

LVIII

AU MÊME.

27 décembre 1859.

Cher ami, mes cent exemplaires s'amusent toujours à patiner en route; et je n'ai rien à vous dire jusqu'à présent sur l'accueil qu'a fait notre public à mon factum. Les quelques exemplaires arrivés par la poste ont passé de main en main, et je n'en entends pas médire. Le prince de Carignan a la bonté de m'accorder son suffrage; mais tout cela n'est pas encore la publicité.

Pour ce qui est de Paris, je suis fort aise de ce que vous me dites. Puisque la brochure se vend, c'est qu'on est disposé à entendre le plaidoyer. Et Dieu veuille que le public parisien, — le public par excellence, — médite quelque peu sur la conclusion que j'ai résumée dans le mot profond de Giorgini : « L'Italie ne sera jamais, pour l'Europe, un aussi grand danger par sa force qu'elle l'est par sa faiblesse. »

A propos de Giorgini, il vient de publier une excellente brochure : *Sul dominio temporale dei papi.* C'est plein de sagesse et de convenance, en même temps que de force : il y dit mes idées mieux que moi. C'est un homme que les catholiques de France devraient écouter, s'ils peuvent écouter quelqu'un et quelque chose. Car, en vérité, vos catholiques!... Tenez, à part vous, Lacordaire, l'abbé Perreyve, M. Maret, et deux ou trois autres, franchement, où comprend-on quelque chose à la question d'Italie, dans le camp catholique français? — Montalembert!... qu'on ne me parle pas de cet homme-là. C'est lui qui a tout perdu en 1849.

Donc, tâchez de faire écouter ce que dit Giorgini. « La France, répète M. Veuillot, est l'épée du Saint-Siége; elle ne souffrira pas que les droits temporels du pape soient méconnus ou amoindris. » Mais, au nom du ciel, vous qui prêchez le respect de ce que vous appelez les droits du pape, sans vous demander s'il existe, en regard, des *droits* d'un peuple, des *droits* d'une nationalité (on a cependant tenu compte de ces droits, et la papauté toute la première, à l'époque de la grande ferveur religieuse, au moyen âge. Alors on laissait les papes se débrouiller comme ils pouvaient avec leurs sujets temporels; et l'on ne disait pas à ceux-ci : Obéissez ou mourez!); vous qui prêchez le respect de ces droits, donnez-en donc l'exemple. Si la France est catholique, si tout ce qui afflige le Saint-Père afflige également la France, donnez-nous donc l'exemple de cette déférence, de cette soumission filiale que l'on exige de nous; donnez au Saint-Siége les consolations que vous pouvez lui donner de suite, et facilement.

La France a des lois organiques qui entravent le droit canonique et qui assurent la liberté à son Église. Napoléon Ier fit approuver ces lois par le corps législatif; malgré les protestations de Rome, elles sont encore observées. — Eh bien, abolissez ces lois organiques!

La France possède Avignon. Le pape avait à la possession d'Avignon des titres non moins clairs, non moins valides que ceux que vous préconisez aujourd'hui sur les Légations; le cardinal Consalvi a protesté au congrès de Vienne contre l'annexion d'Avignon à la France. — Eh bien, restituez Avignon!

Ces actes de réparation seront pour le saint-père un triomphe beaucoup plus grand qu'une démonstration quelconque de soumission qui pourrait lui venir de nous. Quand ces actes seront accomplis, venez nous parler de nos devoirs! Mais tant qu'il y aura une doctrine des droits du pape faite exprès pour l'Italie, de quel front viendrez-vous nous adresser vos sommations qui ne sont qu'un moyen de vous dispenser de remords?

Il est pénible, dit-on, de voir une nation catholique approuver et aider la révolution des Romagnes, de voir la Toscane faire cause commune avec les sujets rebelles du pape dans l'intérêt du Piémont. — Oui, tant que l'on s'obstine à ne pas voir dans l'Italie autre chose que les États du pape, ou la Toscane, ou le Piémont, etc..., à ne voir que l'Italie telle que l'ont constituée la diplomatie et le congrès de Vienne; tant que l'on s'acharne à ne pas y voir ce qu'il y a de plus réel et de plus visible, l'Italie vivante qui veut constituer sa nationalité, on ne comprend rien à tout ce qui arrive en Italie. Cet étonnement est tout aussi naturel, qu'il est naturel à l'Italie de voir de mauvais œil le domaine temporel des papes.

Dans ce domaine où vous n'apercevez, vous catholiques étrangers, qu'une décoration convenable pour le chef spirituel des fidèles, l'Italie voit la cause principale de ses divisions, c'est-à-dire de ses malheurs et de ses humiliations dans le monde.

Comment jamais les Italiens, c'est-à-dire vingt-quatre millions d'hommes semblables à tous les autres hommes, pourraient-ils se résigner à végéter en l'Europe; à n'être autre chose qu'un revêtement de je ne sais combien de milles carrés de terrain; qu'une chose négociée, trafiquée, passée de mains en mains, par des traités dans lesquels chacun a voix délibérative, excepté les Italiens; dans lesquels on a égard aux intérêts de tous, excepté à ceux des Italiens?

Si quelque doute pouvait encore nous rester, ce qui

arrive suffirait à nous faire ouvrir les yeux et à nous démontrer ce que veut dire pour un peuple : *être faible.* Supposons que l'Angleterre, la France ou l'Espagne eussent fait une révolution semblable à celle de la Toscane du 27 avril dernier; seraient-elles encore, après six mois d'une déplorable agitation, incertaines de leur destinée, suspendues aux délibérations d'un congrès, attendant la dépêche télégraphique qui leur annoncera la vie ou la mort, ou, qui pis est, le pardon? L'Europe aurait respecté leurs résolutions, ne les aurait pas discutées.

Et si les Italiens font tout pour arriver à se constituer, à faire prévaloir chez eux leur volonté, volonté respectable à l'égal de celle de l'Angleterre, de la France, de l'Espagne, vous pourrez dire que ce vœu est téméraire ; mais qui pourra dire qu'il n'est pas naturel? qui pourra s'étonner qu'ils s'irritent contre ce qu'ils considèrent comme un obstacle?

Quel serait maintenant l'intérêt capital auquel les Italiens devraient sacrifier l'avantage suprême, incomparable, d'exister comme nation? Serait-ce le privilége d'avoir au milieu d'eux le siége de la souveraineté spirituelle? Ce bonheur, dit-on, qui leur est envié par toutes les autres nations, cette nouvelle suprématie sur le monde ne vaut-elle pas quelque sacrifice? L'Italie n'a-t-elle pas sous ce rapport des obligations spéciales vis-à-vis du Saint-Siége? Eh bien, j'en doute. L'Italie n'a rien à voir avec la suprématie *spirituelle.* Tout se réduit à être pour nous, Naples, Florence, Turin, à quelques centaines de lieues plus près de la résidence du pape que ne le sont les villes de Vienne et de Paris. Catholiquement parlant, est-ce un avantage réel? Pour une société spirituelle enfantant des actes spirituels, l'éloignement ou le voisinage ne comptent pas. Le pape est pape également, ni plus ni moins, pour les habitants de Rome et pour les catholiques qui vivent aux États-Unis d'Amérique. Ses droits, et par conséquent aussi les obligations des fidèles envers lui, ne se mesurent point par les distances; ils sont précisément les mêmes dans toutes les parties du monde. Le pape, père commun de tous les fidèles, a dit qu'il ne pouvait pas, qu'il ne voulait pas faire de distinctions entre eux. Les Italiens et les Allemands sont pour lui la même chose. Il n'a pas voulu, en 1848, faire la guerre à l'Autriche, de peur de provoquer un schisme en Allemagne. Que ne craint-il, en 1859, de lutter contre les exigences de la nationalité italienne, de peur de provoquer un schisme en Italie?

« Mais le domaine temporel du pape se lie à un grand
« intérêt catholique, qui doit primer en Italie comme
« dans toute autre nation catholique. » A la bonne heure! nous voici arrivés au grand argument.

Je ne sais pas si ceux qui aux accusations persistantes, s'élevant de bien des côtés contre le gouvernement du pape, opposent l'utilité de l'Église, se sont rendus un compte exact de ce qu'ils disent. Ils entendent que le gouvernement temporel des papes a une raison d'être à lui propre, une légitimité tout à fait spéciale, dérivée de cet intérêt catholique qui le soustrait à toute juridiction quelle qu'elle soit, qui le place en dehors du droit commun; que ce gouvernement, en somme, doit être maintenu, non parce qu'il est bon, mais parce qu'il est utile.

Si un philosophe de l'école utilitaire tenait ce langage, cela se concevrait. Dans un discours de M. Thiers, cet argument de l'*utilité* serait parfaitement à sa place; mais que des écrivains qui se vantent d'être chrétiens, et qui écrivent comme chrétiens, pour un intérêt chrétien, aillent chercher dans les vieux arsenaux de l'utilitarisme les armes avec lesquelles ils combattent pour la défense du christianisme, cela est fort!

Qu'on ne vienne pas dire qu'il s'agit ici d'utilité capitale, d'intérêts spirituels. Rien ne justifie la violation d'un droit formel et précis. Qui vole fait mal, quand même il n'aurait pas d'autre motif que de faire une donation à l'Église. Qui assassine fait mal, quand même il n'aurait pas d'autre but que de délivrer l'Église d'un ennemi dangereux. Qui viole le droit qu'ont trois millions de créatures humaines à être gouvernées selon la raison ; qui tue une nation ayant droit de vivre, fait mal, quand bien même il serait persuadé que le domaine temporel est utile à l'Église.

Et nous ne faisons pas à l'Église de Jésus-Christ l'injure de croire que, pour prospérer, elle ait besoin de victimes humaines.

J'ai sous les yeux la brochure de Giorgini, et ce que je vous dis là n'est à peu près qu'une traduction ; je voudrais que cette brochure fût connue tout entière de quiconque prétend, à l'étranger, s'occuper de nos questions. Combien d'autres choses à dire ! Tenez, encore un point sur lequel Giorgini est bon à entendre :

« Le gouvernement romain va se réformer ; laissez-
« lui le temps et le mérite de ses résolutions. » Que répondre à cela ? Le voici, et c'est l'histoire qui répond : commencer par se refuser à tout changement quelconque, déclarer telle ou telle réforme incompatible avec les devoirs du Saint-Siége ; en second lieu céder, s'accommoder, promettre ; en troisième lieu différer, tergiverser, ne rien faire, voilà le système invariable de la cour de Rome. Or, dans cette lutte plus ou moins ouverte, plus ou moins vive, personne ne gagne. Je dis plus : ces conseils tant de fois donnés, tant de fois repoussés, font un tort égal à celui qui les donne et à celui qui les reçoit : à celui qui les donne, parce qu'une grande puissance ne peut pas sans dommage pour sa réputation s'obstiner dans une entreprise impossible ; à celui qui les reçoit, parce qu'en reconnaissant le besoin

des réformes, il reconnaîtrait aussi l'existence des abus et donnerait raison aux peuples qui se lamentent. On voudrait en somme corriger, on ne fait que discréditer.

La force d'inertie que la cour de Rome a opposée jusqu'ici à tous les projets de réformes, à tous les conseils, à toutes les prières, cette résistance que rien n'a pu vaincre est un fait grave. Elle démontre que la difficulté ne vient pas du mauvais vouloir, des opinions personnelles de tel ou tel pape, de tel ou tel ministre, mais qu'elle a une raison d'être plus intime, inhérente à l'essence même du pouvoir pontifical, qu'elle vient de la manière d'être de cet ensemble d'hommes et de choses qui s'appelle la *Curia romana*.

Disons-le franchement, le pape ne peut guère consentir aucunes réformes susceptibles de changer les conditions essentielles de son gouvernement.

Quand on parle de réformes dans les États de l'Église, on oublie trop facilement que l'Église a une législation qui se nomme le *droit canon*; que le pape, même comme souverain temporel, n'est pas un homme, mais une institution, une tradition vivante immuable, comme le passé. Le pape séparé du droit canon qui a fixé cette tradition ne serait plus que le pêcheur de Galilée; l'abrogation du droit canon serait le protestantisme dans la constitution de l'Église : lorsqu'on demande au pape d'abolir d'un trait de plume les constitutions de ses prédécesseurs, peut-on espérer qu'il cède? On abdique pour ne pas céder, on ne cède pas pour abdiquer.

Et cette abdication, on la demande au nom d'intérêts humains, au nom d'une civilisation, d'un libéralisme dont le passé de la papauté temporelle est la condamnation. Le maître voudra-t-il se faire disciple? Le chêne qui a bravé les siècles et les tempêtes voudra-t-il s'affaisser dans le torrent débordé, en mettant à nu ses racines séculaires?

Et d'ailleurs, il n'est pas vrai que le pape soit libre dans l'exercice de son autorité. Il est souverain absolu à l'égard des laïques, *ses sujets;* il ne l'est pas à l'égard des cardinaux, *ses frères*, à l'égard du corps ecclésiastique à qui il doit compte. Son pouvoir a une limite dans les droits du sacré collége reconnus et sanctionnés par les capitulaires d'Eugène IV, qui peuvent être vraiment considérés comme la grande charte de l'État théocratique, État où les ecclésiastiques seuls ont des *droits*, où les laïques n'ont que des *devoirs*. Tout acte du pape qui serait en opposition avec ces droits ne serait donc pas une réforme, mais une faute d'État. Cet acte ne serait jamais consenti ou plutôt subi que comme transitoire. On n'aurait qu'un but : effacer le *fait* pour rentrer dans le *droit;* revenir sur des concessions qui ne peuvent jamais être réelles ni sincères.

Mais sans toucher aux principes fondamentaux de la constitution, le pape ne pourrait-il pas, au moins, dans l'ordre civil et administratif, donner à son gouvernement une direction plus conforme à l'esprit de notre temps? Cette espèce de gouvernement qui a été appelé *despotisme éclairé*, qui fut possible à Naples, à Florence, à Vienne, serait-il possible à Rome? Je ne le crois pas.

Le despotisme éclairé n'est possible qu'à deux conditions : 1° des lois bonnes et égales pour tous; 2° des agents chargés d'exécuter et de faire observer la loi, responsables vis-à-vis du souverain. Aucune de ces conditions ne se trouve dans les États du pape.

Le gouvernement du clergé est incompatible avec une législation régulière : pourquoi? Parce que le pouvoir temporel associé avec le spirituel perd nécessairement dans ce mélange le sentiment de ses limites comme celui de son but propre. Un gouvernement théocratique est avant tout un prosélytisme servi par les lois, par les magistrats, par les sbires, c'est-à-dire le pire de tous les prosélytismes. Sous un gouvernement où il n'y a de droits que pour ceux qui professent une religion donnée ; où, dans le sein même de la société des fidèles, il existe un certain ordre, et dans cet ordre une hiérarchie, et dans cette hiérarchie un grand nombre d'exemptions, d'immunités, de priviléges, on ne peut pas parler d'égalité devant la loi.

Dans de telles conditions, vers qui se tourner? De quel côté espérer une réforme?

Qui devrait faire cette réforme? Tous ceux qui, dans la cour de Rome, occupent une fonction publique de quelque importance appartiennent à l'une de ces deux classes : ou hommes d'Église que la sainteté de leur vie, je le veux bien, ou la renommée de leur science théologique a tirés de l'obscurité des cloîtres ; ou hommes du monde, aventuriers de toute race pour lesquels la prélature est une carrière comme une autre, un moyen de faire fortune.

De ceux-ci, inutile de s'occuper : étrangers au pays où ils ne sont pas nés, où ils ne laisseront pas de descendants, tout se réduit pour eux à maintenir les abus dont ils profitent. Restent les premiers. Eh bien, parlez de télégraphes, de chemins de fer, ils voient un péril dans toute nouveauté ; parlez de science, ils préféreront l'humilité qui se soumet à l'orgueil qui examine ; parlez de liberté, ils ne croient pas qu'elle puisse jamais être réglée : tout ce qu'on lui doit, c'est de la supprimer, puisqu'on ne peut tolérer ses écarts.

Ce sont ces gens-là pour qui le pape de 1847 et de 1848 n'a jamais été qu'un révolutionnaire, un esprit dépourvu de logique, et, pour tout dire, un scandale ; qui ont altéré, vicié toutes les mesures généreuses émanées de l'initiative de Pie IX ; qui l'ont combattu sous main *ad majorem Dei gloriam*, et qui ne l'ont jamais acclamé que des lèvres ; qui, malgré tous nos efforts, —

vous vous le rappelez bien, — ont cherché à l'effrayer, à le décourager, à lui faire faire volte-face, en un mot, à le tuer, et qui y ont réussi.

Je vous ai cité déjà, je crois, le mot de l'ancien général des jésuites en 1847 : *Questo papa* (Pio IX) *è il flagello della chiesa; non c'è rimedio che nel campanone del Campidoglio* [1]. Pie IX est le *fléau de l'Eglise!* Oui, c'était là leur pensée quand nous l'exaltions, nous; quand nous le bénissions, ils le maudissaient au fond du cœur. Eh bien, ils ont vaincu, ces gens-là; ils ont vaincu lors de l'*enciclica* du 29 avril, et au moment de la restauration de 1849; ils ont vaincu quand ils ont mis sous leurs pieds, grâce au *parti catholique* de France, la Constitution donnée par Pie IX; ils ont vaincu quand ils ont rétabli toutes les oppressions et toutes les chaînes théocratiques. Eux qui faisaient des vœux pour le triomphe de l'Autriche à Solferino, ils finiront toujours par vaincre tant qu'ils auront un doigt dans le gouvernement; et quand les populations se lèveront pour les chasser, ils trouveront toujours moyen, — et ils seront de bonne foi en agissant ainsi, — eux, coupables, de donner leur châtiment pour une persécution; eux, oppresseurs, de se poser en victimes; et d'ameuter contre un malheureux peuple, qui se débat sous leurs étouffements, le monde catholique tout entier, en criant au sacrilége!

Je ne puis pas parler de ces choses-là sans m'échauffer, — ce qui est ridicule. Pardonnez-moi donc. Je m'aperçois que je vous ai traduit, chemin faisant, toute une partie de la brochure de Giorgini (je vous l'envoie), en l'entrelardant de mes impressions; — c'est que ses pensées et les miennes sont si bien d'accord! — Faites-en faire leur profit, si faire se peut, à vos aveugles de France. Je conclus avec Giorgini, ou il conclut avec

1. On sonne la cloche du Capitole à la mort des papes.

moi : impossibilité de fait, sinon de droit, que le gouvernement du pape se réforme, c'est-à-dire change ses principes; — impossibilité qu'un peuple se résigne à le conserver tel qu'il est.

Que faire donc? Ce qu'on faisait aux XIII° et XIV° siècles, et la religion ne s'en portait pas plus mal : laisser le gouvernement romain en tête-à-tête avec le peuple italien. A deux, il faut bien finir par s'arranger! Quand des tiers s'en mêlent, tout est perdu; et en outre, c'est celui qui se jette dans la querelle par bonne intention, et pour empêcher la bagarre, qui finit par recevoir les coups de l'un et de l'autre, — avec pas mal d'injures, en témoignage de gratitude, par-dessus le marché!

Ma lettre a tourné à la dissertation, Dieu me pardonne! c'est qu'avec vous, cher ami, je suis sûr d'être compris; et par vous, peut-être, compris par d'autres.

Ma brochure, la brochure de Giorgini, c'est bel et bon; mais moi qui ne vous parle pas de la brochure parisienne[1]! Voilà qui fait tapage! Je ne l'ai vue jusqu'à présent que traduite par l'*Opinione*. La conclusion me va assez. Précisément Giorgini propose de *neutraliser* Rome, et j'ai dit à peu près la même chose dans *la Politique et le Droit chrétien*. Rome déclarée *ville libre*, et comme placée hors de l'Italie, s'administrerait par des institutions municipales; les Romains seraient dédommagés de leur isolement politique par la *concitoyenneté* italienne qui leur serait garantie là où il leur plairait. Je ne vois pas pourquoi on n'y ajouterait pas la concitoyenneté universelle : française, espagnole, allemande, *catholique*, en un mot. Rome serait alors municipale et cosmopolite.

A cela je ne vois qu'une objection, ou plutôt deux : d'abord, c'est un peu l'embaumement de la papauté.

---

1. *Le Pape et le Congrès*.

(temporelle s'entend); voudra-t-elle se momifier de cette façon? — Et puis, et surtout, les Romains accepteront-ils? Car enfin, les Romains au moyen âge, et jusque dans les temps modernes, ont vécu de la vie de tout le monde en Italie. Leur plaira-t-il de se faire exproprier de la vie publique, pour cause de convenance religieuse?

J'ai usé une rame de papier, et vous voilà forcé de me lire. Encore pardon.

LIX

AU MÊME.

Gênes, 10 janvier 1860.

Cher ami, pendant que je m'évertuais pour être en règle relativement à la traduction, elle a paru à ma barbe. publiée sans nom d'éditeur, et avec celui du traducteur seulement. J'ai immédiatement écrit à Galeotti de poursuivre ledit traducteur, si la loi est pour nous. J'ai chargé un avocat de Turin de s'occuper de l'affaire. Que M. Dentu fasse des démarches : il doit y avoir des traités. En attendant, on va faire un article de quelques lignes pour mettre en garde le public, et déclarer M*** *pirate.*

Je ne pleure ni M. Walewski ni le congrès. Seulement, comme le premier a toujours été parfait pour moi personnellement, si sa chute le contrarie, je le regrette. J'ai toujours éprouvé de grandes difficultés à me figurer le désespoir d'un ministre tombé. Quant au second, je lui chante son *Requiem* sans restrictions.

Qu'avons-nous besoin de congrès une fois que France et Angleterre déclarent qu'on n'emploiera pas la force? Toute la question est là : qu'on laisse les Italiens s'arranger entre eux; les choses prendront leur assiette naturelle. Voilà assez longtemps que, grâce à l'Autriche, on n'a eu en Italie qu'un ordre factice. La France ne peut s'y faire à son tour, et indéfiniment, le gendarme du pape : qui donc y gagnerait quelque chose ? Ce ne seraient pas les intérêts religieux, assurément.

Je suis enchanté d'avoir l'approbation de l'évêque de Troyes. N'est-il pas M. Cœur ? J'ai connu, en 1836, à Paris, un abbé de ce nom. Il prêchait avec une vogue immense dans une église en forme de rotonde, il me semble, dont j'ai oublié le nom. Serait-ce le même ?

Quoi qu'il en soit, si vous êtes en correspondance avec lui, veuillez lui exprimer la vive satisfaction que je ressens d'être approuvé par un prélat d'autant de savoir et de renom. Cela prouve qu'on peut aimer son pays, quand ce pays est l'Italie, et ne pas être un aussi grand mécréant que le veulent certaines gens : Dieu en soit loué !

Je suis décidément très-satisfait du succès de ma brochure française. En Italie, on ne me trouve pas du tout trop chrétien, et l'on accepte parfaitement mes sympathies religieuses : tant il est vrai qu'en général, on ne soupire ici qu'après le moment où les soldats et les sbires ne se dresseront plus entre les cœurs et le Christ !

LX

AU MÊME.

Turin, 14 janvier 1860.

Cher ami, j'aurais dû vous écrire plus tôt de ne plus vous inquiéter du sort des exemplaires. Après *neuf jours de grande vitesse*, ils sont arrivés. Pour moi, c'était toujours à temps. Mais mon libraire Giannini s'arrachait les cheveux, car c'était de beaux écus de moins. Bref, on me fait bon accueil ici ; mais l'essentiel est ce que vous me dites de Paris.

Au surplus l'attention est ailleurs : *Le Pape et le Congrès* l'absorbe naturellement. On l'a traduit, retraduit, imprimé, réimprimé : on en pourrait paver l'État romain. Singulière brochure! si vous l'eussiez écrite, vous, vous l'auriez faite à la fois plus radicale et plus catholique.

Telle qu'elle est, elle met ici à tout le monde le diable au corps. Malgré cela, aucun désordre n'est à craindre, tant qu'on espère. Mais Dieu garde qu'on crût pendant seulement vingt-quatre heures, en Romagne, que le gouvernement *dei preti* reparaîtra ! Les Romagnols ont brûlé leurs vaisseaux. Ce serait au dernier sang désormais. Il y a quelques mois, un homme du peuple accosta Pepoli sur la place San-Petronio, à Bologne, et lui dit : *Forse i preti di Roma torneranno; mà allora, dei preti di qui non ne scappa uno !* Si les choses s'arrangent, il n'y aura pas un cheveu d'arraché; si elles se gâtent, gare !

L'Empereur me paraît se rendre compte de la situation; vos évêques, par contre, ne semblent pas s'en douter. Ils m'ont tout l'air de supposer qu'il ne dépendrait que d'un acte de sa volonté pour rendre les Romagnes au pape. Où donc vivent-ils ? L'Empereur s'est décidé à parler net, et dit au gouvernement romain, dans sa lettre au pape, quelques vérités nécessaires; il a serré le bridon ! « Il est probable que les puissances seront d'avis de ne pas recourir à la violence pour les soumettre (les Romagnes[1].) » Je le crois, pardieu ! bien.

Hélas ! c'est à Pie IX qu'il faut dire cela aujourd'hui ! Et penser que cet homme-là a tenu le monde entre ses mains, et qu'au cri de : *Viva Pio nono !* l'Italie se courbait comme une cavale domptée. — Ah ! les gens qui l'ont tué !...

Le congrès paraît donc définitivement ajourné : pour nous, l'inconvénient n'est pas grave, on s'organise.

---

1. Lettre de l'Empereur à S. S. Pie IX, du 31 décembre 1859.

Bientôt on aura cinquante mille hommes fort tolérables.
A propos, que je me vante un peu! Ma brigade des moustaches grises et mon régiment de lanciers font fureur par leur tenue et leur instruction. Il y a douze batteries attelées. On ne bat pas l'Europe avec ça; mais ça donne le temps de s'expliquer.

LXI

AU MÊME.

Gênes, 22 janvier 1860.

Cher ami, j'ai reçu les deux numéros du journal, et *mille grazie*. Savez-vous? la traduction.... Après avoir lancé mes avocats et publié quelques lignes dans les journaux pour vouer le traducteur aux Furies, voilà Salvagnoli qui m'écrit tout effaré que c'est lui qui a accordé *en mon nom* l'autorisation, et, sans même crier gare! Il m'offrait des dommages-intérêts. Je lui ai répondu comme le guerrier du Tasse :

> Guerreggio in Asia e non vi cambio
> O merco!

R*** est tombé, et je me console de tout! Maintenant, s'il plaît à Dieu, nous marcherons honorablement, et *ça ira*.

A Rome, le temporel a perdu la tête (si c'était possible); mais j'ai l'idée que nous ne sommes pas à bout d'excentricités. Des amis maladroits ont imaginé une souscription pour se déclarer enchantés du gouvernement. Fiasco! Si vous saviez comme tout cela est pitoyablement mené; si vous voyiez les misérables petites intrigues politiques qui, nouées à Paris, viennent aboutir à Rome. Quinze ou vingt *bonnes âmes* du faubourg Saint-Germain, cinq évêques français, absolument ignorants de nos affaires, qui sont les plus compliquées du monde : voilà les héros dont les mains tissent, en ce moment, les fils avec lesquels on prétend enlacer un peuple, et, par-dessus le marché, serrer la gorge du gouvernement de l'Empereur. — Faut-il rire? faut-il pleurer?

Non ragionam di loro ma guarda e passa.

A vous.

LXII

AU MÊME.

Gênes, 24 janvier 1860.

Cher ami, j'ai reçu le mandement de Mgr Cœur, et j'ai pensé que c'était de votre part[1]. Veuillez le remercier. Il me fait l'effet de quelqu'un qui ne veut dire ni ce qu'il pense ni ce qu'il ne pense pas. C'est la malheureuse position où se trouvent nombre d'évêques sous la férule de l'*Univers,* qui les passe tous en revue chaque

1. Mgr Cœur écrivait le 8 janvier 1860 : « Un exemplaire de mon mandement part ce soir pour M. d'Azeglio. Ce sera toujours une marque d'une sympathie respectueuse et de haute estime. J'aurais voulu écrire; je ne l'ai pas osé... Que Dieu protège l'Italie, et qu'il sauve son Église! Il y a en jeu bien plus que le pouvoir temporel de la papauté, la religion elle-même a été mise en péril par les extravagances inouïes de ceux qui se sont ingérés à la défendre... Est-ce dans la vérité de Dieu ou dans les intérêts de l'homme qu'on va prendre son appui? Pour tenir à de petites choses, on heurte chaque jour, et comme à plaisir; on offense la société moderne dans ses instincts les plus profonds, les plus délicats, j'ose dire même souvent les plus chrétiens. »

matin, pour voir si chacun est au pas. Avouez que M. Veuillot doit être content; car enfin c'est lui qui est le primat des Gaules. Il n'y a que la solution de la question romaine qui peut changer tout cela. Patience!

Pour Mgr Cœur, nous lui sommes vraiment redevables; car enfin, c'est lui déjà qui avait applaudi à Solferino[1]. Tant d'autres en avaient gémi *in petto!* Je retourne à Turin ce soir, et je vous envoie la traduction. Pantaleoni aura les deux journaux, quoiqu'il ne soit pas toujours aisé de pénétrer jusqu'à lui.

Il y a bien des fureurs en mouvement dans ce mo-

---

[1]. Mgr l'évêque de Troyes disait dans son mandement du 30 juin 1859 :

« L'heure où nous sommes est solennelle! Dieu écrit une magnifique page d'histoire avec le concours de la France. Celui à qui tout appartient ici-bas; Celui qui a créé le monde, qui met l'ordre dans ses mouvements, distribue les pouvoirs, les donne ou les retire, les perpétue ou les renouvelle à son gré; Celui qui préside à tous les développements de la famille humaine, mesure ses progrès légitimes, et change ou modifie les formes extérieures de sa vie selon le besoin des âges ou la nécessité des temps, le Maître souverain de l'univers opère sous nos yeux un grand travail. Son action est manifeste dans les événements qui sont l'étonnement et l'admiration de l'Europe. Il combat avec nos soldats; il inspire leur auguste chef, et lui envoie ces illuminations supérieures qui sont le salut des armées. Il s'est levé! *Il a jugé les peuples dans son équité et dans sa vérité.*

« Malheur à ceux qui, plutôt que de gagner le cœur d'une nation généreuse, s'appliquaient uniquement à la comprimer par la force! Pourquoi n'ont-ils pas écouté les avertissements du Ciel? Quand l'auguste Pie IX les suppliait, avec des paroles touchantes, de rentrer dans les limites de leur *territoire naturel*; et, *puisqu'ils ne pourraient conquérir l'esprit des Lombards et des Vénitiens, de convertir en utiles relations d'amical voisinage une domination qui ne serait ni noble, ni heureuse, puisqu'elle ne reposerait que sur le fer*; quand on leur parlait ce religieux langage, pourquoi ont-ils méprisé la douce majesté du père et du pontife? Il a fallu nos légions pour leur imposer une sage conduite. Ceux qui tenaient compte de la force, plus que de l'équité, devaient être condamnés et réduits par la force. Ils reculent maintenant devant nous, ces étrangers superbes; et déjà, de leur immense

ment-ci : je voudrais que l'Empereur se gardât plus que jamais! Qui conduirait la barque?

Tout à vous.

LXIII

AU MÊME.

Turin, 30 janvier 1860.

Cher ami, un mot littéralement à la hâte, pour vous dire que, depuis ma dernière lettre, je suis devenu gouverneur de Milan. On a pensé que là je serais utile.... Mais votre lettre m'arrive au moment où j'écris ces lignes, et je vois que vous savez la chose. Si réellement je puis servir de trait-d'union, j'en serai heureux; car le ministère R*** avait eu le talent de gaspiller la plus magnifique lune de miel qui ait jamais éclairé l'horizon italien! J'espère en rattraper encore le dernier quart!

Je partage entièrement l'opinion qu'il faut centraliser aussi peu que possible, et Cavour est de cet avis. Nous allons marcher, j'en ai la conviction. Une main ferme reprend le gouvernail, et nos malheureuses gens de l'Italie centrale cesseront, s'il plaît à Dieu, de piétiner sans faire un pas. Une circulaire de Cavour aux agents du roi à l'étranger dessine la situation[1]. Il faut savoir la

multitude, dans la Lombardie délivrée, il ne reste plus un seul homme. Mais ils n'ont pas fini de se cacher : Dieu le veut! et le jour approche où, *depuis les Alpes jusqu'à l'Adriatique*, ils auront disparu, et on ne trouvera plus d'eux que les traces des pas qu'ils auront laissées en fuyant. »

1. « La prorogation du congrès, la publication de la brochure, la lettre au pape, le rapprochement entre la France et l'Angleterre, ces quatre faits, dont le moindre aurait suffi pour précipiter la solution des questions pendantes, ont rendu une plus longue attente impossible.

« Amplement commentés par la presse de l'Europe, ils ont achevé

regarder en face. L'imprévu et l'invraisemblable sont devenus la seule chose possible, et il n'y a plus à tourner la tête. *Avanti!*

de convaincre tous les esprits sérieux : 1° qu'il faut renoncer à l'idée d'une restauration qui ne serait pas plus possible à Bologne et à Parme qu'à Florence et à Modène ; 2° que la seule solution possible consiste dans l'admission légale de l'annexion déjà établie en fait dans l'Émilie comme en Toscane ; 3° qu'enfin les populations italiennes, après avoir attendu longtemps et en vain que l'Europe mît ordre à leurs affaires sur la base des principes de la non-intervention et du respect des vœux populaires, ont le devoir de passer outre et de pourvoir par elles-mêmes à leur gouvernement.

« Telle est la signification donnée en Italie aux faits que je viens d'énoncer, et telle est aussi, ce qui constitue un autre fait non moins grave, l'interprétation qui leur a été donnée par les organes les plus accrédités de la presse européenne. Les journaux les plus influents de France, d'Angleterre et d'Allemagne se rendent les interprètes des mêmes idées, donnent les mêmes conseils et expriment les mêmes convictions.

« En présence d'un tel état de choses, les populations de l'Italie centrale sont déterminées à arriver à une solution et à saisir l'occasion propice pour donner à l'annexion une exécution complète et définitive. C'est dans cette pensée que les gouvernements desdites provinces ont adopté la loi électorale de notre pays et se disposent à procéder aux élections des députés.

« Le gouvernement du roi s'est servi jusqu'à ce jour de toute l'influence morale dont il pouvait disposer pour conseiller aux gouvernements et aux populations de l'Italie centrale d'attendre le jugement de l'Europe. Maintenant, dans l'incertitude de la réunion du congrès et en présence des faits susmentionnés, le gouvernement de Sa Majesté n'a plus le pouvoir d'arrêter le cours naturel et nécessaire des événements.

« Cette dépêche n'a d'autre but que celui de constater la condition actuelle des choses en Italie. En son temps, je vous informerai des déterminations qui seront prises en conséquence. Qu'il vous suffise de savoir dès à présent que le gouvernement du roi sent toute la responsabilité qui lui incombe dans ces moments solennels, et que ses décisions ne seront inspirées que par la conscience de son devoir, par les

LXIV

AU MÊME.

Milan, 25 février 1860.

Cher ami, je vous envoie un numéro de la *Perseveranza*, où vous lirez l'adresse du clergé milanais à Sa Majesté. Elle a été couverte de quatre cents signatures, ce qui fait à peu près les quatre cinquièmes du nombre total des prêtres.

Vous ne sauriez vous figurer l'exubérance de joie, de vie, d'entrain qui anime Milan en ce moment. Les vieillards qui ont vu le royaume d'Italie assurent qu'il n'y a pas comparaison entre les deux époques. Maintenant, dansons-nous sur des sables mouvants ou sur une assise de granit? C'est ce qu'on verra. Quoi qu'il arrive, notre résolution est bien prise : nos vaisseaux sont brûlés.

Je me trouve ici aussi bien qu'on peut se trouver quand, aimant la vie intérieure et naturelle, on est condamné à la vie artificielle et toute en dehors. Patience ! Je crois réellement que je peux rendre quelques services ici, soit au roi, soit à l'Italie; et ces deux noms me feraient marcher sur des charbons.

Si les affaires s'embrouillent, mon poste est bon ; et ça me va : sans perdre de vue un point lumineux à l'horizon, qui s'appelle *Cannero*.

Mettez au pied de ces dames l'*amico di casa*.

---

intérêts de la patrie italienne et par un désir sincère d'assurer la pacification de l'Europe.

« Turin, le 27 janvier 1860. »

LXV

AU MÊME.

Milan, 3 mars 1860.

Mon cher ami, voici ce que je pense au sujet de toutes les solutions qu'on propose[1]; elles n'ont qu'un tort, à

[1] On lit dans une dépêche adressée par le ministre des affaires étrangères de France à M. de Talleyrand, à Turin, en date du 24 février 1860 :

« En calculant toutes choses, Monsieur le baron, avec la ferme intention de rechercher entre toutes les solutions celle qui se concilie le mieux avec les circonstances pressantes du moment et les convenances d'un avenir plus calme, on arrive à reconnaître qu'il est grand temps de s'arrêter à une combinaison que l'on puisse offrir à l'agrément de l'Europe avec quelque chance de la lui faire accepter, et qui conserverait à la Sardaigne l'entier exercice de l'influence qu'elle a le droit de revendiquer dans la Péninsule.

« Cette combinaison, dans l'opinion mûrement pesée du gouvernement de l'Empereur, serait la suivante :

« 1º Annexion complète des duchés de Parme et de Modène à la Sardaigne;

« 2º Administration temporelle des Légations de la Romagne, de Ferrare et de Bologne, sous la forme d'un vicariat exercé par Sa Majesté Sarde au nom du Saint-Siége;

« 3º Rétablissement du grand-duché de Toscane dans son autonomie politique et territoriale.

« Dans cet arrangement, l'assimilation bornée à la Lombardie et aux duchés de Parme et de Modène ne serait plus une œuvre à laquelle la Sardaigne serait tenue de consacrer exclusivement tous ses efforts; le cabinet de Turin conserverait sa liberté d'action et pourrait l'employer à consolider aussi, pour sa part, la tranquillité de l'Italie, pendant qu'il organiserait solidement en un royaume compacte les territoires ajoutés aux possessions héréditaires du roi Victor-Emmanuel.

« Le *vicariat* s'accorderait avec l'esprit municipal qui est une tradition séculaire dans les Romagnes, comme avec l'influence naturelle

mon sens : celui d'être en retard, toujours en retard avec les événements. Tandis que la politique tâtonnait, ceux-ci ont marché, et ce qu'on aurait acclamé en son temps avec bonheur, le moment passé, ne peut plus s'exécuter que doit désirer exercer la puissance devenue maîtresse de la plus grande partie du bassin du Pô.

« Ce mode de transaction aurait ainsi l'avantage de garantir à la Sardaigne la position qui lui est nécessaire au point de vue politique, de satisfaire les Légations au point de vue administratif, et, au point de vue catholique, il constituerait un tempérament qui, nous l'espérons, finirait par apaiser les scrupules et les consciences. Ce résultat ne saurait être indifférent à la France, puisqu'elle ne pourrait reconnaître en principe un démembrement radical et sans compensation des États du Saint-Père ; il ne doit pas non plus l'être à la Sardaigne. Nous ne négligerions rien pour que les autres puissances, éclairées sur l'impossibilité de restaurer complétement l'ancien ordre des choses et de ne pas tenir compte des nécessités présentes, s'efforçassent de faire comprendre avec nous au pape que cette combinaison, franchement acceptée, sauvegarderait tous les droits essentiels du Saint-Siége.

« Ce que j'ai dit, Monsieur le baron, de la nécessité de prévenir les dangers auxquels la Sardaigne se trouverait exposée si elle poursuivait d'autres agrandissements, s'applique plus particulièrement à la Toscane. L'idée de l'annexion du grand-duché, c'est-à-dire de l'absorption dans un autre État d'un pays doté d'une si belle et si noble histoire, et si attaché jusqu'ici à ses traditions, ne peut provenir assurément que d'une aspiration dont il est impossible au gouvernement de l'Empereur de méconnaître le danger et qu'il est loin de croire partagée par la masse de la population. Cette aspiration, il ne faut pas s'y tromper, quelles que soient aujourd'hui, je n'en doute pas, les intentions correctes du gouvernement sarde, révèle de la part de ceux qu'elle entraîne une arrière-pensée de guerre contre l'Autriche pour la conquête de la Vénétie, et une arrière-pensée, sinon de révolution, tout au moins de menace pour la tranquillité des États du Saint-Siége et du royaume des Deux-Siciles. L'opinion ne s'y tromperait ni en Italie, ni ailleurs, et les questions qu'il s'agit d'apaiser ne feraient que se rouvrir avec une violence nouvelle. . . . .

« Ai-je besoin maintenant, Monsieur le baron, de bien longs détails

que par la force. Comment concilier maintenant les promesses de non-intervention, les déclarations de laisser l'Italie se constituer comme elle l'entend, avec des propositions en contradiction avec ces promesses? Et comment espérer que des populations qui n'ont qu'une idée, et qui ont toujours marché droit à leur but, puissent les accueillir?

Quant à moi, vous le savez, j'ai toujours vu les difficultés des annexions; quand j'allai à Bologne, je fus *chargé* par Cavour de passer par Florence, et de persuader à Ricasoli de ne pas pousser au mouvement : c'était mon avis aussi et j'y mis un zèle inutile. Jugez si on les persuadera aujourd'hui? C'est bien pis pour les Romagnes !

Je n'ai pas vu l'*adresse* dont vous êtes le promoteur, et je ne peux pas vous en dire mon avis; mais des deux

pour expliquer quelle serait notre attitude si le cabinet de Turin, libre dans son option, préférait courir tous les hasards que j'ai signalés en le conjurant de les éviter? L'hypothèse, dans laquelle le gouvernement de Sa Majesté Sarde n'aurait qu'à compter sur ses seules forces, se développe en quelque sorte d'elle-même, et il me serait pénible de m'y appesantir. Je me borne donc à vous dire, par ordre de l'Empereur, que nous ne consentirions à aucun prix à assumer la responsabilité d'une pareille situation. Quelles que soient ses sympathies pour l'Italie et notamment pour la Sardaigne, qui a mêlé son sang au nôtre, Sa Majesté n'hésiterait pas à témoigner de sa ferme et irrévocable résolution de prendre les intérêts de la France pour guide unique de sa conduite. Comme je l'ai dit à M. le comte de Persigny : dissiper les illusions dangereuses, ce n'est pas restreindre abusivement l'usage que la Sardaigne et l'Italie peuvent vouloir faire de la liberté que nous nous honorerons toujours de les avoir aidées à conquérir, et que constatent, en définitive, les dernières déclarations que le gouvernement de l'Empereur a obtenues de la cour de Vienne ; c'est simplement, je le répète, revendiquer l'indépendance de notre politique et la mettre à l'abri de complications que nous n'aurons pas à dénouer, si nos conseils ont été impuissants à les prévenir. »

côtés les intérêts, les passions sont trop enflammés pour qu'il y ait lieu d'espérer que les meilleurs conseils puissent se faire écouter.

Maintenant le suffrage universel va parler de sa grosse voix. Si on ne veut pas de nous : Amen ! Et je puis vous assurer que notre *insatiable ambition* ne nous poussera pas au suicide, en ce cas.

Nous tâcherons de bien organiser le lot qui nous sera laissé, et c'est une excellente occupation.

Mais si on s'attache à nous, si on veut absolument l'annexion, que voulez-vous que nous fassions? pouvons-nous amener pavillon ? Ce sera à la garde de Dieu. Notre histoire est pleine de batailles de Novare, nous y sommes accoutumés. *Assuetum malo Ligurem.* — On disait cela au temps d'Auguste.

Je ne pense pourtant pas que, des deux côtés, on pousse les choses à l'extrême. J'ai foi dans la sagesse du grand public européen.

Quoi qu'il arrive, avant que le vieux serpent ait changé sa peau entièrement, bien des gens auront eu le temps d'aller *ad patres ;* et moi entr'autres.

Tout à vous.

LXVI

AU MÊME.

Milan, 9 mars 1860.

Mon cher ami, votre *Adresse*[1] est tout ce qu'on peut désirer de mieux, et ses déclarations au sujet de la na-

1. Cette Adresse au pape avait été signée, à Paris et à Nancy, par ceux des catholiques qui partageaient, au sujet des questions italiennes, la pensée du P. Lacordaire. Un illustre catholique italien, M. Tommaseo, écrivait, à ce sujet, au promoteur de l'Adresse : « Devo espressamente, in nome de'cattolici di qui, ringraziarla di quanto Ella fa per l'Italia e la Chiesa. » (11 mars 1860.)

tionalité doivent satisfaire les plus exigeants. En Italie la teinte catholique paraît un peu vive, ça se comprend, comme je comprends qu'elle est excellente pour le public français.

Quant à la Savoie, soyez sûr que les difficultés ne viendront pas de nous. Vous sentez que d'un autre côté il serait indécent de notre part de nous montrer indifférents à une séparation qui nous fait dire adieu à des frères d'armes de huit siècles. Mon sentiment personnel (partagé, je crois, par tout le monde) est d'éprouver un sincère regret de nous séparer d'une population qui a des qualités éminentes et rares, contrebalancées par des défauts insignifiants; qui nous a toujours fidèlement suivis dans toutes nos luttes exclusivement italiennes; qui a rempli nos armées, nos administrations, notre diplomatie d'hommes dévoués, instruits et énergiques. Mais après cela nous ne pouvons pas être pour les nationalités en deçà des Alpes, et leur adversaire au delà; et une fois que les Savoisiens auront dit : Nous nous annexons à la France! ce sera comme un père qui marie sa fille selon ses désirs; il l'embrasse le cœur serré, lui souhaite toute sorte de bonheur, et lui dit adieu.

Après tout, pour la Savoie comme pour la Toscane, comme pour toute combinaison politique, si on veut faire de la bonne besogne, il faut s'en tenir au vrai, au réel, et ne rien escamoter : c'est mon avis, vous le savez.

Rien n'est bon que le vrai, le vrai seul est *durable*.

J'ai vu des gens se frotter les mains d'un tour bien joué, qui après ne se sont pas trouvés les plus habiles.

Ainsi, pour moi, le verdict du suffrage universel sera mon guide, et je crois qu'il devra en servir également à la diplomatie, sous peine de lancer l'Europe, Dieu sait dans quelles complications. Je comprends que les hommes de la vieille politique répugnent à voir l'Italie se former, mais encore faut-il être raisonnable. Comment voir une menace contre quarante millions de Français dans la réunion de douze millions d'Italiens. En vérité, on pourrait croire que le danger prévu par ces gens-là est tout simplement, pour la France, celui de ne plus avoir l'Italie entièrement à sa merci. Cette idée-là peut-elle se concilier avec une saine politique fondée sur le droit moderne, sur le droit chrétien?

Tout à vous.

LXVII

AU MÊME.

an, 26 mars 1860.

Cher ami, personne plus que moi n'est à même de comprendre votre douleur[1]; je l'ai ressentie, il y a vingt-deux ans, dans des circonstances tellement cruelles que je ne saurais encore à présent prendre sur moi de les raconter. Dieu vous aura gardé d'angoisses pareilles!

De toute manière, j'ai toujours regardé le jour où l'on perd ses père et mère comme la grande division qui sépare en deux la vie. Avant, on n'était pas seul sur la terre; après, on l'est. Mais Dieu l'a voulu ainsi : que sa volonté soit faite! et qu'il vous donne la paix et la sérénité dans la douleur!

Nos annexions se sont faites le 18 et le 22, la première et la dernière des cinq journées du combat de 48 à Milan, ou mieux leur anniversaire. C'est curieux ! Maintenant il est des gens qui parlent *du reste,* et qui, je crois, Dieu me pardonne! y engloberaient Naples! Que

1. Mort de M. Ambroise Rendu, 12 mars 1860.

Dieu nous en garde dans sa miséricorde! Ce serait un triste élément, et il y en a déjà d'assez disparates dans tout ce *bolus*.

Je n'ai jamais cru beaucoup à l'excommunication, et j'espère encore, pour Rome, qu'elle hésitera devant cette *ultima ratio* qui n'aurait que la valeur que lui donnerait l'opinion. Et alors... quelle faute!... Dans ma province ou à peu près, on a eu quatorze cents signatures de prêtres en faveur de la politique des annexions; je les ai envoyées au roi. Quant à la population, ne croyez pas qu'elle fût émue de l'excommunication, si elle arrivait[1]. Les masses, sans doute, sont ici assez religieuses; mais tous les jours plus nettement on sépare les deux domaines, et les Italiens plus que d'autres y sont habitués :

Di oggimai... Vous savez.

Pendant les fêtes de l'annexion, j'ai eu sur les bras les dames du Sacré-Cœur. Elles avaient illuminé pour les *Tedeschi*; et, à l'occasion de la venue de l'Empereur d'Autriche, elles avaient voulu le faire haranguer par des fillettes piémontaises qui s'y étaient bravement refusées. Maintenant, elles ont fermé leurs volets sans vouloir illuminer. Le *peuple souverain* a cassé leurs vitres. J'ai été personnellement leur exprimer ma douleur d'un pareil excès, et leur promettre aide et assistance. Malgré cinq carabiniers que je leur avais donnés, le soir suivant, une bande d'*Italianissimi* a passé, et deux malheureux cailloux ont encore fait voler les vitres d'une croisée. Deux coupables ont été arrêtés; mais le lendemain, la supérieure m'a écrit pour me déclarer qu'elle regardait la ville de Milan comme tout à fait inhabitable. Je lui ai répondu que, ne pouvant partager cette opinion, je me bornais à la respecter. Et voilà comme quoi les dames du Sacré-Cœur nous imposent le regret de leur absence.

[1]. La bulle d'excommunication était donnée à Rome le jour même où cette lettre était écrite, 26 mars 1860.

LXVIII

AU MÊME.

Milan, 21 avril 1860.

Mon cher ami, je suis en retard avec vous; car ces jours-ci, j'ai eu une véritable avalanche de *seccatóre*.

Eh bien, et M. de Mérode ministre de la guerre! Et Lamoricière général! Général du pouvoir temporel, lui qui, en 1849, votait, si je ne me trompe, contre la restauration du pape par le président! Qui veut-on que cela trompe?

Tout le monde sait parfaitement, en Italie, quelle conspiration politique préside à cette croisade religieuse. Lamoricière, qui est fort léger, parle à droite et à gauche; on sait par lui ce qu'il a dit et fait dans les derniers temps, et tout ce qui est concerté avec Vienne et Naples. Orléanistes et légitimistes ont, à l'heure qu'il est, la main dans les affaires romaines; ils font dire partout : « L'Empire va crouler; tout va rentrer *dans l'ordre*... » Et en attendant... je ne sais trop quoi, on concentre dans les États romains Irlandais, Suisses, Autrichiens déguisés, légitimistes français, pour la défense ou pour l'attaque, selon le cas. L'Empereur sait tout cela. j'imagine; à lui d'aviser.

Une coalition de tous les vaincus politiques contre l'Empire, à propos et sous prétexte de la question romaine; un rendez-vous général de tous les *arrabbiati* du globe qui font du Vatican leur Gibraltar, voilà où ont abouti tous les efforts des catholiques honnêtes pour sauver la papauté et le sentiment religieux. Heureusement Naples manque à l'appel. Sans cela, il aurait bien pu arriver que Cialdini dût s'en mêler. Une guerre entre

Italiens! cela me donne la chair de poule, rien que d'y penser.

Mon Dieu! dans la *croisade* qui s'organise, il y aura çà et là, sans aucun doute, des gens de bonne foi. Si l'on arrive aux coups, quelques-unes de vos recrues épiscopales croiront sincèrement « cueillir la palme du martyre, » et tout homme de cœur devra respecter des gens qui se feraient tuer; mais, en réalité, ils n'auront servi que des intérêts, et ne seront parvenus qu'à exciter jusqu'à la rage la haine que porte au système politico-ecclésiastique toute la population de l'Italie centrale.—Hélas! hélas! dans tout cela où est l'Évangile?

Ici, le clergé s'est parfaitement conduit. Nous avons traversé sans secousse l'annexion, l'excommunication, le carême et le temps pascal. Franchement, prêtres et laïques se sont entendus, et l'on ne s'occupe plus de ce qu'on dit ailleurs. Voilà ce que Rome aura gagné.

Que sortira-t-il, en définitive, de tout ceci? A la grâce de Dieu!

P. S. Dans les correspondances de certains journaux français, on donne de l'importance à R*** comme homme d'État. On le représente comme le rival de Cavour. Il l'est, oui. Mais sur quel terrain? Il y a ici un des plus graves dangers pour l'Italie. Je vous en dirai plus long une autre fois.

LXIX

AU MÊME.

Milan, 15 mai 1860.

Mon cher ami, je comprends votre étonnement de tout ce qui se passe à Turin en ce moment. On ne saurait se l'expliquer, ne connaissant pas le dessous des cartes. Je vais tâcher de vous le montrer autant que cela se peut.

La camarilla présidée par ***, comme disait le grand

Frédéric, a pour âme damnée R*** et le protége, comme de raison, à cause de services passés et futurs.

Cette honorable association mine Cavour par des moyens qui ne s'arrêtent devant aucun scrupule. La proclamation de Garibaldi disant que le roi est entouré de conseillers peureux, — Cavour peureux ! — c'est de la cuisine de R***. L'aventure de ce vrai héros, et non moins grand niais, est en partie destinée à placer Cavour dans une position intolérable. Effectivement, ou se mettre hors la loi publique, ou avoir contre soi Garibaldi et tous ceux qui s'en servent comme d'une marionnette ! Voilà ce que c'est que de pousser trop loin l'éclectisme en matière de partis. La triste chose que la vue des coulisses ! C'est à en pleurer de rage !

Quant à moi, comme j'ai une réputation d'honnête homme à conserver, je fais à Milan ma politique à moi ; j'ai refusé les fusils à Garibaldi, destitué un syndic qui publiait des invitations à l'enrôlement pour la Sicile, et j'ai notifié aux *Italianissimi* que, selon mon opinion, on pouvait déclarer la guerre à Naples, mais non pas y avoir un représentant et envoyer des fusils aux Siciliens. Le jour où ma politique ne sera plus agréée, je dirai bonjour à mes ministres et à mes fidèles Milanais.

J'ai vu avec grand plaisir qu'on a dit dans un journal, — peut-être le *Nord*, — que j'avais refusé des fonds pour l'expédition. C'est *des fusils* qu'il fallait dire ; mais la signification reste la même : l'important pour moi, c'est qu'on ne croie pas que je vais à la dérive. Je deviens la bête noire de tout ce parti, comme de raison, mais ce n'est pas de cela qu'il s'agit.

Notre position en général est grave ; l'affaire de Sicile arrive hors de propos. On voit bien le plan du parti avancé, — républicain, — qui se sent gêné par l'élément piémontais. Pousser au plus d'annexions possibles, pour que le Piémont disparaisse dans ce grand assemblage désordonné. Déjà à présent on a toutes les peines du monde à mettre un peu d'ordre. Que serait-ce si nous avions la Sicile, la Calabre, l'Ombrie, et quoi encore sur les bras?

Notre armée est dédoublée, remplie d'éléments nouveaux, et elle aurait *au moins* besoin d'un an de bonne et sévère formation: donc, il est heureux que l'Autriche soit muselée.

Comme vous voyez, tout cela réuni est sérieux; mais avec de la fermeté, on se tire de tout. Seulement, il faudrait qu'elle commençât par le commencement, c'est-à-dire par en haut. *Basta!* fais ton devoir, et que Dieu fasse le reste!

Je n'ai jamais été l'approbateur aveugle de Cavour, comme vous savez; mais, à mon sens, c'est le seul homme qui ait chance de pouvoir sauver la barque. Impossible de savoir comment tourneront les événements; l'imprévu nous mène, et mène, je crois, tout le monde en Europe. Chaque évolution nouvelle de notre politique ouvre une perspective qu'on ne soupçonnait pas; et je ne m'étonnerais point qu'on attribuât plus tard à des calculs machiavéliques et à des combinaisons profondes bien des faits et des solutions que ceux qui en paraissent les auteurs n'auraient jamais crus possibles. Que voulez-vous? tout était factice en Italie depuis quarante ans; le mouvement de détente violente de ressorts, si long temps comprimés, amène des résultats qui déconcertent toutes les prévisions.

Ce qui se passe à Rome est toujours la grosse affaire en regard des événements de Sicile. Je ne crois pas, j'espère n'avoir pas à croire à des menaces sérieuses qui auraient été faites à Lamoricière; non pas que les mazziniens n'en soient bien capables, mais ces bruits-là sont, la plupart du temps, inventions des partis extrêmes qui échangent réciproquement des aménités sous forme d'accusations d'assassinat. — Le poignard! grand Dieu ! a-t-il déjà assez fait de mal à l'Italie? (Les histoires des pays voisins sont, du reste, sous ce rapport, tout aussi riches que la nôtre;) et, à part l'infamie du fait, quelle manière plus sûre de tuer moralement son pays que ces recours au sang?

Après cela, je ne vous cacherai pas que dans les États romains, où la rage est l'état normal de tout le monde, on est aujourd'hui plus monté que jamais. Vous avez beau me dire tout ce que vous suggère une pensée élevée, me parler du dévouement sincère de tel et tel ; je vous le disais dernièrement : Les Italiens ne verront jamais dans ce rendez-vous donné à Rome qu'une conspiration politique contre le mouvement qui les entraîne. Si honorable que puisse être tel ou tel Français qui va s'enrôler au service du pape, la masse ne sera jamais pour nous qu'une nuée d'aventuriers venant s'abattre, des quatre points cardinaux, sur un malheureux pays, incessamment foulé, humilié, avili par des armées étrangères, sous prétexte de zèle religieux. — Eh bien, c'est vrai, nous sommes las de ces tortures ; et nous éprouvons, contre le système qui nous les inflige, de ces frémissements du patriotisme dont la papauté, dans l'ordre spirituel et vraiment religieux, ne soupçonne apparemment pas les effets. — Et pourtant!... que faut-il pour lui faire ouvrir les yeux ? O Dante ! Tenez, je finis, car sur ce chapitre là...

Sur ce, je vous embrasse.

LXX

AU MÊME.

Milan, 31 mai 1860.

Cher ami, voici l'affaire de la Savoie terminée dans

nos chambres, et le R*** a vécu! Le débat sur le traité [1] a été pour lui un échec complet, quoiqu'il ait fait flèche de tout bois, comme vous aurez vu, si vous avez suivi la discussion. Cet homme a eu le front — et l'immense maladresse — de vouloir se disculper, et de mêler le nom du roi à une pareille apologie. Il a prononcé quelques phrases avec cette voix vibrante qui enlève toujours quelques *bravos* comme le *si di petto* des ténors; mais je vous laisse juger quelle a été l'impression des gens sensés. Le roi est furieux, et je vois par là que le charme peut être rompu : Dieu en soit loué !

Pour ce qui est de la chambre, les votants avec R*** ne sont que 23 ! On peut venir à bout d'une pareille armée, et j'espère que nous pourrons bientôt dire : *Parce sepulto*.

---

1. Traité du 24 mars, pour la réunion de la Savoie et de Nice à la France.

L'empereur, recevant la députation présidée par le comte Greyfié de Bellecombe, avait dit :

« Je vous remercie des sentiments que vous venez de m'exprimer, et je vous reçois avec plaisir. Le roi de Sardaigne ayant accédé au principe de la réunion de la Savoie et du comté de Nice à la France, je puis, sans manquer à aucun devoir international, vous témoigner ma sympathie et agréer l'expression de vos vœux. Les circonstances dans lesquelles se produit cette rectification de frontières sont si exceptionnelles que tout en répondant à des intérêts légitimes, elles ne blessent aucun principe et par conséquent n'établissent aucun précédent dangereux.

« En effet, ce n'est ni par la conquête ni par l'insurrection que la Savoie et Nice seront réunies à la France, mais par le libre consentement du souverain légitime appuyé de l'adhésion populaire. Aussi, tout ce qui en Europe ne cède pas à un esprit d'antagonisme d'une autre époque, regarde comme naturelle et équitable cette adjonction de territoire. L'accueil fait aux communications adressées par mon gouvernement aux puissances représentées au congrès de Vienne autorise, pour la plupart d'entre elles, la juste espérance d'un examen favorable. »

Ce qui est loin d'être enterré, c'est le parti mazzinien, rouge, etc., etc. J'ai toujours cru et dit qu'on s'en était trop servi, ces temps passés. Car enfin, la guerre, ce sont les armées qui l'ont faite ; et les annexions, nous les devons aux ducs et archiducs et non pas aux mazziniens ; maintenant, pourtant, il faut compter avec eux, et sous le nom de Garibaldi on fait passer bien des choses. On enrôle pour les États du pape en disant que c'est pour la Sicile. On fait des quêtes dont le produit sert à nombre d'usages : aux fusils pour Garibaldi, à pousser nos soldats à la désertion, à solder des grèves d'ouvriers, etc., etc. On a arrêté quelques meneurs : le fameux Zambianchi, qui septembrisait au petit pied à San-Grisogono en 49 ; Fumagalli, et qui sais-je ? On parle d'un procès qui compromettrait des gens qui se tiennent dans l'ombre. M. B***, député dont vous avez pu admirer le génie, serait du nombre. Comme vous voyez, c'est toujours la même chose ; que le monde périsse, pourvu que leur république arrive.

Heureusement que M. de Cavour paraît décidé à ne pas y aller de main-morte. Et moi !... jugez.

Tout à vous.

LXXI

AU MÊME.

Cannero, 4 juillet 1860.

Mon cher ami, que dites-vous de cette date ? Cannero !... ah ! Cannero !... N'allez pas croire pourtant que j'aie déserté. Je me suis donné tout simplement huit jours d'isolement pour tâcher de me reconnaître au milieu de tout ce feu d'artifice qui s'appelle la politique du jour. Je savais bien que le monde faisait peau neuve ; mais de quel train il y va ! François de Naples donne sa constitution ; à Vienne on s'y prépare. Je serais curieux de savoir si tout ce monde-là peut se regarder sans rire : on ne doit guère en avoir envie pourtant.

Et nous autres, avec notre représentant à Naples, traitant d'une alliance — *offensive* bien plus que défensive, — et envoyant tous les jours des convois en Sicile ; et les garibaldiens chantant l'*ittorio* (*re provvisorio*) au bénéfice de la république ! Mais c'est qu'on ment aujourd'hui comme on n'a jamais menti ! Il est vrai de dire que tous ces mensonges ne trompent personne. C'est absolument comme si on disait la vérité. Mais c'est un étrange *pasticiccio*; que faire au milieu de tout ceci ? Attendre, et s'en remettre à Dieu qui sait tirer les moissons de la pourriture.

Bomba et Garibaldi ont fait oublier Rome. Qu'y devient-on ? P*** m'écrit sur sa nouvelle paternité ; — *C'est toujours avec un nouveau plaisir,* — mais de politique, ce seul mot : *Qui, tutto al solito.*

Non ; je n'aime pas ces arrestations d'évêques qu'on fait chez nous. D'ailleurs, pas de martyrs ! ça ne mène à rien. Si on y allait comme avec saint Barthélemy ou saint Laurent, cela donnerait à réfléchir ; mais l'exemple du cardinal Corsi n'effrayera personne. Je m'en tiens à ma méthode. Je fais excellent ménage avec mes abbés lombards; s'ils ne veulent pas chanter *Domine salvum fac regem Victorium*, eh bien, il se sauvera sans eux, ce qui fait que presque tous le chantent. Je n'ai eu qu'un prêtre en province dont il ait fallu s'occuper ; mais son cas constituait un délit : c'est le tribunal qui a jugé.

Après-demain, je rentre à mes foyers, où j'ai trouvé une occupation qui vaut mieux que la *haute* politique. Je m'occupe en détail des *luoghi pii* (j'en ai 800 dans mon gouvernement), et je trouve beaucoup à faire. Que d'abus à corriger, que de larmes à sécher, si on veut s'en donner la peine ! Condamné à tant d'incertitudes, cela repose l'esprit et le cœur. Ici du moins on ne saurait se méprendre; faire du bien à quelqu'un, c'est une bonne chose, à coup sûr.

LXXII

AU MÊME.

Cannero, 22 septembre 1860.

Mon cher ami, vous aurez vu que je ne suis plus à Milan. C'est pour cause de santé; laquelle n'est pas un prétexte, car j'ai un de mes poumons qui commence à souffler de travers. Mais comme, Dieu merci, j'en ai un autre, j'aurais probablement remis à plus tard ce souci-là, sans une autre raison que je me reprocherais de cacher à un ami tel que vous.

J'admets que dans notre position il faille peut-être s'écarter de certaines règles; ainsi je ne condamne ni ne juge personne, mais je me réserve le droit de me juger moi-même. L'affaire des enrôlements ne faisait pas mon compte; je devenais le jouet des agents mazziniens, et je me suis dit : En voilà assez. Je suis payé pour connaître ce monde-là, et je ne me laisse pas prendre à leurs conversions. Aussi, vous voyez ce qui arrive à Naples. On a fini par ouvrir les yeux en haut lieu; de là, la manifestation de M. de Cavour et l'entrée de nos troupes, dont le nombre prouve qu'elles n'en veulent pas exclusivement aux Autrichiens et aux Bavarois du cardinal Antonelli. Mais ma démission était antérieure à ces faits.

Je profite de ce répit pour faire une reprise à mon poumon, que je remplis de la vapeur qui s'exhale de l'iodurate de potasse et de l'acide sulfurique mêlés ensemble.

Après cela, n'allez pas croire que je compose mon épitaphe. Non, ventrebleu! j'entends voir comment tout cela finit, et peut-être y donner un dernier coup de collier. Du reste, il était discutable si on devait ou non laisser partir Garibaldi (pour moi, c'était *non*); mais au point où nous en sommes, il n'y avait plus qu'à le suivre *au Quirinal* et au delà du Mincio, ou à lui barrer le chemin, et c'est ce qu'on a fait, fort à propos, à mon sens. C'est un peu l'expédition Gioberti en Toscane que j'approuvais entièrement.

LXXIII

AU MÊME.

Turin, 4 octobre 1860.

Cher ami, je comprends votre irritation au sujet de tout ce qui vient de se passer et de l'entrée de nos troupes sur les terres du *Patrimoine;* mais tout en entrant dans votre pensée, et sans assumer à mon compte tous ces faits, permettez-moi une simple observation.

A part les questions qui se trouvent naturellement soulevées, — il ne s'agit pas ici de terres, ni d'immeubles, mais d'un peuple qui s'appartient à lui, et à personne autre, qui a son droit propre comme tous les autres peuples; il n'est plus question aujourd'hui, à la suite de ces prodigieux événements que nul ne prévoyait et qui nous éblouissent, du Piémont, de la Toscane, de Naples, des États romains, mais de l'ITALIE; — à part tout cela, je dis comme conclusion : Quand on a foulé aux pieds une nation pendant des siècles; quand rois, gouvernements, peuples voisins, soit par la ruse, soit à main armée, se sont constamment réunis contre elle pour l'exploiter à leur profit, pour la diviser, la partager, la vendre, la revendre, la torturer, l'anéantir, peut-on s'attendre qu'au jour de son réveil elle respectera les lois, les pactes, les traités qu'on a faits sans la consulter et dans le but de la rayer du nombre des nations? Si on sème le vent, on récolte la tempête.

Après tout cela, vous me connaissez assez pour savoir que mon opinion est que, même pour l'Italie, tout n'est pas *permis*. Aussi je tâche d'expliquer, mais je ne prétends pas tout absoudre.

Mais tous les doubles jeux ne se font pas seulement en Italie! — Mauvaise raison, me direz-vous. — Soit! mais *j'explique*... Enfin, et après tout, c'est Dieu qui conduit tout cela; et voyez : nous faisons une sottise, voilà nos ennemis qui en font vingt pour que la nôtre disparaisse. Et puis, nous avons des bonheurs qui tiennent du miracle. Exemple : Persano me dit qu'une bombe a éclaté à son bord dans le *magasin des obus Paixhans chargés*, et il n'a pas sauté!! Il y en aurait bien d'autres.

A une autre fois.

LXXIV

AU MÊME.

Turin, 18 octobre 1860.

Cher ami, un mot à la hâte pour vous dire qu'avant-hier, au sénat, j'ai prononcé quelques paroles pour avoir un prétexte de déclarer que la récompense *nationale* décrétée par Bertani à l'assassin Milano est repoussée avec indignation par la nation, ce qui est, Dieu merci! exact.

Comme le froid précoce m'avait pris à la gorge, j'ai été obligé de faire lire par mon collègue et ami le comte de Cambray-Digny ce peu de mots. J'avais tenté de faire dire quelque chose d'analogue à la chambre; cela aurait eu plus de valeur; mais, grâce aux étiquettes parlementaires. *fiasco*.

Il me semblait un peu bien sévère que pas une voix ne s'élevât à ce sujet. Plus que jamais nous avons besoin de faire connaître à l'Europe que nous ne faisons pas fi des sentiments honnêtes, — en masse.

De Naples, rien d'important. Toujours l'anarchie — bénigne heureusement. Après le triomphe parlementaire, et avec vingt-cinq mille hommes sur les lieux, si le ministère n'en finit pas d'un coup avec la révolution cosmopolite, — ma foi, il sera difficile de rien comprendre à ce qui se fait.

Adieu, cher ami, vous aurez reçu le *Fischietto*[1], c'est une étude *dal vero*.

1. Le *Charivari* italien.

FARSA
(DELLA SETTIMANA PASSATA)

L'azione succede nel Palazzo ex-Reale, proprietà di S. M. *Vittorio Emmanuele*, quando sarà annesso (a).

GARIBALDI — non curandosi di quello che fanno e dicono gli altri — sta in un angolo, tracciando sopra una carta geografica delle linee che partono da Napoli e mettono a Venezia e a Roma.

BERTANI (colonnello) in camicia rossa, con un revolver nelle mani, — NICOTERA, barone del mai (b), — ALESSANDRO DUMAS, storiografo di corte e Direttore dei Musei di Napoli (ora dimessosi *vclontariamente*), — LEDRU-ROLLIN. — VICTOR HUGO, — CRISPI, — MADAMA MARIO e suo marito, — SOCIALISTI RIFORMISTI inglesi, russi, wurtemburghesi, ed altri che si credono originari del mondo della luna, — TRE MINISTRI in aspettativa d'esser mandati a spasso, e finalmente RICCARDO SINEO, siedono attorno ad un tavolo.

Il PROFETA MAZZINI, — approfittando della distrazione o preoccupazione di GARIBALDI, — va pian pianino grattando le parole *Vittorio Emmanuele* che tengono dietro alla parola *Italia*, in un nuovo proclama del Dittatore.

(a) Esquisse d'après nature du système qui règne à Naples (et ne gouverne guère).

(b) *Mai.* — Proclamation où il a déclaré qu'en *mai* il dirait : *Viva V. Em.*

LXXV

AU MÊME.

Turin, 29 octobre 1860.

Cher ami, nous sommes en dehors de la légalité, oui, oui et oui ; mais — qui mieux que vous peut le comprendre ? — placez-vous sur le terrain non pas piémontais, non pas toscan, non pas napolitain, etc. (je me répète, et je rabâche, pardonnez-moi), mais ITALIEN, et vous serez obligé de reconnaître que nous sommes dans le *droit général* d'une nation qui, pour rentrer en possession d'elle-même, est précisément obligée de briser tout ce qui était depuis si longtemps l'ordre *régulier*, convenu, sanctionné, déclaré sacro-saint par ses bourreaux. La situation est telle. Il y a une force des choses conséquence d'injustices séculaires plus forte que tous les fils lilliputiens qu'on appelle les conventions diplomatiques. Et puis, — je le répète, — je ne justifie pas et je n'absous pas, j'explique, et je présente les circonstances atténuantes qu'admettra l'histoire.

Merci de ce que vous me dites des journaux français, au sujet de mes quelques paroles. On a pris acte de ma déclaration, c'est tout ce qu'il fallait[1].

---

1. On lisait dans la *Patrie* : « On a beaucoup remarqué dans le monde diplomatique les quelques mots que M. Massimo d'Azeglio a prononcés, au sénat, dans la discussion du 18 octobre.

« Ce discours, où l'ancien gouverneur de Milan adhérait, du reste, à la politique que la force des choses et l'intérêt suprême de l'Italie imposent à Victor-Emmanuel, avait pour but de déclarer à la face de l'Europe que la récompense *nationale* décrétée par Bertani à la famille de l'assassin Milano était repoussée par la nation avec horreur. M. d'Azeglio s'est exprimé sur ce point, — comme il avait su le faire au moment du meurtre d'Anviti, — avec l'accent indigné de l'hon-

Je ne crois guère à une attaque de l'Autriche, pour toutes les raisons que vous savez aussi bien que moi ; mais si elle avait lieu même à présent, je n'en serais pas trop effrayé. Jamais je n'ai vu l'esprit public en Italie aussi ferme qu'aujourd'hui. Jamais la volonté de l'indépendance n'a été aussi générale. C'est mieux que de l'enthousiasme, c'est de la résolution. La génération qui surgit a des qualités qui faisaient défaut à la nôtre. Il y a une véritable soif de concorde et de discipline ; et les populations qui étaient les plus énervées, qui répugnaient le plus aux devoirs militaires, fournissent d'excellents soldats. Cette fameuse brigade dont je vous écrivais l'année passée, et que j'avais formée avec toutes ces moustaches grises, la brigade-Bologne, a emporté les deux positions les plus difficiles à Ancône, au pas de course. Elle avait affaire bel et bien à des Autrichiens déguisés en *papalini*. L'esprit général de l'armée est excellentissime : le matériel est abondant et parfaitement organisé ; nous avons quelques généraux qui montrent de vrais talents militaires, presque tous les officiers ont fait la guerre et connaissent le service de campagne.

Après tout, je sais bien qu'on peut être *rossé ;* mais cela, c'est la guerre ; et, en tout cas, ce ne serait qu'à recommencer. Car, quant à reculer et à nous laisser

---

nête homme, avec la noble susceptibilité du patriote irréprochable qui ne souffre pas qu'il soit porté atteinte à l'honneur de son pays. Les applaudissements universels ont montré qu'il exprimait les sentiments du sénat tout entier, et par le sénat ceux de l'Italie elle-même. M. d'Azeglio ne pouvait rendre un plus grand service à la cause nationale qu'en la dégageant de toute solidarité avec les folies coupables de quelques hommes qui, si on les eût laissés faire à Naples, eussent fini par la compromettre. L'Italie sera redevable de beaucoup de manières envers l'éminent homme d'État. Elle lui devra surtout cet avantage suprême de n'avoir pas été seulement servie, mais *honorée*, dans toute la force du terme, par cet homme de bien. »

diviser de nouveau, il ne faut pas y songer. Ni le roi, ni Cavour, ni personne ne saurai gouverner avec un pareil programme; et ce serait Mazzini, la république, la sociale, que sais-je?

Du reste, ce n'est pas l'Autriche qui m'inquiète le plus. Je m'effraye plutôt de la difficulté de mettre de l'ordre, d'organiser, surtout le royaume de Naples. Dieu, quel personnel! et que penser de gouvernements qui ont à ce point pourri un peuple? Pour moi, je n'aurais pas voulu cette annexion de sitôt. Mais Dieu me donnera tort, je l'espère.

Quant à mon poumon, il paraît que l'iodure me réussit. N'en ayez pas de souci. J'arriverai encore à voir la Vénétie délivrée, s'il plaît à Dieu.

LXXVI

AU MÊME.

Gênes, 27 novembre 1860.

Cher ami, ne me parlez pas de Naples; c'est ma bête noire, et elle devient plus noire tous les jours; c'est à se casser la tête contre les murs. Le roi était maître de la position; et on a créé Garibaldi, avec lequel il faut compter. Cavour avait le parlement dans sa manche, et le parti mazzinien démonétisé; maintenant je l'attends... Et pour le bouquet, les voilà qui veulent monter au Capitole!! J'avoue que j'avais cru, dans ma simplicité, être délivré définitivement des Grecs et des Romains! Et nous voilà en 1860 faisant de la politique de *libretto d'opera seria* et ressuscitant *Cola di rienzo!* J'aurais envie de faire une brochure de cinquante pages là-dessus. Mais vous comprenez ma position. Est-ce bon de se diviser?

Je me sens tellement de mauvaise humeur, que j'ai

presque l'espoir de me laisser peut-être alarmer hors de propos; enfin nous sommes lancés, et *non c'è rimedio.*

LXXVII

AU MÊME.

Gênes, 4 janvier 1861.

Mon cher ami, que la nouvelle année vous apporte à vous et aux vôtres tout le bonheur que je vous désire; et vous n'aurez plus rien à demander à Dieu ! vous savez si c'est du fond du cœur que je vous dis cela. Ma santé va tout à fait bien, à condition pourtant d'en avoir quelques soins; et c'est dans ce but que je me suis placé sur le versant sud des Apennins. Toute la question pour moi est d'éviter ou d'abréger les rhumes auxquels j'ai une grande disposition, et pour cela ce climat est le meilleur remède. En un mot il n'y a pas de dérangement grave dans l'organisme; mais, à force de rouler, la machine n'est plus assemblée aussi solidement qu'elle l'était il y a vingt ans : c'est en règle.

Vous connaissez ma manière de voir quant à Naples, mais pour bien comprendre cette question, il faut la regarder de plus haut; et elle se réduit alors à une des mille transformations du mazzinisme, qui est la révolution cosmopolite, ou mieux l'*Ote-toi, que je m'y mette,*— parti nombreux sur la face du globe. Le tort de Cavour, à mon sens, c'est de vouloir renchérir sur les idées, — dirai-je les folies, — de ce parti, au lieu de le mettre sous son genou, ce qui ne serait pas difficile; car on aurait pour soi bien des gens qui maintenant disent : Puisque Cavour et le roi font les yeux doux aux mazziniens, ce n'est pas à nous à nous montrer pédants. Au fait, qui est-ce qui y perdra ?

Après cela, le parti est très-adroit; il vous administre le mazzinisme dans la proportion qui convient selon les cas : à Naples, par exemple, ce sont les grands moyens qu'on emploie, *Dio e popolo*, et *abbasso* quelque chose tous les jours; et puis des démonstrations, des émeutes, etc. A Turin cela n'irait aucunement; il est curieux d'observer le manége plein de réserve du parti chez nous, le soin qu'il prend de son personnel, et son habileté à le mettre en bonne odeur; par exemple, je le vois toujours prêt, son R*** à la main, le faisant aller, venir, paraître à propos avec force éloges, à peine l'occasion s'en présente. Ce qui est plus extraordinaire, il paraît avoir mis dans ses intérêts le *Journal des Débats*, qui ne tarit pas dans ses correspondances sur le compte de R*** et sa grande dextérité. Je ne comprends pas qu'on puisse oublier les faits et gestes de cet avocat : son attitude dans l'affaire de la fusion de la Lombardie avec le Piémont, en 1848, et sa lutte sophistique avec le comte Sclopis; ses manœuvres au commencement de 49, son opposition à l'expédition de Toscane de Gioberti; la campagne de Novare; son refus de la paix avec l'Autriche, qui nous a forcés de dissoudre la chambre et de courir la chance de nouvelles élections *en un tel moment*, etc.; vous savez si nous l'avons échappée belle alors ! Tout le temps qu'il a passé soit au ministère, soit à la chambre depuis lors, — *non ne ha indovinata una*, — comme nous disons en italien; mais il est de la bande, et il faut le pousser; ce qui ne serait pas étonnant, de la part des mazziniens, puisqu'il en est une émanation, dans le genre des jésuites en robe courte; mais ce qui a le droit d'étonner de la part des *Débats!*

Malgré tout cela, le mazzinisme serait impuissant par le nombre, car c'est une minorité, et comme toujours il supplée par l'intrigue et l'audace; mais en haut lieu, on s'imagine être bien fin en s'en servant pour faire pièce à Cavour !

Je vous ai raconté cela il y a longtemps : cette situation est déplorable, et constitue un vrai danger. L'idée m'était venue d'écrire quelque chose à ce sujet, mais comment toucher au nœud de la question ? Et sans cela, à quoi bon ?

Adieu, cher ami : espérons dans la Providence et dans la sottise de nos ennemis ; et vous, ne vous ennuyez pas de l'Italie, car ce n'est pas sa faute si tout n'est pas fini.

A vous.

P.-S. Avez vous remarqué l'enthousiasme des *Débats* pour Garibaldi ? C'est tout simplement le thème des mazziniens. Garibaldi est sans contredit un homme hors ligne, comme aventurier, guerillero, partisan, etc. ; de plus c'est un honnête homme. Mais il faudrait qu'on fût persuadé une bonne fois que c'est une nullité absolue comme intelligence, — vous savez, « cœur d'or, tête de buffle ; » — et qu'avec son programme de la Vénétie, du Capitole, etc., Capoue était au moment de l'arranger comme Annibal ; et que, *sans nous*... Garibaldi et les siens ont triomphé tant que personne ne se battait ; pour le reste, on a vidé les caisses, désorganisé tout, et mis la cause italienne dans le plus imminent danger. Et on fait de Garibaldi une espèce de Messie !

LXXVIII

AU MÊME.

Florence, 6 mars 1861.

Mon cher ami, « Être à la fois politique et honnête ! » vous tracez-là le meilleur et le plus utile des programmes ; pensez si je l'approuve et si je l'appelle de tous mes vœux ! Il y a quelques mois, je vous écrivis certaine lettre qui doit vous avoir paru bien explicite pour un ancien diplomate. Si elle n'avait pas été adressée à un ami tel que vous, elle aurait été même fort risquée ; enfin je m'y suis dégonflé et vous savez ce que je vous ai dit alors. Je n'ai rien à ajouter, sinon qu'il est impossible de se trouver mêlé à tout ce monde-là. Il faut donc faire, ce que du reste nous sommes obligés de faire tous les jours, manger le dîner et ne pas aider à la cuisine.

Quant à l'Italie, je reconnais qu'elle s'est faite comme jamais rien de ce genre n'a été fait au monde ; mais je pense qu'elle restera, et qu'après Dieu sait combien de tiraillements intérieurs, elle prendra son assiette. Dans la précipitation de cette œuvre il faut voir, non pas le fait isolé, mais l'ensemble ; et, dans cet ensemble, la preuve que tout le travail existait et était achevé depuis long-temps. Je suis convaincu que là est la vérité.

Maintenant c'est l'affaire de Rome qui chauffe. Nous disons : *La più dura a scorticare è sempre la coda...* Ah ! Rome, Rome ! Mon cher ami, quand je pense à ce que Pie IX a été, à ce que nous avons travaillé à faire de lui, à ce qu'il pouvait devenir pour lui-même, pour la papauté, pour l'Italie, pour le monde !... Et maintenant ! Enfin, il faut conclure de ce qui est arrivé que Dieu n'a pas voulu le maintien du temporel, qu'il voulait le châtiment de tous ces pouvoirs oublieux de leur origine et de leur mission ; qu'il voulait l'unité de l'Italie ; qu'il voulait, en somme, toute autre chose que ce à quoi pensait la prévoyance humaine.

Mais maintenant quelle peut être la solution ? Vous savez ma manière de penser là-dessus : au lieu de vous la développer avec les nouvelles applications qu'elle exige depuis les discours de vos chambres, samedi je vous expédierai une brochure qui paraîtra ce jour-là, et pour laquelle vous pourrez me chanter un *Requiem* si vous le voulez bien, car je vais être lapidé ! Imaginez que je fais la sottise de prêcher contre *la capitale à Rome* au moment de ce cri général qui nous convie au Capitole, à l'effet d'y recommencer je ne sais laquelle des grandes *ères*, peut-être celle de *Cola di Rienzo*. Enfin, comme je ne désire rien et ne demande rien à personne, je dis ce que je crois vrai; et après, qu'on s'arrange!

Je vous enverrai deux exemplaires[1], et j'aurais l'ambition de les faire arriver à l'Empereur et au prince.

Veuillez me mettre aux pieds, — style directoire, — de madame Rendu, qui ne nous pardonnera pas, je le crains, tous nos méfaits; plaidez pour nous et surtout pour moi.

Tout à vous.

P.-S. Un de mes anciens amis, député, arrive de Turin; il me dit que le groupe contraire à la *capitale à Rome* y prend courage. Il faudrait qu'on aidât chez vous en mettant franchement la question sur le tapis. Je ne m'explique pas comment on admet en France avec tant de résignation, dans certains journaux, cette idée toute mazzinienne : le zèle irreligieux peut pousser à de grandes sottises. Il serait important de la discuter, au moins pour les catholiques comme pour les Italiens; si on s'en donne la peine, on l'emportera. Il faut surtout rompre la glace, et mettre du cœur au ventre à ceux qui craignent les mazziniens et ne veulent pas compromettre leur *quieto vivere*.

LXXIX

AU MÊME.

Florence, 24 mars 1861.

Mon cher ami, je ne vous ai envoyé que trois exemplaires par *modestie;* mais puisque vous m'encouragez, en

1. *Questioni urgenti*. Florence, 4 mars 1861.

voilà une douzaine à votre disposition par ce même courrier.

Je ne comprends pas qu'il y ait des gens pour dire, en France, dans le camp des conservateurs (*conservateurs de quoi?*) que *rien n'empêchera désormais de monter au Capitole!* Ce sont là de ces mots que les partis inventent et qu'on se répète sans les examiner. Comme ce fameux : *Il est trop tard!* qu'on emploie à tort et à travers. Croyez que cette manie de Rome n'est qu'un piége tendu au Piémont. Mazzini sait bien que le caractère piémontais est le seul obstacle qu'il n'ait pu surmonter jusqu'ici. Il a ébahi tous nos badauds avec son Capitole[1], et si la chose réussit, le tour est fait. Mais soyez certain, en même temps, qu'il y a loin d'y avoir unanimité et même majorité à ce sujet. Comme toujours, la folie ou mieux la fourberie crie, et le bon sens se tait. Le courage qu'on

1. « Les gens qui ont proclamé *Rome capitale de l'Italie* ont spéculé sur l'effet rhétorico-classique que produit encore ce nom sur les multitudes, lesquelles, en fait de culture intellectuelle, n'ont pas été au delà du Capitole. Ils ont estimé que personne n'oserait approfondir la valeur d'une semblable idée : j'oserai, moi, et beaucoup d'autres avec moi; et si je me sens lié, dans une certaine mesure, par l'opinion de mes amis, à coup sûr je ne me sens pas étourdi par la majesté de la roche tarpéienne.

« L'Italie et le monde ont le droit de demander si ce Capitole doit durer éternellement; ils ont le droit de présenter leurs titres *nouveaux*, et de s'enquérir si l'égalité devant la loi, la légitimité fondée sur le consentement des peuples, si le système des représentations nationales, de la publicité des actes administratifs, etc., etc., ne valent pas en matière politique, toute l'antique sagesse romaine; si le respect réciproque des nations entre elles, la prospérité du commerce, des industries, ne valent pas les triomphes qui encombraient d'esclaves la voie sacrée; et si, finalement, aux môles des amphithéâtres et au délicieux spectacle des membres palpitants sur l'arène, etc., il n'y a pas lieu de préférer la vue d'une locomotive transportant sur ses ailes de feu une masse d'hommes égaux et libres, suffisante pour peupler un pays ? » (*Questioni urgenti*, p. 44.)

trouve le plus difficilement est celui d'affronter le mot : *codino !*

Si Cavour voulait, tout cela s'apaiserait; mais nous avons tous nos défauts. La vanité d'avoir *fait* l'Italie et de l'avoir proclamée au Capitole!... c'est là le grand ressort.

Après tout, je serais curieux de savoir comment nous monterions au Capitole tant que vous êtes là; et je serais curieux encore de savoir comment vous planteriez là le pape sans rien stipuler en sa faveur, et si vous pourriez stipuler moins qu'un titre de Souverain, la franchise du tombeau des apôtres et des basiliques, et ce qu'il faut de terre inviolable pour y placer la *dateria* et toutes les *segreterie* où se font les affaires SPIRITUELLES du monde catholique.

Je ne vous cache pas que je suis furieux de voir Mazzini mener tout le monde par le nez en Europe, si pourtant (car nous vivons dans un singulier temps) ce n'est pas lui qui est l'instrument ! Elle serait bonne, celle-là ! mais je ne saurais le croire.

La résignation de votre interlocuteur m'a fait venir la *pelle di cappone*, comme on dit chez nous. Mais non, je compte sur la France pour être sauvé du Capitole; car, bien sérieusement, je regarde cette malheureuse idée comme le germe des plus grands dangers pour nous comme pour l'Europe; et je voudrais bien qu'il dépendit de moi de l'empêcher à tout prix. J'aurais fait autant, à mon sens, que de vaincre à Solferino. Enfin, je ne suis qu'un vieux bon à rien, et je ne pouvais faire autre chose que de crier *au feu!* Le reste à la garde de Dieu !

Je ne suis pas d'accord avec Cavour pour écrire la brochure; mais franchement, je n'étais pas éloigné de croire qu'il ne m'en voudrait nullement; sa nièce m'écrit qu'elle est enchantée de moi et qu'elle est presque convertie; elle était *romaine* furibonde. Et, en somme, voyons : est-ce qu'on peut établir une comparaison entre l'Italie et la France[1]? Votre centralisation est un phéno-

[1]. On lit dans les *Questioni urgenti* : « L'Italie a le privilége de n'avoir pas besoin de *Capitale*. Parce que l'une des cités italiennes aura été choisie pour siége du gouvernement, cela ne voudra pas dire que les autres seront réduites à l'état de villes secondaires.

« Gênes a été réunie au Piémont en 1815. Qui peut dire que, dans cet espace de quarante-cinq ans, elle ait pris un aspect inférieur à celui de Turin? Qui viendrait des antipodes et serait conduit à Turin, puis à Gênes, devinerait-il laquelle de ces deux villes est la capitale? Il en a été de même pour Milan : sous la domination de l'Autriche, qui, certes, ne faisait ni sacrifices ni efforts en sa faveur, ne se maintint-elle pas dans la splendeur d'une ville maîtresse? Et qui pourra s'imaginer que celles des autres villes italiennes qui, par leur vertu propre, tiennent depuis longtemps le rang et jouissent des avantages de cités capitales, vont tout à coup tomber en décadence parce qu'elles se trouveraient privées d'une cour, d'un corps diplomatique et de quelques ministères?

« Je considère comme une heureuse fortune pour l'Italie de se trouver matériellement constituée de manière que la population riche, instruite et indépendante n'ait pas de motifs de s'agglomérer tout entière sur un même point. Je n'ai jamais bien vu les avantages des grandes capitales, mais les inconvénients qu'elles présentent me sautent aux yeux.

« Avant peu d'années, on s'apercevra combien est vaine cette question de la capitale; de capitales, l'Italie en sera pleine! Il y aura la capitale militaire, la commerciale, l'artistique, l'érudite, la religieuse, l'industrielle, etc., etc. Quelle que soit la ville choisie pour capitale politique, quel grand dommage en résultera-t-il pour les autres? Les chemins de fer n'ont-ils pas supprimé l'espace? Quel motif pourrait engager un habitant de Gênes, de Milan, de Turin, à quitter sa ville pour aller s'installer dans celle où siégera le gouvernement? On y verra courir quelques employés, quelques chasseurs d'emplois ; les membres du parlement s'y réuniront pendant les sessions. Et après?

« Toute la question, ainsi dépouillée de cette fantasmagorie qui enveloppe, dans les autres pays, l'idée de la capitale, se réduit donc pour l'Italie à déterminer le lieu où il convient de fixer le siége du gouvernement. Certes, ce n'est pas là une question vaine! Mais l'important, comme conclusion, est que, renonçant à de misérables jalousies en

mène admirable, mais redoutable. En avons-nous besoin? Et l'unité italienne une fois établie, allons-nous supprimer nos grandes cités? La question religieuse, la question du pape à part, est-ce que Florence, Milan, Turin, Naples, éprouvent le besoin de s'incliner autour d'un fantôme comme les gerbes des fils de Jacob devant celle de Joseph? — Mais je me trouve admirable : j'argumente comme si je parlais à mes compatriotes, et c'est à vous que je parle.

Pardonnez-moi et pardonnez à ma brochure ; vous n'en êtes pas pleinement satisfait : n'oubliez pas que j'y emploie des raisonnements tout à fait *italiens*, parce que je n'y parle qu'aux *Italiens*.

LXXX

AU MÊME.

Florence, 1er avril 1861.

Mon cher ami,

M. le baron de B*** m'a écrit de Paris pour me demander la permission de publier la traduction des *Questioni urgenti* dont il a été *caricato pel uffizio della stampa*. Si son français ne vaut pas mieux que son italien, me voilà joliment arrangé ! Je ne comprends pas trop ce que c'est que son *uffizio della stampa* ..... Enfin, j'ai donné toutes les permissions possibles, priant seule-

---

vue d'intérêts aussi mesquins que malentendus, les Italiens s'entendent pour placer ce siége dans un milieu sain, où le gouvernement se maintienne dans cet état de force virile qui l'a rendu jusqu'à présent inaccessible aux menaces et aux entraînements, et où il puisse mener à bonne fin cette grande œuvre nationale qui est maintenant si près de son terme. »

ment, en cas *dubiæ lectionis*, de vous prendre pour juge en dernier ressort. Votre mauvaise étoile vous condamne à recevoir toujours quelque éclaboussure des élucubrations que je lance à travers le monde. Veuillez ne pas trop vous impatienter encore cette fois, si par hazard mon baron se présente chez vous, et témoigner de votre indulgence en l'empêchant de me faire dire ce qui serait contraire à mes opinions. Il n'est pas question d'amour-propre littéraire, bien entendu.

Si certains passages de ma brochure ne vous vont pas tout à fait, je suis heureux du moins que vous approuviez ma proposition de choisir Florence[1] pour capitale, ou, pour mieux rendre mon idée, comme siége du gouvernement. C'est toujours quelque chose d'avoir lancé cette idée, et j'y ai confiance; aidez-moi dans votre presse. Si le courant qui entraine tous nos badauds vers le Capitole pouvait être détourné, ce serait immense; et si Cavour voulait, mon Dieu! la chose ne serait pas difficile; mais il n'en prend pas le chemin (de Florence), le cher homme. Qu'il tire de son côté, moi du mien; nous verrons qui tirera le plus fort. J'attèle avec moi pas mal d'honnêtes gens qui donneront un bon coup de collier : A la rescousse !

Tenez, sans diplomatie, les dernières séances de notre parlement, le discours de Cavour, tout cela c'est du sanscrit pour moi. Les déclarations du pape d'un côté, celles de vos ministres de l'autre, et Cavour au milieu disant que le pape sera entraîné par *nos* raisons, et qu'avec l'approbation de la France nous monterons au Capitole : n'est-ce pas évident et clair, d'une irrésistible clarté ?

---

[1] « Dans mon opinion, la ville préférable à toutes, comme siége du gouvernement, serait Florence.

Florence a été le foyer de notre dernier épanouissement de haute culture intellectuelle. Elle est, comme elle l'a toujours été, le centre

J'ai causé hier avec un membre du parlement qui arrive de Turin. D'après lui, Cavour lui-même n'a aucune idée ni envie d'aller à Rome. Je le crois assez, d'après les conditions qu'il y met[1]. — On a voté, mais

de la langue ; et la langue est un des principaux liens qui unissent et conservent vivantes les nationalités.

Elle est placée a distance égale des deux extrémités de la Péninsule.

Elle n'est pas trop exposée à une attaque du côté de la mer, et elle n'en est pas trop éloignée ; des ouvrages hydrauliques sur l'Arno pourraient d'ailleurs l'en rapprocher davantage.

Son climat est excellent.

Elle est protégée contre les agressions du nord par deux lignes, celle du Pô et celle de l'Appennin ; facile d'ailleurs à fortifier, quand on le voudra, avec des forts détachés.

Ses habitants sont d'un esprit fin, et d'un jugement plein de mesure. La population toscane est généralement honnête, et point factieuse ; elle se corrige rapidement des quelques défauts qu'elle a pu avoir dans le passé ; et quand l'habitude de la vie politique s'y sera généralisée, le gouvernement trouvera à Florence ce milieu sain et sûr dont nous avons parlé comme de la plus importante condition pour lui. » (*Questioni urgenti*, p. 51.)

1 Sans même aller chercher la vraie pensée de M. de Cavour, à cet égard, dans les secrets d'une négociation relative à l'évacuation de Rome que le célèbre ministre poursuivit pendant trois mois, pour laquelle il s'était fait fort d'obtenir la sanction du parlement italien, mais que sa mort empêcha d'aboutir, qu'on lise avec attention le fragment qui suit du célèbre discours du 25 mars 1861 :

« .... Il faut que nous allions à Rome, mais à ces deux conditions : que ce soit *de concert avec la France*, et que la *grande masse des catholiques, en Italie et ailleurs*, ne voie pas dans la réunion de Rome au reste de l'Italie le signal de l'asservissement de l'Église. Il faut, en d'autres termes, que nous allions à Rome, mais *sans que l'indépendance du Souverain-Pontife en soit diminuée.* Il faut que nous allions à Rome sans que l'autorité civile étende son pouvoir sur les choses spirituelles.

« Voilà les deux conditions *qui doivent se réaliser pour que notre entrée à Rome ne mette point en péril les destinées de l'Italie.*

« Quant à la première, l'honorable député Audinot a dit avant

personne ne veut boire le vin qu'il a tiré. Ni en ville ni à la chambre, il n'y a le moindre enthousiasme; et, certes, je le crois; car ici où on est moins calme qu'à Turin, on

moi qu'il serait insensé de vouloir, dans l'état actuel de l'Europe, aller à Rome malgré la France.

« Mais j'irai plus loin : lors même que, par suite d'événements que je ne crois ni probables ni même possibles, la France se trouverait réduite à une *telle situation qu'elle ne pût matériellement s'opposer à notre entrée dans notre capitale, nous ne devrions point réaliser la réunion de Rome à l'Italie*, s'il devait en résulter un grave dommage pour nos alliés.

« Nous avons contracté, Messieurs, une grande dette de reconnaissance envers la France. Je ne prétends certes point qu'il faille appliquer aux rapports internationaux les règles strictes de moralité qui doivent présider aux relations individuelles; cependant il y a des préceptes de morale que les nations elles-mêmes ne sauraient violer impunément..........................

« Mais nous avons encore, Messieurs, un motif plus grave de nous mettre d'accord avec la France. Quand nous avons appelé, en 1859, la France à notre aide; quand l'Empereur consentit à venir en Italie à la tête de sa vaillante armée, il ne dissimula point les engagements dont il se tenait pour lié envers la cour de Rome. Nous avons accepté son aide sans protester contre les obligations qu'il nous déclarait avoir assumées; après avoir tiré de cette alliance tant d'avantages, *nous ne pouvons pas protester contre des engagements que jusqu'à un certain point nous avons admis.*

« Mais alors, me dira-t-on, la question romaine est insoluble.

« Je réponds que, SI nous réussissons à réaliser la deuxième condition dont j'ai parlé, la première rencontrera peu d'obstacles ; c'est-à-dire que *SI nous pouvons faire en sorte que la réunion de Rome à l'Italie n'inspire pas de craintes graves au monde catholique*, — et j'entends par là cette grande masse de personnes de bonne foi qui professent les dogmes religieux par un sentiment vrai et non par calcul politique, cette grande masse que n'aveuglent point de vulgaires préjugés, — SI nous arrivons, dis-je, à persuader à *la grande majorité des catholiques* que la réunion de Rome à l'Italie peut s'opérer sans que l'Église cesse d'être indépendante, je crois que le problème sera bien près d'être résolu.

« Qu'on ne se fasse pas illusion : bien des personnes de bonne foi,

ne s'émeut guère de tout ce feu d'artifice. Il y a même une impression de malaise. On s'inquiète de voir traiter de pareilles affaires avec de tels moyens.

Vous savez, pour ma part, si je suis tranquille. C'est un quitte ou double en permanence ! Jugez quelle *schiuma* révolutionnaire fondrait sur Rome si le gouvernement y était transporté, et comme cela mettrait le feu aux poudres ! J'espère que nous aurons encore à l'Empereur cette obligation : nous l'aurons échappée belle !

sans être animées de préjugés hostiles à l'Italie ou même aux idées libérales, craignent que le siége du gouvernement italien *une fois établi à Rome, le Roi une fois au Quirinal, le Souverain-Pontife ne perde beaucoup en dignité et en indépendance* ; elles craignent que le pape, *au lieu d'être le chef du catholicisme tout entier*, ne soit *alors réduit en quelque sorte à des fonctions de grand aumônier ou de premier chapelain.*

« Si ces craintes étaient fondées, si réellement la chute du pouvoir temporel devait entraîner une telle conséquence, je *n'hésiterais pas à dire que la réunion de Rome au reste du royaume serait fatale* non-seulement au catholicisme, *mais encore à l'Italie* ; car je ne puis concevoir, Messieurs, un plus grand malheur pour un peuple civilisé, que de voir réunis dans une seule main, dans la main du gouvernement, le pouvoir religieux et le pouvoir civil ! L'histoire de tous les siècles comme de tous les pays nous le montre : partout où s'est produite cette réunion, la civilisation s'est arrêtée presque aussitôt et n'a jamais manqué de prendre une direction rétrograde ; le plus odieux despotisme s'est établi ; et cela est arrivé soit qu'une caste sacerdotale usurpât le pouvoir temporel, soit qu'un calife ou un sultan s'emparât du pouvoir spirituel. Partout cette fatale confusion a conduit aux mêmes résultats. Dieu nous préserve, Messieurs, qu'il en soit ainsi dans ces contrées ! »

LXXXI

AU MÊME.

Florence, 6 avril 1861.

Cher ami, je comprends ce que vous me dites; mais j'ai tâché de faire entendre la vérité aux uns et aux autres. Que voulez-vous? Il ne se peut pas faire, vous le savez bien, que les Italiens envisagent la question romaine au même point de vue que les catholiques étrangers; quand surtout ceux-ci sont abusés, aveuglés de bonne foi par vos évêques, eux-mêmes de bonne foi, je le veux bien, mais par cela même d'autant plus à craindre; et c'est là le grand mal, j'ai essayé de le montrer[1]. Comment dissiper cet immense et opiniâtre malentendu?

Cette question de Rome est notre grand péril, le péril

---

1. On lit dans les *Questioni urgenti* : « Ce qui est clair à mes yeux, c'est que l'empereur Napoléon ne peut désormais ni prolonger indéfiniment l'occupation de Rome, ni y mettre fin, sans laisser au pape une position définie, convenable et sûre.

« La plus grande difficulté naît de la différence de vues qui, dans la question romaine, sépare l'Italie des autres pays catholiques.

« En Italie, le pouvoir temporel n'a jamais été fort respecté. Les Italiens, qui l'ont toujours eu sous les yeux, l'ont toujours estimé ce qu'il valait.

« Excités plus que jamais depuis le commencement de ce siècle, les sentiments d'irritation contre la *Curia romana* se transformèrent un moment sous l'illusion généreuse que les débuts du règne de Pie IX avaient fait naître; mais, dans les dix dernières années, ils ont repris un cours plus violent que jamais. . . . . Rome a espéré qu'en liant étroitement le temporel au dogme, celui-ci sauverait celui-là; mais que voyons-nous aujourd'hui? Précisément le contraire : *le temporel entraîne le dogme dans sa ruine.*

« Ce triste spectacle ajoute encore au feu de l'ancienne irritation des Italiens contre la cour de Rome; et il est naturel qu'ils jugent la

de tout le monde. A part toutes les grandes considérations religieuses, une fois le parlement italien installé à Rome, Mazzini serait maître. Il l'est déjà pas mal aujourd'hui. Pensez qu'à ce qu'on me dit, le ministère appuie l'élection de M*** ! Ici on enrôle pour Garibaldi, et on fait l'école du soldat aux recrues! Le jour de la Saint-Joseph, on a célébré la fête des deux prophètes avec des coups de fusils dans les rues, aux fenêtres, etc., etc.

Quant aux affirmations de Cavour, personne ne les prend au sérieux. Le cher homme en est arrivé à ce que, quand il parle, la seule chose qu'on croit impossible est précisément celle qu'il affirme.

En ce qui me concerne, il a dit à un de mes amis qu'il trouvait fort bien ma brochure; mais « je devais dire ce que j'ai dit. » A vous à interpréter ce *je devais*.

Tout ceci ne laisse pas que d'être assez peu rassurant. Si la France avait le malheur de laisser en ce moment Rome disponible, assurément il serait difficile de faire

question romaine à un point de vue exclusif, qui n'est pas celui de l'Europe.

« Pour arriver à une solution, il faut que les Italiens, comme les catholiques étrangers, tiennent compte des impressions respectives et des justes égards qu'ils se doivent réciproquement, et qu'ils se fassent des concessions mutuelles.

« Or, en vue de ces concessions, il est nécessaire, d'un côté, que les catholiques étrangers se persuadent qu'aucun Italien, ni à Rome ni ailleurs, ne veut plus être gouverné par les prêtres : sous ce rapport, pas de transaction possible.

« De l'autre côté, les Italiens doivent se dire que la disposition à accepter certaines formes, tout odieuses qu'elles soient devenues, faciliterait beaucoup les conclusions pratiques, et que cet assentiment serait pour nous d'ailleurs une manière d'acquitter la dette de reconnaissance que nous avons contractée, en premier lieu, envers la France et l'empereur Napoléon, et, en second lieu, envers ceux des gouvernements de l'Europe qui se sont montrés favorables à notre cause. C'est un devoir pour nous de chercher à ne pas être pour eux une cause de complications intestines. »

autrement que de s'y installer. Mais j'espère que l'Empereur nous évitera ce danger. On pense généralement que Cavour, tout le premier, compte sur vous pour le sauver de lui-même. Singulière idée! Tandis qu'on aurait une route royale si belle et si large, en être toujours à s'embourber dans des chemins de traverse !

LXXXII

AU MÊME.

Florence, 10 avril 1861.

Cher ami, il m'arrive une lettre de Turin, d'un homme qui est la probité et l'honneur personnifiés, ex-député, appartenant à la gauche de 49, et revenu sur bien des points. Je vous l'envoie comme pièce à l'appui de ma dernière lettre; vous pouvez la regarder comme l'expression vraie de la vérité[1], que toutes les correspondance des *Débats* et du *Nord* déguisent à l'envi. — Si c'est un parti pris, tant pis; est-ce là le métier d'une telle presse ?

Je ne parviens pas à me rendre raison de cette entente tacite qui pousse les gens à se faire l'auxiliaire de Mazzini. Décidément je me fais vieux et je n'y comprends plus rien. Il me semble pourtant qu'il serait de l'intérêt de tout le monde de faire face à une explosion de la dé-

---

1. « J'ai assisté aux interpellations sur la question romaine. C'est à en perdre la boussole; et il faut donc se laisser entraîner par les vents et par Cavour, sans savoir si l'on va aux écueils ou au port. Tous nos amis disent la même chose; mais il est de mode de se mettre un masque pour cacher ses vrais sentiments, et l'on se murmure à l'oreille : « Azeglio a raison : *Rome capitale* est une folie, mais on ne peut dire « cela tout haut. Il faut hurler avec tout le monde. » Voilà où l'on en est à Turin. Préparons-nous à en voir de belles! »

magogie. Faites ce que vous pouvez, en paroles et en écrits : il serait bien à propos d'appuyer sur ce fait que *Rome capitale* n'est pas du tout une opinion générale; au contraire, vous le voyez; et cette lettre, c'est la nature prise sur le fait, nature d'homme qui voit juste, et d'homme sincère. — Si on n'oppose rien à toutes ces manœuvres, elles n'auront qu'à triompher; et Rome, centre de la démagogie, c'est la fièvre partout.

LXXXIII

AU MÊME.

Florence, 1ᵉʳ mai 1861.

Cher ami, je regrette que vous n'ayez pas donné suite à votre projet, mais je comprends cela. On se sent toujours en retard quand on écrit, par le temps qui court.

J'ai entendu parler des lettres de M. de Montalembert[1], mais je ne les connais pas; aucun des journaux que je reçois n'en a rien dit. On m'assure qu'il est furieux; mais c'est là son état normal, et je ne crois pas qu'on puisse y trouver remède. Le mécontentement de soi et des autres, et la vanité rentrée sont très-difficiles à guérir. Au fait, M. de Montalembert a passé sa vie dans un état violent; il se trouve n'avoir guère fait que des *fiaschi ;* on comprend sa mauvaise humeur. Je ne sais pas ce qu'il dit de moi : cela m'est assez égal; et d'ailleurs, toute ma rancune contre lui tombe quand je me vois transformé en Machiavel ! Cela m'a bien amusé.

Garibaldi a eu son compte, comme vous voyez; mais ça n'empêche pas qu'on ne traite avec lui de puissance à puissance, comme vous dites; et j'en éprouve un sen-

1. Lettres à M. le comte de Cavour, avril 1861.

timent d'humiliation bien amer, je vous assure. J'en reviens toujours là : avoir l'Italie d'un côté qui vous tend les bras, de l'autre la France qui vous donne deux cent mille hommes, et aller encore chercher Mazzini! mais vous savez comment cela est venu.

Il m'arrive en ce moment votre seconde lettre et les deux brochures ; je vais lire et je vous écrirai. Quelquefois du choc jaillit l'étincelle.

A vous.

LXXXIV

AU MÊME.

Florence, 4 mai 1861.

Cher ami, j'ai lu. Il y aurait de nombreuses erreurs à relever qui m'ont tout l'air d'être volontaires; mais, sauf les quelques mots à mon adresse, tout est dirigé contre M. de Cavour et surtout contre les *bricconerie* au moyen desquelles on a réussi en dernier lieu. Vous savez ce que j'en pense moi-même, et pourquoi j'ai quitté Milan et n'ai plus voulu me mêler de rien.

Ah ! mon ami, c'est dur de penser que cette honte, c'est *du luxe*, et que rien n'y forçait le gouvernement de mon pays! Et voilà qu'on nous la jette à la face ! Cavour ne répond rien ; on aurait droit de s'étonner que je prisse sa cause en main.

Quelle faute immense on a commise (la question morale à part) en renonçant à ce qui pouvait nous donner tant d'avantages sur nos ennemis, — la réputation de loyauté ! Vous savez, dans le temps, mon indignation contre le système de la *Curia romana* d'Antonelli; mais nous sommes cela depuis un an ! Des deux côtés on peut se disputer le prix de vertu.

Après cela, je ne vous cache pas que le mot de M. de

Montalembert à mon adresse m'a fait faire un bond sur ma chaise. Ce mot n'est ni d'un gentilhomme ni d'un chrétien. Qui se respecte ne se permet pas cela, *à distance.* — « Lâches injures. » Lâcheté! moi! Ah! digne homme, qui de nous deux a fait ses preuves? — « Injures, » dites-vous; non : « Vérités! » Et ces vérités, j'ai acquis le droit de les dire; j'ai acquis ce droit, en les faisant entendre, non pas à la papauté *vaincue*, mais à la papauté *victorieuse* de l'insurrection[1] et appuyée sur l'Autriche; en les jetant à la face de son plus cruel adversaire, de Mazzini; en les soutenant contre l'Autriche avec d'autres armes que celles que vous maniez. — Oui, j'ai dit à la papauté des vérités sévères; je les ai dites pour la sauver. Vous avez préféré la flatter, vous, la flatter au risque de la perdre; vous l'avez endormie, adulée, bercée d'illusions, enveloppée de mensonges d'autant plus mortels qu'ils plaisaient davantage; vous avez dit à Pie IX : « Réagissez contre l'esprit de ce temps, contre la nationalité; effacez les grandes pages des premiers jours de votre règne; demandez pardon à la société moderne d'avoir voulu vous mettre à sa tête ; prenez pour guide la peur, pour inspiration la rancune ; cessez d'être l'espoir, le phare de l'esprit libéral; cessez d'être Pie IX; redevenez Grégoire XVI. Pour vous soutenir dans cette croisade contre l'Italie qui vous bénissait et qui désormais vous renie, contre le siècle qui vous acclamait et qui va vous délaisser, comptez sur les Monsignori, sur M. Veuillot et sur moi! — » Voilà ce que vous avez dit et fait, voilà vos états de service. Pour venir m'insulter, qui êtes-vous donc?

M. de Montalembert, — pour arriver à oser dire qu'on reconnaît dans mes faits et gestes le parti qui érige des statues à Machiavel, — déclare que « je me vante d'avoir,

---

1. *Ultimi casi di Romagna,* 1845.

étant président du Conseil des ministres, violé la foi jurée, en abrogeant le concordat piémontais. » Ce qui est fort, c'est qu'il prend texte de l'accusation dans un chapitre où, précisément, je m'élève contre la violation des traités, et où je dis, à l'encontre de quelques-uns de mes compatriotes : « S'il faut bien admettre que les « traités ne sont ni ne peuvent être éternels, ce serait « une curieuse théorie d'affirmer que les traités sont « faits seulement pour être violés[1] ! » Alors, dans ma bonne foi, je me fais une objection à moi-même de ma propre conduite ; et non *pour me vanter*, comme le dit le saint homme, mais pour me justifier, j'écris : « Mais la « *Civiltà cattolica* me dira, qu'étant président du Conseil, « j'ai rompu un traité. — C'est vrai : le concordat. » — Je réponds au reproche, et je donne les raisons, et, si l'on veut, les excuses[2]. Cela s'appelle *se vanter d'avoir violé la foi jurée*. Comment nomme-t-on ce procédé là en français ?

Si, en Italie, on attachait et si personnellement j'attachais de l'importance à ce qu'écrit M. de Montalembert, je dirais au public, en le développant, ce que je vous écris là. Mais je ne me sens guère en disposition de griffonner une brochure pour un fait personnel. Je vous dis à vous ce que je pense, mon cher ami, et cela me suffit ; faites-en ce que vous voudrez. Je passe la main sur mon front, *et je ne me sens pas blessé.*

1. *Questioni urgenti*, chap. XIII.
2. « Il fallait ou abolir le concordat ou nier le droit qu'a eu le roi Charles-Albert de promulguer le Statut, et le Piémont de l'accepter et d'en faire sa loi fondamentale. Il n'a été aboli, d'ailleurs, qu'après que nous eûmes épuisé toutes les formes de supplications pour faire reconnaître à Rome les nécessités nouvelles où se trouvait l'État. La *Curia Romana* opposa à l'évidence de nos raisons un inexorable refus ; et j'ai la ferme confiance que ce fait est un de ceux auxquels l'histoire, comme l'opinion publique, accordera une pleine amnistie. » (*Questioni urgenti*, p. 39.)

En somme, je ne me mettrais à écrire que si j'y voyais un intérêt *public*. Or, quand M. de Montalembert nous attaque, je suis bien tranquille; tout ce qu'il a attaqué prospère, et tout ce qu'il défend fait naufrage.

Après cela, qui sait? Si la main me démange trop fort?...

LXXXV

AU MÊME.

Gênes, 15 mai 1861.

Cher ami, je n'avais pas pris le change sur vos vues, soyez-en certain, et probablement je me suis mal expliqué. Voici ce que j'ai voulu dire.

En prenant pour texte la lettre à M. de Cavour, il me semble difficile de ne parler que des fâcheux effets pour le catholicisme italien de l'attitude de M. de Montalembert et de ses amis, quoique le sujet soit sans doute important. Un silence absolu sur le reste ressemblerait beaucoup à un aveu, qui pourtant me coûte, et que je voudrais éviter. Nous sommes d'accord là-dessus, mais il y a autre chose que je n'ai pas ajouté dans ma lettre. Il y a que, dans cette polémique religieuse, je me trouve un peu, passez-moi l'expression à laquelle vous donnerez son véritable sens, comme un diable dans un bénitier. Vous ne pouvez vous figurer comme je suis toujours à mesurer mes expressions pour me tenir dans le *sincère* et dans le *vrai*, et ne rien dire qui sorte de mes convictions. Vous savez les dispositions des esprits au point de vue religieux en Italie. Personne plus que moi n'est chrétien et même catholique par le cœur; personne plus que moi n'est convaincu que le dogme et le droit chrétiens seront le salut du monde, et qu'une fois le christianisme admis, le catholicisme seul est logique;

mais tout cela ce n'est pas pratiquement *croire;* et je ne voudrais pas passer pour ce que je ne suis pas, à mon très-grand regret, je vous assure, car je me ferais couper un bras pour pouvoir croire !

Au surplus, je vais m'établir à Cannero, et je verrai s'il y a moyen de me faire un plan pour passer à travers les piques.

Veuillez m'envoyer les documents qui vous paraîtront à propos ; de mon côté je chercherai ceux qui peuvent servir. Je n'aurai pas de peine à démontrer que la *Chaire de vérités* doit en contenir énormément, — au point de vue politique et temporel bien entendu, — car pas une n'en sort.

Après cela, je verrai.

LXXXVI

AU MÊME.

Cannero, 10 juin 1861.

Cher ami, nous avons tous été foudroyés, c'est le mot, par la mort du pauvre Cavour. J'en ai reçu ici la nouvelle qui m'a fait l'effet d'un de ces grands coups que frappe la Providence, et dont il est impossible de saisir le sens et la portée au premier moment. Pour lui, c'est peut-être un bien : disparaître avant d'avoir descendu, tout le monde n'a pas pareille chance. Pour nous c'est une terrible épreuve ; mais si Dieu veut sauver l'Italie, si nous savons mériter sa protection, sera-t-il embarrassé à la sauver sans Cavour ?

Quant à moi, je l'ai pleuré (*sic*) comme un frère ; et Dieu sait si je le regardais comme tel en bien des moments ; Dieu sait si j'étais constamment dans l'enthousiasme à son sujet ! et pourtant, voilà que je me surprends à ne pouvoir penser à lui sans avoir le gosier serré ! C'est qu'enfin on ne traverse pas impunément tant de luttes et de difficultés avec n'importe qui sans s'attacher ; à plus forte raison, étant question d'un homme aussi éminent que l'était ce pauvre Camille !

Pour ce qui est de nos affaires, voilà précisément ce qui me donnait le frisson : l'idée que tout dépendait de la vie de deux hommes ! Qui va faire contre-poids à Garibaldi et Mazzini ? Il est évident pour moi que ce dernier surtout regarde le Piémont comme le seul obstacle à la réussite de ses projets; que, d'abord, il veut se débarrasser du Piémont ; que la *capitale à Rome* et la *nazione armata* sont les deux leviers qu'il a disposés pour renverser la maison de Savoie et le Piémont. Cavour jouait le terrible jeu d'avoir l'air d'accepter son programme, dans l'intention de se débarrasser de lui par la suite; à force de *ripieghi* et de savoir-faire, il aurait peut-être réussi. Aujourd'hui, il est évident pour moi, qu'avec les éléments dont nous sommes entourés, il n'y aurait guère que le roi qui pourrait faire contre-poids.

Reste à voir maintenant quel parti il prendra. Cavour avait fait le vide autour lui ; il avait des instruments et pas de collaborateurs : lui disparu, il y a tout un personnel à créer. Vous me parlez de moi ; soyez sûr que le roi ne m'appellera pas : j'ai été un détestable courtisan, et, au fait, j'ai eu tort; car dans l'intérêt de son pays, il ne faut se fermer aucune voie. Et puis, si on m'appelait maintenant, ce serait adopter pour programme les *questioni urgenti ;* et je ne sais pas trop si *à cette heure* ce serait prudent. Outre cela, je n'ai plus la force de soutenir un tel poids.

Je crois que l'empereur nous sauvera de Rome, et alors on aura le temps de se reconnaître.

Bien des choses à Pantaleoni, puisqu'il se trouve à

Paris¹ ; on m'assure qu'il est pour *Rome capitale*. Est-ce possible ?

LXXXVII

AU MÊME.

Cannero, 14 juillet 1861.

J'ai reçu la brochure de Cernuschi², vous aurez reçu celle de Liverani. C'est un bombardement que nous exécutons par dessus les Alpes, qui a son intérêt. Cernuschi est bon avec sa *rapacité du Piémont!* s'il en veut de nos bénéfices, nous sommes prêts à l'associer. Il faut du front pour parler d'égoïsme à des gens qui depuis treize ans se font saigner à blanc, eux et leurs bourses, s'entendent dire des sottises, et se taisent. Du reste, tout ce qui nous arrive, nous l'avons *prévu et voulu ;* nous ne nous plaignons pas, et, en dépit de tous les Cernuschi, si c'était à recommencer, nous recommencerions.

Ce que j'ai trouvé curieux, c'est que Cernuschi ne soit pas pour Rome capitale³! Lui qui n'a (ou qui n'avait

---

1. M. Pantaleoni avait été chargé par le comte de Cavour de prendre part à une négociation relative à la retraite des troupes françaises.

2. *Réponse à une accusation portée par M. de Cavour.*

3. « Et moi aussi, j'ai cru que l'Italie était à Rome. Ardent et convaincu, j'y suis accouru jadis (*a*). Le pape était en fuite. Le forum était en feu. Nous disputions la parole et le terrain aux fauteurs des Tarquins piémontais. Nous siégions au Capitole. Les Gaulois de Brennus, devenus les fils des Croisés, pénétraient dans le sénat (*b*), nous arrachaient à nos siéges sans pouvoir nous arracher un mot de capitulation.

« Eh bien, qu'ai-je vu à Rome? J'ai vu qu'au-dessus des catacombes, au milieu des basiliques, à côté du Vatican, il n'y avait pas place pour les tribuns, encore moins pour un roi.

« Révolté contre ces prodiges de l'art qui avaient fait de Rome la

(*a*) Décembre 1848.
(*b*) 5 juillet 1849.

pas) un sou vaillant, criait à la tribune en 49 : *Noi bruceremo le nostre case, le nostre ville, etc.*, *etc*. Et je n'aurais jamais crû qu'il eût pu avoir une idée de sens commun. Après tout, il n'est pas le seul converti. A peu près tout le monde se dit à l'oreille que « Rome capitale » serait notre ruine; mais, en public, on change de langage. Triste comédie!

Et du discours de Ricasoli, qu'en dites-vous? Ici sa réputation d'homme d'État y a peu gagné. Cavour renchérissait sur Mazzini, Ricasoli renchérit sur Cavour.

ville des pontifes, excité par le canon qui tonnait, désespéré de patriotisme, une pensée de Vandale me traversa l'esprit : miner Saint-Pierre, faire crouler cette coupole de Michel-Ange qui abrite la papauté, imiter les chrétiens, détruire pour édifier. Oh ! moi aussi j'ai senti, et senti avec fureur ce que sentent aujourd'hui les Italiens, je l'ai senti au sommet même du Capitole. Je voulais Rome à tout prix.

« Depuis ce jour, les années et la réflexion m'ont dévoilé les cruelles réalités qui m'étaient inconnues. J'ai appris que tant que les deux grands empires dont les Alpes seules nous séparent se proclameront catholiques, ils refuseront ou reprendront Rome à l'Italie.

« Dans le milieu monarchique qui l'entoure, l'Église est puissante. Romaine, elle veut rester romaine ; elle ne veut pas émigrer. Elle était faible pour conserver ses provinces ; renfermée dans Rome, elle est défendue par les baïonnettes de la politique catholique.

« Si donc, même après avoir perdu toute dignité à force de supplications, vous ne pouvez obtenir des Français qui les gardent, et auxquels vous ne pouvez les prendre, les clefs de la seconde Jérusalem, renoncerons-nous pour cela à constituer l'Italie ?

« Avoir Rome quand on a Naples, Palerme, Florence, Venise, Milan, Turin, ce serait une perle de plus dans la fédération, ce n'est pas un talisman.

« Heureuse encore ma patrie ! Quelle nation sur la face de la terre pourrait faire comme elle : prêter Rome et rester l'Italie !

« O patriotes ! ô jeunesse ! vous qui toujours et partout avez combattu là où flottaient les couleurs italiennes, sans demander quelle était la main qui les soutenait, républicaine ou royale, fédérale ou unitaire ! Vous, chers amis inoubliés de Milan et de Rome, ne craignez pas de ma part des paroles séditieuses, que vous maudiriez. Pas un

Quoi qu'en dise M. Cernuschi, le Piémont n'a plus la tête de la colonne. L'avenir nous dira si ç'a été un bien ou un mal.

En attendant, mes prophéties sur les conséquences de l'expédition de Garibaldi s'accomplissent malheureusement au delà de mes prévisions. Ah ! — et je le répète tous les jours, — si ayant pour nous les vœux de toute l'Italie et le coup d'épaule de deux cent mille Français, nous eussions crû que Mazzini n'était pas indispensable !

Basta, — ce que Dieu voudra !

mot de provocation ne sortira de ma bouche. N'appartenant à aucun des partis en présence, fuyant les ténèbres des complots, je n'ai jamais conspiré. Quand j'ai agi, c'était en plein jour, au moment où l'action s'engageait par la force des choses. Vous tous qui voulez avant tout être Italiens, allez, faites votre essai !

« Mais si la crise survient, si l'unité trébuche ; si, accablée par tant de difficultés à l'intérieur et à l'extérieur, elle se disloque, ce jour-là, le danger sera immense ; ce jour-là, il ne faudra pas se laisser mourir.

« La réaction autrichienne cherchera à pénétrer par toutes les fissures ; elle connaît le terrain ; elle saura faire appel aux autonomies mal endormies ; elle s'emparera de chaque capitale mécontente. D'un geste elle reconstruira les anciens États avec leurs rouages tout prêts à être remis en œuvre. Adossée aux vieux centres, elle se sentira forte contre des ennemis dispersés, éperdus, qui attendront le mot d'ordre d'un centre factice, éloigné, vacillant. Ce jour-là, Italiens, n'hésitez pas, ne perdez pas une minute.

« Vous connaissez le plan de la réaction, déjouez-le en l'exécutant vous-mêmes en sens inverse. Prenez les positions de l'ennemi, soyez maîtres des anciennes capitales, vous serez maîtres des anciens États.

« Vous aurez prévenu la réaction. Alors vous établirez des gouvernements qui, organisés, libres, égaux entre eux, se donneront la main autour de l'arche fédérale et pourront dire à l'Europe : Voilà 'Italie !

« Paris, 29 juin 1861.

« Henri Cernuschi. »

LXXXVIII

AU MÊME.

Cannero, 21 juillet 1861.

Cher ami, j'ai reçu la brochure, et je vous ai immédiatement écrit, mais la lettre s'est donc égarée? Je vous mandais en tout point ce que vous me dites au sujet de Cernuschi : il y a de la bile républicaine, mazzinienne et lombarde contre le Piémont et la maison de Savoie; mais il dit çà et là de grandes vérités.

Vous savez si j'abonde dans votre sens au sujet de l'Italie méridionale. A partir de l'expédition de Garibaldi, tout a été de travers comme ce devait être. La responsabilité n'en pèse pas sur Cavour; mais il aurait dû s'opposer et se retirer plutôt que de la permettre. Il m'a dit lui-même qu'il l'aurait *pu*. Je dirai, moi, qu'il l'aurait *dû*; mais à quoi bon ces retours sur le passé? Pour mon compte, je bénis la Providence de m'avoir donné une répugnance instinctive à tout ce qui n'est pas loyal. Elle m'a valu de m'être retiré à temps, et de n'avoir pas trempé dans toutes ces *bricconerie*, puisque je ne pouvais pas les empêcher.

Il m'est impossible de rien faire en ce moment pour le pays; aussi je suis à Cannero, où, du moins, je n'ai pas sous les yeux ce triste spectacle. J'ai eu Pantaleoni avec sa femme; ils sont partis hier. Jugez si nous avons causé de tout ceci, et si vous avez été oublié. Il pense comme vous et moi.

Mais nos ministres! ce pauvre Betto s'est enferré, et ce que vous en dites est bien ma pensée. Quand j'ai lu cet étrange discours[1], les bras m'en sont tombés! jamais je

---

1. « Oui, nous voulons aller à Rome. Rome séparé politiquement du reste de l'Italie restera un centre d'intrigue et de conspirations, une menace permanente à l'ordre public. Donc, aller à Rome est pour les Italiens non-seulement un droit, mais une inexorable nécessité. Mais

ne comprendrai quel motif a eu Cavour, et quel motif a Ricasoli pour se mettre toujours à genoux devant Mazzini et la révolution! J'en reviens toujours là : avoir l'Italie qui vous tend les bras, et deux cent mille soldats français qui vous aident, et croire nécessaire Mazzini !

Et voilà la seconde fois que le parti mazzinien aura perdu l'Italie. Quand nous serons à dix, nous ferons une croix, comme dit Sganarelle.

comment devons-nous y aller? Le gouvernement du roi, sur ce point plus que sur tout autre, sera franc et précis. Nous ne voulons pas aller à Rome à l'aide de moyens insurrectionnels, intempestifs, téméraires, insensés, qui puissent mettre en péril les faits acquis et compromettre l'œuvre nationale.

« Nous voulons aller à Rome de concert avec la France. Vous l'avez déclaré vous-mêmes dans la mémorable séance du 27 mars. Le gouvernement ne peut pas se séparer de la décision du Parlement.

« Nous voulons aller à Rome, non pour détruire, mais pour édifier, pour offrir un moyen à l'Église, pour lui offrir une voie qui lui permette de se réformer elle-même; pour lui donner cette liberté et cette indépendance qui puissent l'aider et la stimuler à se régénérer dans la pureté du sentiment religieux, dans la simplicité des mœurs, dans la sévérité de la discipline, dans toutes ces vertus qui, au grand honneur et à la gloire immortelle du pontificat, ont rendu si illustres et si vénérés ses premiers siècles; à se régénérer enfin dans le franc et loyal abandon de ce pouvoir entièrement contraire au grand but, tout spirituel, de son institution.

« Messieurs, le gouvernement ne croit pas la route facile, mais il puise courage et confiance dans la grandeur même de l'œuvre et dans la force et la conscience publiques.

« La révolution italienne est une immense révolution, par cela précisément qu'elle ouvre une ère nouvelle. L'Italie a eu cette grande fortune de jeter les bases, non-seulement de son propre avenir, mais de l'avenir de l'humanité entière.

« La sainteté donc et la justice de notre cause, le bon sens, la prudence dans l'attente, la hardiesse dans l'action en temps opportun, la fermeté, la persévérance dans les desseins nous ont conduits sur cette voie, nous ont aidés à arriver à ce point; j'ai la confiance qu'ils nous aideront aussi à toucher le but. »

LXXXIX

AU MÊME.

Cannero, 15 août 1861.

Mon cher ami, il m'arrive une singulière affaire qui peut-être vous aura paru assez bizarre à vous aussi. La lettre à M. Matteucci, qui a paru dans *la Patrie*, était tout à fait confidentielle comme vous pouvez penser, si vous l'avez vue[1]. Mon pauvre collègue m'écrit tout effaré

---

1.   2 août 1861.

A Monsieur Matteucci, sénateur, etc., etc.

  Mon cher ami,

La question de tenir ou de ne pas tenir à Naples doit, ce me semble, dépendre surtout des Napolitains ; à moins que nous ne voulions, pour la commodité des circonstances, changer les principes que nous avons proclamés jusqu'ici.

Nous sommes allés en avant, en disant que les gouvernements non consentis des peuples étaient illégitimes, et avec cette maxime que je crois et croirai toujours vraie, nous avons envoyé se faire... bénir plusieurs souverains italiens. Leurs sujets, qui n'ont protesté en aucune façon, se sont montrés contents de notre œuvre ; et on a pu voir que, s'ils ne donnaient pas leur consentement aux gouvernements précédents, ils le donnaient à celui qui succédait. Ainsi, nos actes ont été d'accord avec nos principes, et personne n'a rien à dire.

A Naples, nous avons changé également le souverain pour établir un gouvernement par le suffrage universel ; mais il faut, et il paraît que cela ne suffit pas, soixante bataillons pour tenir le royaume, et il est notoire que brigands et non brigands seraient d'accord pour ne pas nous vouloir.

Mais, dira-t-on, et le suffrage universel ? Je ne sais rien du suffrage ; mais je sais que de ce côté du Trento, il ne faut pas de bataillons, et qu'au delà il en faut. Donc, il doit s'être commis quelque erreur ; donc, il faut changer d'actes ou de principes, et trouver moyen de

qu'on a abusé de sa confiance, et qu'il est au désespoir de cette aventure. En effet, elle est désagréable non pour moi qui ai assez la mauvaise habitude de tout dire, mais pour les ministres ; et, de ricochet, cela retombe sur moi. J'en suis réellement peiné, et je crois qu'il serait bon de publier quelque chose comme ce que je vous envoie, pour éviter tout malentendu ; j'écris au directeur de *la Patrie*.

Ricasoli m'a écrit pour se plaindre, Massari *idem ;* et effectivement, si j'étais coupable, ils auraient mille fois raison. J'ai écrit, répondu, expliqué à droite et à gauche pour remédier à l'école de mon cher collègue, qui, on le dirait, paraît avoir voulu faire une de ses expériences d'électricité animale, en mettant tout le monde en émoi. J'ai fait mon possible, et j'espère qu'on s'apaisera.

Matteucci ne m'a pas bien fait comprendre de quelle manière l'indiscrétion a eu lieu. Je la trouve moi-même assez difficile à expliquer, au point que je ne réussis pas à mettre en fuite un petit diablotin qui s'est cramponné à mon oreille et qui m'induit en tentation, en me murmurant que le cher professeur n'a pas été aussi victime qu'il s'imagine ; aussi j'ai touché légèrement cette corde.

savoir des Napolitains, une bonne fois pour toutes, s'ils veulent de nous, oui ou non.

A celui qui voudrait appeler ou garder les Allemands en Italie, je crois que les Italiens qui n'en veulent pas ont le droit de faire la guerre. Mais aux Italiens qui, restant Italiens, ne voudraient pas s'unir à nous, nous n'avons pas le droit de donner des arquebusades au lieu de raisons ; à moins que, pour en finir, nous n'adoptions le principe au nom duquel Bomba bombardait Palerme, Messine, etc...

Je sais bien qu'en général on ne pense pas ainsi ; mais comme je n'entends pas renoncer au droit de raisonner, je dis ce que je pense, et je reste à Caunero.

A ce peu de mots, on pourrait faire de grands commentaires ; mais *intelligenti pauca ;* et, ensuite, à quoi bon ?

Agréez, etc., etc.

MASSIMO D'AZEGLIO.

Quant au fond de mes idées sur Naples, je prie Dieu soir et matin qu'il me donne un démenti. Je dis toujours que « sulle slealtà, le bugie, le corruzioni e i giochi di « bussolotti, non si fonda una nazione, come non si « fonda nulla. » Je le dis depuis longtemps, et il paraît que je dis vrai. Que Dieu ait pitié de nous!

XC

AU MÊME.

Cannero, 22 août 1861.

Cher ami, la veille du jour où j'ai reçu votre lettre, je vous avais écrit précisément au sujet de la publication de *la Patrie;* ni moi, ni Matteucci ne l'avions autorisée: c'est un tour de commis, *à ce qu'il paraît*. Je vous envoyais une déclaration que j'aurais désiré voir insérer dans *la Patrie*. Mon paquet m'a tout l'air d'avoir entrepris un voyage de plaisir. Si pourtant il finissait par répondre à l'appel, voyez vous-même si ce n'est pas trop tard pour remettre sur le tapis cette sotte histoire. — Il n'y aurait qu'une considération assez importante pour moi et un peu aussi pour l'Italie : je suppose que nos ennemis prendront ma lettre pour texte et lui donneront une interprétation qui est loin de ma pensée... Enfin je vous fais juge de l'opportunité [1].

---

1. La *Patrie* publia la lettre suivante :

« Cannero, 15 août.

« *A Monsieur le directeur de la* Patrie.

« Monsieur,

« Confiné que je suis dans ma villa du lac Majeur où je mène une vie très-retirée, j'ai pu, aujourd'hui seulement, avoir sous les yeux le numéro de la *Patrie* contenant une lettre *tout à fait confidentielle* que j'écrivais, il y a quelque temps, à M. Matteucci, en réponse à certaines observations que l'illustre professeur, mon collègue au Sénat,

La France seule en ce moment peut nous sauver de Rome. Écrits et discours chez nous n'y feraient rien. Nous sommes en pleine fièvre. Les remèdes au fort de l'accès sont inutiles. C'est l'accès qu'il aurait fallu empêcher; et, au lieu de cela, vous savez si le pauvre Cavour y a poussé *manibus et pedibus*. Je n'ai jamais pu m'expliquer cela : car évidemment la seule raison plausible c'était de se faire un allié de Mazzini. Et comme on y a réussi ! et encore, quelle nécessité ?

Le fait est que tout le travail de la secte va à la démolition du Piémont et de l'élément piémontais. Le jour

m'avait communiquées, et j'y lis que cette lettre vous a été transmise par votre correspondant de Turin.

« J'étais déjà informé de la publication dont il s'agit par un mot de M. Matteucci qui, en m'assurant du vif regret qu'il en éprouve, m'informe qu'elle a été le résultat d'une indiscrétion.

« Tout cela me serait fort indifférent pour ce qui me regarde : on sait de reste que je n'ai pas l'habitude de donner le change sur mes convictions ni de travestir ma pensée ; mais je désire prévenir certains effets d'une publicité si complétement inattendue.

« Ancien ami de M. Ricasoli et de plusieurs de ses collègues, j'aurais cru, dans un moment si difficile, manquer à l'amitié comme aux convenances, si je m'étais permis, sans du moins prévenir qui de droit, une publication de la nature de celle dont il s'agit.

« Je me serais cru d'autant plus blâmable que, sans pouvoir ni vouloir désavouer (je le ferais pour la première fois) ce qui est ma pensée, je suis certes bien loin d'avoir la prétention, aujourd'hui non plus que jamais, de me croire infaillible. Vieux soldat de l'indépendance et de l'honneur de mon pays, je désire au contraire plus que personne avoir émis, dans la circonstance présente, un jugement peu fondé, et recevoir des événements un complet démenti.

« Voilà ce qu'il m'importait de faire savoir ; et puisqu'il semble, en effet, dans tout ceci, y avoir eu abus, j'ai une trop haute idée de vos sentiments de délicatesse, pour invoquer auprès de vous un autre juge que vous-même.

« Agréez, Monsieur le directeur, l'assurance de ma considération très-distinguée.

« MASSIMO D'AZEGLIO. »

où le gouvernement serait à Rome, Mazzini et les siens seraient les maîtres; et l'Europe, à un moment donné, en saurait des nouvelles. Je prie Dieu de ne pas me faire voir ce jour-là. D'un autre côté, l'impossibilité du gouvernement temporel, tel qu'il fonctionne ou paraît fonctionner (car dans tout ceci il n'y a plus que des apparences), saute aux yeux.

Le chef de l'Église doit avoir et, croyez-le, l'Italie veut qu'il ait le nom, l'indépendance, la grande et exceptionnelle situation d'un souverain; il doit résider *seul* à Rome, sur les ruines de deux antiquités que protége et qu'illumine la majesté de la tiare, et Rome doit être à toujours en communication libre et directe avec le monde entier. Oui, cela doit être; mais Rome, de son côté, doit être italienne comme toute autre ville d'Italie, sauf l'administration qui sera confiée à un sénat, y jouant le rôle que joue ailleurs le municipe et, en même temps qu'il administrera, entourant le pape d'honneurs particuliers.

L'indépendance financière de la cour de Rome serait assurée, non par des subsides qui sont aléatoires, mais par des biens, des immeubles, des propriétés données au pape en Italie et dans les divers pays catholiques. Alors le pape, comme l'Église de Rome dans les beaux temps de ferveur religieuse, redeviendrait possesseur de *biens* déclarés inviolables, et il jouirait de revenus, à la bonne heure! Mais il ne serait plus possesseur *d'hommes*, ce qui est le fléau de l'Église et de la politique, et la cause de toutes les misères religieuses et morales.

Voilà ce que je rêve avec vous, et ce qui seul nous mettrait tous dans la voie. Mais mon bon ami Ricasoli a tellement brûlé ses vaisseaux qu'il n'a plus même une yole pour retourner. Il a renchéri sur Cavour, et je ne le crois pas homme à double et triple jeu comme le pauvre défunt. Je suis convaincu que Cavour pensait à faire de Rome la capitale comme à se pendre; mais la coïncidence du projet de traité[1] et du discours!... François Sforza, ou César Borgia pouvaient *peut-être* faire de bonnes affaires ainsi, et encore! Mais imaginer qu'avec la publicité d'aujourd'hui... etc., etc.

XCI

AU MÊME.

Turin, dimanche.

Oui, c'est bien cela. Soyez sûr qu'il faut que la France et l'Italie en viennent à une entente sur la question romaine, sans que la *Curia romana* soit appelée à ratifier. On ne peut lui demander cela, je ne cesse de le répéter : La ratification, sous quelque forme que ce soit, n'arriverait jamais; la diplomatie pontificale ne sortira, en aucune circonstance, du rétablissement du *statu quo ante*..., c'est-à-dire de l'impossible. Il faut voir, nous, le réel, le possible, le praticable; le formuler, le présenter comme un fait nécessaire, et l'appliquer; — puis attendre l'action du temps, sans espérer jamais une adhésion qui n'est pas dans la nature des choses.

Hors de là, tout est chimère.

Ricasoli a tout à fait sombré. C'est un cœur haut placé, un noble caractère et un esprit de grande bonne foi. Mais que diable a-t-il été faire là? On dirait la naïveté d'un janséniste du dix-septième siècle. Politiquement, il a été prendre au pied de la lettre ce qui n'était qu'une

---

1. Projet élaboré par le comte de Cavour, au moment même où il prononçait le célèbre discours du 25 mars. Aux termes de ce projet, le gouvernement italien promettait de ne souffrir aucune attaque contre le territoire pontifical, et prenait tous les engagements nécessaires pour que la France pût rappeler ses troupes.

tactique parlementaire : pauvre tactique, à mon sens, comme tout ce qui porte à faux ! Aussi nous voilà joliment embourbés, et Ricasoli plus que tout autre.

Cavour voulait arracher le drapeau des mains de Mazzini. Mais la démagogie en a toujours un autre dans sa poche pour distancer celui qu'on lui a pris; cela fait qu'on a admis l'ennemi dans la place en pure perte, et *Rome capitale* est devenue le programme du gouvernement, tandis qu'il n'est bon qu'à introniser la démagogie. Si Cavour ne l'eût pas proclamé, le programme serait resté le cri de guerre du mazzinisme, au lieu qu'à présent il est le cri de bien d'honnêtes badauds auxquels le Capitole a tourné la tête. Malgré cela, et quoiqu'il y ait un peu de courage, en ce moment, à parler autrement que la foule, on commence par ci par là à se raviser et à mieux examiner la question. *La Gazetta del popolo*, qui a eu l'énorme audace de trouver que je ne méritais pas précisément d'être pendu à cause de mes *Questioni urgenti*, a lancé quelques ballons d'essai, et dernièrement un article assez ferme contre la *Romomanie*, et on commence à écouter les objections.

Voilà où nous en sommes à cette heure; et voilà en peu de mots l'histoire de cette damnée question de la Capitale qui peut nous coûter gros, si le bon Dieu ne nous tire d'affaire. Comme vous voyez, les esprits commencent à se sentir ébranlés. C'est le moment de frapper de bons coups pour en finir; et voilà pourquoi votre idée vient à point et peut rendre de grands services, si on veut vous écouter; mais il ne faut pas dire *quattro finche non sono nel sacco !*

Demain la chambre discutera les documents que ce cher Ricasoli aurait mieux fait de garder dans son tiroir. Discussion à vide s'il en fut ! En général on voudrait garder Ricasoli pour éviter R***, F***, etc., etc.; mais le moyen de lui donner un vote d'approbation, après son homélie au pape, et après la singulière idée qu'il a eue de la faire passer par les mains de la France! Et puis, il y a à l'intérieur bien des vices dans l'administration que le parlement ne saurait approuver. Enfin il faut une nouvelle entente entre le ministère et la majorité, et le terrain brûlant de la question romaine doublée de la question napolitaine ne me paraît pas de nature à rendre les esprits conciliants.

Nous en sommes là, cher ami, pour avoir voulu faire cause commune avec Mazzini, tandis que (je fais comme Caton, je rabâche) nous avions deux cent mille Français, l'Italie soupirant après nous, et notre petite armée de terre et de mer, tout cela à notre service; c'est à se ronger les poings.

Basta, ce qui est arrivé est arrivé : inutile de se lamenter. Songeons plutôt au remède. Les efforts qu'on ferait dans le sens dont vous parlez seraient selon moi les plus pratiques et les mieux dirigés. Si une opinion de cette nature se formait en France, et si elle obtenait l'appui du gouvernement, ce serait beaucoup.

XCII

AU MÊME.

Turin, 18 novembre 1861.

Cher ami, votre lettre est arrivée tout juste au moment où j'allais prendre la plume pour vous parler de R***. Ce n'est pas la première fois que nous nous rencontrons à penser la même chose en même temps. Allez nier le courant magnétique! Ce qui vous étonne étonne bien des gens ici : ou pour mieux dire *étonnerait,* si on ne savait à peu près généralement le mot de l'énigme. Ricasoli, non plus que ne l'avait le pauvre Cavour, n'a l'art de se rendre *commode*, et il paraît que R***, par contre, a un fort joli talent à cet égard.

Ensuite il est le représentant de cette bourgeoisie envieuse qui n'a pu encore pardonner aux autres classes leur ascendant ancien et récent sur les affaires publiques; de plus, il est de première force sur les *ripieghi*. En voilà assez, il me semble, pour faire son chemin dans un certain monde. Mais son idée (qui n'est peut-être pas à lui) d'aller à Paris et de s'y donner tout ce mouvement, lui a plutôt nui ici. Cela froisse le sentiment national, et je ne serais pas étonné qu'il eût gâté son affaire par cette maladresse.

Cependant, au moment présent, ses défauts mêmes servent à le pousser; on l'a jeté entre les jambes du bon Ricasoli, et si le tour réussit on aura une ère de tranquillité : *quod erat demonstrandum*.

Vous connaissez ma vie entière; si au milieu de tout cela, j'ai le cœur navré et la parole amère, ne m'en voulez pas. Je suis vieux et je ne puis plus rien; je n'ai qu'une chose à faire et je la fais : je travaille sur mon esprit et sur mes affections pour les faire plier à la volonté de Dieu. La tâche n'est pas aisée ! Je suis sûr que vous partagez ma douleur.

Que madame Rendu et les enfants prient pour la pauvre Italie.

XCIII

AU MÊME.

4 janvier 1862.

Cher ami, merci de votre *Note* sur la création d'un *Collége international*. J'ai trouvé fort belle votre idée, qui pourtant rencontrera des difficultés dans l'exécution, comme en ont rencontré d'abord toutes les bonnes idées.

Le professeur Ferri, élève de votre école normale, va en parler dans une revue dont il est le rédacteur, et je vous enverrai bientôt son article. Un de vos établissements devrait être à Turin ou à Florence, à Florence surtout; quoi que vous vous décidiez à faire, je suis à votre disposition.

Quant à nous, je suis moins obsédé de papillons noirs depuis quelque temps. La Marmora, à Naples, paraît réussir; la *smania* de Rome s'est calmée quelque peu; on semble s'occuper de choses pratiques, et à voter des impôts sans lesquels la banqueroute est là : reste à savoir si on pourra les faire rentrer, mais n'en désespérons pas. Les choses chez nous défient les prévoyances les plus sensées, et les trompent souvent. Mais nous ne trouvons pas pour cela un ministre de l'intérieur. On ne veut pas de R*** parce que ce serait un ministère... je ne sais trop comment exprimer ça... dévoué à de certains intérêts; vous comprenez.

De l'autre côté, on est en quête de gens un peu au fait de l'art de mener les hommes et les affaires. En fin de compte, on s'en tiendra pour un temps à Ricasoli, je pense : c'est un honnête homme, et je crois qu'il a compris que la politique aventureuse ne serait guère de mise en ce moment.

Amitiés, avec *gli auguri* les plus sincères pour les vôtres.

XCIV

AU MÊME.

Turin, 8 février 1862.

Cher ami, je vous avais dit dans ma dernière lettre que j'étais un peu plus tranquille sur nos affaires, que la question romaine sommeillait, et que l'on avait tout l'air de vouloir faire de la besogne sérieuse en s'organisant, etc., etc. J'avais compté sans mon hôte. On remet peu à peu le feu aux poudres, et il paraît qu'on songe au *rappel de Mazzini!!* En attendant, vous voyez toutes les démonstrations qu'on fait à tour de rôle, et je pense qu'on n'en est pas chez vous à chercher d'où elles viennent.

La municipalité de Milan s'est mise à la tête d'une de ces représentations; elle doit avoir eu lieu hier, et j'en ignore les détails. Mais la veille, le commandant de la garde nationale était venu à Turin, et il a dit à un de mes amis ce qui allait se passer. Le plan du ministère paraît être de forcer la position avec l'appui des mazziniens; et si nous allons à Rome avec *l'illustre exilé*, comme on l'appelle maintenant, le roi aura un brillant cortége pour monter au Capitole!

Mais, vraiment, tout cela est par trop stupide! Y aurait-il probabilité de le voir arriver? J'ai besoin d'être rassuré; car on finit par ne plus savoir si on est éveillé ou si on rêve; et, pour mon compte, je m'examine parfois pour découvrir si c'est moi qui suis devenu fou, ou si ce sont les autres.

Je ne comprends pas bien quelles sont les intentions de votre gouvernement; mais je ne croirai jamais qu'il puisse vouloir l'effroyable désordre qui suivrait de tels changements opérés dans les circonstances actuelles.

J'espère encore que mes impressions du moment soient des inquiétudes de vieillard; si vous le croyez, dites-le moi, vous me ferez du bien, en vérité!

P.-S. J'ouvre ma lettre pour rectifier l'affaire de Milan, d'après les derniers détails.

La municipalité a voulu empêcher une démonstration de rue qui se préparait, en proposant une adresse par souscription. Il n'y a pas eu de tapage; reste à savoir si c'était au *municipio* à prendre une pareille initiative.

Quoi qu'il en soit, il n'a pas les torts qu'on lui avait supposés d'abord.

Cette agitation mécontente tout le monde, voilà du moins qui est incontestable, et on est d'accord qu'elle est la conséquence d'un mot d'ordre, et point du tout l'expression d'un sentiment général. Tenez, je m'en veux de n'avoir pas dix ans de moins, ou de n'être pas plus solide ; je ne laisserais pas les choses aller ainsi ! *Basta :* soumettons-nous.

XCV

AU MÊME.

7 mars 1862.

Cher ami, voilà donc la crise terminée, et le ministère R*** les rênes en main. C'est ce qui s'exprime en italien par « cadere dalla padella nella brace ; » mais enfin, puisque R*** il y a, et qu'il faut le subir une fois ou l'autre, autant vaut tout de suite. J'en aurais long à vous dire sur les hommes et sur les choses dans tout ce qui se passe ; mais décidément je suis résolu à me corriger d'appeler « un chat un chat, et..... »

Heureusement le torrent est endigué quant au dehors ; au dedans, puisqu'on a voulu se donner le luxe du mazzinisme, il faudra compter avec.

J'étais peu inquiet sur le résultat de vos discussions[1] ; cela n'empêche pas que je ne sois fort aise de voir que nous sommes délivrés de Rome pour le moment. Sans ce marchepied, Mazzini n'est que *mezzo*. M. Billault l'a indiqué assez clairement. J'aurais cependant préféré que ce fût dit plus nettement encore, savoir : « Les deux ob-
« stacles aux vues de Mazzini, ce sont le Piémont et Rome,
« la monarchie et la religion ; en entrant à Rome, il fait

---

1. Discussion de l'adresse.

« d'une pierre deux coups, et tue la première en souf-
« fletant la seconde. » Tout est là. M. de la Guéronnière
a eu de très-bonnes et éloquentes paroles, et il a justement caractérisé la nature du mouvement qui nous entraîne vers Rome[1]. S'il peut insister sur ce point, il rendra un grand service à nous et à vous, et, pour ma part, je l'en remercie.

Ce qu'il faudrait dire très-nettement aussi et en même

---

[1]. « Messieurs, quel est donc le caractère du mouvement qui porte l'Italie vers Rome ? Êtes-vous bien sûrs que ce soit un mouvement politique ? N'y reconnaissez-vous pas plutôt le caractère d'un entraînement, d'une effervescence populaire ? Croyez-vous que le roi Victor-Emmanuel y soit engagé par sa conviction bien ardente, par son patriotisme généreux, comme il l'était dans les luttes sublimes où il jouait héroïquement sa couronne et sa vie pour la défense de l'indépendance nationale ? Non, le roi Victor-Emmanuel subit plus qu'il n'encourage le mouvement italien dirigé vers Rome. Et quant aux hommes d'État, ils en sont plus effrayés que satisfaits, soyez-en convaincus. Ah! si M. de Cavour vivait encore, je suis bien sûr que ce grand homme aurait trouvé le moyen de contenir, de ralentir et peut-être de détourner ce péril avec lequel son audace avait joué ? Dans les desseins de cet illustre homme d'État, Rome était moins un but pour son ambition qu'un moyen pour son habileté. Il l'avait montrée aux impatients comme un point d'attente pour leur fermer le chemin de Venise. Mais il savait que, le drapeau de la France couvrant le territoire pontifical, ce courant qu'il jetait du côté de Rome, contenu, dirigé par sa main et ses conseils, n'entraînerait jamais l'Italie. . . . .

« . . . . . L'unité italienne aboutissant à Rome, c'est plus qu'un changement politique considérable : c'est une perturbation profonde, je le répète, au sein de la société française et de la société européenne. Si cela était, c'est que nous le permettrions, c'est que nous l'approuverions. Eh bien! ce jour-là, messieurs, soyez-en convaincus, la France entrerait dans une voie pleine de hasards, pleine d'inconnu. Un coup terrible serait porté à l'élément conservateur; et quand je dis l'élément conservateur, je parle de la conservation de tous les progrès et de tous les principes de la société moderne, et une impulsion irrésistible serait donnée en même temps à l'élément révolutionnaire. »
(Discours prononcé au Sénat, dans la séance du 28 février 1862.)

temps à Rome, c'est que vous ne pouvez la défendre et la protéger, vous, France, — et par France j'entends la société moderne, la civilisation du dix-neuvième siècle dans son expression la plus haute, par conséquent la force des choses, — qu'à la condition que la papauté transformera complétement et le mode de son existence temporelle et le caractère de ses relations avec l'Italie. La souveraineté du pape à Rome, le pouvoir temporel ne peut plus être aujourd'hui que nominal (il faut que vos catholiques et vos évêques voient enfin la réalité telle qu'elle est); tout catholique intelligent sait cela en Italie. Il y a vingt ans qu'un de nos plus grands esprits, qui est dévoué de cœur à la papauté *vraie*, Gino Capponi, a écrit : « Le pape doit régner sans gouverner. » Hors de là, rien de possible que les baïonnettes ; et serait-ce là la politique du représentant de Celui qui a dit : « Remettez l'épée dans le fourreau ! »

A ce point de vue, le discours de M. Bonjean est remarquable, et restera. Je ne connais pas M. Bonjean ; mais son discours est l'acte d'un honnête homme, et d'un chrétien sérieux. Tant pis pour vos catholiques s'ils ne le comprennent pas : si ma voix était quelque chose pour eux, je les engagerais à le méditer. Vous devez être de mon avis ; car votre brochure de 1849 contenait déjà la même pensée, ce me semble, et arrivait à peu près aux mêmes conclusions.

Savez-vous que le prince Napoléon, dont je n'adopte pas toutes les vues, est un rude jouteur. Il est éloquent, ma foi ! et parle comme on monte à l'assaut.

Quant à nous, Ricasoli avait décidément perdu la boussole. Dans son dernier discours il a dit que les *dimostrazioni* (lisez l'émeute) servaient à faire connaître l'opinion publique ! Pareille théorie risque d'être hasardée dans la bouche d'un président du Conseil.

Reste à savoir si Rattazzi aura une majorité. Je ne

cerais pas éloigné de le croire; car, s'il dissout, les élections pourraient bien être mazziniennes, puisqu'on a tellement laissé se développer l'élément rouge, qu'ici comme partout le parti sage est inerte. Tout le monde sait cela, et la crainte pourra peut-être réunir une majorité autour du ministère. Malgré cela Turin est calme : nous sommes accoutumés à jouer notre vie à croix ou pile !

P*** m'a écrit qu'il avait embrassé vos genoux pour vous empêcher de publier vos idées sur Rome. Notre ami veut absolument, lui aussi, monter au Capitole. C'est une toquade qui passera; il a trop d'esprit pour s'embourber dans une idée fausse. Que voulez-vous? il languit tellement après sa maison du Babbuino, qu'il en perd *il giudizio,* si éclairé d'ailleurs dans les cas ordinaires.

Bien entendu vous ne vous arrêtez pas à ses objections; donnez suite à votre projet, je vous en prie. Vous aurez les documents que je pourrai découvrir.

Oui, sans doute, il est certain de toute certitude que le système inauguré après 1815 a achevé de détacher les Italiens, pas mal sceptiques en tout temps, du gouvernement pontifical; et on peut dire que, durant cette dernière période, la haine contre le pape n'a été qu'amour de l'indépendance nationale. Le P. Lacordaire a été sincère quand il l'a reconnu dans sa lettre à l'abbé Perreyve; et, par le temps qui court, la sincérité pour les chrétiens est la seule force; tout mensonge ou toute dissimulation sont percés à jour. Il doit y avoir un livre de Durando, frère du général, qui avant 48 avait déjà posé bien nettement la question; il pourrait vous être utile; je tâcherai de mettre la main dessus, et je vous l'enverrai.

Tout à vous.

XCVI

AU MÊME.

Turin, 22 mars 1862.

Cher ami, je m'occupe de rassembler les matériaux que vous désirez ; mais c'est si éparpillé et ce qui existe est tellement sujet à caution, que je ne saurais faire vite. Je vous dis cela afin que vous ne preniez pas mes retards pour de l'oubli ou de la négligence. Ce serait de l'ingratitude à moi comme Italien et comme Azeglio.

Les observations que je trouve dans votre dernière lettre sont parfaitement justes. N'oubliez pas qu'il faut tâcher de faire du viable. Au point où nous sommes arrivés, et quel que soit l'avenir de l'Italie ; alors même, — ce que je n'admets pas, — que l'unité devrait se briser au profit des anciennes souverainetés locales, le pouvoir direct et réel du pape sur ses sujets est absolument impossible. Il n'a plus de base, et on ne peut faire, avec la meilleure volonté du monde, qu'un corps quelconque se maintienne entre ciel et terre sans point d'appui. On peut regretter le fait, mais il est tel. Or, et malgré ce fait, il faut et nous voulons pour le pape une souveraineté. — Eh bien, dans ces conditions, que peut-elle être cette souveraineté? Je lui donne un nom ; je l'appelle *honorifique* et nominale. Elle n'était guère que cela au moyen âge. Quel grand malheur d'y revenir? Depuis, elle a versé dans l'absolutisme par l'exercice d'un pouvoir direct et théocratique ; de là tout le mal. Galeotti avait bien démontré cela, dès 1846, lorsque nous espérions et poursuivions les *réformes ;* et vous savez, certes, si c'était dans une intention hostile à la papauté.

Hors de ces vues, je ne vois ni n'entrevois rien de possible ; et, avec cette malheureuse question, on ne sait réellement plus où donner de la tête, pour en finir. Il n'y a, franchement, de comparable à son inextricabilité, pardon du mot, que la patience et l'imperturbable persévérance de l'Empereur, et sa résolution de ne s'ahurir et de ne se dépiter ni des implacables inerties de droite ni des excentriques folies de gauche. Si le pauvre Cavour était là, je crois qu'il se repentirait d'avoir employé une telle question comme machine de guerre parlementaire. Depuis on a encore renchéri. On avait envoyé, le croiriez-vous? chercher Garibaldi à Caprera, pour le lancer à travers l'Italie et soulever les rouges au sujet de Rome; et cela, pour *forcer la main* à l'Empereur. Je ne nous croyais pas de cette force. Qui m'eût dit, il y a un an, qu'il se serait trouvé un homme capable de me forcer à devenir *Ratazziano!* Eh bien, l'homme s'est trouvé, c'était mon vieil ami, le cher *barone*.

J'honore profondément sa loyauté et sa bonne foi; pour lui rendre témoignage, je mettrais ma main au feu, mais franchement!... c'est presque à faire désirer de voir le ministère actuel se fortifier. Tâchons de vivre aujourd'hui, c'est l'essentiel.

XCVII

AU MÊME.

Turin, 16 avril 1862.

Cher ami, je vous expédie quelques livres qui pourront vous indiquer quelles étaient, dans le temps, les pensées des hommes à peu près de mon parti sur les questions italiennes : mais surtout ne perdez pas de vue quelque chose de très-court et de bien important, de l'homme d'Italie que je vénère le plus avec Manzoni, le simple article de Gino Capponi, dans la *Gazetta Italiana* de 1846. « Que le pape règne sans gouverner, » dit-il; hors de là point de salut! Au surplus vous connaissez tout cela aussi bien que moi, et il me semble que vous en avez fait usage dans un de vos écrits de 1849. Car, tant pis pour votre jeunesse, vous ne datez pas d'aujourd'hui, et vous avez de fiers chevrons, au service de l'Italie. Il est vrai que vous vous êtes *engagé* de bonne heure!

Nos affaires m'ont à peu près l'air de prendre une tournure tant soit peu plus normale. Je vous le dis et le répète pour votre propre satisfaction : l'entraînement vers la *capitale* est un mouvement factice. Ma *campagne de Rome*, ou, pour parer le calembour, contre la fureur d'aller à Rome, n'a pas été sans fruit. Dites-le bien à Paris : l'opinion publique est loin d'éprouver ici le *mal du Capitole* que lui attribuent certains journaux.

La bonne idée qu'a lord Palmerston qu'une fois Rome capitale, l'Italie dominera.... ou à peu près!! Où diable a-t-il été chercher de pareilles balivernes? Je crois que l'Empereur ne demanderait pas mieux que de rappeler ses troupes; mais nous avons eu le talent de les enfermer dans Rome, et de mettre les scellés sur les portes par tant de sottises, que je vous défie, d'ici à pas mal de temps, de les en faire sortir.

Si, au lieu d'agiter les badauds par cette sotte fantasmagorie, on tâchait de calmer les esprits, et de les diriger vers les vraies questions, balance des budgets, — organisation de l'armée, — création de la marine, etc., etc., l'Italie ne s'en porterait pas plus mal, et Venise ne fuirait pas devant nous comme les mirages devant les caravanes. Mais..., à la garde de Dieu!

Après Pâques, je vais m'enterrer à Cannero. Si, après tout, personne ne m'écoute, je laisse la parole au temps, notre grand maître. Que vouliez-vous qu'il fît contre trois? Et moi, qui ai des Curiaces par millions!

XCVIII

AU MÊME.

Turin, 4 mai 1862.

Cher ami, nous avons dernièrement passé de tristes jours. Ma belle-sœur Alfieri, femme de mon frère Robert, atteinte depuis longtemps d'une maladie de cœur, y a succombé le 22 avril. Je suis revenu de la campagne; mon neveu est accouru de Londres, et nous tâchons de soutenir ce pauvre Robert, sans trop y réussir. C'était réellement une femme hors ligne par l'intelligence comme par le cœur. Ces événements me font toujours penser aux caravanes du désert. Un compagnon de voyage tombe, à peine peut-on le pleurer un instant; il faut suivre : la caravane n'attend personne!

Tout cela m'a fait tarder à vous répondre, et vous me le pardonnez sans doute.

Durando, auteur du livre [1], est le ministre actuel. Sans être un homme supérieur, il ne manque nullement de qualités; et, ce qui importe le plus, c'est un honnête homme.

Quant à Rome, il paraît que quelque chose se prépare, sans que je sache au juste de quoi il s'agit. Il me semble toujours impossible qu'on puisse et qu'on veuille faire de la *Ville* notre capitale ; cette conviction est, en même temps que la mienne, celle de Capponi et de tout ce que l'Italie compte d'esprits vraiment élevés. Il y a dans cette question une certaine aristocratie d'intelligence, — passez-moi cette expression ambitieuse, — dont le jugement est seul à envisager. Il s'agit d'une question posée par les

---

1. *Della Nazionalità italiana*, 1846.

siècles au monde catholique et à la civilisation chrétienne représentée par la France : les premiers venus et les parvenus n'ont pas voix au chapitre. Au reste votre visée est parfaitement exacte : dans aucun cas, le principe politique actuel du gouvernement du pape ne peut rester ce qu'il est ; cela s'accorderait avec mon idée d'une souveraineté *nominale*, qui permettrait aux Romains de se placer sous la loi italienne.

Pour ce qui regarde Naples, vous me posez là une question qui n'est pas facile à décider ; en ceci ma position fut prise du jour où je quittai Milan et mes cent mille livres, pour ne pas tremper dans tout cela[1]. Mais à cette heure, je ne vois pas la probabilité que Naples puisse nous échapper par sa propre initiative. A qui a-t-il jamais échappé sans l'aide d'autrui ?

Mais si, — *Quod Deus avertat!* — l'Empereur venait à nous manquer ; si les affaires d'Autriche, d'ici à deux ou trois ans, se trouvaient moins embrouillées, alors, ma foi, je ne sais trop ce qui pourrait arriver. A part cela, et même en gardant Naples avec plus ou moins de brigands, je pense que nous n'aurons guère à nous en féliciter. Peut-on se féliciter du boulet qu'on traîne ? L'avenir répondra. Mais ne dites pas : « *Tu l'as voulu, Cavour !* » dites plutôt : « Tu l'as subi et tu en es mort. » Il est vrai qu'il eût pu quitter le pouvoir..... Si l'his-

---

[1]. Le désintéressement de M. d'Azeglio était en raison même de la médiocrité de sa fortune. Ayant reçu pour sa conduite chevaleresque à Vicence la « médaille de la valeur militaire, » il affecta la pension qui y était attachée au traitement d'un vicaire chargé, dans un petit bourg, de l'instruction des enfants. — Lors de la signature du traité de paix, après Novare, les droits de chancellerie s'élevaient, pour le ministre des affaires étrangères, notaire de la couronne, à la somme de 16,000 livres ; M. d'Azeglio n'en voulut pas toucher un centime, et les appliqua à la fondation d'une salle d'asile, au village d'Azeglio. — On pourrait citer bien d'autres traits.

toire ancienne ressemble à la moderne, on a bien raison de la refaire comme on s'y évertue de nos jours.

Je n'oublie pas ma promesse de vous envoyer un *Cannero*. Madame Rendu verra si j'y pense : seulement de l'indulgence; car je ne fais pas de la peinture réaliste, seule admise aujourd'hui. Le réalisme me paraît le culte du laid! ce n'est pas pour donner à entendre que je fais du beau.

XCIX

AU MÊME.

Turin, 15 mai 1862.

Mon cher ami, je vous félicite bien sincèrement de l'heureux événement qui vous met au complet par l'arrivée d'une chère petite fillette, mais je félicite encore plus madame Rendu, car c'est essentiellement son lot que voilà ! Qu'elle sera heureuse dans un an et demi ou deux ans de la voir à côté d'elle, sur le petit tabouret classique, jouant à la poupée, ou piquant du papier avec une aiguille ! Ce ne sont pas les garçons qui peuvent vous faire de ces jolis tableaux d'intérieur. — Pour mon compte j'ai toujours tenu pour les filles, et je suis loin de me plaindre de ne pas avoir d'autre lignée. Cher ami, que Dieu vous conserve le bonheur ineffable d'avoir une famille et d'y vivre ! Salomon l'a bien dit : *Væ soli !* et c'est encore plus vrai quand on n'est plus jeune : *Basta..... avanti !*

Et voilà de nouveau le Capitole qui s'entoure de brouillards ! Nos journaux, à ce qu'on me dit (car je ne les lis jamais) ont exécuté une retraite sur toute la ligne, et il est de nouveau convenu qu'il faut attendre. En songeant à la Rome des papes d'autrefois, on se demande comment tant de grandeurs pourraient être remplacées par l'administration R***, même en y joignant une réimpression de Marozia ou de Théodora. Oui, vous avez raison et c'est aussi mon avis; mais soyons justes : qui a clos la série des papes d'autrefois ? Est-ce Victor-Emmanuel? ou bien les papes d'aujourd'hui, qui, étant les vicaires de Jésus-Christ, se sont faits vicaires de l'Autriche et ont régné par sa grâce ?

En dépit de tout, je sais bien, et nous sommes entièrement d'accord sur ce point, qu'il faut que le pape reste à Rome dans une position d'une indépendance exceptionnelle ; mais, au nom de Dieu, encore faudrait-il qu'il y mît un peu du sien, et ne pas rendre, —passez-moi la vulgarité de l'expression, — son sauvetage impossible ! Il me paraît évident, d'un autre côté, que tout cela doit enfin être terminé, et que c'est là l'intention de l'Empereur; je suis curieux de voir *il come?* Pour moi, ma pauvre cervelle ne saurait rien inventer de mieux que ce que vous savez; et ce plan a, selon moi, le mérite de ne pas exiger un acquiescement de la part de Rome qui, en fait d'obstination implacable, est décidément atteinte d'impénitence finale.

Adieu, cher ami, bien d'affectueuses félicitations à madame Rendu, et permettez-moi de me mettre un peu en tiers avec vous pour bénir la nouvelle arrivée : un vieillard ne gâte rien en pareil cas, et on prétend que nous portons bonheur.

Tout à vous.

C

AU MÊME.

Cannero, 26 juin 1862.

Cher ami,

J'ai lu votre intéressant rapport[1]; il me semble que

---

1. Rapport fait au nom de la sous-commission du Comité de l'*Enseignement international*. — Cette sous-commission se composait de

tout y est prévu, et qu'il comble tout le *desideratum* du sujet. Ce qui surtout me paraît bien important dans votre plan d'études, c'est la place que vous y faites à la formation du caractère chez les élèves; à force d'avoir été négligé, ce point est presque une nouveauté. Plus je vis, plus je me persuade que la liberté peut être obtenue plus ou moins aisément, mais qu'aucun peuple ne la conservera jamais sans la mériter ; or, on ne la mérite que par la *vertu*, sens latin. Mais où trouver de bons *professeurs de caractère*, surtout, je le dis à regret, en Italie, et surtout aussi, ajoutons-le, dans ce temps de vertige politique et moral ?

Voilà le grand problème dont je n'aperçois la solution que par l'œuvre lente du temps. Notre personnel en ce genre s'est recruté dans l'émigration qui avait envahi le Piémont avant 59. Quand on ne savait où fourrer un *fratello*, pour lui donner le pain quotidien, on l'envoyait professeur dans un collége. Jugez !..... Enfin c'est une difficulté qu'il faudra vaincre peu à peu, et qui n'empêche pas de travailler à la réussite du projet.

La réalisation de votre plan serait la bonne manière d'amener les nations à se serrer la main. Huit fois sur dix les hommes se détestent parce qu'ils ne se connaissent pas; aussi j'applaudis de tout cœur à vos vues sur « l'alliance entre des nations appelées à s'unir de plus « en plus dans une étroite solidarité d'idées et d'in-« térêts, » et je pense, comme vous, que c'est là le but final de la civilisation chrétienne. — A la bonne heure ! Voilà le point de départ de la vraie et féconde politique, de ce qu'il faut bien appeler la politique nouvelle et le droit chrétien, qu'il importe d'opposer sans cesse aux vieillards d'idées qui s'attardent dans le culte de l'édifice

MM. Dumas, *président*; Bonjean, Delbrück, Denière, Hachette, Lavallée, Marguerin, Monjean, Mourier, Pellat, Émile Pereire, Eugène Rendu, *rapporteur*.

décrépit des traités de 1815, c'est-à-dire dans le culte païen de la force, de la violence faite aux nations, et de cette *légalité*, révolutionnaire dans le vrai sens du mot, parce qu'elle est la négation du *droit*.

Quand j'entends de prétendus libéraux, chez vous et ailleurs, pousser des cris de défiance et se signer, à l'idée de voir l'Italie s'arracher à ses divisions, à son fractionnement, à ses mutilations, à sa faiblesse en un mot, et professer cette théorie généreuse que la France doit chercher sa grandeur dans les misères de ses voisins, je leur dis : « Quittez la scène ; car votre époque vaut mieux que vous ; survivants d'un autre âge, vous ne savez pas de quel esprit vous êtes ! »

De la sphère des idées tombons dans les faits, et à Garibaldi.

Vous aurez peut-être vu dans les journaux que le dieu est venu s'établir au lac Majeur. Pensez comme j'en ai été amusé ! Après avoir fait sa tournée dans tous les villages, cueillant les couronnes rurales, puisque celles des villes commencent à se faner, il est allé à Locarno — terre libre — pour le bouquet. Introduit au grand conseil, il a constaté que là, au moins, il n'y avait ni *schiavi* ni *venduti*, allusion du meilleur goût à ses collègues du parlement ; il a ensuite ajouté que, puisque les *tiranni in Europa s'intendono, devono intendersi anche i popoli per mandare la diplomazia al Diavolo* (sic).

Et la *Revue des Deux-Mondes* d'affirmer que Garibaldi a tout son bon sens, et qu'il ne savait rien de la tentative de Sarnico !

Je ne comprends rien à ce parti pris de la *Revue*.

Heureusement que la masse du peuple a plus de sens que bien des sommités intellectuelles. Aussi Garibaldi, qu'on reconnaît une véritable spécialité comme *guerillero*, n'a plus guère pour trompettes que quelques journaux étrangers.

Et Rome? Combien les derniers actes du parti d'*azione* doivent avoir inspiré de confiance à l'Europe, pour l'engager à remettre Rome aux mains des Italiens !

Mon frère le jésuite pense que le catholicisme politique vient d'obtenir un grand triomphe [1] : le croyez-vous? Quant à moi j'en doute; et si on se fie à la seule déclaration des évêques, je crains qu'on ne se trompe. Tant que Rome ne s'associe pas au mouvement du reste de l'Italie, il n'y a pas de salut pour elle. — Pardon de toutes ces *ciarle*.

CI

AU MÊME.

Cannero, 9 juillet 1862.

Cher ami, je pense qu'à cette heure vous aurez déjà reçu la visite du professeur Ferri qui, à ma dernière apparition à Turin, allait partir pour Paris, chargé par Matteucci de je ne sais quelle mission. Je le recommande à votre *notissima* obligeance. Il vous donnera de nos nouvelles, et vous dira que nous sommes les partisans dévoués de votre idée internationale. C'est excellent comme contre-partie de « l'alliance des peuples » pour aller à la *chasse aux tyrans :* idée lumineuse de Garibaldi, que répètent les échos du lac Majeur. Si vous jugez que, tout *caput mortuum* que je suis, il soit possible de m'utiliser pour votre entreprise, disposez de moi.

Puisque vous me demandez qui on pourrait enrôler en Italie, je proposerais Gino Capponi, Paleocapa, Sclopis, Matteucci, le *Prevosto* Merini de Milan, sénateur, le *Prevosto* Ratti de San Fedele (Milan); Pantaleoni, Manzoni, s'il consent, etc., etc.

---

1. Adresse présentée au S.-Père par les évêques réunis à Rome, le 9 juin 1862.

Je reçois une lettre de mon frère le jésuite. Il regarde ce qui vient de se passer à Rome comme une grande victoire. A sa place, je serais tenté de dire comme Pyrrhus : « Encore une victoire, et.... etc. » A tout prendre, cette manifestation donnera peut-être au pouvoir temporel un répit. Mais, pour ce qui *devrait être* important, pour le sentiment religieux, c'est incontestablement un échec.

Si on n'avait pas voulu, chez nous, emporter la position à l'aide de la *Sociale*, peut-être aurait-on pu s'entendre sur le point de la souveraineté nominale qui, pour moi, est la seule solution possible. Mais allez invoquer la confiance avec les procédés de Garibaldi et Cie !!

J'ai commencé le *Cannero;* mais je tremble à l'idée de ma vieille peinture, mise en regard de la nouvelle école, du réalisme à la mode.... Je réserve la tirade d'usage sur l'indulgence, pour le jour de la présentation.

CII

AU MÊME.

Cannero, 1er août 1862.

Cher ami, il faut qu'il y ait eu des empêchements majeurs pour que j'aie attendu jusqu'à aujourd'hui pour répondre à votre gracieuse lettre, et surtout aux amabilissimes déclarations de madame Rendu. On dirait presque que c'est là mon pain quotidien ! tandis que, arrivé, hélas ! à l'âge de la sagesse et du cosmétique, — il n'y a plus que mon frère le jésuite qui me trouve aimable quand je soutiens que Rome ne doit pas être la capitale de l'Italie.

L'empêchement majeur a été une loi pour le transport de la galerie du palais du Sénat que je sollicite depuis longtemps, et qu'à force d'ennuyer mon monde j'ai enfin enlevée jeudi dernier; cela absorbait tout chez moi.

Je ne suis pas d'une gaieté folle; vous voyez quelle tournure prend tout cela. On solde la carte du parti mazzinien — et c'est cher. Le roi a peur de Garibaldi, et Garibaldi n'a pas peur du roi!

J'apprends qu'il y a des mouvements de troupes; le gouvernement se serait-il enfin décidé à gouverner? Malgré tout, l'Italie se fera : j'ai l'idée que le bon Dieu veut faire voir à tout le monde que c'est bien lui qui l'aura faite; lui seul peut bâtir avec de la boue, et lui donner la solidité du granit.

Je vais entreprendre la négociation avec Gino Capponi et Manzoni. Je pense qu'il n'est question que de leur demander leurs noms à titre de fondateurs honoraires; car il serait inutile de leur demander une coopération effective.

CIII

AU MÊME.

Cannero, 13 août 1862.

Mon cher ami, ce que vous m'apprenez au sujet du journal que fonde M. de la Guéronnière me fait grand plaisir. On peut espérer qu'il se dira là des choses sensées sur nos questions; mais il faudra bien prendre la note, si on veut avoir influence en Italie. Le numéro que j'ai reçu hier soir est parfait. Au reçu de votre lettre j'ai immédiatement écrit à Turin, à Borelli. Avec la meilleure volonté, il faudra deux ou trois jours pour faire la chose; et puis trouverons-nous la *Perle* ?

Il m'est venu l'idée de jeter sur le papier tout ce qui me paraît vrai sur l'état présent de la question[1]; vous

---

1. Cannero, 13 août 1862.
Au moment où il semble probable qu'on veut en finir avec la ques-

verrez, sans que je vous le dise, que je n'ai eu nullement l'intention de faire un article, j'ai même eu l'intention contraire; mais si dans tout cela il peut y avoir quelque chose d'utile, à votre aise ! Je ne prétends qu'à l'humble

tion romaine, il est utile de l'exposer sous son vrai point de vue; les partis l'ont obscurcie à dessein.

D'abord, coup d'œil sur l'état actuel de l'Italie.

Ce qui se passe en Italie est la conséquence de l'ascendant qu'on a laissé prendre au parti révolutionnaire.

Partout, dans tous les pays, le parti exagéré a toujours défait l'œuvre du parti raisonnable. En Italie, la Révolution cosmopolite tend à se mettre à la place de la révolution italienne et la pousse à sa perte.

Preuves :

Sentant le besoin d'un chef à opposer à Victor-Emmanuel, la révolution sociale a élevé Garibaldi, dont la réputation est pour une bonne moitié, et son rôle de *guerrillero* à part, l'œuvre d'un mot d'ordre de secte.

Il fallait ensuite se délivrer de la monarchie et du Piémont.

Des rangs mazziniens est sorti le fameux cri : *Rome capitale!* N'était-il pas plus naturel et plus urgent de s'occuper de la Vénétie et du Quadrilatère? *Oui* pour la liberté et l'indépendance nationale ; *non* pour le triomphe de Mazzini.

Son parti a mis Venise et Lugano sur l'affiche pour la forme; mais les véritables efforts sont dirigés contre Rome ; on veut obtenir à tout prix qu'on y transporte le gouvernement. M. de Cavour a donné dans le piége, ou plutôt s'y est laissé prendre volontairement. La cession de Nice, les attaques de Garibaldi avaient ébranlé sa popularité. Il a voulu la refaire en criant plus fort que Mazzini. Les ministères qui ont succédé ont là une fameuse liquidation !!

Rome capitale, qui serait restée le cri du républicanisme mazzinien, s'élève, par cette fatale circonstance, au rang de programme gouvernemental.

Comme de raison, ce programme a été adopté par tout l'élément officiel, ainsi que par tout ce qui ne veut pas se brouiller avec la *démoc. soc.*, qui redoute les attaques des journaux rouges, et qui aime son *quieto vivere*.

Je crois pourtant être dans le vrai en disant que fort peu de personnes, hors les agents mazziniens, le prennent au sérieux.

En même temps ce n'est pas sans surprise qu'on voit les journaux

rôle de canevas, et encore ! Il serait d'une importance majeure de redresser les idées sur Rome, de dire et redire que tout cela est simplement un tour mazzinien, et pas autre chose. Si on le comprenait une bonne fois.

(surtout les anglais) répéter avec la plus grande assurance que Rome est la capitale naturelle..... que l'Italie a droit à *sa capitale* ; il est vrai qu'en Angleterre un ministère agrandit sa base à la faveur du *no popery* ; mais je crois qu'il faut aussi voir dans cette guerre l'effet d'un mot d'ordre mazzinien.

Car le triomphe de ce parti serait assuré, le jour où le gouvernement italien serait installé à Rome. A Turin, le bon sens du peuple l'a toujours empêché de se laisser entraîner à des actes qui auraient pu troubler le fonctionnement régulier des pouvoirs publics ; mais on sait l'histoire des assemblées romaines...

J'arrive aux derniers événements. Laissons de côté Sarnico, qui ne fut qu'un ballon d'essai, ou mieux une fausse attaque destinée à masquer des projets plus sérieux.

L'équipée de Sicile, la proclamation de Corleone furent-elles réellement destinées à former une masse pour la diriger sur Rome? Est-il bien probable que *même la tête de Garibaldi* ait pu imaginer de battre l'armée française avec ses chemises rouges?

Ne pourrait-on pas voir en tout ceci la première partie d'un plan qui jetterait la Sicile, et peut-être autre chose aux mains de la révolution? Garibaldi rôde autour de la dictature depuis longtemps; non qu'il ait une ambition personnelle, mais on lui crée un rôle en lui tournant la tête, et on abuse de ce qu'il y a de désintéressé dans sa nature.

Mais laissons là les hypothèses; ce qui est certain, c'est ceci : Garibaldi s'est perdu tout à fait, pour le moment, par ses extravagances.

La proclamation du roi appuyée par le vote du parlement, par l'approbation de la presse, des populations, etc., a donné, par contre, une grande force au gouvernement et au parti raisonnable; il faut savoir profiter de cet avantage. Ce serait le bon moment pour faire accepter une solution raisonnable de la question romaine. Pour cela, il faudrait d'abord préparer l'opinion. Les artifices des mazziniens l'ont faussée au sujet de Rome.

Rome est si peu la Capitale naturelle, qu'à aucune époque elle ne

la moitié de la besogne serait faite ; le moment est suprême et j'en ai la *febbre addosso*.

Tout à vous.

l'a été! L'empire romain s'étendait en Espagne, en Afrique, en Asie, avant de comprendre l'Italie entière. A peine commencèrent les menaces des barbares, le siége du gouvernement fut porté ailleurs. — Milan, — Trèves, — Ravenne.

La capitale d'un pays doit être au centre de sa vie intellectuelle. Rome actuelle n'est pas cela. Depuis des siècles qu'a-t-elle produit? où sont ses grands hommes? Métastase, le poëte *Cesareo*. — Voilà tout.

Sa mission n'est plus d'enfanter les héros de la vie politique, mais d'être, en se régénérant, un foyer de vie religieuse.

Le gouvernement porté à Rome prendrait bientôt la teinte locale : un bon vin mis dans une amphore qui a servi à un autre usage. Notre civilisation ferait un saut en arrière ; ces raisons et bien d'autres ont été dites.

Au lieu d'en faire la Capitale, il faut en faire la ville sainte, la ville des chrétiens ; sans comparer ce qui n'est pas comparable, qu'on pense aux capitales religieuses des civilisations inférieures, la Mecque, Benarès... Il y a matière ici, non pas à comparaison, mais à une certaine analogie. Aucun homme raisonnable, dans leurs pays respectifs, ne songera jamais à troubler les villes saintes dans leur existence séculaire.

Rien ne sera fait tant qu'on ne sauvera pas ces deux intérêts : d'un côté, *la liberté et l'indépendance du pape garanties* par une souveraineté qui n'ait d'autre but que de l'empêcher d'être sujet ; — de l'autre, la vie politique et italienne des Romains, qu'on ne peut exproprier des conditions normales de l'existence.

Vous savez mes idées là-dessus. Plus j'y pense, plus j'en cause, et moins je vois qu'il y ait autre chose de possible et de pratique.

Si l'Empereur nous délivre de *Rome capitale*, ce sera un aussi grand service que Solferino.

Selon moi, la capitale est à Turin ou à Florence.

CIV

AU MÊME.

Cannero, 16 août 1862.

Mon cher ami,

Je vous présente le chevalier Torelli, député, mon ami de vieille date, mon compagnon d'aventures en quelques occasions, avec lequel je suis en communauté d'idées politiques, ce qui fait que nous nous disputons toujours.

Tout à vous.

CV

AU MÊME.

Cannero, 21 août 1862.

Cher ami, la personne *voulue* n'était pas encore trouvée, et Ferri avait commencé à vous envoyer quelques matériaux, *in via provvisoria*. Justement, il me faisait part de quelques doutes sur la ligne suivie, et me marquait le désir de ne plus s'en mêler ; cela s'est rencontré à point, et je lui ai écrit hier de cesser tout envoi sous ma responsabilité, et que je me chargerais des explications à vous faire. Voilà donc tout arrangé.

Quant au journal, j'ai trouvé fort bien le *prologue* ; mais il paraît que le dessous des cartes était par trop gouvernement temporel *pur*, et trop anti-unitaire. Il est trop tard à cette heure, à l'un et l'autre point de vue. On ne peut songer à rebrousser chemin. Je n'ai pas à vous redire pour la centième fois ce que je pense de la question de la capitale ; mais on ne doit pas s'imaginer non plus qu'il soit possible de laisser désormais les Romains sous le régime qui a soulevé contre le système pontifical toutes les passions du patriotisme. A-t-on été déplorable des deux côtés! combien de choses on aurait arrangées, en l'étant seulement *un peu* moins!

CVI

AU MÊME.

Cannero, 24 août 1862.

Cher ami, Talleyrand avait raison, et je crois qu'à force de zèle pour avoir le « correspondant, » et, après, pour le décommander, j'ai fini par vous faire de l'embarras. Heureusement il paraît que vous vous entendiez directement avec Ferri; ainsi, je n'ai qu'à laisser faire.

Quant à l'autre question, je vais vous dire bien franchement et *al solito* toute ma pensée. Je n'aurais aucune difficulté à faire connaître ma manière d'envisager la situation du moment. Ce serait un autre feu de file d'injures dans les journaux mazziniens; mais à cela, *poco male*. Ce qui m'embarrasse davantage, c'est que l'opinion générale ici est que *la France* est l'organe du parti qui, au sénat, soutient le pouvoir temporel *pur et simple*. En effet, la seconde partie du prologue, relative aux affaires étrangères, est assez de cette couleur. Or, plus la position est grave, plus la publication d'une lettre de moi pourrait attirer l'attention (le prix que vous voulez y attacher vient au reste de ce que, parfois, l'amitié emprunte le bandeau de son voisin), et plus il importe d'être bien à cheval sur la ligne droite, sur celle qu'on a toujours suivie. On ne demanderait certes pas mieux que de crier à l'apostat. Voilà les raisons qui, pour le moment, me donneraient quelque répugnance à prendre *la France* pour cadre d'une communication. Si j'ai bien compris, vous trouvez, vous aussi, qu'elle n'est pas assez italienne, ou plutôt, qu'en faisant de son mieux pour jouer un air italien, elle fait trop souvent des *fausses notes.*

Il y a encore autre chose. Je ne vous dirai pas comme quoi j'avais décidé de prendre mes invalides et de ne plus me mêler de rien, vu le *personnel* auquel inévitablement on aurait à faire. Si peu qu'on croie pouvoir faire pour son pays, je crois qu'il ne faut jamais s'abstenir. Mais je me trouve vis-à-vis du ministère dans une position qui, *par pure convenance,* m'oblige à garder certains ménagements.

J'ai toujours été l'adversaire de R***. Mais, Ricasoli tombé, j'ai aidé à former l'administration nouvelle. Au point où en étaient les choses, grâce au *Barone,* et pour sortir de l'ornière où l'on était jusqu'à l'essieu, il ne fallait pas être difficile sur le choix des instruments; et l'on était encore obligé de ne pas se trouver trop mécontent de mettre R*** à la besogne. — Bien entendu, je n'ai pas changé d'opinion sur ses antécédents. Mais, *tempo di carestia pan di veccia.* R***, de son côté, s'est cru dans l'obligation de m'assassiner de bons procédés. Vous comprenez qu'il est résulté de là une situation quelque peu gênante, et que je devrais, en jugeant les choses actuelles, ne pas dire trop clairement certaines vérités.

Enfin, me direz-vous, est-ce *oui,* est-ce *non?* Eh bien, à vous on dit toujours *oui.* Seulement voyez et pesez tout dans la bonne balance.

En attendant, préparons toujours la lettre. Cette publication résumerait mes idées et celles de mes amis d'Italie sur la solution possible de la question romaine. Si *la France* voulait donner nettement son adhésion, en publiant ce document, tout serait éclairci. Mais nous ne pouvons pas risquer de malentendu ni de demi-teinte.

Du reste, tous nos plans seront-ils seulement examinés, tandis que Garibaldi menace les quatre points cardinaux?

Pour passer à des tableaux plus riants, veuillez dire à madame Rendu que le petit Cannero est à sécher sur mon balcon; le mal est que la peinture se fait vite, mais sèche lentement.

CVII

AU MÊME.

Cannero, 30 août 1862.

Cher ami, votre idée de brochure-lettre me paraît la meilleure. On ne s'engage à aucun journal, et on ne répond que de son œuvre.

Une cinquantaine de pages : ce serait bien assez sous mon nom; car, en vérité, après les *Questioni urgenti*, je n'ai rien de nouveau pour le fond à proposer.

Les points principaux sont toujours, à mon sens :

1° L'alliance avec Mazzini, faute capitale et faute non nécessaire.

2° Autre faute énorme : avoir voulu faire concurrence à Mazzini en acceptant son programme *tale quale*. Mazzini, comme tous ses semblables, lorsqu'on s'empare de leur drapeau, en ont un autre tout prêt dans leur poche; par la raison qu'en fouillant dans les alluvions de la démagogie, on ne trouve jamais la dernière couche.

3° *Rome capitale* est purement un piége révolutionnaire; le vrai but est de se débarrasser du Piémont et du royalisme constitutionnel. Rome, même avec le pape, serait toujours italienne; mais le canton du Tésin est sous le joug *del barbaro :* est-ce qu'on s'en inquiète? Quelques paroles furent prononcées, à ce sujet, à la Chambre par un imbécile quelconque; et voilà tout. Songe-t-on à unifier Saint-Marin?

4° L'Italie (pays-gouvernement) reconnu par toute l'Europe (*quasi*) ne doit pas emprunter son programme à la *piazza*. Elle doit en avoir un digne d'un gouvernement régulier, digne d'une administration éclairée, digne surtout d'honnêtes gens aimant l'Italie et non pas les utopies sectaires, humanitaires, etc.

Le Pape est et doit être à Rome, souverain au nom de traités qu'on peut modifier (car je n'admets pas que l'intérêt religieux bien entendu puisse être jamais un obstacle à des idées vraies, en politique ou autrement) pour cause d'utilité et de nécessité publiques; mais qu'on ne détruira jamais à la faveur d'un déchaînement démagogique, encore moins en faisant crier : *Roma o morte!* et en cherchant à effrayer ceux qui parlent au nom du bon sens.

Ici, quelques réflexions telles que les suivantes : Les nations vivent de leurs qualités, vertus, etc., et meurent de leurs défauts, fautes, crimes, etc. L'Italie, admise au *consorzio* des nations, n'a qu'à regarder autour d'elle. La prospérité comme la décadence des peuples, étudiées dans leurs causes, lui prouveront cette vérité. C'est donc à elle à acquérir les qualités et les vertus qui la rendront digne de sa vocation nouvelle; et c'est au gouvernement, aux pouvoirs publics, aux hommes de cœur et aux hommes intelligents, à prêcher d'exemple. Il ne signifie rien de crier : *Roma! Roma!* ce ne sont pas les *macigni* du Capitole qui ont fait la grandeur des Romains; ce sont leurs qualités, leur *fortezza*, surtout leur respect pour la loi. Exemple : Le peuple, ou mieux la *plebs* écrasée par les usures des riches, au lieu de crier : *Mort aux riches! la propriété c'est le vol!* se retire sur le Mont-Sacré, demande et obtient des tribuns. Autre exemple : Camille, exilé, ne veut pas accepter la dictature pour déliver le Capitole sans sa nomination légale. — Garibaldi entend le *délivrer* avec moins de formalités.

5° Vient ici la question Garibaldi, conséquence de l'alliance avec Mazzini : on a tout toléré, même *Sarnico*; on a rempli les administrations de Mazziniens; on a permis la société *émancipatrice* de Gênes, et toutes ses succursales et puis bien autre chose..... (Mais on ne peut pas tout dire.)

Il est arrivé ce qui devait arriver. Au point où en sont les choses, il y a peu de discussion à faire : ou force restera à la loi, à tout prix ; ou ce sera le chaos.

Et le *Times* au milieu de tout cela qui trouve une grande ressemblance entre Garibaldi et Colomb!!! C'est à Manlius et non à Colomb qu'il faut le comparer. Et pourquoi les Romains devinrent-ils les Romains? Parce qu'ils cassaient le cou à qui avait sauvé le Capitole, dès qu'on se croyait au-dessus de la loi.

Je crois qu'il est bon toutefois de ne pas avoir l'air de vouloir abaisser Garibaldi. Il suffit de lui laisser sa place, celle de *rebelle*, à cette heure. Bien entendu qu'en le comparant à Manlius, je n'entends nullement qu'on pousse l'imitation jusqu'au bout. Garibaldi, qui sait? peut retrouver sa place un jour ; c'est un *en cas* qu'il faut garder pour le jour des luttes dernières.

Tenez, sans le vouloir, je me suis laissé entraîner, — et voilà encore des matériaux. Si vous le voulez, je continuerai; si vous voulez encore, je ferai le texte tant bien que mal, et je vous le soumettrai. Parlez, et ce sera fait. C'est curieux, cette brochure à quatre mains!

CVIII

AU MÊME.

Cannero, 5 septembre 1862.

Mon cher ami,

Ces jours passés, j'ai été mandé à Turin par le ministère, qui voulait tenir un conseil *renforcé*, comme c'est l'usage dans les cas épineux. Je ne voudrais pas que, précisément en ce peu de jours, vous m'eussiez écrit, et que la lettre exigeât une réponse. En tout cas, je vous fais savoir que n'ayant rien reçu, je n'ai rien à répondre.

Eh bien, avais-je raison de dire : *ni l'un ni l'autre*. Le programme *Roma o morte!* a été mené à bonne fin par une trentaine d'individus ; les autres ont mis bas les armes au nombre de deux mille, plus un millier qui ont décampé. Et cela devant un corps d'armée de dix-huit cents bersaglieri ! Ceci prouve deux choses : 1° que *Rome capitale* n'est nullement le programme de l'Italie : c'est celui de Mazzini ; 2° que Garibaldi, sa réputation, sa participation au succès de l'unitarisme sont pour les huit dixièmes le fait d'une manœuvre de secte, d'un mot d'ordre ; et ces deux vérités *non indigent demonstratione*, pour vous comme pour moi. Mais il est bon que les gens qui se mêlent d'écrire sur l'Italie sans la connaître puissent enfin y voir clair s'ils sont de bonne foi.

Pour moi, de tout ce qui vient de se passer il résulte que ce serait le bon moment pour en arriver enfin à la solution, telle que la veulent le bon sens, l'équité et une saine appréciation de ce qui est possible à cette heure. Le reste à nos neveux ! Nous nous sommes bien assez donné de peine pour ces gredins-là.

En attendant, il me semble que le ministère, — *finalmente*, — s'est décidé à gouverner, et l'on voit déjà que toute la fantasmagorie révolutionnaire, qui effrayait tant de monde, disparaît.

A *Intra*, petite ville à deux pas d'ici, au reçu de la nouvelle de Garibaldi prisonnier, les deux meneurs démagogues n'ont fait qu'une enjambée, et ils sont en Suisse. C'est comme cela partout.

Tenerezze à la *Neonata;* elle va toujours bien, j'espère.

A vous.

CIX

AU MÊME.

Cannero, 12 septembre 1862.

Cher ami,

J'ai été souffrant pendant quelques jours d'une pointe de goutte, — annexe de mon écusson ; et il paraît que la goutte porte conseil, ainsi que la nuit ; car, après avoir bien réfléchi et retourné en tous sens notre projet de brochure, après avoir aussi consulté quelques amis, j'ai fini par conclure qu'il vaut mieux, pour le moment, que je m'abstienne.

D'abord, je n'aurais rien à dire de nouveau, sauf la partie de l'exécution ; et comme je crois qu'il serait impossible de la faire dépendre d'un accord préalable avec le pape, et qu'il faudrait que la transformation nécessaire et l'organisation du nouvel ordre de choses, sous la *suzeraineté pontificale*, se fissent d'après une entente des deux gouvernements, italien et français, avec les représentants de la population romaine, peut-on dire ces choses-là dans une brochure ? D'ailleurs, *la France* a très-bien développé ce point de vue, si l'on met de côté ses idées contre l'unité italienne, comme dangereuse pour l'avenir de la France (ce qui se rattache à de vieilles idées qui ont fait leur temps), et aussi son plan de conserver, sur un territoire restreint, le gouvernement ecclésiastique *direct*. Auprès des Italiens, avec cette idée-là, on gâte l'affaire ; tandis qu'en proposant l'*italianisation* de Rome [1], avec la souveraineté nominale, comme

---

1. La lettre de l'empereur, en date du 20 mai 1862, publiée seulement au *Moniteur* du 15 septembre, disait : « On atteindrait ce but par une combinaison qui, en maintenant le Pape maître chez lui, *abaisserait les barrières* qui séparent aujourd'hui ses États du reste de l'Italie. »

au moyen âge : *Roma citta santa,* etc., etc., on rallierait tout ce qui ne va pas chercher la république et démolir le catholicisme au Capitole.

Il me semble qu'on devrait appuyer davantage sur l'idée *vraie* (je redis toujours la même chose) que l'agitation pour « Rome capitale » est aux trois quarts factice, et qu'elle est la conséquence du travail des sectes qui veulent se débarrasser de la monarchie constitutionnelle. Il en est résulté une espèce d'éblouissement de l'esprit public, qui, malheureusement, devient presque l'équivalent de la réalité.

Mais ce qui est curieux, c'est que, parmi tous ces enthousiastes, on n'en trouve pas un qui, à l'oreille, ne vous dise : « Au fait, c'est une folie, mais que voulez-vous ?.... » De toutes les personnes que je connais, le comte Stampa, de Milan, beau-fils de Manzoni, est *le seul* qui m'ait donné tort pour les *Questioni urgenti!* Mais, dit le vieux proverbe : « *Il mondo è degli improntil* »

P. S. Merci de la brochure de M. Piétri [1]. Il a un mot auquel on fera bien de réfléchir : « Le gouvernement français a tout fait pour protéger la papauté temporelle ; mais il ne la préservera pas d'elle-même ; » et plus loin : « Il faut, malgré tout, sauver Rome qui veut se perdre ! » Beaucoup de gens, chez vous, ont dû, à ce mot, crier : Au sacrilége ! — Eh bien, dites-leur que c'est là la vérité. Une seule chose m'étonne, c'est que, lorsqu'un homme a ces convictions, et rend à la pensée religieuse le service de les déclarer en s'affirmant catholique, on lui rie au nez. S'il n'y a au Sénat de catholiques que ceux qui sont de la force de son interrupteur, franchement !... [2].

---

1. *Politique française et Question italienne.*
2. Voy. la séance du sénat du 22 février 1862, séance rappelée dans la brochure de M. Piétri.

Il est vraiment désolant que, dans cette malheureuse question de Rome, les catholiques qui se donnent pour fervents soient les seuls qui n'y voient goutte. Ceux qui peuvent servir le pape passent pour ses ennemis!

Tout à vous.

CX

AU MÊME.

Cannero, 22 septembre 1862.

Cher ami,

Voici ce qu'il me semble du plan de M. de La Guéronnière[1], puisque vous voulez le savoir. Plût à Dieu que ce plan eût été accepté en temps utile! C'était, à mon sens, le seul moyen de préparer l'unité, et d'y arriver à la fin et sûrement. C'était là ce que nous avions rêvé autrefois; ce à quoi semblait aboutir toute notre histoire, comme vous l'avez si bien montré avant la guerre de 1859[2] : et c'était là, à peu près, ce me semble, ce que proposait la fameuse brochure *Napoléon III et l'Italie;* mais votre *parti catholique* (cela fera éternellement honneur à ses chefs) s'est signé alors comme à l'apparition de Satan; et tout le monde, sauf bien peu de clairvoyants, s'est mis à crier : *Vade retro!* — A cette heure, il faut inscrire sur la brochure nouvelle[3], en épigraphe : « Il est trop tard! »

1. *L'Abandon de Rome*, brochure publiée dans *la France*.
2. *L'Italie et l'empire d'Allemagne*, étude lue à l'Académie des sciences morales et politiques, en décembre 1858.
3. « Ce que la nature des choses indique, c'est une grande fédération entre deux États considérables, l'Italie du Nord et l'Italie du Midi. Entre ces deux États s'élève une puissance qui est admirablement placée pour les unir, sans que l'un soit subordonné à l'autre : c'est la papauté, dominant moralement cette fédération, et faisant ainsi réellement de Rome la capitale de l'Italie, en lui conservant ce caractère exceptionnel, qui fait d'elle la capitale du monde chrétien.

« C'est la pensée de Villafranca, ramenée à son application pra-

Pour défaire l'Italie actuelle, il faudrait ou une révolte en masse des Napolitains, demandant leur autonomie : or, les Napolitains ont toujours été à ceux qui les ont pris, et n'ont jamais réclamé sérieusement aucun droit ; ou bien il faudrait une décision d'un Congrès européen. Si un congrès entreprenait de défaire l'Italie, qui se chargerait de l'exécution de l'arrêt ? Car il y aurait de Turin à Messine un grand parti, celui qu'on appellerait le parti de la dignité nationale, qui se lèverait pour la défense de

tique, modifiée par les événements qui se sont produits et dont il est impossible de ne pas tenir compte ; c'est l'union qui doit précéder l'unité, selon l'expression de l'Empereur lui-même ; et c'est véritablement l'unité, la seule sérieuse, la seule réelle, la seule conforme au génie de l'Italie.

« Au nord, une grande monarchie, digne de la gloire de la maison de Savoie, transportant sa capitale à Florence, et attendant un jour la Vénétie, c'est-à-dire la domination de l'Adriatique et le rempart formidable du quadrilatère.

« Au midi, Naples, avec les Deux-Siciles, une des premières capitales du monde, une baie magnifique, une étendue immense de côtes, ayant à ses pieds la Méditerranée, qui ouvre à son commerce, à son activité, des routes sûres et faciles vers l'occident et le levant.

« Au milieu, Rome, ville neutre, asile inviolable de la plus haute puissance morale de ce monde, centre glorieux de toutes les aspirations nationales de l'Italie, au-dessus desquelles s'élève, non pas comme un maître, mais comme un arbitre, le représentant auguste de l'autorité divine.

« Voilà ce qui convient à l'Italie ! Ce n'est pas là une création arbitraire : c'est l'empreinte de la nature d'un peuple, dans l'organisation politique qui doit s'adapter fidèlement à sa constitution territoriale et morale. Dans ce plan, calqué sur l'histoire et le sol de la Péninsule, rien n'est forcé ni contraint : les limites s'établissent d'elles-mêmes ; les autonomies subsistent où elles ont été constituées par des intérêts permanents ; les innovations transforment sans détruire, le progrès découle de la tradition, et les éléments de la nationalité italienne se rapprochent, s'assemblent, s'unissent par le lien fédératif et se prêtent une force respective, au lieu de se paralyser et de s'anéantir par l'antagonisme, dans la dictature de l'unité. »

l'unité, *armata manu*. Et, vous le pensez bien, j'en serais ! car comment subir sans mot dire une pareille humiliation ?

Ah ! Cavour, Cavour ! comme vous dites souvent ; et vous avez raison.

Ainsi, je n'aperçois aucun moyen de scinder de nouveau l'Italie en deux morceaux. Qui sait, pourtant !... Si l'on trouvait le moyen de faire annexer au Nord la Vénétie, peut-être pourrait-on négocier... Mais tout cela est peu ou point possible.

Après tout, je trouve assez étrange les frayeurs que l'on a de la puissance future de l'Italie. C'est assurément flatteur pour nous, mais c'est aussi fort modeste pour vous. D'ailleurs, il y a quelque chose de peu conforme aux bonnes idées, dans cette théorie naïvement avouée, qu'il est tout simple d'empêcher son voisin de bien faire ses affaires quand on croit ce procédé utile à son propre intérêt. D'abord, je crois que la théorie est fausse en principe ; ensuite, je pense qu'il est peu adroit et peu séant, etc., de l'exposer. Ai-je tort ?

Et puis quel intérêt aura jamais l'Italie qui soit contraire aux intérêts de la France ? Tout cela, c'est de la vieille politique. Ce n'est pas de la politique s'inspirant de l'état nouveau du monde ; la politique des chemins de fer, des télégraphes électriques, des traités de commerce, des expositions universelles, de l'enseignement international ; la politique de la solidarité des idées et des intérêts, la seule juste, la seule vraie, la seule chrétienne. Il est peu probable qu'il y ait jamais plus ni de César pour assiéger Alésia, ni de Louis XIV pour bombarder Gênes. L'intérêt français entendu comme cela ressemblerait assez à l'intérêt allemand de saint Paul. Ces *intérêts-là*, c'est la guerre, à peine on peut la faire ; et le problème actuel n'est pas de charger des mines pour faire sauter la postérité.

Pour ce qui est de Rome, je n'ai pas bien compris la part de souveraineté que M. de La Guéronnière veut réserver au pape[1]. Sur cela, la connaissance que j'ai de l'Italie et de Rome en particulier ont produit chez moi, vous le savez depuis longtemps, des convictions arrêtées. Je ne comprends autre chose que la souveraineté *nominale* dont nous avons parlé tant de fois. D'ailleurs, l'arrangement de M. de La Guéronnière devrait-il se faire avec ou malgré le pape? On ne saurait espérer le premier cas; et, quant au second, un congrès voudrait-il en assumer la responsabilité?

Le fait est que, de quelque manière qu'on s'y prenne, tout cela est terriblement difficile, surtout si l'on a des impatiences. Car le temps, — ce cher temps, — quel défaiseur d'embarras! Je m'étonne que M. de La Guéronnière ait négligé tout un côté de la question. Il paraît sous-entendre toujours que Rome est bien réellement la Capitale, que les Italiens en masse ne soupirent qu'après

---

1. « Ces bases sont naturellement indiquées :

« 1° Division de l'Italie en trois États unis par un lien fédératif;

« 2° Garantie par l'Europe du territoire pontifical formé de la ville de Rome et du patrimoine de saint Pierre;

« 3° Réserve, au profit du Saint-Père, de sa souveraineté sur les Marches et l'Ombrie, et d'un tribut qui lui serait payé sur les revenus de ces provinces, dont l'administration resterait confiée à l'un des deux souverains de l'Italie;

» 4° Union militaire, diplomatique, juridique, douanière et monétaire entre tous les États de l'Italie.

« On aperçoit tout de suite les conséquences d'une telle organisation : le gouvernement politique du Saint-Père dégagé par la fédération de toutes les responsabilités qui peuvent gêner la conscience du Pontife, ce gouvernement ne fait plus peser sur les populations les contraintes qui sont inhérentes à sa nature; les sujets du Pape deviennent les citoyens d'un gouvernement national et d'un peuple libre, et, de cette façon, la liberté de l'Italie se concilie avec l'indépendance de la papauté. »

le Capitole, et qu'il est incontestable qu'une fois notre parlement juché où furent vos blanches ennemies, les oies, tout ira sans plus faire un pli. Mais non; je vous l'ai dit et répété, cent mille fois non ! rien n'est plus faux que ces trois propositions ; je me suis tué à le dire dans ma brochure et dans mes lettres. Pourquoi donc ne pas argumenter à ce point de vue?

Je m'arrête, je regarde ma lettre; Dieu, que de pâtés ! et pourtant je vous l'envoie ! C'est une fameuse preuve *d'estime* que je vous donne là !

Mes amitiés chez vous ; à une autre fois le Garibaldi.

CXI

AU MÊME.

Cannero, 5 octobre 1862.

Cher ami,

Votre lettre si bonne, si affectueuse, si intime m'a fait du bien, mais ne m'a pas surpris. Je l'attendais. Oui, tout bronzé que je suis à force d'épreuves de tout genre, la mort de mon pauvre frère [1] m'a pris au dépourvu, et j'ai passé des heures bien tristes.

Je ne le savais pas malade, et voilà le P. Menini qui m'écrit à brûle-pourpoint : « Hier, à telle heure, etc., etc. »

Nous n'étions pas du même avis sans doute sur bien des points, et pourtant c'est celui de mes frères avec lequel je m'entendais le mieux. Il était mon aîné de six ans; malgré quoi, dès l'enfance, nous nous aimions d'une affection particulière et jouions de préférence ensemble : rien, jusqu'à son dernier jour, n'a pu altérer cette sym-

---

1. Le P. Tapparelli d'Azeglio, jésuite, auteur d'ouvrages fort estimés sur la théologie, la philosophie et le droit public, l'un des écrivains de la *Civiltà cattolica*.

pathie. C'est que nos deux natures se ressemblaient, si les intelligences avaient pris des chemins divers. Nous passions parfois des années sans nous voir et sans beaucoup nous écrire. Mais nous nous retrouvions toujours les mêmes, toujours heureux de nous ressaisir, avec mille choses, mille riens à nous dire, sans compter les disputes sur tout et notre dissentiment perpétuel également sur tout : et malgré cela, toujours enchantés l'un de l'autre !

J'ai été trois fois jusqu'à Palerme pour le voir. Nous y faisions de longues promenades, et c'était toujours les questions vitales, et il finissait par me dire : « Già, per credere, bisogna... credere. » C'est qu'il avait cette grande et belle tolérance pour les hommes, tout en gardant toute son intolérance sur les principes, ce qui ne saurait être autrement chez un esprit honnête et logique. Et moi je lui répondais : « Caro mio, l'uomo non crede quel che vuole; crede quel che può. » Plût à Dieu qu'on pût faire de la foi un acte de la volonté! Malgré cela, comme dans toute ma vie, je n'ai jamais eu un instant de matérialisme, j'espère bien que le fatal *mai piu!* qui est bien dur même pour cette vie, ne s'étendra pas dans l'autre. J'ai toujours eu la religion des morts : c'est un grand *conforto* de croire qu'ils nous écoutent. Non, tout cela n'est pas illusion : il priera pour moi, pour nous tous, pour cette pauvre race latine, qui, je le crains bien, avait son éducation trop arriérée pour être lancée avec tant d'emportement prématuré dans le monde.

Je remercie de tout mon cœur madame Rendu et madame votre belle-mère d'avoir pensé à moi dans mes tristesses. Mais si je suis triste, j'ai pourtant repris le dessus. On ne peut pas mourir tout d'une pièce; il faut être démembré peu à peu; c'est la loi : il faut savoir la subir.

Adieu et merci encore.

CXII

AU MÊME.

Cannero, 30 octobre 1862.

Cher ami,

Je pense, vous le savez, que *la France* a fait fausse route avec sa frayeur de l'unité italienne. Il faut avouer, du reste, que c'est écrit avec esprit, et parfois avec une logique serrée — *quand elle a raison*. Mais enfin elle laisse toujours vacante une place de premier ordre dans le journalisme. Le programme italien *du bon sens* n'est encore représenté par personne. Qui mieux que vous pourrait s'en faire le champion? Mais vous me parlez de bailleurs de fonds à chercher ici pour les associer aux bailleurs français!

Infandum regina jubes!...

Nous ne sommes ni en Angleterre ni en France, où toute entreprise trouve des écus. Il est juste de dire aussi que même les riches ont été pas mal saignés par les mille contributions qui, sous mille formes différentes, s'imposent et se font admettre le plus souvent par respect humain, sans compter que la cryptogamie et la maladie des vers à soie a réduit d'un tiers tous les revenus.

Ceci pour mettre à couvert ma responsabilité. Après cela, je ferai l'essai. Je suis convaincu que les huit dixièmes des Italiens seraient enchantés de *notre solution*, pourvu qu'on en finît. Jugez comme les intérêts se sentent amusés de l'état convulsionnaire qui dure depuis deux ans à propos de Rome!

J'ai dû rompre une lance avec P***. Sa maison du Babbuino trouble son sommeil, je crois. Le départ de M. Thouvenel l'a exaspéré, et il s'en est vengé sur moi.

J'avais presque envie de vous envoyer sa lettre et ma réponse, dont j'ai gardé copie.

C'est fort aimable à vous de me regarder comme un *sauveur possible*. Mais d'abord, j'ai fait tant et si bien qu'on ne peut pas me souffrir. Ensuite, et c'est l'important, je n'ai ni le talent parlementaire (je parle mal [1]) ni la force matérielle pour cette vie de chien. Puis on a peuplé les administrations de révolutionnaires et, qui pis est, d'imbéciles; il faudrait balayer tout ça avant de recourir à de nouvelles élections. Il fallut Hercule pour les fameuses étables, et malheureusement je n'ai rien en moi qui me rapproche du fils d'Alcmène.

A vous.

1. En regard de cette appréciation de M. d'Azeglio, citons celle d'un juge plus impartial : « Sans être un orateur, M. d'Azeglio était éloquent. Il n'avait pas cette flamme d'improvisation que la contradiction fait jaillir, qui illumine et qui foudroie du haut de la tribune; mais ce qu'il disait portait l'empreinte de l'originalité, de la vivacité, de la grâce, de la force, de la fierté, jointe à un fond de dignité, de grandeur morale et de prudence. Parfois la parole tombait de ses lèvres, décharnée et sans coloris; mais l'idée qu'il voulait exprimer était toujours fidèlement reproduite. Le plus souvent, néanmoins, il joignait le coulant de la parole au naturel des images : il n'y avait jamais rien qui parût cherché, et dans la spontanéité de sa parole on apercevait le reflet de son âme.

« Ses discours, prononcés sans emphase, mais comme dans une conversation particulière, produisaient encore plus d'effet lorsqu'ils étaient lus. Il gagnait ainsi le lendemain ce que les grands orateurs obtiennent dans le moment. On appréciait alors toute la vivacité des images; les pensées se présentaient plus complètes; les transitions plus spontanées; les périodes plus harmonieuses; la simplicité de son élocution plus simple encore. Ah! quand pourrons-nous entendre de nouveau, dans la chambre des députés, cette voix faite pour exciter les sympathies de tous les esprits, et quand l'opinion publique ira-t-elle arracher cet homme illustre à ses pinceaux pour le ramener dans les conseils de la couronne? » (*Une page d'histoire du Gouvernement représentatif en Piémont*, par Louis Chiala; Turin 1858, p. 273.)

CXIII

AU MÊME.

Cannero, 23 novembre 1862.

Cher ami,

La division de votre travail[1] me paraît parfaite, et votre esprit si juste fera le reste. Puisque vous me permettez tout, je vous avouerai seulement qu'au point de vue italien, je doute fort que *la France* puisse être un terrain de publication bien choisi. Son hostilité contre l'unité, ainsi que son attachement au pouvoir ecclésiastique *direct*, la font regarder de travers en Italie. Ainsi, il serait impossible que votre publication échappât à une solidarité qui compromettrait *a priori* son succès. Essayez d'ailleurs ; je parie que *la France* vous trouvera trop net, et aura peur de vous.

Si vos idées doivent être acceptées avant tout par votre public, il ne faut pas moins les faire entrer dans nos cervelles italiennes, si on ne veut pas se heurter à une deuxième édition du *non possumus*. Comme je tiens infiniment à voir votre écrit paraître dans les meilleures conditions possibles, et que je compte sur son effet qui devrait nous conduire au seul dénoûment qui, à mon sens, soit pratique, vous comprendrez et vous pardonnerez ma *liberté grande*.

Selon moi, le ministère aurait une politique toute tracée, au moment présent, par suite des déclarations de M. Drouyn de Lhuys : « Vous ne voulez pas nous donner Rome? soit! Nous y renonçons comme capitale ; mais nous ne saurions renoncer à placer les Romains sous un gouvernement raisonnable, c'est-à-dire que les hommes

---

1. M. d'Azeglio veut parler de la brochure qui fut publiée sous le titre : *La Souveraineté pontificale et l'Italie.*

du dix-neuvième siècle acceptent et exigent, à tort ou à raison. De toute manière, tant que Rome est sous la machine pneumatique, jamais elle n'acceptera un pareil lot. A la première occasion, elle sautera comme une mine préparée à l'avance. Ainsi, *Do ut des.* Rome sous la loi commune avec les tempéraments indispensables, et, de notre côté, la Capitale ailleurs. » Ce serait un excellent marché des deux côtés, et il n'y a pas d'autre arrangement possible.

Quant à Naples, plus on marche et moins ça marche. C'est un ulcère qui nous ronge et qui nous coûte !.... Jugez ! l'impôt augmenté de *bollo e registro*, a rapporté au Nord 2 ou 3 millions ; à Naples 46 fr. (lisez : quarante-six). Si on pouvait réduire ça à l'union personnelle, y mettant le second fils du roi avec une cour !.... Qui sait ? ou bien même qu'il y fît souche avec réversibilité ? Cette question est encore plus sérieuse qu'elle n'en a l'air, pour nous comme pour la paix générale. Mais le moyen de la discuter avec toutes ces têtes de travers, ou mieux encore avec ces partis pris de tout embrouiller au bénéfice de la *Sociale ?* R***, pour le moment, s'en tirera, je pense ; mais personne ne pose les vraies questions, *et dum Romæ consulitur, Saguntum va a farsi benedire!*

P. S. — Je vous expédie l'ouvrage de M. Chiala[1], puisque vous me l'avez demandé. Cette étude est un guide utile pour une période intéressante ; elle est surtout consciencieuse. Pourtant j'y trouve, sur ce qui me touche, des erreurs de détail. Je suis réellement confus de vous envoyer un livre qui est un peu mon panégyrique. La seule chose vraie, c'est qu'il me répugne de mentir ; et, qu'avec mon organisation artistique, j'aime le beau et déteste le laid, au moral comme au physique.

1. *Une page d'histoire du Gouvernement représentatif en Piémont,* 1858

CXIV

AU MÊME.

15 décembre 1862.

Cher ami, j'ai reçu votre lettre après les épreuves, et, pour le tout, j'ai tardé à vous répondre, parce que depuis ma dernière lettre j'ai traversé de tristes jours. Jugez : mon frère administré ! la mort subite d'un ami laissant sa famille dans de grands embarras, et qui m'a forcé d'accourir à Gênes et d'y passer deux jours, tâchant de remédier au plus pressant, et cela avec la fièvre, car j'étais parti souffrant !

Revenu il y a trois jours, j'ai dû me mettre au lit et me soigner ; voilà pourquoi je n'ai pas pu vous répondre plus tôt.

Selon votre désir, j'ai consigné mes impressions sur les épreuves ; mais Dieu sait ce que j'y ai écrit, car je les ai trouvées ici à mon retour de Gênes, et j'ai voulu les envoyer immédiatement ; mais ma pauvre tête n'était guère à l'*age quod agis*.

Après tout, votre travail me paraît digne de vous et aura sans doute une sérieuse influence sur l'opinion.— Merci de la part des Italiens raisonnables.

Je vous quitte, car écrire me donne des éblouissements.

A vous.

CXV

AU MÊME.

Sans date.

Cher ami, je vous envoie vos épreuves qui me donnent un grand désir de voir le reste. Je trouve admirablement bien fait tout ce que j'ai lu, et je suis curieux de voir ce qu'on pourra répondre à vos arguments. Il est vrai qu'aujourd'hui, avec ce déchaînement de la médiocrité chez nous, on dit des injures ou on ne dit rien ; le plus souvent parce qu'on ne comprend pas la portée de tout aperçu qui n'est pas ras à terre. Pour vous obéir, j'ai marqué en marge mes impressions du moment *et non mûries;* mais je crois que c'est là ce que vous vouliez. Je crois que, *même en Italie*, on vous trouvera hardi de vous attaquer aussi franchement et ouvertement à un parti funeste mais bien puissant.

On dit que notre ministère est né; ce n'est pas sans peine, mais, Dieu, quelles misères ! F***, président du Conseil ! et encore il est attaqué d'un ramollissement de la moelle épinière, et son intelligence a beaucoup baissé, sans compter qu'il s'embarrasse en parlant. Cher ami, quand on a passé sa vie à travailler non *pour soi* mais pour son pays, le voir devenir comme un effet entre les mains des boursiers !... Comprenez-vous? où sont, hélas ! les hommes de dévoûment et de sacrifice ? — Car, voyez-vous, il n'y a que cela ! — Des hommes tels pourtant, l'Italie n'a jamais cessé d'en produire, des hommes tels qu'était ce pauvre Collegno[1], dont vous me parliez l'autre jour.

---

1. M. de Collegno, ancien officier d'artillerie du premier empire, en ces temps où, comme l'a écrit M. d'Azeglio, les hommes qui n'étaient pas consumés dans le terrible creuset de la guerre en sortaient trempés d'acier. Émigré en France après 1821, il se voua aux fortes études, et devint professeur à la Faculté des sciences de Bordeaux ; rentré en Italie après 1848, il fut, en 1851, ministre de Sardaigne à Paris. Le salon de la comtesse de Collegno était alors le rendez-vous d'esprits d'élite; on y voyait MM. Cousin, Ampère, Ozanam, etc., etc. — M. d'Azeglio, qui avait été intimement lié avec Giacinto Collegno, lui a consacré une notice (*Ricordo d'una Vita Italiana*) où on lit : « L'Italie n'a jamais vu s'éteindre, chez elle, cette race illustre qui ne se perpétue point par le sang et ne se désigne point par un nom, mais qui, changeant sans cesse l'un et l'autre, revit sans interruption dans ceux qui comprennent que l'amour de la patrie,

J'espère envoyer incessamment mon petit Cannero à Mme Rendu, accompagné d'une adresse destinée à obtenir le *benigno compatimento*..... Mais c'est que réellement elle aura de l'audace, ma pauvre croûte[1], à se présenter au milieu de Dieu sait combien de belles choses.... C'est égal, en avant!

CXVI

AU MÊME.

7 janvier 1863.

Cher ami, vous pouvez bien croire que si je n'ai pas répondu immédiatement à vos lettres, si bonnes et si amicales, il y a eu impossibilité absolue. En effet, j'ai été assez mal en train, alité; et, à cette heure, je vais mieux; mais la tête est un peu *svanita* encore, et je ne saurais me fixer longtemps à une occupation.

Quand on perd des personnes chères, on se reporte vers celles qui restent. Il était bien naturel que je vous fisse l'envoi de mon petit tableau; je l'avais là, tout prêt. C'est le fruit d'une vingtaine d'heures de travail réparti : pouvais-je faire moins pour vous? C'est du reste de la vieille

comme tout loyal amour, est à lui-même sa récompense; qu'il est sacrifice et non pas gain, lutte et non repos ; race qui se reproduit avec les mêmes traits sévères dans ces hommes que Dieu suscite chez un peuple quand il a résolu de lui ouvrir un avenir meilleur; hommes envoyés seulement pour écarter les obstacles de la route; voués, en naissant, à la fatigue et à la douleur, et capables de les supporter sans forfanterie comme sans murmure.

« Nul plus que Giacinto Collegno ne mérite d'être honoré parmi ceux de cette famille qui, dans les dernières vingt années, apparurent en Italie, qui s'y consumèrent, et finirent par tomber sur ce sol même où ils savaient que la moisson devait être faite par d'autres mains. »

1. Il s'agit ici d'une ravissante toile représentant la villa de Cannero, sur le lac Majeur.

peinture. Mais franchement, ce que je vois de plus réel dans l'École réaliste, c'est la *poca voglia di studiare*.

La fin de mon pauvre frère a été bien tranquille et bien sereine. Vous savez que rien n'est poignant comme de voir quitter la vie à regret : c'était bien le contraire chez lui. Le médecin lui disait les derniers jours, comme il est d'usage : « Je vous trouve un peu mieux. » — « Il croit me faire un grand plaisir, ce brave homme ! » disait mon frère en souriant, à peine était-il parti.

Ce pauvre Robert est mort dans une grande confiance en Dieu : Que Dieu lui donne la paix et le repos. Et me voilà seul!

Mon neveu reste après moi; mais, comme il renonce au mariage, il est sûr que notre famille s'éteindra avec lui; et il est sûr aussi, je crois pouvoir le dire, qu'elle laissera un bon souvenir.

Tout cela est triste pour moi ; et les affaires publiques ne m'offrent guère de sujet de consolation. L'iniquité de Naples est la meule que nous nous sommes attachée au cou!

Tout à vous.

CXVII

A MADAME EUGÈNE RENDU.

9 janvier 1863.

Madame, je suis heureux que vous estimiez mon travail mille fois au delà de ce qu'il vaut. C'est la preuve que vous le voyez à travers le prisme de l'amitié; et pour moi cela passe avant tout.

Dans votre lettre tout aimable, je trouve surtout un mot charmant, qui me laisse entrevoir dans l'avenir un horizon auquel j'aurais difficilement eu l'ambition d'aspirer : se pourrait-il que Cannero eût un jour à faire feu de ses deux petits canons pour célébrer votre arrivée!

Faites cela cet été, je vous en prie; et, à force de voir combien vous m'aurez fait plaisir, vous serez vous-même enchantée de tout.

A la manière dont tout a tourné pour moi, je ne vis plus que de la bienveillance des personnes que j'affectionne : permettez-moi de croire que, grâce à Eugène et à vous, chère dame, je pourrai presque atteindre l'âge des patriarches.

CXVIII

A MONSIEUR EUGÈNE RENDU.

Turin, 23 janvier 1863.

Cher ami, que M. de Montalembert pare celle-là! Je vous assure que votre lettre [1] me semble un vrai chef-

---

1. On croit utile de reproduire cette lettre, en retranchant toutefois ce qui n'a pas trait aux idées générales. En présence des grandes questions qui en sont l'objet, une mesquine querelle de personnes ne peut même pas être rappelée.

On lisait dans cette lettre :

« ..... Mais laissons là, Monsieur, un genre de discussion qui deviendrait, en se prolongeant, indigne de vous comme de moi, et venons à celui de vos griefs qui touche à une grave et décisive question, à celle précisément que j'ai entendu soulever dans la *Souveraineté pontificale et l'Italie*, et qui peut, à bon droit, passionner des intelligences telles que la vôtre, parce qu'elle a trait aux plus grands intérêts politiques et religieux; parce que la solution, s'il nous était donné de l'obtenir, serait aussi la fin de l'antagonisme fatal qui met aux prises, dans une sorte de champ clos, la Papauté et l'Italie.

« Sur qui retombe la responsabilité de tout ou (si vous voulez que nous soyons d'accord) de presque tout ce qui s'est passé en Italie depuis 1849? Ici, je ne conteste plus vos griefs, je les accepte, je m'en fais gloire; et, au nom de convictions de vieille date et depuis longtemps déclarées, je réponds hardiment :

« Cette responsabilité retombe sur les hommes du parti religieux qui ont faussé, en 1849, les conditions politiques de la restauration du

d'œuvre par la puissance, le style, la convenance. Vous devez être satisfait de ces colères-là : *Stridi, dunque t'ho colto*, disons-nous en Italie.

En lisant dans la *Revue des Deux-Mondes* du 15 courant le premier article sur l'Allemagne de M. Klaczko, j'ai éprouvé un mécompte : je ne me croyais plus si sensible;

gouvernement pontifical, sur le parti dont vous avez été, Monsieur le comte, — votre gloire même ne vous permet pas de vous soustraire à cet éloge, — l'éclatante personnification.

« Ce n'est pas sans des motifs impérieux que j'ai repris la question au moment où votre rôle a été prépondérant et décisif; c'est parce que tout part, en Italie, de 1847 ou de 1849, ces deux courants dont l'un condamne l'autre. Le pouvoir temporel, sous la forme où l'entend l'immense et docile majorité des catholiques, le pouvoir temporel, sous cette forme, pouvait-il vivre et vivait-il réellement lors de l'avénement de Pie IX? La première année du règne de l'auguste pontife n'avait-elle pas été l'aveu irrécusable de la nécessité où l'on était non-seulement de *réformer* ce pouvoir, mais de le *transformer*? Donc, le parti mazzinien une fois vaincu à Rome, en 1849, devait-on rétablir ce pouvoir tel qu'il est aujourd'hui, et fallait-il épuiser, dans un but chimérique, toutes les forces morales, politiques et sociales du catholicisme?

« Si oui, vous avez eu raison en 1849 ; M. Veuillot a eu avec vous et a encore raison ; le *Monde* a raison; et vous avez tort, permettez-moi de vous le dire, Monsieur, d'essayer de désavouer vos conseils d'alors. Et, de plus, il est contradictoire de demander au Pape des réformes qui, si elles ont un caractère politique, sont la négation directe d'un mode de gouvernement reconnu nécessaire. — Si non, les catholiques, il faut bien le reconnaître, ont été jetés, il y a treize ans, dans une voie fausse, fatale, aboutissant nécessairement à la ruine; si non, les principes proclamés par le parti dont vous étiez le chef en 1849, principes qui se résument dans la négation des droits politiques des populations romaines, et qui sont, d'ailleurs, en contradiction, — je l'ai prouvé, — avec toutes les vieilles traditions du pouvoir temporel, ces principes écrasent le présent et menacent l'avénir; ils nous maîtrisent, nous barrent la route, nous ferment toute issue; par eux, une lutte inexpiable fait de la mort de l'Italie la condition de l'existence de la Papauté; avec eux, sous leur étreinte, rien de possible à Rome, aujourd'hui, demain, toujours!

dites-moi si j'ai tort. L'auteur, en comparant la conduite de la Prusse à celle du Piémont en 49, dit qu'après la bataille de Novare, M. de Cavour sauva le *statuto*, la couronne, l'Italie, etc., etc., tandis que ce ne fut que trois ans et demi après que le pays, archi-sauvé, Dieu merci! fut placé entre ses mains! N'est-ce pas un peu l'histoire de la vigne de Naboth?

« J'avais, en 1849, annoncé, au nom des *principes* seuls, et sans savoir quels seraient les *faits*, instruments de la force des choses, la ruine de la forme du gouvernement que vous et vos amis vous appliquiez à restaurer. J'ai donc le droit de m'en prendre aujourd'hui à ces principes de l'œuvre de mort si douloureusement accomplie; les faits qui se sont produits, les faits que je condamne comme vous (invasion des Marches, etc.) sont vis-à-vis d'eux dans le rapport de l'effet à la cause. Je les laisse à qui veut s'acharner contre eux; ils ne sont bons qu'à devenir matière à plaidoiries, qu'à servir de circonstances atténuantes à ceux qui, ayant ruiné le passé, s'ingénient encore à rendre toute résurrection impossible.

« Si, en 1849, au moment où l'armée française entrait à Rome et assurait au Saint-Père, avec une entière sécurité, la liberté de son action ; si vous vous étiez dit, Monsieur (et quelques catholiques vous le crièrent, mais que pouvaient-ils?), que Rome devait rester au cœur de l'Europe désorientée et fatiguée le foyer de la vie politique, où n'en serait pas le catholicisme aujourd'hui? Est-ce que contre Rome, demeurée la Rome de Pie IX, le Piémont eût pu, eût même tenté quelque chose? Qui a fait la vie et la force agressive du Piémont? Une seule chose : la mort de Rome. Si Rome n'avait pas abdiqué, elle demeurait le centre du système des États italiens et les entraînait comme des satellites dans la glorification de l'idée chrétienne personnifiée dans un pape; et quand fut venue la guerre d'Italie, la France n'aurait fait qu'achever par l'épée l'œuvre déjà moralement accomplie par la seule puissance de la Papauté.

« C'est vous, Monsieur, c'est votre parti, — il faut savoir porter fortement les grandes responsabilités, — qui avez créé le Piémont nouveau; qui, en faisant le vide à Rome, avez suscité la révolution ailleurs, et détruit l'équilibre des forces politiques et morales miraculeusement rétabli par Pie IX. Oui, je l'avoue, quand je me dis tout cela, quand je songe à tant de gloire, à tant de puissance perdues pour le

Au premier moment l'envie m'a pris de réclamer mon bien. Heureusement, le moment d'après je me suis trouvé ridicule. — Morale : Il faut faire son devoir, parce que c'est le devoir ; et si on vous oublie, tant mieux : c'est plus méritoire.

Me voilà tout confessé. J'attends la pénitence.

Tout à vous.

CXIX

AU MÊME.

28 janvier 1863.

Cher ami, ces jours passés je me trouvais à peu près rétabli, quand voilà, pour le bouquet, des rages de catholicisme au profit de ses adversaires ; quand je constate qu'il a cessé de compter, par la faute des siens, comme force sociale et dirigeante ; qu'un si beau commencement de victoire est devenu une déroute où les vaincus volontaires ne connaissent même plus leur drapeau, je m'indigne, je m'irrite ; et devant ces abîmes dont je ne vois pas le fond, du haut de convictions dont l'énergie se mesure aux maux dont je suis témoin, je répète ce que j'ai écrit et ce qu'il faut que quelques-uns des hommes groupés autour de vous se résignent à entendre encore :

« En 1849, vous avez faussé le mouvement qui ramenait le pape à Rome et paralysé la restauration ; en 1859, vous avez ruiné autant qu'il était en vous le seul plan qui pût rendre la vie au gouvernement pontifical. Aujourd'hui, en niant des droits que la papauté temporelle avait respectés, sept siècles durant, vous la poussez opiniâtrément dans une voie sans issue. Vous rejetez donc tout ce qui est réalisable, vous ne poursuivez que des chimères et n'aspirez qu'à l'impossible. Vous n'avez à mettre au service du Saint-Siége que des utopies ou des catastrophes : vous êtes le parti du néant ! » (P. 98.)

« Et maintenant, si cette explication qui déchire tous les voiles pouvait avoir pour résultat d'inquiéter sérieusement votre conscience libérale, je bénirais un incident qui aurait rendu à la plus grande cause de ce siècle, à la cause de l'alliance du catholicisme et de la liberté en Italie, un esprit tel que le vôtre. En tout cas, j'ai rempli mon devoir ; ayant parlé sans peur, je me crois aussi sans reproches,

« Et suis, avec une parfaite considération, etc. »

dents! J'ai dû me laisser tenailler trois jours de suite, et je commence à me trouver quelque ressemblance avec l'ancien modèle des *tribolati* — moins madame Job, Dieu merci ! Voilà pourquoi je n'ai pas pu vous mander immédiatement à quel point j'étais heureux du magnifique coup de patte que vous avez su donner à M. de Montalembert et sa docte cabale; pour le coup, *Habet;* et laissez crier ! Vous avez osé dire la vérité vraie, et c'est là un grand service rendu, selon moi, à l'Église comme à l'Italie. Cette pensée vous fera prendre en patience les fureurs des gens à courte vue.

Ce que vous avez dit à M. Drouyn de Lhuys est parfaitement juste. La grande affaire, c'est que l'action du gouvernement français à Rome ne soit pas stérile, mais qu'il trouve moyen de la rendre utile en abordant sans perdre de temps la vraie question, c'est-à-dire la transformation du mode de l'existence temporelle de la Papauté. En dehors de cela, tout est illusion; et vous montez la garde à côté d'un édifice destiné à périr dès que vos baïonnettes ne le soutiendront plus, si vous ne lui donnez pas des fondements nouveaux. — Tant qu'on n'aborde pas les réformes *politiques*, les réformes dont on parle aujourd'hui ne peuvent avoir aucune portée : dans deux, trois, cinq ans, on se retrouvera toujours au même point; et je regrette que votre gouvernement (dont je suis grand partisan) et l'Empereur (que j'admire et que j'aime comme notre bienfaiteur) aient l'air de se prêter à une comédie, ou d'en être les dupes tous les premiers. Voilà ce que c'est que de se tenir en dehors du vrai, et le vrai c'est la transformation, autrement la *souveraineté nominale*. Au reste, on doit croire que le besoin de temporiser et de laisser la situation mûrir est le motif qui guide l'Empereur. Car l'homme qui a écrit la lettre du 20 mai connaît merveilleusement la question italienne et se rend compte de toutes les exigences. Il a touché le point le plus délicat et le plus nécessaire quand il a parlé « d'une combinaison qui, en maintenant le « Pape maître chez lui, *abaisserait les barrières qui séparent* « *aujourd'hui ses États du reste de l'Italie.* » Tout est là ; et par parenthèse, votre brochure, écrite bien avant la publication de la lettre impériale, se rencontre merveilleusement avec elle, et se trouve en être le commentaire historique et politique le plus profitable.

J'adhère complétement à votre discussion, qui est, selon moi, irréfutable; et je vais tâcher de vous résumer une fois pour toutes ma manière de voir. Dieu veuille qu'elle puisse être acceptée en haut lieu!

D'un côté, on ne peut nier théoriquement le droit des Romains, et c'est rendre à la Papauté le plus détestable des services que de le supprimer en son nom. D'un autre côté, il est pratiquement impossible d'accorder aux Romains l'exercice complet de ce droit dans les circonstances présentes. Sous le programme : *Rome capitale*, se cachent, en effet, deux choses. En premier lieu, ce programme est l'expression des haines italiennes contre le gouvernement temporel, tel qu'on l'a connu depuis cinquante ans; mais ce n'est pas tout : ce programme est aussi la formule de ceux qui aspirent à se débarrasser d'un même coup, et de la monarchie et de la Papauté; c'est l'ancien mot d'ordre des loges sous les formes agressives de la démagogie moderne.

Les fautes du gouvernement italien et du gouvernement du Pape sont les puissants auxiliaires de cette conspiration. A mon sens, il n'y a qu'un moyen de la faire avorter; c'est l'entente de nos deux gouvernements (français et italien). Mais le terrain actuel est hérissé de *non possumus ;* il faut en chercher un autre sur lequel la discussion soit, du moins, possible.

Ce terrain serait celui où des deux côtés, et de la part de l'Italie et de la part de la France, on admettrait également et le droit des Romains et les droits du catholicisme, non pas seulement du catholicisme italien, mais du catholicisme universel : les négociateurs auraient alors pour mission de concilier ces deux droits, en écartant tout ce qui n'est pas rigoureusement indispensable au maintien de l'un et au respect de l'autre.

Le jour où la France s'engagerait à laisser le gouvernement pontifical revenir, en se transformant sous la pression des idées et des faits, à cette souveraineté *honorifique* qui, seule, permettrait aux populations romaines, comme vous l'avez montré, de s'associer aux destinées générales de l'Italie ; ce jour-là la France aurait quelque chose de réel et de vrai à offrir à l'Italie en échange du sacrifice qu'elle lui demande. De même, et par contre, le jour où l'Italie, venant à se départir d'une prétention que repoussent des raisons si considérables dans l'ordre politique et dans l'ordre moral, aurait franchement reconnu Rome comme ville neutre, siége de la Papauté, capitale inviolable du catholicisme ; ce jour-là, tout en faisant, croirait-elle, le plus grand des sacrifices au désir de rétablir la paix morale et de rassurer les consciences, elle agirait, d'après mes convictions, selon les lois de son intérêt bien entendu.

Il y aurait alors des deux côtés quelques concessions à se faire ; et ces concessions que le bon sens indique, que tous les esprits capables de comprendre la grandeur de la transaction à intervenir, par conséquent tous les esprits vraiment politiques, invoquent et approuvent d'avance, recevraient peu à peu, pour le salut de l'Église, la sanction de toutes les consciences honnêtes.

La cour de Rome, quoi qu'elle dise, connaît trop sa situation réelle ; en dépit des conseils intéressés des gens qui ne vivent pas pour l'Église, mais qui en vivent ; en dépit des illusions que certains esprits de bonne foi, je veux le croire, mais profondément étrangers aux réalités italiennes, cherchent encore à entretenir autour d'elle, elle comprend trop que, par suite des fautes commises, le terrain politique manque définitivement sous ses pas; elle a trop le sentiment, non pas certes le sentiment avoué ni reconnu, mais intime, des changements irrémédiables accomplis autour d'elle, pour ne pas accepter d'avance, pour ne pas même invoquer secrètement, tout en se réservant de protester, une transformation qui serait le résultat, non de son consentement, mais de la force des choses, et qui ferait reposer enfin l'indépendance extérieure du Saint-Siége sur une base plus solide que ne le peuvent être la négation de droits incontestables et l'immolation d'une nationalité.

Voilà, mon cher ami, ce qui est le fond même de ma pensée, et ce que je m'évertue ici à prêcher. Notre ministère aurait là un rôle magnifique, mais je crains qu'il ne soit pas de force. F***, avec son ramollissement du cerveau, devient impossible. P*** est trop adonné aux *ripieghi*, et sa finesse doublée de passion l'empêche souvent d'avoir une vue assez large des choses. M*** est un économiste hors ligne, et il a de l'élévation dans la pensée; mais il lui faudrait plus de nerf : de sorte qu'en somme, on ne fait rien de décisif ni à l'intérieur ni à l'étranger, et Mazzini en profite. Comment en serait-il autrement, lorsque les deux gouvernements de France et d'Italie, deux gouvernements réguliers, soutiennent, celui-ci *Roma o morte*, celui-là le système de la *machine pneumatique* et des sbires, *for ever* ?

J'ai laissé courir ma plume et elle en a fait des siennes! Huit pages, c'est mettre à une rude épreuve votre clémence. D'autant plus que je porte *vasi a Samo e nottole à Atene*, je le sais bien; mais vous savez, vous, l'histoire du matelot de Savone, qui cria : *Acqua alle corde!* quand Sixte-Quint faisait hisser son obélisque et qu'il manquait quatre doigts à le mettre d'aplomb. Le bonhomme eut une bonne idée, tout matelot qu'il était : pourquoi n'en aurais-je pas une un jour ou l'autre?

Je remercie madame Rendu de vouloir bien employer son crédit pour déterminer le voyage de Cannero. Je comprends que, par le temps qui court, les engagements six mois à l'avance sont bien osés. Je me contenterai d'espérer.

CXX

AU MÊME.

Turin, 31 janvier 1863.

Mon cher ami, oui, je connais M. Jacini[1], et je l'ai rencontré avant-hier au moment où j'allais lui envoyer votre brochure; il la connaissait déjà comme de raison, mais il n'en a pas moins apprécié votre politesse; nous sommes allés ensemble chez le libraire, et il a fait lui-même l'expédition des deux exemplaires que vous avez sans doute reçus à cette heure.

La brochure de Jacini est intéressante (il vous a suivi sur bien des points) en ce qu'on y trouve constatée enfin la nécessité, pour l'Italie, de tourner bride sur la question de Rome : « Nous sommes, dit l'auteur, dans une voie sans issue. » Il est temps de s'en apercevoir! — Il avoue qu'après deux années d'agitation stérile, on n'est pas plus avancé qu'au premier jour, et que l'opinion, si passionnée à l'origine, est maintenant, à l'égard de Rome, *in uno stato di sposatezza e di scoraggiamento*. Enfin, il accorde que la lettre de l'Empereur (du 20 mai) peut servir de point de départ à une solution.

Pour un ancien ministre qui n'a pas renoncé à le redevenir, c'est bien quelque chose! Voilà un *signe du temps*, comme on dit : je vous le livre.

[1]. Ministre des travaux publics sous l'administration de M. de Cavour. M. Jacini fait partie du ministère actuel.

Je me suis amusé à réclamer le petit lot qui me revient dans cette conversion, et j'ai glissé quelques mots sur la parenté... voilée qui existe entre la nouvelle brochure[1] et les *Questioni urgenti*. « Ah! sans doute, m'a répondu Jacini... mais il y a deux ans, *ce n'était pas le moment.* » J'aurais eu une réponse toute prête : « Mon moment à moi, c'est quand les autres n'osent pas. » Car si le ministère auquel il appartenait eût un peu *osé*, et voulu seulement prendre ces idées en considération, que de millions et de malheurs et de sottises épargnés! *Basta:* j'ai passé outre; car à quoi bon, à cette heure?

Mille fois merci de la nouvelle preuve d'amitié que vous voulez me donner à propos de l'article de la *Revue* sur la Prusse. C'est peut-être mal de ma part, mais que voulez-vous? il me semble qu'il s'agit du bien de ma fille et des miens.... et puisqu'au moment où ma famille va s'éteindre, la Providence veut que j'aie été pour quelque chose dans des événements profitables à mon pays (car je suis loin de m'en attribuer tout le mérite); puisque je puis laisser un souvenir qui pourra appeler quelques bénédictions sur notre nom, n'est-il pas naturel que je tienne un peu à ce qui m'appartient?

Pour me confesser jusqu'au fond, je vous dirai que je pensais bien que peut-être vous pourriez venir à mon aide en cette occasion — comme en tant d'autres!

Adieu, cher ami, et merci.

CXXI

AU MÊME.

Turin, 14 février 1863.

Cher ami, je regrette de vous avoir parlé de l'article de M. Klaczko... je vois que cela vous donne du tracas;

---

[1]. *La Questione di Roma* al principio del 1863.

n'y pensez plus. De mon côté, soyez-en sûr, j'ai laissé cet incident bien loin derrière moi.

Il est impossible que votre brochure ne se fasse pas jour de plus en plus dans les régions des affaires pratiques. Vous verrez, ce sera comme la goutte d'huile qui s'élargit. Il y a une bonne raison pour cela : outre la forme que vous avez su lui donner, pour sortir du pétrin actuel il n'y a pas d'autre issue. Ah! si nos ministres arrivaient à comprendre combien de bonnes choses on pourrait obtenir en faisant le *grand sacrifice* de céder définitivement Rome au catholicisme, au lieu de se cristalliser dans leur *Roma o morte tra pelle e pelle*, sans oser ni avancer ni reculer !

Je vous remercie de votre idée de me mêler à la préface de votre nouvelle édition. Si vous pensez qu'il y ait quelque chose de bon dans l'interminable lettre que je vous écrivais le mois dernier, faites! Je vous avertis seulement que vous avez un faible pour moi et qu'il faut vous en défier. A part cela, partout où vous penserez que mon témoignage peut servir notre cause, lettres ou brochures, tout est à votre disposition.

A propos, vous êtes trop mon ami pour que je vous laisse ignorer ce qui serait fort indifférent aux indifférents. J'ai entrepris un travail de longue haleine. J'écris *le Memorie de miei, degli amici, le mie e quelle del mio tempo*. Est-ce assez? C'est un cadre où tout peut tenir, et qui me permettra de vider mon sac. Inutile de vous dire que je tâcherai d'être *juste*, ce qui veut aussi dire sincère, comme si j'écrivais de l'autre monde.

La santé revient, et je me sens déjà tout rafistolé. Mais je vous assure que j'ai passé dix semaines fort mal en train.

Merci du journal. Je comprends que cette bonne *Union* se soit fait prier, *par l'huissier*, pour insérer cette riposte. Comme vous menez les gens! et que je me frotte les mains d'être votre ami! En vérité, M. de Montalembert peut presque vous dire comme Mme de Sévigné à Bussy : « Vous me tuez à terre. »

Bonne poignée de main.

CXXII

AU MÊME.

23 février 1863.

Cher ami, j'ai reçu le *Nord* et la réponse à M. Klaczko. Vous avez voulu aller jusqu'au bout; merci! J'ai ici quelques amis *Azegliens* furibonds, qui auraient voulu voir reproduire l'article par les journaux, mais je suis à l'index de la révolution aussi bien que du parti rétrograde; et me voilà en pénitence. C'est curieux de voir comme un parti dominant peut s'arranger avec la liberté de la presse, tout aussi bien qu'avec la censure; de là ces horizons factices qui trompent et égarent les bonnes gens.

Et comme si ce n'était pas assez, voilà lord John qui s'extasie sur notre sagesse, notre bonheur, sur l'*ordre* merveilleux qui règne en Italie! Vous pensez bien qu'ici on le prend au mot, et les têtes n'en tournent que plus vite! Cette brave Albion fait de la politique étrangère, avec une candeur cynique, un instrument dont elle joue selon ses besoins. Elle n'en fait pas mystère; et pourtant la voilà constamment adorée des badauds! Il n'y a pas longtemps que lord John disait à la tribune : «L'Autriche sait beaucoup mieux que les libéraux italiens ce qui convient à l'Italie! » Ce qui n'empêche pas qu'on admire son discours du jour, dirigé à votre adresse, bien plus qu'à la nôtre.

Moi, je travaille, je vis retiré, et je fais à peu près comme Dante : *Fo parte da me.* Il est cependant quelques hommes avec lesquels je m'entends, et nous finirons par avoir raison ensemble, soyez-en sûr. Jugez si je me moque de la foule quand je nous vois avec Capponi ! Sa lettre est belle d'une vraie beauté, et combien je vous remercie de me l'avoir communiquée ! Quelle largeur de vues, et quelle forte sérénité dans ses jugements sur notre avenir ! Je comprends que vous lui ayez demandé l'autorisation d'en faire usage. Certes, qui peut mieux éclairer votre gouvernement qu'un homme tel que notre Gino ? Encore une fois, cette lettre est un document capital[1].

1. Cette lettre a conservé toute son importance; car elle a trait à des questions encore pendantes. On croit utile de la reproduire :

« ..... Votre livre de la Souveraineté pontificale et l'Italie, peut agir
« sur beaucoup d'esprits parmi ceux qui désirent être éclairés. Vous
« avez parlé en chrétien, en homme profondément instruit des faits
« anciens et modernes, et en ami de l'Italie : conditions difficiles à
« réunir. Votre livre est une bonne action qui ne sera pas perdue.

. . . .

« ..... La fédération se présentait jadis comme le seul moyen de
« salut, bien que ce système fût hérissé de graves difficultés; et j'ai
« été le dernier à l'abandonner.

« Aujourd'hui, on peut briser l'Italie, si nous avons des ennemis
« plus forts que nous; on ne peut plus la confédérer. Or, je voudrais
« que toute illusion sur ce point vînt à cesser; car la fédération n'est
« plus qu'un mot mis en avant par les deux partis hostiles, par celui
« qui veut le retour à l'ancien état de choses, et par le parti républicain. Encore ce dernier serait-il plus dans le vrai; car une
« dizaine de républiques pourraient, moins difficilement que des gou-
« vernements monarchiques, être réunies en confédération.

« Si l'on venait à briser l'Italie comme je le disais, on aurait plu-
« sieurs États en permanente conspiration l'un contre l'autre, et cela,
« indépendamment même des souverains; car chaque État, faible par
« soi-même et miné intérieurement, sentirait qu'il ne saurait vivre
« que par la destruction des autres ou par l'asservissement. Comment
« ces États auraient-ils des armées qui ne fussent ou ridicules ou
« conspiratrices? Chacun d'eux ne pourrait s'appuyer que sur cette
« partie de la nation qui partout se trouve peut-être la plus nom-
« breuse, mais qui est toujours inerte, sur les vieillards d'esprit ou

Merci, et remerci de tout ce que vous faites pour l'Italie.

A vous *di cuore*.

CXXIII

AU MÊME.

2 mars 1863.

Mon cher ami, je vous renvoie l'épreuve de votre Préface. Ni objections ni réserves. J'approuve complétement. Je m'associe de tout cœur à l'expression de vos sentiments, au point de vue du « salut de l'Église. » Le bien de l'Église! nul ne le désire plus que moi, à condition qu'elle soit une *Église* en effet, et non une *Police*.

« de corps ; car les hommes jeunes, les hommes actifs, les ambitieux
« ont accepté l'idée de l'unité et ne se résigneront jamais à subir
« l'idée contraire.

« Ainsi, quoique les difficultés, les mécontentements et les souf-
« frances même soient et, par la force des choses, doivent être grandes,
« aucune autre idée ne peut sortir des entrailles du pays. Or, toute
« action qui s'exercerait du dehors ne se présenterait que comme
« une oppression odieuse, ferait verser des flots de sang et n'attein-
« drait pas son but. D'une telle pression sortirait peut-être une révo-
« lution qui en appellerait une autre ; et celle-ci serait effroyable.

« Ainsi, pour nous Italiens, il nous faut porter la fatigue de ce que
« nous avons entrepris, et la porter longuement. Quant aux étrangers,
« amis ou ennemis, ils n'ont rien de mieux à faire que de nous la
« regarder porter. Cela, je le répète, sera assez long et assez pénible
« pour que nous ne voulions pas faire peser le fardeau sur d'autres
« que sur nous-mêmes.

« Pardonnez-moi, Monsieur, de m'être laissé aller, contre mon usage,
« à des déclarations qui ne m'ont été inspirées que par la confiance
« que j'ai en vous, et par l'estime que n'a cessé d'accroître en moi
« la lecture de vos écrits.

« Croyez-moi, je vous prie, très-véritablement,

« Votre dévoué serviteur,

« Gino Capponi.

Ce que vous dites des termes où aurait été posée la question romaine, si la France eût veillé, l'épée au poing, sur les Marches et l'Ombrie, est d'une parfaite justesse[1]. Il n'est pas possible que vos catholiques eux-mêmes ne finissent pas par comprendre; car vous leur crevez les yeux à force de lumière. Bon courage !

1. « Si la France avait couvert de son épée, pour conserver matériellement ces provinces au Saint-Père, les Romagnes, les Marches, et l'Ombrie, la question ne serait pas posée en d'autres termes que ceux où elle se présente aujourd'hui ; il ne s'agirait pas moins de savoir comment et à quelles conditions, à côté de gouvernements représentatifs fonctionnant, par hypothèse, à Naples, à Florence, à Turin, le gouvernement pontifical pourrait et devrait vivre *par lui-même* ; la présence d'une armée étrangère ne serait pas moins la condition *sine qua non* du maintien de la souveraineté directe et absolue du Saint-Siége ; les difficultés seraient plus étendues : elles ne s'imposeraient pas d'une façon moins redoutable à la conscience des catholiques et à la raison des hommes d'État.

« C'est-à-dire que, sur le sol des États de l'Église, deux principes sont en présence, deux volontés, deux droits ; tant que ces droits, ces volontés, ces principes ne s'uniront point dans un libre accord, tout espoir d'une solution est absolument chimérique.

« M. Tommaseo a dit récemment ce mot profond : « *On ne peut avec la force ni protéger ni combattre la conscience.* Rome fait la première de ces choses ; Turin fait la seconde. S'ils ne changent l'un et l'autre, ni l'un ni l'autre ne l'emportera ; mais ils se perdront tous deux, et ruineront l'Italie. »

« Ce jugement d'un esprit si sincèrement, si ardemment chrétien, s'adresse à la société chrétienne tout entière. Plaise à Dieu qu'on sache le comprendre !

« Le jour où, dans l'Église comme dans la société laïque, une opinion publique se prononcera avec assez de puissance pour réclamer, et, au besoin, pour dicter cet accord, la question sera résolue.

« Jusque là, quoi que disent et quoi que fassent les hommes à courte vue qui, entretenant les causes, s'en prennent puérilement aux effets, l'Italie ne connaîtra point le repos ; un trouble profond agitera le monde moral, et les forces sociales du catholicisme continueront à s'épuiser en pure perte. »

Je vous remercie de tout ce que vous dites de moi ; mais n'est-ce pas trop?

La lettre de la Spezia, qu'effectivement j'avais oubliée, m'a fait plaisir à revoir. Le choix que vous en avez fait n'est pas maladroit, puisque décidément vous voulez me remettre à neuf.

Je réfléchirai à votre idée d'écrire mes Mémoires en français. Mais me risquer chez vous ; et, dans le pays des mémoires modèles, aller jeter Dieu sait quel *pasticcio!*

CXXIV

AU MÊME.

Gênes, 14 mars 1863.

Cher ami, j'ai reçu hier la préface définitive que j'ai immédiatement expédiée à Torelli, le priant de faire parler le journalisme ; mais le journalisme en est toujours à peu près à *Roma o morte,* et ce n'est pas là ce qui doit nous occuper. Votre brochure est destinée à des sphères plus hautes. Elle arrive où elle doit arriver, et c'est là qu'elle produira son effet.

En ajoutant ce peu de lignes sur l'unité, vous m'avez fait un vrai plaisir [1]. J'avais voulu vous en prier, et puis...

Bien des gens me donnent ici pour un adversaire de *l'unité.* On va trop loin. Mon opinion est simplement que les moyens par lesquels on a obtenu l'union matérielle ont nui à l'union morale des volontés. Mais assurément une force qui, du dehors, viendrait à cette heure

[1] « Si un congrès européen entreprenait de *défaire* l'Italie, qui se chargerait de l'exécution de l'arrêt? Car il y aurait, de Turin à Messine, un grand parti, celui que l'on appellerait alors le parti de la dignité nationale, qui se lèverait pour la défense de l'unité, *armata manu* ; et, vous le pensez bien, j'en serais ! » (22 septembre 1862.)

s'en prendre aux faits acquis, ne saurait être soufferte; il irait là de notre honneur.

Pour ce qui est de mes *Mémoires*, j'ai réfléchi à votre proposition. Ce serait tentant et avantageux pour moi; mais d'abord cela produirait ici mauvais effet; ensuite, comme mon intention est de faire un livre qui soit utile à notre nouvelle génération, il me faut dire bien des choses qui seraient tout bonnement des niaiseries en français, car les idées, le degré de civilisation, le sens public ne sont pas les mêmes. Ainsi, je crois que vous m'approuverez si je me borne à vous remercier, pour la cent millième fois, de vos offres amicales.

A vous.

CXXV

AU MÊME.

Gênes, 2 via Serra, 25 mars 1863.

Cher ami, j'ai immédiatement écrit à Manzoni, tout en étant bien loin de le croire nécessaire. Depuis longtemps, Eugène Rendu est présenté partout en Italie, même sur le Pinde, quoique vous n'ayez jamais, que je sache, bu au *sacro fonte*. Il est vrai que bien peu d'hommes n'ont pas au moins un sonnet à se reprocher... Et moi..! je ne devrais pas oser lever le front; à dix-neuf ans, je passais les nuits à écrire un poëme épique *in ottava rima!!* notice fort intéressante! — Revenons à votre brochure.

Je vous ai expédié quelques mots de la *Gazetta del Popolo*, et vous aurez vu qu'elle évite de parler du point de vue le plus important; mais cela m'inquiète peu. Ce qui me touche, et ce dont je suis fier, c'est l'approbation de Capponi. Merci de m'avoir communiqué sa lettre[1]. J'ai

---

1. « ..... Je vous loue fort d'avoir publié la lettre d'Azeglio, elle

toujours eu pour lui une amitié et un attachement qui a quelque chose de filial; sans compter que je l'ai toujours regardé comme l'intelligence la plus noble et la plus lucide de l'Italie. Si cet homme-là n'était pas aveugle, Dieu sait ce qu'il pourrait faire! J'ai l'idée que je lui donnerais volontiers un des mes yeux. Je me vante peut-être.

Pour ce qui est du collége international, vous m'aurez toujours à votre disposition. Tôt ou tard vous réussirez; l'idée est grande.

Le pauvre Farini, la tête lui a tourné complétement; c'est de sa faute, et plus encore de la faute de son entourage. Vous savez le vers du drame *Il conclavo* : « *Vorrei sentirmi dire : Segretario di Stato, e poi morire !* » Il lui aurait fallu le repos absolu, et non la présidence du Conseil. Minghetti est à sa place : c'est un homme capable, et sur le compte duquel il n'y a rien que d'honorable à dire.

CXXVI

AU MÊME.

Florence, 5 avril 1863.

Cher ami, le *Journal des Débats* que vous avez envoyé à Gino m'a été remis par lui, et je vous en remercie. Cette reproduction de ma lettre, d'après le *Constitutionnel*, par les *Débats*, est chose importante. Elle prouve un

est très-remarquable. J'espère lui serrer la main ici dans quelques jours, et je lui ferai mon compliment sincère. Elle est encore plus précise que le livre publié par lui, sur ce sujet, il y a deux ans; et c'est là mon opinion tout entière : car je crois que le pape doit avoir une ville où personne ne soit au-dessus de lui ; que cette ville doit être Rome, et que Rome ferait une mauvaise capitale pour l'Italie. Je crois ces trois choses fermement, depuis bien des années, et je les ai dites tout haut, quand personne ne voulait ici les entendre. » (Lettre du 19 mars 1863.)

mouvement d'opinion qui s'étend peu à peu. Car ces deux journaux représentent, en somme, l'opinion française dans ce qu'elle a de plus significatif, et résument, à peu près complétement, le monde politique d'au-delà des monts. Je vous félicite *di cuore* d'un succès dont le mérite vous revient de droit, et qui gagnera de proche en proche, soyez-en sûr. Puisque vous avez fait parvenir, sous les yeux du *maître*, la lettre de Capponi et la mienne, nous n'avons plus rien à faire qu'à voir venir.

Pour ce qui est de l'Italie, du Parlement, de la Couronne, nous ne sommes, ni vous ni moi, pour le quart d'heure, les hommes de la situation. *Illi robur et œs triplex circa pectus esset*, qui oserait mettre le moins du monde en doute que *nous* ne soyons les seuls et véritables propriétaires de Rome et de tout ce qu'elle contient; c'est à désespérer du bon sens. Vous voyez ce bon Pasolini ! il s'est retiré *per scrupoli*, — pas pour autre chose, — et pourtant il a lancé en se sauvant son trait de Numide, affirmant que la politique du Gouvernement est toujours la même ! — Vous avez lu cette pièce, je pense.

Je dois partir demain à cause de mon éternelle *Galerie*, — et ennuyeuse, dois-je ajouter.

Ma prochaine lettre sera donc datée de Turin ou de Cannero.

CXXVII

AU MÊME.

Cannero, 24 avril 1863.

Cher ami, je viens de recevoir votre bonne lettre du 19, ainsi que *la France* dont je vous remercie.

Mais, d'abord, laissez-moi vous dire combien j'ai été heureux de voir l'ancien projet repris. Il est singulier que j'allais vous écrire pour remettre à l'étude la *grande question*, et pour vous dire qu'étant envoyé à Évian par mon médecin, j'aurais désiré savoir à quelle époque, à peu près, vous comptiez passer les Alpes, pour ma gouverne; et je pensais que si le mois d'août eût pu me demeurer, je l'aurais choisi plus volontiers pour Évian; car M. Galvagno, mon ancien collègue à l'*Intérieur*, s'y rend avec sa fille. Tout ne va-t-il pas pour le mieux? et, au lieu de vos mesquines quarante-huit heures (n'avez-vous pas honte d'une pareille lésinerie?), nous pourrons passer un mois ensemble! Ainsi c'est entendu, et je remercie du fond du cœur madame Rendu de son goût pour les eaux d'Évian.

Jamais il ne m'est passé par la tête que la France pût venir un jour nous faire la guerre, pour contrecarrer notre unité; mais tant de gens pourraient en avoir l'idée dans l'avenir! et à une pression du dehors, il n'y aurait d'autre réponse possible qu'une résistance acharnée; ce qui n'empêche nullement que l'Italie elle-même, et dans son intérêt, ne puisse encore essayer autre chose que cette école de brigandage et d'assassinat qu'on tient ouverte dans ces malheureuses provinces de Naples. Ici, quand on prend un assassin, on le juge d'abord et on le pend ensuite; je voudrais bien savoir de quel droit, au-delà du Tronto, on pend avant et on juge après! *Basta*, il y en aurait long à dire: la suite à Évian.

CXXVIII

AU MÊME.

Cannero, 23 juin 1863.

Cher ami, j'ai passé quelques jours à Milan, et, de retour depuis hier, il me vient dans la pensée de vous adresser une interpellation, — c'est la mode chez nous,

— au sujet d'Évian. Il me prend de temps en temps des frayeurs que quelque chose ne vienne à se mettre en travers, comme il arrive assez souvent aux projets agréables, et qui se font trop à l'avance. Persistez-vous toujours? Veuillez me répondre un *oui*, gros comme le bras.

J'ai trouvé Manzoni rajeuni. A 85 ans on en aurait besoin, paraît-il! Nous sommes assez d'accord sur tous les points. Voilà un homme que vos catholiques pourraient peut-être écouter. Lui reconnaîtraient-ils quelque autorité à celui-là? — Je lui ai présenté vos respects, et l'ai remercié de la lettre qu'il vous a écrite[1]. Cette lettre est bonne à montrer à vos énergumènes de la *Gazette* et aux pleurards onctueux de l'*Union*. Manzoni et Gino Capponi! c'est cependant quelque chose quand on veut parler du catholicisme italien. Mais, *il n'est pire sourd*, etc., etc. Or, le bon Dieu en personne leur parle-

Milan, 21 avril 1863.

[1]. « Agréez l'expression de la vive reconnaissance que je vous dois, en mon particulier, pour le précieux cadeau de votre nouvel ouvrage, et de celle que vous doit tout catholique italien, pour avoir si clairement démontré (hélas! il en est besoin en France!) qu'il n'y a pas d'opposition entre les idées et les tendances logiques que ces deux mots représentent. Quant à la solution qui puisse être propre à faire cesser, dans l'ordre des faits, leur antagonisme apparent, je suis forcé d'avouer mon impuissance, non-seulement à en imaginer une, mais même à apprécier celle qui est proposée par un esprit aussi éclairé et aussi droit que le vôtre. Je finis toujours par ne voir que deux ultimatums en présence, et également inflexibles. Ce qui est plus sûr, c'est que votre ouvrage ne peut manquer d'éclaircir des faits, de redresser des jugements, et d'affaiblir des aversions; et c'est beaucoup, quand même ce ne serait qu'en attendant.

« Veuillez, Monsieur, agréer les sentiments de haute considération, avec lesquels j'ai l'honneur d'être

« Votre très-humble et très-obéissant serviteur.

« ALEXANDRE MANZONI. »

rait *mal* du temporel qu'ils regarderaient le bon Dieu de travers.

Si vous m'apprenez la bonne nouvelle sur Évian, j'aurai à vous adresser une prière pour que vous m'y apportiez un objet pas plus grand que cette lettre.

Mais, comme toute ma *timidité* se réveille à l'idée de vous donner encore une *seccatura* après tant d'autres, j'ai bien besoin d'être encouragé, si vous tenez à avoir la collection complète.

A vous cordialement.

CXXIX

AU MÊME.

Cannero, 29 juin 1863.

Cher ami, cela va donc à merveille, et dans un mois je pourrai vous serrer la main ainsi qu'à madame Rendu et à madame votre belle-mère.

Maintenant, puisque vous voulez *lasciarvi tribolare*, voici ce que c'est : Disdéri m'a fait, comme vous savez, quatre cartes photographiques en quatre poses différentes. Je désirerais avoir un cent de ces cartes, mais laissant de côté l'une de ces poses, celle debout, le chapeau sur la tête, la main droite au menton; elle me donne par trop l'air conspirateur. La commande serait donc : cent cartes dans trois poses différentes. Si vous voulez être assez bon pour les lui faire demander, ensuite les payer et me les apporter à Évian, je vous serai bien reconnaissant, et, sauf banqueroute, nous y réglerons nos comptes.

Je vous félicite de bien bon cœur au sujet de Puebla. Vous connaissez mon profond attachement à l'Empereur (qui, à mon avis, dans l'histoire, est destiné à un fameux rôle) et à la France; car nous vous devons ce que nous sommes, et je n'ai jamais regardé la reconnaissance comme un poids. Ainsi, tout ce qui vous arrive d'heureux est un bonheur pour moi. Seulement, je ne voudrais pas que cela vous donnât trop l'envie de sauter sur la Russie maintenant. Personne plus que moi ne déteste le crime de 73, et c'est d'un bon exemple pour le monde, qu'après quatre-vingt-dix ans ce crime-là soit encore comme une meule attachée au cou des coupables, et de ceux qui l'ont souffert; mais une guerre européenne!...

Au reste, il y a chez vous une haute direction devant laquelle il faut s'incliner; ainsi — *staremo a vedere*.

Déjà une fois j'ai demandé à Disdéri mes *trois* poses et il a voulu m'envoyer les *quatre*. Veuillez lui dire le proverbe italien : *Attacca l'asino dove vuole il Padrone*.

Au revoir donc.

CXXX

AU MÊME.

Cannero, 27 juillet 1863, au soir.

Cher ami, un mot en toute hâte pour vous dire que moi aussi, sauf encombre, j'ai pris mes mesures pour arriver à Évian le premier août. Je doute fort que ma lettre vous trouve encore à Paris, essayons toujours. Ainsi à bientôt. Je me mets aux pieds de ces dames.

Tout à vous.

CXXXI

AU MÊME.

Cannero, 30 août 1863.

Cher ami, votre billet de Paris m'ôte tout espoir, et je ne sais si cette lettre vous rejoindra avant votre départ pour Berlin. Nous voici donc dans l'impossibilité de reprendre au lac Majeur les causeries du lac de Genève! Au diable soit le congrès de statistique, et l'idée de votre ministre de vous expédier là-bas! Je ne puis m'en prendre qu'aux *stelle tiranne*, comme les héros de Métastase; mais c'est une bien vive contrariété pour moi, je vous assure. Je me persuade de plus en plus que les seuls biens réels en ce monde sont l'espérance et les illusions. Elles constituent pour moi le seul profit d'un projet si longtemps caressé; c'est un peu comme cela en tout.

Basta, — Patience! il y a de longues années que je devrais être fait aux contre-temps; mais celui-ci m'a pris au dépourvu, et j'en perds presque les étriers. Notre proverbe a raison : « *Quando il pover uomo vuol cuócere, il forno casca.* »

Dieu me préserve de faire encore des projets! malgré ça, je ne saurais oublier celui de Venise pour juin 64! mais pas un mot de plus.

Quant à ma toux, je l'ai laissée en route, et je me porte à merveille; j'aurais pu bavarder tout à mon aise. Et Pantaleoni qui arrive aujourd'hui à Baveno! je lui avais annoncé votre rencontre ici; à combien de choses il faut renoncer!

J'ai écrit à Mme Rendu à Interlaken pour lui expliquer le *modus tenendi*, en cas de voyage. Aura-t-elle reçu ma lettre? Recevrez-vous celle-ci? Tout me va de travers depuis quelque temps.

Me voici avec mes souvenirs de nos bonnes conversations d'Évian, sous les grands platanes et aux bords du lac. Ces moments-là ont été courts. Ils ont suffi, du moins, pour nous permettre de toucher à bien des points intimes, à part les grandes questions générales qu'il faut bien laisser de côté, de temps à autre.

J'espère que Mme Rendu et madame votre belle-mère voudront bien me permettre, dorénavant, de me considérer comme *di casa*; et, si Dieu me prête vie. « le montagne non s'incontrano, gli uomini sì. » Eh bien! nous pourrons nous rencontrer encore.

CXXXII

AU MÊME.

Cannero, 6 octobre 1863.

Cher ami, hier soir j'ai reçu la brochure de l'abbé Freppel[1], et je vous remercie de cette nouvelle *gentilezza*. Seulement, quand je dus faire à Mme Rendu l'aveu de ma faute, j'aurais dû ajouter que j'avais immédiatement demandé un autre exemplaire à mon libraire, à Turin, et que je l'aurais reçu sous peu de jours. Effectivement, deux jours après, je pus achever ma lecture interrompue à Martigny par un changement de voiture.

Je trouve cette brochure bien écrite. Il y a un peu d'irritation impatiente par-ci par-là; mais, chez l'auteur, cela se comprend. Et puis, je vous avoue que ce sang-froid inaltérable qu'on affecte aujourd'hui n'est pas de mon goût. J'aime qu'un écrivain parle avec son âme, et qu'on sente même quelque peu le feu de la passion. Or, à ce point de vue, l'abbé Freppel ne laisse rien à désirer.

Après cela, ce qui arrive doit arriver; ce grand travail critique de rénovation dans la science (mais M. Renan *rénove*-t-il quelque chose?) qui se poursuit plus ou moins partout, pouvait-on l'éviter? Je ne le pense pas. Ainsi, que chacun s'en tire selon sa conscience. Je ne me charge pas de celle de M. Renan. J'ai assez de la mienne.

J'ai vu, avec un vif plaisir, que votre voix a été entendue et écoutée au Congrès de Berlin au sujet de l'enseignement international[2]; il ne pouvait en être autre-

1. Réfutation de la *Vie de Jésus.*

2. « Les soussignés demandent au Congrès qu'il lui plaise de décider que la question de *l'enseignement international* fera partie du programme de la section de l'instruction publique, dans la prochaine

ment. J'ai vu aussi, et je vous en remercie, que vous avez appuyé la proposition de Pasini, tendant à ce que la prochaine session du Congrès ait lieu en Italie. Encore un service que vous nous rendez.

J'espère que Mme Rendu, madame sa mère et miss Bébé se portent comme on doit se porter après les eaux d'Évian et le petit lait d'Interlaken. Quant à moi, je vais à merveille. Décidément, à Évian, la digestion vaut mieux que le repas.

CXXXIII

AU MÊME.

Cannero, 14 novembre 1863.

Cher ami,

Mon idée fixe est que, dans l'histoire, le neveu aura le dessus sur l'oncle. Le dernier acte (je n'appelle pas ça un discours) de l'Empereur me confirme toujours plus dans mon idée. Je ne crois pas à la paix universelle; mais je crois, et l'histoire est là pour me l'apprendre, à une réduction successive des *casus belli* dans le Code politique, ainsi que dans les jugements de l'opinion.

Napoléon Ier aura gagné des batailles; Napoléon III les aura rendues impossibles, ou du moins rares : je préfère Napoléon III. Et pourtant une grande victoire, savoir une grande boucherie, aura pour longtemps, je le crains,

---

session du congrès; et d'exprimer le vœu qu'un comité composé des représentants des divers peuples soit constitué à l'effet de s'occuper de la fondation d'établissements internationaux d'enseignement. »

Le délégué français : Eugène Rendu, les délégués italiens : Pasini, Maestri, Correnti; les délégués espagnols : comte de Ripalda, Pascual; les délégués portugais : marquis d'Avila, Carvalho; le délégué suédois : Berg; le délégué suisse : Dr Hirsch; le délégué de Hollande : Dr de Baumhauer; le délégué anglais : W. Farr.

le privilége d'exciter les plus grandes admirations des hommes! Si l'humanité n'a pas de bon sens, il faut lui en donner; et la meilleure autorité, en ce cas, c'est celle de l'homme qui, disposant d'une bonne petite armée telle que l'armée française, dit au monde : « Eh bien, non! tout ça, c'est *vanité!* Il n'y a de vrai, il n'y a de bon que le respect volontaire des puissants envers le droit des faibles. » Si Napoléon dit cela, le monde peut l'en croire sur parole.

Imaginez qu'après avoir lu le discours, j'ai été au moment d'écrire à l'Empereur. Comprenez-vous mes *glaces de l'âge* fondues à ce point ?

Basta! *beati voi Francesi; beati...* tout le monde, qu'il y ait un pareil homme qui tient la barre!

Après cela, je ne me fais aucune illusion sur une immédiate ni complète victoire de son idée; mais il l'a exprimée, et c'est assez; le reste viendra.

Voilà, cher ami, quelques-unes des nombreuses réflexions qui se présentent à mon esprit sur ce nouveau coup de maître; car il était dans un bel embarras, et il en sort tambour battant et bagues sauves!

Je suis toujours à Cannero, décidé à ne partir qu'avec la dernière feuille; ayant ici mes livres et tout mon *établi*, je m'y trouve bien, même avec la pluie. Je suis des yeux les prodiges d'activité de votre ministre; probablement, cela vous donnera de la besogne, mais vous avez tout ce qu'il faut pour lui tenir tête.

J'espère que ces dames, lancées dans les splendeurs parisiennes, n'oublieront pas le vieux ermite de Cannero, qui n'a d'autre splendeur que la partie avec le curé et le médecin.

Je me mets à leurs pieds.

CXXXIV

AU MÊME.

Pise, 12 mars 1864.

Cher ami, mille fois merci de votre bonne lettre du 8, qui m'a rejoint à Pise, où je suis depuis le 1er février. Les Pisans nous ont volé cette année. On a patiné sur l'Arno! Jugez! Malgré cela, c'est toujours mieux qu'à Turin; aussi j'ai joui de toute la santé désirable. Dans deux jours j'irai à Florence passer un mois.

Je ne crois pas à la grande guerre, au grand rond de toute l'Europe. Tandis que tout le monde est en train de perdre le sens, l'Empereur a le bon esprit, il me semble, de garder le sien. Quant à moi, je ne vois pas comment la guerre pourrait être la panacée. La question politique, à mon sens, est le fourreau, et la question sociale est la dague. Après avoir refait la carte de l'Europe, il faudrait refaire son moral, et les canons rayés sont des professeurs fort incomplets. Le Congrès, c'est cela qu'il fallait.

D'ailleurs il faudrait persuader à la masse des médiocrités que tout le monde ne peut pas être ministre; il faudrait gorger les meneurs de pensions et de croix, et en préparer autant pour la fournée qui suivra immanquablement; car ce n'est pas précisément la passion du sacrifice qui anime tous ces rédempteurs du genre humain.

Sans doute il existe une question polonaise, italienne, allemande; où ne trouve-t-on pas une question? Mais levez le couvercle, et regardez dessous!.... et, selon moi, la guerre ne remédie nullement à ce *dessous*.

Pour ce qui est de l'Italie, je vois *i soliti* qui chantent l'hymne guerrier. Après que nombre d'aventuriers, avec six mois de traitement garibaldien, se sont métamorphosés en généraux, il est tout simple que la fournée qui suit imite *il grande esempio;* mais je ne croirai jamais nos ministres assez fous pour attaquer l'Autriche, sauf une entente (publique ou secrète) avec l'Empereur. Au reste, ces chers amis d'Allemagne sont en si bonne voie, qu'en vérité il serait stupide, de notre part, de leur créer d'autres soucis. Ils ont tout l'air de vouloir se charger eux-mêmes de se couper bras et jambes. Pourquoi les déranger? Attendons. Nous n'avons qu'à y gagner.

J'ai assez peu travaillé cet hiver. Le froid me traite comme les marmottes,— disons les ours, c'est plus noble, — il m'endort.

Rappelez-moi au souvenir de toute la colonie d'Évian. Est-il permis de faire des projets pour l'été? Se verra-t-on quelque part?

Le joli moment que nous avons choisi pour venir au monde! Qu'en dites-vous? Avouons pourtant qu'il ne manque pas d'intérêt.

CXXXIV

AU MÊME.

Cannero, 15 juillet 1864.

Mon cher ami, Pantaleoni, qui est ici, vient de m'apprendre la douloureuse épreuve à laquelle la Providence a voulu vous soumettre. Vous connaissez mon attachement pour vous et pour les vôtres. Jugez si j'aurais laissé passer un événement comme celui-là sans vous dire un mot d'amitié! Mais je l'ignorais absolument. Voilà ce que c'est que de vivre séparé du monde : Veuillez donc, s'il vous est venu l'idée que je fusse un égoïste, veuillez casser cet arrêt.

Votre famille est une souche féconde et qui répand de bons fruits: quand il s'y fait un vide, ce n'est pas elle seulement qui s'en ressent; et je sais d'ailleurs que votre frère, bien jeune encore, est frappé dans tout l'éclat d'une brillante carrière, et qu'un grand avenir lui était ouvert. Ce coup qui vous atteint est ressenti par tous ceux qui pensent que les bons exemples sont la plus puissante des propagandes; et, quant à moi, je le regrette doublement, puisqu'il a été votre frère. Veuillez, en cette occasion, me rappeler plus particulièrement à Mme Rendu et aux vôtres comme quelqu'un qui veut avoir sa part des chagrins de famille. — Que Dieu vous les abrége ou vous les épargne autant que possible!

J'ai peu de chose à vous dire de nos affaires; on vit ou on végète : c'est toujours cela. La vie animale se retrempe dans le sommeil, et il est bon de dormir quelquefois, même aux nations. Après quoi, nous retrouverons toutes nos questions entières.... C'est là le secret de l'avenir. Mais le temps les fera mûrir, et peut-être il se trouvera des issues dont personne ne se doute aujourd'hui.

Tout à vous.

CXXXVI

AU MÊME.

Cannero, 29 septembre 1864.

Cher ami,

Ce qui vient de se passer à Turin est bien triste. Tout le monde n'a fait que des sottises. Le ministère n'a préparé ni l'opinion par des publications, comme on sait le faire chez vous, ni les moyens de répression en cas de troubles. Charles X faisait son whist au moment des Ordonnances!

Le municipio a joué à la *commune;* la population a perdu la tête; la police est tombée, la dague au poing,

sur des gens désarmés, sans les sommations légales.
L'autorité militaire a été absurde. Les soldats étaient
placés de manière à s'entretuer. Aussi un colonel a péri,
et, pour le bouquet, voilà le ministère qui a signé le
traité[1] mis à la porte à la suite d'une émeute! Quand

1. Convention entre la France et l'Italie.

Leurs Majestés l'empereur des Français et le roi d'Italie, ayant résolu de conclure une convention, ont nommé pour leurs plénipotentiaires, savoir :
Sa Majesté l'Empereur des Français,
M. Drouyn de Lhuys, sénateur de l'Empire, grand-croix de l'ordre impérial de la Légion d'honneur et de l'ordre des saints Maurice-et-Lazare, etc., etc., son ministre et secrétaire d'État au département des affaires étrangères;
Et sa Majesté le roi d'Italie,
M. le chevalier Constantin Nigra, grand-croix de l'ordre des saints Maurice-et-Lazare, grand officier de l'ordre impérial de la Légion d'honneur, etc., son envoyé extraordinaire et ministre plénipotentiaire près Sa Majesté l'Empereur des Français;
Et M. le marquis Joachim Pepoli, grand-croix de l'ordre des saints Maurice-et-Lazare, chevalier de l'ordre impérial de la Légion d'honneur, etc., etc., son envoyé extraordinaire et ministre plénipotentaire près Sa Majesté l'empereur de toutes les Russies ;
Lesquels, après s'être communiqué leurs pleins pouvoirs respectifs, trouvés en bonne et due forme, sont convenus des articles suivants :
Art. 1er. L'Italie s'engage à ne pas attaquer le territoire actuel du Saint-Père, et à empêcher, même par la force, toute attaque venant de l'extérieur contre ledit territoire.
Art. 2. La France retirera ses troupes des États pontificaux graduellement et à mesure que l'armée du Saint-Père sera organisée. L'évacuation devra néanmoins être accomplie dans le délai de deux ans.
Art. 3. Le gouvernement italien s'interdit toute réclamation contre l'organisation d'une armée papale, composée même de volontaires catholiques étrangers, suffisante pour maintenir l'autorité du Saint-Père et la tranquillité, tant à l'intérieur que sur les frontières de ses États, pourvu que cette force ne puisse dégénérer en moyen d'attaque contre le gouvernement italien.
Art. 4. L'Italie se déclare prête à entrer en arrangement pour

j'ai appris ce qui se passait à Turin, j'y suis allé pour être là, comme un en-cas. Tout était tranquille, et je m'en suis retourné.

Il est bien vrai, comme vous me le dites, que j'ai pu-prendre à sa charge une part proportionnelle de la dette des anciens États de l'Église.

Art. 5. La présente convention sera ratifiée et les ratifications en seront échangées dans le délai de quinze jours, ou plus tôt si faire se peut.

En foi et témoignage de quoi, les plénipotentiaires respectifs ont signé la présente convention et l'ont revêtue du cachet de leurs armes.

Fait double à Paris, le quinzième jour du mois de septembre de l'an de grâce mil huit cent soixante-quatre.

(L. S.) *Signé* : Drouyn de Lhuys.
Nigra.
Pepoli.

Protocole faisant suite à la convention signée à Paris entre la France et l'Italie touchant l'évacuation des États pontificaux par les troupes françaises.

La convention signée, en date de ce jour, entre LL. MM. l'empereur des Français et le roi d'Italie, n'aura de valeur exécutoire que lorsque S. M. le roi d'Italie aura décrété la translation de la capitale du royaume dans l'endroit qui sera ultérieurement déterminé par sadite Majesté. Cette translation devra être opérée dans le terme de six mois, à dater de ladite convention.

Le présent protocole aura même force et même valeur que la convention susmentionnée. Il sera ratifié, et les ratifications en seront échangées en même temps que celles de ladite convention.

Fait double à Paris le 15 septembre 1864.

(L. S.) *Signé* : Drouyn de Lhuys.
Nigra.
Pepoli.

DÉCLARATION.

Aux termes de la convention du 15 septembre 1864 et du protocole-annexe, le délai pour la translation de la capitale du royaume

blié, il y a trois ans déjà, dans les *Questioni urgenti*, le programme actuel ; et quand je relis ma lettre qu'il vous a plu d'imprimer dans votre préface de la *Souveraineté pontificale*, je ne puis méconnaître que je pourrais bien

d'Italie avait été fixé à six mois à dater de la dite convention, et l'évacuation des États Romains par les troupes françaises devait être effectuée dans un terme de deux ans, à partir de la date du décret qui aurait ordonné la translation.

Les plénipotentiaires italiens supposaient que cette mesure pourrait être prise en vertu d'un décret qui serait rendu immédiatement par S. M. le roi d'Italie. Dans cette hypothèse, le point de départ des deux termes eût été presque simultané, et le gouvernement italien aurait eu, pour transférer sa capitale, les six mois jugés nécessaires.

Mais, d'un autre côté, le cabinet de Turin a pensé qu'une mesure aussi importante réclamait le concours des chambres et la présentation d'une loi ; de l'autre, le changement du ministère italien a fait ajourner du 5 au 24 octobre la réunion du parlement. Dans ces circonstances, le point de départ primitivement convenu ne laisserait plus un délai suffisant pour la translation de la capitale.

Le gouvernement de l'Empereur, désireux de se prêter à toute combinaison qui, sans altérer les arrangements du 15 septembre, serait propre à en faciliter l'exécution, consent à ce que le délai de six mois pour la translation de la capitale de l'Italie commence, ainsi que le délai de deux ans pour l'évacuation du territoire pontifical, à la date du décret royal sanctionnant la loi qui va être présentée au Parlement italien.

Fait double à Paris, le 3 octobre 1864.

Signé : DROUYN DE LHUYS,
NIGRA.

Le ministre des affaires étrangères au baron de Malaret, à Turin.

Paris, le 23 septembre 1864.

Monsieur le baron, vous savez que le gouvernement de l'Empereur s'est décidé à entrer dans un arrangement avec le cabinet de Turin pour déterminer les conditions auxquelles pourrait être effectuée l'évacuation de Rome par nos troupes. J'ai l'honneur de vous envoyer ci-annexé le texte de la convention qui a été signée à cet effet, le 15 de

être le parrain, sinon le père de la *neonata* qu'on appelle la « Convention; » mais l'essentiel, c'est que les solutions heureuses se préparent. Qu'on me laisse de côté, bien peu m'importe, pourvu qu'on finisse par m'écouter, et que le pays en profite.

ce mois, entre les plénipotentiaires de S. M. le roi d'Italie et moi. Cette convention a reçu les ratifications de l'Empereur et du roi Victor-Emmanuel.

Je crois utile de rappeler brièvement quelques-unes des circonstances qui ont précédé la conclusion de cet acte important, et de vous indiquer en même temps les motifs qui ont déterminé le gouvernement de l'Empereur à se départir de la fin de non-recevoir qu'il avait dû opposer jusqu'ici aux suggestions du gouvernement italien.

Appelé à m'expliquer au mois d'octobre 1862 sur une communication du cabinet de Turin qui, en affirmant le droit de l'Italie sur Rome, réclamait la remise de cette capitale et la dépossession du Saint-Père, j'ai dû refuser de le suivre sur ce terrain et déclarer, au nom de l'Empereur, que nous ne pouvions nous prêter à aucune négociation qui n'aurait pas pour objet de sauvegarder les deux intérêts qui se recommandent également à notre sollicitude en Italie, et que nous étions bien décidés à ne pas sacrifier l'un à l'autre.

Après avoir franchement exposé ainsi à quelles conditions il nous serait possible de prendre en considération les propositions qu'on croirait devoir nous faire ultérieurement, nous avons ajouté qu'on nous trouverait toujours prêts à les examiner, quand elles nous paraîtraient de nature à nous rapprocher du but que nous voulions atteindre. C'est dans cet esprit que nous avons accueilli les diverses ouvertures qui nous ont été faites depuis, bien qu'elles ne répondissent pas assez complétement à nos intentions pour servir de bases à un arrangement acceptable.

Nous suivions en même temps, avec un grand intérêt, les progrès qui se manifestaient dans la situation générale de l'Italie. Le gouvernement italien comprimait avec résolution et persévérance les passions anarchiques, déjà affaiblies par l'effet du temps et de la réflexion. Des idées modérées tendaient à prévaloir dans les meilleurs esprits et à ouvrir la voie à des tentatives sérieuses d'accommodement. C'est dans ces circonstances favorables que le gouvernement du roi Victor-Emmanuel s'est décidé à une grande résolution. Préoccupé de la néces-

Je ne suis pas de ceux qui offrent des conseils à la criée. Sachez bien, de plus, que je suis au ban de la cour pour abus de sincérité; au ban des jésuites, pour *leso governo papale;* au ban de la maçonnerie, comme contraire à *Roma capitale;* au ban des sectes et des rouges, pour leur avoir dit de dures vérités. Le mot d'ordre de tout ce monde-là ne pouvant pas être, heureusement : « *Azeglio est un coquin!* » est devenu simplement : « *Aze-*

---

sité de donner plus de cohésion à l'organisation de l'Italie, il nous a fait part des motifs politiques, stratégiques et administratifs qui le déterminaient à transférer sur un point plus central que Turin la capitale du royaume.

L'Empereur appréciant toute l'importance de cette résolution, et tenant compte à la fois des considérations que je viens de rappeler et des dispositions plus conciliantes manifestées par le cabinet de Turin, a pensé que le moment était venu de régler les conditions qui lui permettraient, en assurant la sécurité du Saint-Père et de ses possessions, de mettre fin à l'occupation militaire des États romains. La convention du 15 septembre répond, selon nous, à toutes les nécessités de la situation respective de l'Italie et de Rome. Elle contribuera, nous l'espérons, à hâter une réconciliation que nous appelons de tous nos vœux et que l'Empereur lui-même n'a cessé de recommander dans l'intérêt du Saint-Siége et de l'Italie.

Aussitôt que le progrès de la négociation a permis d'en espérer le succès, j'ai eu soin de faire part à la cour de Rome des considérations auxquelles nous avions obéi dans cette circonstance, et j'ai adressé à l'ambassadeur de Sa Majesté la dépêche dont vous trouverez ci-joint copie. Je me suis empressé de lui annoncer la signature de la convention et de lui en faire connaître les clauses, pour qu'il en informât le gouvernement de Sa Sainteté.

J'espère que la cour de Rome appréciera nos motifs et les garanties que nous avons stipulées dans son intérêt. Si, au premier abord, elle était disposée à voir d'un œil peu favorable les arrangements que nous venons de conclure avec une puissance dont la sépare encore le souvenir de récents griefs, la signature de la France lui donnera du moins, nous n'en doutons pas, la certitude de la loyale et sincère exécution des engagements du 15 septembre.

Agréez, etc. DROUYN DE LHUYS.

glio est d'un maniement trop difficile. Silence sur son nom ! »
Mais je crois que mon nom est fait, et tout cela m'est parfaitement indifférent ; car n'ayant plus la force littéralement d'être utile, je ne veux rien, et je reste chez moi.

La Marmora est l'homme qu'il faut pour maintenir l'ordre. Le parlement décidera ; mais les passions sont au paroxysme et on se prendra aux cheveux. *Rome capitale* est toujours le dada de la majorité. Cette malheureuse idée nous sera fatale. Elle ne s'explique que par la haine profonde inspirée par la papauté temporelle à l'Italie, haine habilement exploitée par la maçonnerie et par les sectes. Et, il faut être juste, Rome a mis du génie à se faire détester.

Après cela, j'ai toujours pensé que l'Italie aurait bien des mauvais jours à passer avant de se constituer. Toutes les nations de l'Europe n'y sont arrivées qu'après des siècles de luttes, et nous voudrions que cela fût fait en une quinzaine d'années !

Ainsi, que les vieux se résignent, que les jeunes travaillent : et marchons !

Une seule chose m'effraye : toutes les positions sont prises sous l'influence des sectes, et vous savez qu'elles ne choisissent pas les capables, mais les dévoués. Aussi, dans les moments difficiles, voilà ce qui arrive ! Et les moments difficiles ne manqueront pas. *Basta...* Que Dieu nous soit en aide !

J'ai suivi dans les journaux votre lutte électorale ; recevez mes félicitations pour votre succès. Rappelez-moi au souvenir des vôtres, et priez Dieu qu'il nous donne *senno e galantomismo.*

CXXXVII

AU MÊME.

2 novembre 1864.

Mon cher ami, je ne m'étonne nullement de la satiété qu'on éprouve chez vous au sujet de la question romaine; grâce à l'état des esprits, il ne sera pas difficile de l'étouffer.

Le parti dont dispose P*** a lancé son mot d'ordre, secondé par les garibaldiens ; malgré cela, les nouvelles idées m'ont l'air de prendre pied dans la population ; tout dépendra de la discussion de votre Corps législatif. J'ai peine à me persuader que cela n'y jette pas un peu de passion.

M. Cousin m'a écrit de Cannes, m'assurant que lui et M. Thiers partagent mes opinions; comme nous ne sommes pas en correspondance suivie, j'ai cru voir là une marque d'intérêt spécial donnée à la question. Si on finissait par s'entendre à l'effet de réunir un congrès, ce serait le meilleur des terrains pour s'arranger et en finir.

L'état des esprits, après le vote du parlement, est loin d'être satisfaisant. Le Piémont a réagi comme de raison contre l'explosion (tranchons le mot) de haine qui s'est produite contre lui dans la Péninsule. Les bases de la monarchie sont maintenant déplacées ; les nouvelles assises pourront-elles résister au torrent? c'est ce que l'avenir nous dira. Au reste, le roi n'avait consulté personne, pas même le prince de Carignan.

Non certes, je ne suis pas satisfait de l'esprit public. Ce qui domine partout, c'est le génie d'intrigue, les questions de personnes, les intérêts de secte, d'ambitions vulgaires, et surtout d'*écus*. Je commence à croire qu'il n'est donné à aucune nation d'avoir sa révolution en abrégé ; il faut en subir tous les volumes.

Aussi j'ai passé et je passe des jours bien tristes; heureusement, au fond de mon être, je retrouve toujours un ressort qui n'est point brisé et que rien ne brisera, s'il plaît à Dieu. Je suis d'âge à savoir me passer d'illusions : c'est assez du devoir; mais il n'est pas gai de se heurter sans cesse à des sentiments vulgaires et d'être rejeté à chaque instant dans les basses régions. Cette convention du 15 septembre qui, pour le fond, contient ce que je demandais, puisque précisément nous n'avons cessé d'invoquer l'entente des deux gouvernements, français et italien, pour arriver à une solution de la question romaine [1], est commentée par beaucoup de gens et par certains journaux d'une manière si platement mesquine, au point de vue de la dignité du vieux Piémont, que j'ai cru devoir écrire quelques lignes pour couper court à ce qu'on me faisait dire; nos journaux on reproduit cela, vous le verrez [2]. Il y a quelque amertume dans ces lignes, a-t-on dit; mais comment non?

Au reste, la convention est un grand pas hors de la

1. Voy. la lettre du 23 janvier 1863.
2. « Quelques journaux m'ont fait l'honneur de s'occuper de moi, et d'indiquer, inexactement du reste, quelle était mon opinion au sujet de la convention du 15 septembre.

« N'étant point ami des équivoques, je trouve opportun de parler net et complétement.

« Je pense qu'il y aurait beaucoup à dire sur la convention, mais les circonstances étant données:

« Vu qu'elle semble acclamée par le pays;

« Vu que nous, Piémontais, avons particulièrement à en souffrir;

« Vu qu'en Italie la question capitale n'est point celle de la *Capitale*, mais celle de la concorde,

« J'opine que nous les premiers devons nous résigner, et accepter le traité.

« Seulement, je ne voudrais point avoir à l'entendre parler de *compensations*. Je me sens disposé au sacrifice; mais à présenter un compte, non !

« MASSIMO D'AZEGLIO. »

voie qui conduisait à Rome. Ne croyez rien de ce que disent à cet égard nos journaux ou même nos déclarations officielles qui ont en vue les passions qu'on a soulevées et avec lesquelles on n'ose pas rompre. C'est langage *de convention,* sans calembour, réputé nécessaire par nos politiques du jour; langage de transition, pour arriver ensuite à ne plus parler du *Capitole.* Et l'Empereur nous en aura délivré! Vos évêques pourraient l'en remercier.

A propos d'évêques, j'ai vu avec intérêt la brochure que vous m'avez envoyée [1]; j'ai toujours plaisir à lire l'évêque de Poitiers. On ne peut pas être plus séparé que je ne le suis de lui sur nos grandes questions; mais d'abord il écrit avec esprit et finesse. Et puis, je ne sais si je me trompe, le *moi* me semble jouer chez lui un rôle moins turbulent que chez son émule en mandements et en brochures anti-italiennes; et l'arrogant *je* ne figure pas en tête de chacun de ses alinéas comme un sergent-major à la tête de sa compagnie; il est moins journaliste et plus évêque. De plus, je lui sais un gré infini de l'amitié qu'il vous conserve malgré de profonds dissentiments; c'est d'un homme d'esprit et d'un homme de cœur. Dans sa lettre à M. de Persigny, il s'en tire avec vous fort gracieusement, et on ne peut esquiver avec plus de dextérité aimable la tâche peu facile, quoi qu'il en dise, de vous répondre [2] : après cela,

---

1. Lettre de Mgr l'évêque de Poitiers à Son Excellence le comte de Persigny, ministre de l'intérieur.

2. « Les meilleures intentions, servies par d'incontestables talents, n'ont pu aboutir à aucun dénoûment sérieux ; à l'heure où je trace ces lignes, un jeune publiciste, à qui de très-profonds dissentiments ne peuvent m'empêcher de continuer le titre d'ami , vient d'offrir sa solution avec un bon vouloir et une sincérité que je reconnais ; mon affection pour lui ne peut m'égarer jusqu'à prêter à son travail une valeur pratique qui fait défaut; toute cette étude, d'ailleurs

il déclare bien entendu toute conciliation impossible. Il la faut cependant : M. de Persigny, dans sa réponse fort habile [1], le démontre assez clairement [2]. Que veut donc l'évêque de Poitiers ?

brillante de style et d'érudition, porte sur une idée fixe, et sur deux ou trois méprises dont quelques traits de plume auraient facilement raison, si mon cœur, engagé de ce côté par une vieille et incorrigible tendresse, ne me commandait de laisser le soin de cette réfutation à d'autres. »

1. *Réponse à Son Ém. le cardinal-archevêque de Bordeaux*, citée dans la lettre à M. de Persigny.

2. « Nous avons été en Italie, parce qu'un intérêt de premier ordre, l'intérêt vital de la France, ne lui permettait pas, sans un grand péril pour elle-même, de livrer la Péninsule à l'Autriche. Puis, vainqueurs, nous avons proclamé l'indépendance de l'Italie, parce que, outre la grande considération du respect des peuples, la France ne pouvait, sans s'exposer encore à de plus grands périls, se donner le rôle odieux, dangereux, fatal, d'asservir à son tour ce pays. Malheureusement, cette double nécessité, pour notre politique en Italie, de détruire la domination autrichienne et de ne pas la remplacer par la nôtre, devait amener une situation fâcheuse pour la cour de Rome.

« Ne pouvant depuis longtemps gouverner son petit État sans que l'Italie fût sous le joug de l'Autriche ou de la France, le gouvernement temporel du Pape se trouvait frappé d'impuissance à tous les yeux, et ainsi, de ces circonstances indépendantes de toute volonté, de tout calcul individuel, est sortie la grave difficulté qui nous préoccupe.

« C'est là, en effet, une situation étrange ; car, tandis que d'un côté l'intérêt de la France veut que l'Italie se gouverne librement, sans que nous ayons à dépenser notre argent et à sacrifier le sang de nos enfants à une mission odieuse ; de l'autre, l'intérêt de la religion, c'est que le Pape (qu'il puisse exercer ou non son pouvoir temporel) soit également indépendant. De là cet intérêt mi-politique et religieux pour la France de ne sacrifier ni l'Italie au Pape, ni le Pape à l'Italie ; de là cette double cause, si difficile, si délicate, mais non pas impossible à concilier ; de là enfin cette espérance criminelle des partis, que l'Empereur se laisserait entraîner ou à trahir l'intérêt de la France en sacrifiant l'indépendance de l'Italie, ou à trahir l'intérêt de la religion en sacrifiant l'indépendance du Pape. »

Sa solution est évidemment celle de M. Veuillot cité par vous : « Qu'il n'y avait pas de question d'Italie « quant aux peuples italiens; que partout, en Italie, *le* « *peuple était gouverné suivant son génie et son bon sens*[1], » et qu'il faut en revenir au *statu quo ante*..., en priant l'Autriche d'avoir la bonté de restaurer les ducs. Admirable ! Et il parle d'*idée fixe!*

Enfin, laissons faire au temps. Lui seul et le bon Dieu peuvent faire germer les solutions, et rendre possible ce que les uns et les autres déclarent inacceptable. L'Empereur voit cela, et c'est une partie de sa force.

CXXXVIII

AU MÊME.

Turin, 18 novembre 1864.

Cher ami, il me semble décidément que la lubie du Capitole commence à faiblir ; ceux qui n'en ont pas besoin ou qui n'en veulent point comme échelle ne parlent plus aussi bas qu'autrefois. Ce serait le moment de mettre en avant l'idée de transformation par la *souveraineté nominale*, autrement dit la *suzeraineté*. Pour ce qui me regarde, je pense formuler nettement mon opinion au Sénat. Comme mon gosier n'est pas dans l'état le plus confortable, je vais préparer quelques pages que je prierai un collègue de lire à ma place.

Je vous dis ceci, parce que si le moment vous paraît opportun, et si votre opinion ne s'est pas modifiée, il pourrait être utile, à mon sens, de prendre occasion de notre discussion au Sénat pour rouvrir la question chez vous, et pour faire ajouter la *souveraineté honorifique*, souveraineté analogue, on ne peut trop le dire, à ce qu'elle

---

1. *Le Pape et la diplomatie.*

était au moyen âge, avec toutes les garanties d'indépendance exceptionnelle et de possession *de biens* donnant des revenus assurés dans les divers pays catholiques[1], à l'inventaire des solutions proposées.

Je conçois que la presse cléricale dira : *c'est trop!* et la Révolution : *c'est peu!* Alors dans quelles colonnes trouver place pour exposer notre programme? A vous de voir comment on peut tourner l'obstacle; vous ne serez pas embarrassé : le tout est de savoir s'il est bon ou non de toucher cette corde.

Ce qui se passe ici est passablement triste : les jalousies italiennes qui reprennent de plus belle; absence de courage politique, et pas le sou!

Vous direz que je suis un vieux *brontolóne;* oui, je ne vois pas en rose, c'est un fait; pourtant j'ai la conviction que l'enfant est né viable. Or, comme la France est au moins la marraine!... Il faut seulement développer sa constitution, lui donner des fortifiants et ne pas le mettre à un régime violent pendant la dentition : question de patience!

Au milieu de mes tristesses, j'ai eu pourtant, je dois l'avouer, une petite satisfaction, c'est l'étincelle de bon sens qui a lui dans le discours (je ne sais si vous l'aurez lu) de notre ancien ministre des affaires étrangères, le signataire de la convention [2]. Visconti-Venosta, tout en affirmant, bien entendu, qu'il s'agissait toujours du programme de Cavour (le programme secret ou le programme public?) a prouvé tout le contraire, et dit que le projet de traité de 1861 n'avait jamais été accepté par le gouvernement français, ce projet, tel qu'il était, n'étant pas de nature à donner des gages à la France catholique. Avoir osé déclarer cela prouve que la question a fait un

---

1. Voy. la lettre XC (22 août 1861).
2. Discours de M. Visconti-Venosta à la Chambre des députés (8 novembre 1864.)

pas dans notre sens. Seulement, ce que je ne pardonne pas, c'est de venir avouer que notre gouvernement, en signant une convention, a dû donner *une garantie*[1]. Il y eut un temps, je l'ai connu, où la garantie de l'exécution d'un traité, c'était la signature du ministre sarde qui y mettait son nom; hélas!

A part cela, Visconti a eu du moins des paroles convenables pour le Piémont, et n'est pas venu lui parler d'indemnité[2]; c'est quelque chose, il y a là une délica-

---

[1]. « Il semblait au gouvernement impérial que, si nous n'offrions pas quelque garantie de fait, qui équivalût à créer une situation plus rassurante, une situation qui vînt sceller nos engagements, la politique française aurait été directement responsable de la crise qui pouvait suivre immédiatement le retrait de Rome des troupes françaises. »

M. Menabrea avait, de son côté, exposé comme il suit, dans une séance du conseil municipal de Turin (21 septembre 1864), l'origine des négociations relatives à la convention : « L'Empereur répondit qu'il n'était pas éloigné de retirer ses troupes, mais qu'il désirait du gouvernement italien une garantie que rien ne serait tenté contre le Saint-Père ; qu'il ne lui suffisait pas, à ce point de vue, de la garantie morale, base des négociations du comte de Cavour, mais qu'il avait besoin d'une garantie matérielle.

« Ces intentions du gouvernement français étant connues du ministère, on jugea opportun de reprendre les pourparlers commencés par le comte de Cavour ; on chargea le marquis G. Pepoli et notre ministre plénipotentiaire à Paris, le chevalier Nigra, d'entrer en négociation.

« L'Empereur leur répéta ce qu'il avait déjà dit à Vichy, c'est-à-dire que sans une garantie matérielle du gouvernement italien il lui était absolument impossible de retirer ses troupes. »

[2]. « Nous avons demandé à ce pays un sacrifice qui blesse, je ne dirai pas des intérêts, mais des sentiments que tout homme de cœur doit ressentir : l'orgueil, la conscience d'une glorieuse hégémonie, exercée au profit de l'Italie. Ces sentiments blessés, messieurs, cette immense amertume ne peuvent obtenir qu'une seule satisfaction qui soit digne d'eux.

« Cette satisfaction, ce ne sont pas nos paroles qui peuvent la leur donner, elle ne serait d'ailleurs pas acceptée : cette satisfaction, ils

tesse de tact à laquelle on ne nous avait pas accoutumés. *Tenerezza* à vous et aux vôtres.

CXXXIX

AU MÊME.

Turin, 26 novembre 1864.

Mon cher ami, mardi je dirai quelques mots au Sénat et je vous avais écrit il y a quelques jours à ce sujet ; ma lettre se sera égarée. J'ai l'intention de mettre sur le tapis notre idée de la souveraineté nominale ou suzeraineté du pape. Ici les esprits s'accoutument depuis quelque temps à entendre discuter l'éventualité de Rome *non* capitale. Je ne saurais d'ici juger si, chez vous, le moment serait opportun pour appuyer cette idée dans la presse ; à vous d'en décider, et, dans le cas affirmatif, de faire des démarches en ce sens, comme vous l'entendrez ; si vous croyez que ce n'est pas le moment, n'y pensons plus. Je vous enverrai, poste courante, mon *speech*, vous verrez s'il peut être utilisé. Comme vous voyez, je compte tou-

peuvent la trouver seulement dans l'avenir, qui leur prouvera que ce sacrifice a été fait pour le bien de l'Italie, et que la patrie en a recueilli de grands avantages.

« Cette démonstration, et celle-là seule, voilà ce qu'attend la conscience douloureusement troublée de ce pays ; et nous aussi, qui avons assumé une si grave responsabilité, nous l'attendons avec une anxiété que rien ne peut surpasser. Mais si elle doit être telle que me le dit ma conviction profonde, alors nos cœurs se comprendront sans le secours de vaines paroles ; nous nous retrouverons d'accord et prêts à avancer vers l'accomplissement de cette grande entreprise, à laquelle nous appartenons tous, nous, hommes de la présente génération de l'Italie, à laquelle appartiennent notre vie, nos joies et nos douleurs ; de cette entreprise dont le premier honneur, la première gloire sera pour ceux qui l'auront payée des plus grands sacrifices. » (Discours du 8 novembre.)

jours sur votre amitié pour moi et sur l'intérêt affectueux que vous n'avez cessé de porter à notre pays.

Le mois de novembre m'a pris à la gorge comme toujours, ce qui fait que je me vois obligé d'écrire et de faire débiter mon discours par un collègue à larges poumons, qui prendra ma place.

L'Italie en ce moment traverse un terrible défilé; nous aurions besoin que de tous côtés on fît pleuvoir sur nous de bons conseils : d'ajourner les questions d'unification, pour ne songer qu'à nous organiser. Et pour cela il faudrait un gouvernement qui eût, à lui, un programme raisonnable, au lieu d'emprunter toujours celui de la révolution; un gouvernement qui essayât d'une grande nouveauté — celle de dire la vérité.

Si en France on nous sermonnait en ce sens, on nous rendrait un grand service. *Qui sait?* le déficit fait l'effet de l'eau glacée; parfois elle ramène le bon sens.

Mille amitiés à votre chère famille.

CXL

A MADAME EUGÈNE RENDU.

Turin, 28 novembre 1864.

Madame et amie,

Les absences de votre fugitif ne vous valent rien, à vous; mais moi, qui suis égoïste, je n'en pleure pas: elles m'ont valu une bonne et chère lettre de vous, ce qui est rare comme toutes les jolies et bonnes choses.

J'ai cru d'abord que ma lettre s'était égarée, et j'en ai écrit une autre; ce pauvre Eugène s'en trouve criblé! Il me pardonnera, j'espère, grâce au motif. Le très-petit jour commence à se faire sur la question de Rome, mais on n'ose pas attacher le grelot.

Moi, par contre, cela me va assez; et je compte m'en passer la fantaisie dans la discussion de la convention qui s'ouvre demain au Sénat. Cette circonstance est fort peu importante par elle-même, et je ne prétends pas, veuillez me croire, faire de mon *speech* un événement; toutefois j'ai voulu en informer Eugène, pour qu'il avise, s'il y a lieu.

En fait de rhume, je suis votre compagnon d'infortune : chez moi aussi le mal est léger autant que peut l'être ce qui ennuie; un vieux bonhomme enrhumé, seul au coin du feu, quel tableau récréatif!

Après tout, il s'en trouve qui n'ont ni feu ni coin du feu; ainsi remercions le bon Dieu.

Il nous faudrait un brin de la température d'Évian ; tous nos maux seraient bientôt guéris. Et il me faudrait, à moi, cette bonne température morale qui me donnait presque l'illusion de me trouver en famille. Je suis bien content des nouvelles que vous me donnez des *bambini*. La fillette, à cette heure, doit faire l'effet d'une grande petite dame.

Veuillez me rappeler au souvenir de madame votre mère et de toute la colonie d'Évian ; et je ne manquerai pas, de mon côté, de *portare le vostre grazie* à Mme Faravelli, à ma première sortie.

CXLI

A MONSIEUR EUGÈNE RENDU.

Turin, 4 décembre 1864.

Cher ami, je ne me suis pas trompé dans mes prévisions. Le coup est parti et il a porté[1]. J'étais dans l'at-

---

1. On écrivait de Turin, sous la date du 4 décembre, au journal des *Debats* : « Le discours annoncé de M. Massimo d'Azeglio avait attiré

tente du sifflet; au lieu de cela, la condamnation de *Roma o morte* a été reçue aux applaudissements non-seulement du Sénat, mais des *tribunes*[1] !

hier une grande affluence au palais Madama. Le nom de M. d'Azeglio est entouré ici d'une véritable auréole. Il a non-seulement le prestige du talent, mais celui de la loyauté du caractère, de l'élévation des sentiments, qualités d'autant plus appréciées qu'elles deviennent plus rares. Aussi son discours, qu'il a dû faire lire, a-t-il été écouté avec une religieuse attention, et a-t-il été suivi d'applaudissements unanimes. Il ne flattait cependant personne, et il s'écartait même, sur des points essentiels, des idées généralement acceptées.

« M. d'Azeglio a le premier proposé Florence pour capitale il y a trois ans, et même pour capitale définitive. Son idée ne paraît pas avoir changé depuis lors. Il veut qu'on laisse Rome au pape, non pour y gouverner, mais pour y régner. »

1. On croit devoir traduire ici la plus grande partie du discours de M. d'Azeglio. Ce discours conserve aujourd'hui toute son importance. Les Italiens ne méconnaîtront pas une voix qui, avec plus d'autorité que jamais, s'adresse à eux du fond de la tombe.

. . . .

Le nœud de toutes les complications actuelles, c'est la question de Rome.

La fureur d'avoir Rome pour capitale a servi les intérêts de bien des gens. Je ne suis pas certain qu'elle ait servi les intérêts de l'Italie.

C'est un fait que ceux qui ne connaissent pas le *dessous des cartes*, et le travail des sociétés secrètes ou non secrètes, manifestent quelque étonnement de l'extrême importance que donnent les Italiens à l'objet d'une ambition *classique*; il eût semblé que Venise et le quadrilatère pouvaient avoir aussi une certaine influence sur l'indépendance et l'unité nationales.

« Nous autres Anglais, disait dernièrement lord Stanley au banquet
« politique de King's Lynn, nous pouvons difficilement comprendre
« l'importance suprême que les Italiens attachent à la possession
« d'une cité en ruines, qui n'offre aucun avantage au point de vue
« militaire ou commercial, laquelle, en un mot, n'est plus qu'un nom
« historique. Mais, en dernière analyse, s'ils croient trouver leur
« compte à se mettre en lutte avec le clergé et les fidèles qui sont, en
« Italie, une armée puissante ; à s'attirer l'animadversion des gouver-

Je vous envoie une demi-douzaine d'exemplaires, et si *quelqu'un* désire patronner notre idée, il n'a qu'à battre le fer tandis qu'il est chaud. Je ne dis pas que tout le

« nements catholiques, libre à eux!... » — Avouez qu'on ne saurait nous railler avec plus de grâce et plus de bon sens. (*Mouvement.*)

J'entends des gens me répondre : « Nous voulons arracher Rome au pape, en haine d'un pouvoir qui, de tout temps, a appelé l'étranger en Italie. » Oui, dans les tendances qui poussent les Italiens vers Rome, entre pour beaucoup un motif et, mieux encore, un double motif de haine. Eh bien, la haine est la plus mauvaise des conseillères pour tout le monde, et surtout pour les hommes d'État!

J'avoue qu'à mon sens le moment n'était pas encore venu d'enlever le gouvernement de son siége antique; et je pense toujours du reste, comme il y a quatre ans, que le moment venu, il était bon, en effet, de le placer à Florence.

On ne peut gouverner de Turin, répète-t-on : très-bien, surtout si l'on a un ministère incapable de gouverner. (*Sourires.*) Je serais curieux de savoir, par exemple, si le déficit est uniquement l'effet de l'air de Turin. (*Hilarité.*)

Quoi qu'il en soit, nous sommes d'accord ; on ne pouvait pas s'éterniser ici, encore bien qu'il ne fût pas nécessaire de déménager à bride abattue, comme si le feu eût été aux ministères. Le sort en est donc jeté ; et je me borne à dire que si la convention a pour effet de calmer l'Italie, et de mettre fin à l'agitation qui se fait pour la capitale; si l'on commence, par suite, à gouverner sérieusement, à introduire un peu d'ordre en toutes choses, à donner une forme raisonnable au système des impôts, à trouver des remèdes au mécontentement et à la défiance des populations; oh! alors, je bénirai le traité : il sera la fortune de l'Italie.

Si, au contraire, la convention réveille plus ardente la croisade entreprise, pour aller plus loin encore ; si nous ne voulons ni ne pouvons nous mettre à faire les affaires du pays, alors elle sera pour nous une calamité.

« L'Italie, disait le comte de Cavour, qu'il n'est pas certain qu'on ait bien compris, l'Italie aura Rome lorsque la France et le monde catholique seront convaincus que l'autorité et l'indépendance du souverain pontife n'en seront pas affaiblies. »

Il suffit de jeter un coup d'œil sur l'Europe pour apprécier les progrès que nous avons faits dans la confiance du monde catholique; et

monde sera converti en Italie, mais l'arrêt du Sénat est déjà un appoint qni n'est pas à dédaigner.

On me dit que les journaux sont unanimes; et il y a pour juger de ceux que nous avons faits dans la confiance de la France, c'est assez de jeter les yeux sur le traité, le premier, à ma connaissance, qui ait stipulé la nécessité d'un gage pour la signature d'un prince de la maison de Savoie.

Je dirai un mot de cela tout à l'heure ; mais je crois nécessaire d'abord d'éclaircir quelques idées.

Il y a une grande différence entre *Rome capitale* et Rome simplement *ville italienne*, selon le plan exposé dans mon programme, avec les droits et les charges de toute autre ville, érigée en municipe pour son administration communale, sous la souveraineté nominale du pape.

La première hypothèse trouble les consciences et nous met à dos toute la catholicité. La seconde n'effrayerait pas le catholicisme, et les consciences pourraient s'en accommoder.

Je sais très-bien que ce système lui-même présente des difficultés ; mais qu'y a-t-il de facile dans la question romaine?

Seulement, j'aurais voulu que nos plénipotentiaires eussent mis en avant, parmi les éléments de la négociation, le droit des Romains (les seuls que personne ne songe à nommer dans la question de Rome) à se créer un gouvernement de leur choix, dans les limites, — je me hâte de l'ajouter, — nécessairement imposées par les conditions exceptionnelles où se trouve la papauté vis-à-vis du monde entier. Et ici se fait l'application de l'axiome : « L'absolu est le pire ennemi de la bonne politique. »

J'ai encore un souvenir assez présent des affaires pour me rendre compte de la difficulté qu'il y avait à faire entrer la mention d'un tel droit dans le protocole. On le pouvait cependant. Une affirmation, même sans effet présent, a de l'importance pour l'avenir, en matière de droit.

Et maintenant je crois opportun d'appeler l'attention du Sénat et, si je le pouvais, de l'Italie et de l'Europe, sur deux vérités que je vois toujours enveloppées de nuages, tandis qu'il serait si important qu'elles apparussent limpides et claires.

Ces deux vérités sont celles-ci :

Le catholicisme, d'un côté, ne peut pas ne point reconnaître qu'i scrait injuste, et impossible à la longue, de vouloir soumettre par la

un moment, un de ces visiteurs que vous amène toujours le bon vent, s'écriait : « Mais, mon Dieu, qui est-ce qui pense encore à Rome? » Comme ce courtisan à Louis XIV : « Eh, Sire, qui est-ce qui a des dents? »

force des centaines de mille âmes à un mode de gouvernement en contradiction avec les exigences raisonnables de la civilisation du dix-neuvième siècle; il doit admettre que dès l'instant que, le pape est en possession de la liberté, de l'indépendance, de l'inviolabilité de prince souverain; qu'il a les moyens de se tenir en communication permanente avec le monde catholique, et de le gouverner en matière dogmatique, disciplinaire, bénéficiaire, etc., etc.; il doit, dis-je, admettre que les Romains vivent de la vie générale de notre temps, et que le pape soit leur souverain purement nominal.

L'Italie, d'autre part, doit comprendre que le catholicisme, que la communion la plus ancienne et la plus nombreuse de la chrétienté; que la communion si merveilleusement organisée, dans sa hiérarchie, pour la transmission immédiate et puissante de la volonté suprême; que le culte intimement uni aux forces les plus vives de la société, ne veuille pas renoncer, sans une lutte acharnée, au Siége où sont accumulés, depuis dix-huit siècles, les monuments les plus vénérés de la foi.

L'homme d'État digne de ce nom, qu'il ait ou qu'il n'ait pas une foi religieuse, sait accepter les faits. Je serais curieux de savoir s'il viendrait jamais dans la tête du ministre *le plus voltairien* de la Sublime-Porte de mettre la Mecque à sac.

J'ai peine à concevoir que le catholicisme puisse jamais comprendre, à côté du pape au Vatican, le roi d'Italie au Capitole. Eh bien, je le demande, sommes-nous disposés à une lutte avec la catholicité? Nous conviendrait-il de l'affronter? (*Mouvement.*)

Dès que les deux vérités dont j'ai parlé seraient admises de part et d'autre, quelle conciliation naturelle ne se produirait pas dans le monde! conciliation non-seulement religieuse, mais politique et civile! tandis qu'aujourd'hui le malaise moral a envahi toutes les classes de la société!

Et si ce que je vous dis est vrai, toutes les puissances sociales, gouvernement, ministres, écrivains, hommes influents, auraient le devoir strict d'éclairer l'opinion publique, au lieu de la laisser en proie à tant d'illusions et de mensonges, tantôt pour une vaine fumée de popularité, tantôt pour trouver un appui à de vulgaires ambitions.

Qu'on fasse, d'ailleurs, ce que l'on voudra, aucun des deux camps

Si quelques incidents se présentent, je vous le manderai.

Adieu, *in fretta*.

ne peut espérer la victoire entière. Il n'y a qu'une issue possible : la transaction.

Jamais l'Italie ne se persuadera que la souveraineté nominale du pape soit la ruine de la religion. — Jamais le catholicisme n'admettra que Florence capitale soit la ruine de l'Italie.

Quoi! il faudrait donc que le monde fût condamné à vivre toujours en péril et sur le qui-vive, parce que les uns ne voudraient pas renoncer à la *motte de terre* du P. Lacordaire, et les autres aux ruines d'une cité qui, depuis Dioclétien, n'a jamais été vraiment capitale que de la Chrétienté, — ce qui est bien quelque chose!

J'aurais voulu, je l'avoue, que, grâce à la convention, la question eût été placée sur son véritable terrain ; mais je le sais trop, le désirable et le possible sont deux. Espérons pourtant qu'on obtiendra plus tard ce qu'on ne peut réaliser aujourd'hui ; souhaitons que la diplomatie elle-même fasse un progrès, et qu'à l'avenir les traités soient conclus pour être exécutés et non tout exprès pour être violés, c'est-à-dire que les traités aient enfin pour but de consacrer le juste et non de l'étouffer.

Il est des gens qui, pour la solution de la question romaine, comptent sur les *progrès de la civilisation générale*, c'est-à-dire, si je ne me trompe, sur l'affaiblissement de la foi religieuse. Deux mots seulement sur ce point.

Je ne me fais pas une idée claire, je l'avoue, des moyens qu'emploiera *le progrès* pour persuader au pape futur de renoncer spontanément à sa souveraineté ; et si le pape tout le premier n'a pas cette résolution, alors comme aujourd'hui, ce sera donc une question de force matérielle ?

Quant à l'extinction de la foi religieuse, j'admets, si telle est l'ambition de quelques-uns, la possibilité d'une époque où nos neveux verront les colonnes qui soutiennent la coupole de Michel-Ange s'élever seules, couvertes de lierre, au milieu d'un amas de ruines. Mais, croyez-moi, n'attendons pas cette époque ; c'est aujourd'hui qu'il faut prendre un parti. La coupole de Saint-Pierre est ferme sur sa base, et il me paraît prudent d'en tenir compte parmi les matériaux de notre édifice national. (*Sensation.*)

J'ajoute que le pouvoir pontifical modifié comme je le comprends

CXLII

AU MÊME.

Turin, 10 décembre 1864.

Mon cher ami, ce que vous avez obtenu dépasse toutes mes espérances. L'article de *la France* du 9 courant serait pour l'Italie, c'est ma conviction, — non pas un mal (comme j'accorde qu'il l'a été sous sa forme précédente), mais un grand avantage; et j'ajoute encore que la conciliation, lorsqu'elle se fera, n'aura pas lieu, je pense, d'après la célèbre formule : « *l'Église libre dans l'État libre.* » Sans entrer dans une discussion qui mènerait trop loin, je ne puis taire cependant que cette phrase est, à mes yeux, un mot de circonstance qui, à l'heure qu'il est, a fait son service. (*Hilarité.*)

Revenons à la convention.

Selon nos plénipotentiaires, on n'avait pas renoncé à Rome; selon les documents français, on y avait renoncé. Selon notre presse officielle, on n'y avait pas renoncé ; selon la presse officielle française, on y avait renoncé. (*Mouvement.*)

Je ne sais si ces énigmes contribuent beaucoup à assurer le crédit d'un gouvernement réduit à vivre d'équivoques. Ce que je sais, c'est que la société moderne, et l'Italie surtout auraient grand besoin et auraient droit de recevoir d'en haut, et de tout pouvoir sans exception, de bons et de nobles exemples ; sans cela on ne pourra pas se plaindre si les autorités de divers ordre se discréditent et perdent toute force morale.

Mais les commentaires n'étaient pas finis : il s'en produisit un dernier qui semble le plus clair de tous.

L'Italie affirme : « J'attends le progrès, la civilisation ; et quand il me dira : Le moment est venu ! je déclare dès à présent que j'agirai selon mes convenances. »

La France répond : « Quand votre moment sera venu, j'agirai, moi, selon mes intérêts. »

Ce qui veut dire en bon italien que chacun conserve sa propre opinion, et qu'on a eu l'habileté de faire un traité en bon accord sur tout, sauf sur les bases. (*Hilarité.*)

Le bénéfice le plus net a été qu'on a transporté la capitale loin de Turin. Soit, allons à Florence ! Mais qu'il soit permis à un vieillard

ouvre la voie, et, des deux côtés, on peut entrer en matière. Malheureusement, chez nous, *la France* est au ban de toutes les médiocrités et de tous les *pretrofobi*. Jugez quelle séquelle!

qui a beaucoup pensé à l'Italie et aux bases sur lesquelles se fondent les États, de donner ici un avis.

Persuadons-nous que les nations se gouvernent bien et fleurissent, quand elles sont conduites par des hommes honnêtes, d'un caractère ferme et prudent, qui respectent leur propre dignité (*Bravos! bien! bien!*), intègres et prêts au sacrifice. Si elles sont conduites, au contraire, par des hommes de toutes mains, de peu de caractère et de peu de jugement, mettez le gouvernement à Turin, à Rome ou à Florence, où vous voudrez, ce sera toujours la même chose, et tout ira de mal en pire. (*Bravos! bien!*)

Maintenant donc, la capitale une fois trouvée, que l'on pense à l'avenir, et qu'on cherche de bonnes et régulières administrations; et, quant à la ville de Florence, je ne doute point qu'on y puisse créer un milieu dans lequel prospère le gouvernement de la dignité et du sacrifice, et où devienne impossible celui de l'intrigue et de la spéculation. (*Bravos! bravos! très-bien!*)

La convention une fois stipulée, on nous a dit : « Donnez-nous une garantie. » Ce qui, entre particuliers, se traduirait par *gage en main*; et la garantie a été accordée.

Qu'il me soit permis de rappeler un temps où nous donnions, nous aussi, une garantie ; mais cette garantie était notre signature, et elle était tenue pour bonne. (*Bravos! bravos!*) Il a couru à cette époque un mot du prince Schwarzenberg : « Si le ministre sarde l'affirme, on peut le croire. » On ne dit pas qu'on ait parlé de gage !

Et je n'entends point par là être hostile aux ministres tombés. Ils ont certainement agi du mieux qu'ils ont pu ; je veux seulement montrer la nécessité, l'urgence de reconquérir à l'étranger et même à l'intérieur cette réputation, cette dignité, cette confiance qui, selon le comte de Cavour, sont les conditions *sine qua non* de notre entrée au Capitole. (*Rires.*)

Après avoir énuméré les côtés faibles de la convention, la justice me commande d'en exposer aussi les avantages.

Étranger! en Italie, c'est un mot sinistre. Qui a lu notre histoire depuis Odoacre jusqu'à nos jours en sait la raison. C'est pourquoi il ne me plaît pas d'appliquer ce mot au corps d'occupation français,

Quelqu'un me disait que le ministère des affaires étrangères, chez vous, ne voyait pas de mauvais œil le nouveau mouvement; cela étant, nous aurions là un solide appui. Si les journaux officieux s'en mêlaient,

fraction de cette noble armée à laquelle, ainsi qu'à son chef, l'Italie doit une reconnaissance éternelle. Mais le cœur de la France est haut placé. Par le sentiment qu'elle éprouve en matière d'indépendance elle jugera du mien, et je suis sûr d'être compris. Nous ne pouvons pas nous dissimuler que les réserves de liberté d'action déclarées dernièrement par les deux parties réduisent le bénéfice de l'évacuation à un état singulièrement précaire. En un mot, les caractères du traité sont l'obscurité et l'incertitude. Il est vrai que si l'Italie l'eût compris, elle l'eût peut-être un peu moins acclamé. (*Hilarité.*)

Un autre avantage de la convention, c'est celui de nous unir plus étroitement à la France et à l'Empereur Napoléon, l'ami le plus véritable qu'ait jamais eu l'Italie. On arrivera ainsi à mettre mieux en harmonie les tendances politiques des deux peuples qui ont entre eux cent motifs de confiance et pas un d'arrière-pensée hostile. (*Bravo! Trèsbien! Applaudissements.*)

La convention peut avoir un dernier avantage, et celui-là serait le plus grand de tous : c'est de faire cesser désormais, parmi nous, les haines et les rancunes, les anciennes jalousies; c'est que le Piémont lui-même obtienne enfin amnistie complète (*sourires*), et qu'il se forme une Italie vraiment unie de cœur et de volontés, comme elle est unie de cités et de provinces.

Je me résume en deux mots.

Si le traité, en mettant fin à l'agitation qui a Rome pour sujet, en nous procurant un appui plus solide de la part de la France, nous donne le moyen de pouvoir gouverner, de faire des économies, de rétablir notre crédit moral et matériel, et d'arriver à nous organiser d'une manière stable et durable, je me réjouirai de ce traité en tâchant d'oublier toutefois à quelle épreuve il a fait descendre notre signature.

Dans le cas contraire, j'attendrai.

Messieurs, j'ouvre l'histoire, et j'y vois qu'en l'année 1045 la maison de Savoie et le Piémont s'unirent pour se mettre en marche dans la voie qu'ils devaient parcourir ensemble, huit siècles durant, sans jamais se rompre la foi. Exemple unique en Europe! Cet ensemble, qui

l'effet en Italie serait bien plus important. De toute manière, l'essentiel était de rompre l'uniformité stupide de *Roma o morte!* et de lancer l'idée nouvelle ; si elle est bonne, elle fera comme la boule de neige ; sinon, elle disparaîtra. Il est bon de mettre tout projet à cette contre-épreuve.

Hier le traité a été voté au Sénat. 47 contre, et à peu près 135 pour : nous étions aux lumières ; le plus profond silence régnait dans les tribunes et sur les stalles des sénateurs appelés, un à un, à déposer leurs votes dans l'urne. C'était morne et recueilli comme des funérailles. Dieu seul voit les conséquences de cet acte ! Espérons.

Tout à vous et mille fois merci.

s'appela le Piémont, a toujours maintenu sa dynastie nationale, et dans le cours de huit cents années, sans jamais avoir connu le joug, il a su pratiquer le sacrifice et rester fidèle à l'honneur. (*Bravo! Très-bien.*)

Aujourd'hui, nous le savons et nous sommes d'accord : oui, notre antique État doit disparaître, comme disparaît le germe du froment lorsque l'épi est formé. Mais on ne renonce pas à tant de faits, de traditions, de souvenirs d'honneur sans que le cœur soit brisé ! (*Mouvement prolongé.*)

Quand la nouvelle épousée sort de la maison où elle naquit, ses parents ont consenti et voulu ; mais si, en ce moment, leur âme est percée d'un glaive, qui leur en fera un reproche? (*Très-bien! Applaudissements.*)

Et moi aussi, puisque la nation le veut ; puisque, dans l'état présent de nos affaires, un traité douloureux est un mal moindre que la division des esprits, d'un cœur triste j'accepte ce traité. (*Bravos.*)

Ce sacrifice, Turin et le Piémont, j'en suis convaincu, l'acceptent également. Les anciens disaient déjà : *Malo assuetus Ligur.* — Nous saurons montrer que nous ne sommes pas moins forts que nos aïeux. (*Bravos.*)

Que Dieu veuille faire tourner ce traité à l'avantage de l'Italie, et réformer le jugement sévère qui nous accable depuis tant de siècles ; sous le poids duquel, au lieu de nous rendre indépendants et forts en nous donnant sympathie et aide réciproques, nous avons trouvé dans les jalousies et les haines civiles la faiblesse et la servitude. (*Applaudissements unanimes et prolongés.*)

CXLIII

AU MÊME.

Pise, 15 janvier 1865, hôtel Grande-Bretagne.

Cher ami, je reçois votre bonne lettre du 11. J'ignorais le pronunciamento des *Débats* qui me paraît fort important. J'avais déjà remarqué que, dans *la France* et autres journaux, de temps en temps on revient sur notre projet. Si réellement on pouvait se rallier à une pareille solution, quel immense apaisement partout, quel profit pour tout le monde et pour le sentiment religieux surtout!

M. Cousin m'a écrit de Cannes à ce sujet, prenant occasion de mon discours; lui comme M. Thiers, me mande-t-il, ne voient pas d'objection sérieuse à notre plan ; au moins, c'est ce qui me paraît résulter de sa lettre, M. Thiers pourrait, à mon sens, concilier sur ce terrain les engagements qu'il me paraît avoir avec l'opposition, avec ses instincts conservateurs, et même ses sentiments catholiques, si pourtant il s'en préoccupe beaucoup, ce que j'ignore.

En répondant à M. Cousin, j'ai invoqué l'appui de tous les deux; si nous pouvions l'obtenir plus ou moins complet, ce serait, il me semble, d'une sérieuse importance. J'ai aussi parlé à M. Cousin de l'*Encyclique*, et j'avoue que je suis moins papiste que lui en ce moment. Quand je dis moins papiste, ce n'est pas que je veuille attaquer le pape ; je regrette au contraire qu'il s'attaque lui-même, et j'enrage de voir la religion de mon pays se porter de si terribles coups. Il y a des gens atteints de la monomanie du suicide ; leurs amis ont beau les surveiller, ils trouvent toujours le bon moment de se jeter par la fenêtre. Que faire à cela ? — On répond : mais ne trouvez-vous pas une véritable grandeur dans l'acte du Saint-

Père qui, au milieu de périls sans nombre, s'oublie lui-même pour ne penser qu'aux doctrines, et pour jeter le défi aux théories et aux faits qui le menacent? — Eh! mon Dieu, je réplique, moi : Jésus-Christ, qui s'y entendait apparemment, a jeté, lui le premier, le défi aux théories et aux faits, mais c'était en s'immolant et en disant : « Remettez l'épée au fourreau! » Depuis ce temps-là, le christianisme n'est fort que par l'immolation. Pour lui, toute politique autre que le sacrifice est une forfaiture d'abord, et un détestable calcul ensuite. J'ajoute ceci : Le Christ n'a parlé qu'une fois politique; ç'a été pour dire : « *Rendez à César*, etc., » c'est-à-dire pour fonder la séparation du spirituel et du temporel. D'après cela, je juge et je conclus; et je crois être chrétien.

Tenez, je suis vivement frappé du contraste qui existe entre le langage des journaux soi-disant religieux et la réalité historique. Il n'est question chez eux que de la prudence traditionnelle, de l'esprit de justice et de paix, de la douceur de la politique des papes!.. Mais, grand Dieu! ce qu'il faudrait dire, c'est qu'en abandonnant le point de vue dont je parlais, en acceptant les nécessités qui s'imposent aux gouvernements vulgaires, c'est-à-dire en échangeant la *Suzeraineté* de la grande époque religieuse contre la *Souveraineté* directe des princes ordinaires des trois derniers siècles; en un mot, en voulant, eux représentants du Christ, « faire comme les autres, » — ce qui révolte, — ils ont, à force d'imprudence et de rigueurs et de contre-sens politiques, perdu la moitié de leur domaine spirituel, — est-ce vrai, oui ou non? — et la presque totalité de la *motte de terre*. Et à cette école-là, a-t-on appris quelque chose? Demandez-le à Rome!

Donc, l'occasion me semble opportune pour en finir avec la souveraineté réelle, cette innovation du seizième siècle. Jamais nécessité n'a été mieux démontrée. Le thème me fait l'effet d'être simple. Que le pape publie ses opinions sur plusieurs points des sciences politiques, nul ne peut trouver à y redire ; mais s'il prétend trancher ces questions de par une infaillibilité surnaturelle, il force à lui répondre qu'il est aussi peu compétent aujourd'hui en politique, qu'il l'était en astronomie au temps de Galilée. Enfin !...

Vous me demandez si, chez nous, l'opinion se modifie chez les gros bonnets. Mais ne l'oubliez donc pas, les gros comme les petits ont toujours trouvé *Roma o morte* stupide : je parle des gens sensés. La Révolution elle-même comprenait et comprend l'inanité de ce projet ; mais vous avez vu combien d'intérêts ont été servis par ce mot d'ordre. C'est comme la Pologne chez vous. Assurément la tourbe des badauds prend cela argent comptant. Il y a même des gens haut placés, appartenant à la classe susdite, qui y croient, tels que R***. Mais je ne vous dis que ceci : tandis que Pepoli faisait son fameux discours entre la poire et le fromage, et que Nigra écrivait sa note explicative, le comte Pasolini, ami de Minghetti, vint à Cannero, envoyé par celui-ci, pour m'informer de la convention *déjà signée*. Il n'y avait rien à dire, et je me bornai à observer qu'on n'avait rien prévu ni préparé ; c'était le 16 ou le 17 septembre ! Vous savez ce qui s'ensuivit.

Ce qui me frappa, ce fut que Pasolini, comme conclusion, s'écria : « *Finalmente grazie a Dio, siamo liberati di Roma.* » Concluez vous-même. Le procès sera jugé au Corps législatif. Nous n'avons pas longtemps à attendre.

CXLIV
AU MÊME.

Pise, 1er avril 1865.

Mon cher ami, il y a un siècle que nous ne nous sommes écrit, et je viens vous demander des nouvelles de vous et des vôtres. Pour ce qui me regarde, voilà trois mois que je contemple l'Arno de ma croisée; et je ne vais pas mal, malgré la saison diabolique qui nous poursuit : vent froid, persistant, avec giboulées et le bataclan. Ceux qui sont venus à Pise pour guérir leurs toux!...

J'ai suivi les débats du Sénat; voulez-vous me permettre de dire franchement mes impressions? Il me semble que la question n'a pas fait un pas vers une solution; à mon sens, la discussion a manqué de contrepoids. Pas un mot des populations romaines, comme si elles n'existaient pas! En même temps on loue l'Empereur d'avoir conseillé à l'Allemagne de ne pas disposer des duchés sans les consulter! Ne craignez-vous pas que ce ne soit faire, à Rome, la partie belle à la révolution? Si, au lieu de torturer le *Syllabus* et de faire l'éloge du *Ghetto* de Rome, on avait nettement posé les questions de droit, on aurait, ce semble, été mieux venu à demander aux Romains les sacrifices proclamés nécessaires. Un homme très-important m'écrivait il y a deux mois, à propos de la souveraineté nominale : « Il ne faut pas prétendre faire du définitif. » On n'en fait déjà pas trop, sans le vouloir, et je ne m'explique pas une pareille quiétude. Et pourtant voilà les idées qui dominent! après quoi il n'y a qu'à dire : *Patience, attendons*. On ne peut pas faire mûrir les questions comme les ananas en serre chaude; il faut qu'elles mûrissent d'elles-mêmes.

Et nos abolitionistes de la peine de mort, qu'en dites-vous? Ce vote est, en partie, je crois, une réclame de réélection; en partie aussi, c'est un de ces mots d'ordre que la révolution fait miroiter pour raviver *la foi* dans les mortes saisons. Du reste, le Sénat nous conservera, bien sûr, le privilége d'être pendus, selon la vieille tradition transmise intacte depuis Aman et Mardochée.

Rappelez-moi au souvenir de la colonie d'Évian.

Tout à vous.

CXLV

AU MÊME.

juin 1865.

Mon cher ami, je viens de lire et la *Lettre de Rome* du duc de Persigny, et la réponse de M. Veuillot. L'idée de la *Suzeraineté* a fait du chemin, puisque le duc la patronne ; et son adhésion pourrait bien en assurer le triomphe. La suzeraineté des papes a été le régime de la commune de Rome dans les temps de la plus vive ferveur catholique : vous aviez mis ce point historique hors de conteste. Or ce point est décisif, et le voici adopté, comme un élément de la solution à intervenir, par les hommes d'État. En même temps M. de Persigny se prononce très-nettement contre l'idée de *Rome capitale*[1], et il est du plus haut intérêt que la frénésie contre laquelle j'ai lutté, coûte que coûte, en Italie, depuis cinq ans, soit traitée pour ce qu'elle vaut par un homme de cette importance. J'en suis plus heureux que je ne le puis dire. Dieu nous soit en aide !

1. « C'est qu'en effet, si le projet de Rome pour capitale est de nature à séduire les imaginations, il ne satisfait pas également aux exigences de la raison et aux intérêts de la politique. Et d'abord qu y a-t-il de commun entre l'Italie moderne et la Rome des consuls, des empereurs et des papes? Qui oserait de nos jours, sans avoir conquis l'univers, relever la formule célèbre *Senatus populusque romanus*, fouler les dalles de la voie Sacrée et monter au Capitole? Et si ces grandes choses ne peuvent se répéter, pourquoi Rome? La Rome antique écraserait l'Italie de tout le poids de l'histoire. Cette prétention de l'Italie moderne en face de la Rome païenne serait puérile, comme en face de la Rome catholique elle pourrait être odieuse. Au milieu de cette innombrable quantité d'églises, de monuments religieux de tout genre et de toute magnificence, que ferait l'Italie ?...... Constituée, organisée, enrichie depuis des siècles par la piété des fidèles du monde entier, Rome doit rester le bien, le centre, l'apanage commun de toutes les puissances catholiques. » (*Lettre de Rome.* p. 15.)

La solution définitive, l'ami de l'Empereur l'entrevoit[1] ; et s'il en est ainsi, nous voici sur la grande route.

Quant au *guêpier italien*, que vous en dire? La manière de M. Veuillot a pour moi une certaine saveur, je ne vous le dissimule pas. Cet homme-là manie, autant que j'en puis juger, la véritable langue française. C'est un composé de Mme de Sévigné et de Rabelais, si j'ose dire, qui ne manque pas de sel. Mais quant au fond, franchement c'est à désespérer de la raison humaine de voir les questions italiennes, je ne dis pas traitées, mais vilipendées de cette façon. M. Veuillot est-il de bonne foi? Rien ne m'autorise à dire le contraire ; mais alors c'est une ignorance de notre histoire, une absence de la faculté de discerner et de juger, un don de fausser le sens des faits et d'altérer les rapports des choses, qui dépassent toute expression. Qu'espérer d'un parti dont un tel homme semble le représentant avoué? Au surplus, quand on a

---

[1]. « Et d'abord, Rome doit être prévenue d'une manière claire et catégorique que des intérêts d'un ordre supérieur ne permettent pas à l'Europe catholique de consentir à sa réunion avec l'Italie. La population romaine, qui est du reste très-douce de mœurs et remarquablement intelligente, n'en sera pas étonnée ; elle en a déjà le sentiment. Mais comme elle est italienne dans l'âme, en même temps qu'elle a les griefs les plus sérieux contre son gouvernement, il faut nécessairement que, d'une part, la cause de ces griefs disparaisse, et que de l'autre elle soit rattachée à l'Italie par un lien capable de satisfaire aux intérêts comme aux affections de cette population. Or l'idée qui m'a paru pouvoir être acceptée avec le plus de faveur à Rome, c'est que les sujets du pape soient considérés comme Italiens ; que, tout en conservant leur qualité de citoyens romains, ils puissent servir en Italie, entrer dans toutes les carrières civiles et militaires, circuler librement et sans entraves de douanes et de police, comme de véritables Italiens ; enfin que Rome, sous le gouvernement pontifical, soit comme un terrain neutre, un asile sacré au milieu de la patrie commune, où les deux sentiments, la vénération pour le saint-père et l'amour pour l'Italie, se confondent dans une aspiration commune. » (p. 25.)

écrit cette phrase : « Je suis de ceux qui pensent encore qu'il n'y avait pas de question d'Italie quant aux peuples italiens; que partout, en Italie, le peuple était gouverné suivant son génie et son bon sens; » quand on a écrit cela depuis les événements de 1859, on a donné sa mesure. N'en parlons plus.

Il est triste, — croyez-le, mais vous le savez aussi bien que moi, — pour les gens qui voudraient rester catholiques en Italie, de voir le catholicisme défendu par de telles armes :

Non tali auxilio.....

Il en sera ce qu'il plaira à Dieu!

CXLVI

AU MÊME.

Cannero, 4 août 1865.

Un de ces quatre matins vous allez recevoir une brochure de ma façon; je ne veux pas qu'elle tombe sur vous sans crier gare; vous auriez le droit de dire que je tourne à l'archevêque de Grenade : c'est peut-être vrai; mais je tiens à vous expliquer la raison d'être de ladite brochure.

Notre grande question, c'est la nouvelle Chambre; les électeurs italiens se composent pour un tiers de gens portant des bottes vernies; pour l'autre tiers, de gens qui n'en portent pas du tout; et le dernier tiers, de troglodytes ou à peu près.

Comme vous voyez, je m'adresse à un auditoire passablement bariolé : le moyen d'écrire quelque chose qui puisse aller à tout le monde? C'était pourtant là le problème qu'il fallait résoudre[1]; et je me suis laissé dire par

1. M. d'Azeglio exhortait ses compatriotes à montrer des vertus civiques, et à justifier, par la forte prudence d'un peuple en possession

mes amis, La Marmora et d'autres, que c'était à moi d'essayer. J'ai dû être élémentaire jusqu'à la naïveté, j'allais dire jusqu'à la niaiserie ; et si j'ai dégringolé, je demande grâce en raison de la difficulté *dell' assunto*.

de lui-même, le mot célèbre : *L'Italia farà da se*. En 1865 comme en 1849, il entendait servir son pays, non le flatter. « En peu d'années, peut-on dire, il s'est fait beaucoup de choses, il s'est fait des miracles. Très-bien, mais doucement ! Avant de nous enorgueillir, séparons exactement notre œuvre personnelle de l'œuvre de la Providence ; peut-être trouvera-t-on que la part la plus importante ne doit pas être portée à notre compte.

« Quelle que soit cette proportion, le fait est qu'à l'heure présente l'entreprise est confiée exclusivement à des mains italiennes ; il n'y a plus aujourd'hui ni détours ni prétextes ; il ne s'agit plus d'une bataille où un incident imprévu peut rendre inutiles les inspirations du sens le plus élevé. C'est ici une partie d'échecs : tout est entre les mains du joueur. Qui perd ne peut dire qu'une chose, c'est qu'il n'a pas su jouer.

« La nouvelle législature sera la résultante du bon sens, de la sagacité, du patriotisme des électeurs ; s'ils se trompent, point d'excuses acceptables, car on ne peut procéder à des élections avec une liberté plus absolue, dans un calme plus parfait, plus à l'abri de toute pression, et à la lumière de plus d'exemples des nations étrangères.

« Si, en de telles circonstances, l'Italie ne se conduisait pas comme une grande nation ; si le caractère italien ne s'élevait pas au niveau de fortunes inespérées ; si les étrangers pouvaient encore nous jeter au visage les ironies que chacun sait, il ne serait plus temps de reprendre les vieilles plaintes : « Et l'Autriche ! et le roi de Naples ! et le duc de Modène ! et la police ! la censure, les espions, les jésuites !... » non ; plus rien de tout cela !

« Et alors il n'y aurait plus qu'à dire et à entendre dire : « Les Italiens sont incapables de se gouverner. Les premiers aux bavardages, aux vanteries, aux entreprises hardies, mais courtes et folles ; si vient le temps du labeur sérieux, persévérant, du devoir obscur, pénible, où il faille du caractère et une résolution tenace, adieu alors ! plus d'Italiens ! » On dirait encore que loin de *far da se'*, ils n'ont pas même su se laisser délivrer par d'autres ; et que ce sol, dont ils ont reçu la moitié en cadeau, ils n'ont pas su le mettre en œuvre. » (*Agli Elettori*, p. 40.)

L'Autriche et vos légitimistes ont fait tant et si bien (notre maladresse aidant) que nos négociations avec Rome on fait *fiasco*.

Je m'explique difficilement la quiétude avec laquelle on s'en va à la dérive vers le moment de la grande échéance. On dirait que tout ça doit aller comme sur des roulettes. Nous verrons bien.

En attendant, tout ce qu'on nous donne à opposer au programme de *Roma o morte*, c'est toujours cet autre programme fort séduisant de cinq cent mille âmes condamnées à la machine pneumatique à perpétuité; et on croit que c'est là le moyen de désarmer la Révolution? Me permettez-vous de vous dire que dans vos Chambres tous les partis ont été représentés, hors le parti libéral dans le sens politique et chrétien tout ensemble? Que n'a-t-on dit aux Romains : pliez devant une nécessité invincible; mais au pape en même temps : transformez votre gouvernement[1]! — A la grâce de Dieu! Ce ne sera pas faute d'avoir averti.

Pardon pour ma franchise; mais je suis fort inquiet, je vous l'avoue.

CXLVII

AU MÊME.

Cannero, 15 septembre 1865.

Cher ami, je ne savais absolument rien de votre ennuyeuse indisposition, dont je suis bien peiné. Heureusement il n'y paraît plus, d'après le ton de votre lettre, où votre amitié et vos gâteries pour votre vieil ami se trouvent à leur état normal. Je suis tout étonné du *furore* qui a pu absorber trois éditions en peu de jours, ce qui est inouï pour nous autres[2]. Bien sincèrement je croyais que tout

1. Voy. les lettres LVIII et XC.
2. *Agli Elettori*. Lettera di Massimo d'Azeglio.

cela était trop rebattu pour pouvoir être seulement remarqué. C'est curieux, la destinée des livres! J'explique le phénomène par la satiété qu'on éprouvait des *paroloni*, des hypocrisies d'*amor patrio*, du faux héroïsme ; et puis on commençait à se douter que derrière ces masques s'abritaient nombre de pillards en train de s'organiser pour une grande battue ; il est tout simple dès lors que tout ce qui n'est que simple et honnête ait paru sublime.

Maintenant il faudra voir, *all' atto pratico*, ce qu'il en sera ; et, sous ce rapport, je n'éprouve qu'une médiocre confiance, car c'est inimaginable quel gâchis de partis, de sectes, d'égoïsmes, d'intrigues de toute espèce nous entoure! Enfin, comme toujours, à la grâce de Dieu!

Je suis heureux de voir remarquée chez vous ma *reconnaissance* pour la France, pour l'Empereur et pour l'armée[1]. Je ne saurais l'exprimer par des paroles, tant elle

[1]. « Avant 1859, qui pensait à l'Italie *une?* Des sectaires, oui. Il faut les avoir vus! Quelques exceptions à part, leur idéal était la France de Marat. Robespierre avec son *Être suprême* était un jésuite, bon à ouvrir la porte de la réaction. Qui donc entrevoyait l'unité? Pour moi, elle fut toujours le premier de mes désirs et la dernière de mes espérances. Or cette Italie non encore complète que nous avons, l'aurions-nous jamais obtenue sans Napoléon III et l'armée française?

« Oui, je le dis bien haut : Voilà nos bienfaiteurs! Et je le dis pour que chacun sache que je n'appartiens pas à ces sectes pour lesquelles la Lombardie délivrée et l'Italie ressuscitée ne sont pas une compensation de *l'échec porté à la Révolution*, mais que j'appartiens à la phalange peu nombreuse, cela est vrai, de ceux qui croiraient s'abaisser, si, du moins, à défaut d'autre moyen, ils ne cherchaient pas à s'acquitter de la dette, qu'ont créée de grands bienfaits par la reconnaissance la plus vive et la plus déclarée.

« Cette reconnaissance, le Piémont la doit à l'Empereur d'une manière toute spéciale. Une intelligence moins haute que la sienne se serait peut-être défiée de nous, et n'aurait pas estimé prudent de prendre pour compagnon d'avances *un si petit pays*. Lui, au contraire, a eu foi dans un peuple dont il connaissait l'histoire, et il a plu à Dieu que cette confiance n'ait pas été trompée.

est vraie et profonde; et cette chienne de mauvaise presse de chez nous, qui n'a pas honte de vous injurier! Croyez bien pourtant qu'elle n'a pas d'écho hors des rangs de la démagogie.

Mon pauvre Cannero m'a tout l'air d'être définitivement condamné : c'est dommage pourtant! quelles bonnes causeries nous aurions pu faire! c'était donc impossible? Patience! je ne désire que ce qui peut vous être agréable et utile.

CXLVIII

AU MÊME.

Cannero, 15 novembre 1865.

Cher ami, oui, les députés sont nommés; nous les tenons : il reste à voir comment ils se tireront d'affaire. Près de la moitié sont nouveaux; inutile de faire des statistiques, il faut les voir à l'œuvre. Le résultat le plus clair est que les électeurs n'étaient pas grands admirateurs

---

« Le duc de Persigny, dans sa lettre sur les affaires de Rome, dit que, dans la guerre de 1859, la France avait en vue un intérêt de premier ordre pour elle. Il s'ingénie en quelque sorte à dispenser l'Italie de sa dette de reconnaissance.

« De telles paroles sont un trait d'exquise délicatesse; mais l'Italie, si elle les acceptait sans réserve, donnerait une triste idée de ses sentiments.

« Oui, cela est vrai, la France combattait pour la France, en combattant pour nous; et n'était-ce pas là d'ailleurs un strict devoir pour qui se faisait prodigue de son sang?

« Mais, en même temps, c'est la première fois qu'un souverain, descendu en Italie avec une grande armée, en sortait laissant nos chaînes brisées au lieu de les avoir rendues plus pesantes.

« Cela me suffit; je ne pense pas autre chose. » (*Agli Elettori*, p. 57.)

des ministres tombés. Si la nation eut été de leur avis, elle aurait dû non-seulement leur épargner la mortification du ballottage, mais, comme cela s'est fait pour Cavour et d'autres, elle aurait produit leur candidature dans plusieurs colléges.

Ainsi, les nouveaux tiraillements, les nouveaux impôts, et surtout la bande de loups qui s'était ruée sur le budget et qui s'était organisée dans la Chambre même, tout cela n'a pas l'air d'avoir fait fureur auprès des électeurs, et je suis ravi de voir qu'ils ne se sont pas gênés pour en dire leur sentiment. Tout l'état-major du ministère passé est resté sur le carreau : c'est un peu de leur faute. Ils ont publié des brochures-réclames montrant un peu trop la corde; ils se sont rués sur moi qui pourtant avais évité toute personnalité, et n'avais dit autre chose que d'élire des gens honnêtes et de bon sens. Ce n'était pas malin; je me suis vengé en leur demandant si désormais on ne pourrait plus citer les commandements de Dieu sans qu'ils criâssent au *fait personnel?*

Le fait est que, un seul excepté, on les a tous mis à la porte; et, à mon sens, la leçon devait être donnée, mais pas si forte. Car enfin ce sont gens médiocres peut-être, mais frottés aux affaires de chaque jour, et nous ne sommes pas riches en ce genre.

Rome en est toujours au même point : tout ce monde que la convention a mis dans un cul-de-sac veut en sortir de manière ou d'autre ; et quand on aura vu les talons de votre dernier soldat,... si, à ce moment-là, le système de la *suzeraineté* n'est pas en vigueur, et si le *municipio* romain ne fonctionne pas en dehors de tout pouvoir ecclésiastique direct, « le pouvoir du pape planant dans une sphère élevée au-dessus des intérêts secondaires, » comme a dit l'Empereur dans sa lettre du 20 mai, en vérité, je ne sais ce qui arrivera.

A moins que je ne sais quels graves événements (il fait

noir du côté de l'Allemagne) ne viennent donner une face différente aux choses, et assurer une intervention nouvelle de ce grand organisateur, le temps!

Je suis, vous le savez, grand admirateur de l'Empereur, à ce point que je donnerais ma vie pour conserver la sienne; mais je ne puis comprendre comment, dans la convention du 15 septembre, il a passé sous silence le droit des populations romaines. Après cela, celui qui tient la barre sait tellement ce qu'il fait qu'on doit avoir confiance. Il a eu son idée[1]; voyons venir.

Je suis toujours ici brochant mes *mémoires* qui m'amusent à écrire, — ils auront toujours amusé quelqu'un, — et je n'éprouve nulle envie d'aller à l'*apertura* (de nos Chambres).

Adieu, cher ami, n'oubliez pas le vieil Ermite de Cannero.

[1]. L'Empereur disait, lors de l'ouverture de la session législative de 1865 (15 février):

« J'ai voulu rendre possible la solution d'un difficile problème. La convention du 15 septembre, dégagée d'interprétations passionnées, consacre deux grands principes : l'affermissement du nouveau royaume d'Italie et l'indépendance du saint-siége. L'état provisoire et précaire qui excitait tant d'alarmes va disparaître. Ce ne sont plus les membres épars de la patrie italienne cherchant à se rattacher par de faibles liens à un petit État situé au pied des Alpes; c'est un grand pays, qui, s'élevant au-dessus des préjugés locaux et méprisant des excitations irréfléchies, transporte hardiment au cœur de la Péninsule sa capitale, et la place au milieu des Apennins comme dans une citadelle imprenable. Par cet acte de patriotisme, l'Italie se constitue définitivement, et se réconcilie en même temps avec la catholicité; elle s'engage à respecter l'indépendance du saint-siége, à protéger les frontières des États romains, et nous permet ainsi de retirer nos troupes. Le territoire pontifical, efficacement garanti, se trouve placé sous la sauvegarde d'un traité qui lie solennellement les deux gouvernements. La convention n'est donc pas une arme de guerre, mais une œuvre de paix et de conciliation. »

FIN

NOTES

Note 1, p. 44 et 46.

On lisait, à la date du 10 mai 1848, dans l'*Ère nouvelle*, journal fondé, au lendemain de la Révolution de février, par le P. Lacordaire, et qui fut, à cette époque, l'organe des catholiques libéraux :

« Les bruits venus de Civita-Vecchia, répétés par la malveillance et la crainte, aggravaient des événements douloureux, sans doute, mais qui ne compromettent ni l'honneur de la papauté, ni la mission libératrice du catholicisme. Non, il n'est pas vrai que Pie IX, en plein consistoire, ait fait amende honorable de ses réformes et rétracté les bénédictions qu'il donnait, il y a trois semaines, aux drapeaux des volontaires romains; qu'il ait flétri la guerre de l'indépendance en blâmant les princes italiens qui s'y seraient laissé pousser par l'enthousiasme des peuples, et les troupes pontificales qui auraient franchi la frontière du Pô, contrairement à leurs instructions. Il n'est pas vrai non plus que le peuple romain ait oublié tout à coup sa vénération pour le pontife, son amour pour le prince réformateur. »

« La vérité est qu'une circonstance vient de se produire où Pie IX s'est trouvé sur ces limites extrêmes et difficiles à garder entre le pouvoir spirituel et le temporel; qu'il s'y est tenu avec une prudence et une charité qui devaient mécontenter à la fois les impatients et les rétrogrades; et qu'il a échappé une fois de plus, et pour le temps que Dieu voudra, à deux périls qu'il faut signaler avec une égale fermeté,

« D'une part, toute notre passion pour l'Italie ne nous permet pas de dissimuler qu'après les héroïques barricades de Milan, l'élan des populations affranchies n'a pas répondu à toutes les espérances de leurs amis. Les longues hésitations des villes lombardes, plus promptes à ouvrir des clubs qu'à lever des bataillons, le petit nombre des volontaires de l'Italie méridionale, les lenteurs stratégiques de l'armée piémontaise, désespéraient ceux qui savent le prix du temps.

« Pour tirer de leurs habitudes de mollesse des peuples qui ont oublié depuis trois siècles le métier des armes, il restait à faire prêcher la guerre de l'indépendance comme une guerre sainte par le seul pouvoir qui ait eu le secret de tirer l'Italie du sommeil des tombeaux. C'est la raison qui faisait solliciter de Pie IX une déclaration de guerre contre l'Autriche, c'est-à-dire un acte dont nul prince italien n'avait pris l'initiative, pas même le roi de Sardaigne, qui a poussé la hardiesse jusqu'à commencer la guerre, mais non pas jusqu'à la déclarer.

« D'un autre côté, au bruit des révolutions qui depuis deux mois ébranlaient le monde, tous les yeux, toutes les colères des puissances vaincues, toutes les inquiétudes des esprits timides se tournaient vers le Vatican. On accusait celui qui y siége d'avoir sacrifié aux joies de la popularité le repos de l'univers chrétien, d'avoir rompu les derniers liens qui attachaient les peuples à des institutions séculaires, et de les précipiter vers des hasards où la civilisation pouvait périr. C'était dans Rome et dans l'Italie entière la plainte de tous ceux que la réforme des abus dépossède ou menace. C'était le langage des diplomates et des politiques, celui que naguère encore tenait lord Brougham à la tribune des pairs d'Angleterre, réunissant dans une même accusation Charles-Albert et Pie IX. C'était surtout le grief, non du cabinet de Vienne seulement, mais de l'Allemagne, dont on ne connaît pas assez l'orgueil ombrageux, et que nous voyons aussi hostile aux derniers efforts de l'agonie polonaise qu'à l'affranchissement de l'Italie. Le protestantisme attisait l'irritation des populations germaniques, et les évêques ne cachaient point au saint-siége le danger d'un schisme parmi les catholiques eux-mêmes, si Rome se déclarait l'ennemie de cette nationalité allemande dont la jalousie a produit Luther. »

Qu'on lise avec calme l'allocution du S. Pontife.

ALLOCUTION DE S. S. LE PAPE PIE IX

PRONONCÉE DANS LE CONSISTOIRE SECRET DU 29 AVRIL 1848.

Plus d'une fois, vénérables frères, nous nous sommes élevé au milieu de vous contre l'audace de quelques hommes qui n'ont pas eu honte de faire à nous et à ce Siége apostolique l'injure de dire que nous nous sommes écarté, non-seulement des très-saintes institutions de nos prédécesseurs, mais encore (blasphème horrible !) de plus d'un point capital de la doctrine de l'Église [1]. Aujourd'hui encore il ne manque pas de gens qui parlent de nous comme si nous étions le principal auteur des commotions publiques qui, dans ces derniers temps, ont troublé plusieurs pays d'Europe, et particulièrement l'Italie. Nous apprenons en particulier, des contrées allemandes de l'Europe, d'Autriche, que l'on y répand le bruit parmi le peuple que le Pontife romain, soit par des émissaires, soit par d'autres machinations, a excité les nations italiennes à provoquer de nouvelles révolutions politiques. Nous avons appris ainsi que quelques ennemis de la Religion catholique en ont pris occasion de soulever des sentiments de vengeance dans les populations allemandes pour les détacher de l'unité de ce Siége apostolique.

Certes nous n'avons aucun doute que les peuples de l'Allemagne catholique et les vénérables pasteurs qui les conduisent repousseront bien loin avec horreur ces criminelles excitations. Toutefois nous croyons qu'il est de notre devoir de prévenir le scandale que les hommes inconsidérés et trop simples pourraient

[1]. Allocutions consistoriales du 4 octobre et du 17 décembre 1847.

en recevoir, et de repousser la calomnie qui n'atteint pas seulement notre humble personne, mais dont l'outrage remonte jusqu'au suprême apostolat dont nous sommes investi et retombe sur ce Siége apostolique. Nos détracteurs ne pouvant produire aucune preuve des machinations qu'ils nous imputent, s'efforcent de répandre des soupçons sur les actes de l'administration temporelle de nos États. C'est pourquoi, pour leur enlever jusqu'à ce prétexte de calomnie contre nous, nous voulons aujourd'hui exposer clairement et hautement devant vous l'origine et l'ensemble de tous ces faits.

Vous n'ignorez pas, vénérables frères, que déjà vers la fin du règne de Pie VII, notre prédécesseur, les principaux souverains d'Europe insinuèrent au Siége apostolique le conseil d'adopter pour le gouvernement des affaires civiles un mode d'administration plus facile et conforme aux désirs des laïques. Plus tard, en 1831, ces conseils et ces vœux des souverains furent plus solennellement exprimés dans le célèbre *memorandum* que les empereurs d'Autriche et de Russie, le roi des Français, la reine de la Grande-Bretagne et le roi de Prusse crurent devoir envoyer à Rome par leurs ambassadeurs.

Dans cet écrit, il fut question, entre autres choses, de la convocation à Rome d'une Consulte d'État formée par le concours de l'État pontifical tout entier, d'une nouvelle et large organisation des municipalités, de l'établissement de conseils provinciaux, d'autres institutions également favorables à la prospérité commune; de l'admission des laïques à toutes les fonctions de l'administration publique et de l'ordre judiciaire. Ces deux derniers points étaient présentés comme des principes *vitaux* de gouvernement. D'autres notes des mêmes ambassadeurs faisaient mention d'un plus ample pardon à accorder à tous ou à presque tous les sujets pontificaux qui avaient trahi la foi à leur souverain.

Personne n'ignore que quelques-unes de ces réformes furent accomplies par le pape Grégoire XVI, notre prédécesseur, que quelques autres furent promises dans les édits rendus cette même année 1831, par son ordre. Cependant ces bienfaits de notre prédécesseur ne semblèrent pas satisfaire pleinement aux vœux des souverains, ni suffire à l'affermissement du bien-être et de la tranquillité dans toute l'étendue des États temporels du saint-siége.

C'est pourquoi, dès le premier jour où, par un jugement impénétrable de Dieu, nous fûmes élevé à sa place, sans y être excité ni par les exhortations, ni par les conseils de personne, mais pressé par notre ardent amour envers le peuple soumis à la domination temporelle de l'Église, nous accordâmes un plus large pardon à ceux qui s'étaient écartés de la fidélité due au gouvernement pontifical, et nous nous hâtâmes de donner quelques institutions qui nous avaient paru devoir être favorables à la prospérité de ce même peuple. Tous ces actes, qui ont marqué les premiers jours de notre pontificat, sont pleinement conformes à ceux que les souverains d'Europe avaient surtout désirés.

Lorsque, avec l'aide de Dieu, nos pensées ont eu reçu leur exécution, nos sujets et les peuples voisins ont paru si remplis de joie et nous ont entouré de tant de témoignages de reconnaissance et de respect, que nous avons dû nous efforcer de contenir dans de justes bornes les acclamations populaires dans cette ville sainte, les applaudissements et les réunions trop enthousiastes de la population.

Elles sont encore connues de tous, vénérables frères, les paroles de notre allocution dans le consistoire du 4 octobre de l'année dernière, par lesquelles nous avons recommandé aux souverains une paternelle bienveillance et des sentiments affectueux envers leurs sujets, en même temps que nous exhortions de nouveau les peuples à la fidélité et à l'obéissance envers les princes. Nous avons fait tout ce qui dépendait de nous par nos avertissements et nos exhortations pour que tous, fermement attachés à la doctrine catholique, fidèles observateurs des lois de Dieu et de l'Église, ils s'appliquent au maintien de la concorde mutuelle, de la tranquillité et de la charité envers tous.

Plût à Dieu que ce résultat désiré eût répondu à nos paternelles paroles et à nos exhortations. Mais on connaît les commotions publiques des peuples italiens dont nous venons de parler; on sait les autres événements qui s'étaient déjà accomplis, ou qui ont eu lieu depuis, soit en Italie, soit hors de l'Italie. Si quelqu'un veut prétendre que ces événements sont de quelque manière sortis des mesures que notre bienveillance et notre affection nous ont suggérées au commencement de notre pontificat, celui-là certes ne pourra en aucune façon nous les imputer à crime, attendu que nous n'avons fait que ce qui avait été jugé par nous, comme par les princes susnommés, utile à la prospérité de nos sujets temporels. Quant à ceux qui, dans nos propres États, ont abusé de nos bienfaits, imitant l'exemple du divin prince des pasteurs, nous leur pardonnons de toute notre âme, nous les rappelons avec amour à de plus saines pensées, et nous supplions ardemment Dieu, père des miséricordes, de détourner avec clémence de leurs têtes les châtiments qui attendent les ingrats.

Les peuples de l'Allemagne que nous avons désignés ne sauraient nous accuser, si réellement il ne nous a pas été possible de contenir l'ardeur de ceux de nos sujets qui ont applaudi aux événements accomplis contre eux dans la haute Italie, et qui, enflammés d'un égal amour pour leur nationalité, sont allés défendre une cause commune à tous les peuples italiens. En effet, plusieurs autres princes d'Europe, soutenus par des forces militaires bien plus considérables que les nôtres, n'ont pas pu eux-mêmes résister aux révolutions qui, dans le même temps, ont soulevé leurs peuples. Et néanmoins, dans cet état de choses, nous n'avons pas donné d'autres ordres aux soldats envoyés à nos frontières que de défendre l'intégrité et l'inviolabilité du territoire pontifical.

Aujourd'hui toutefois, comme plusieurs demandent que, réuni aux peuples et aux princes de l'Italie, nous déclarions la guerre à l'Autriche, nous avons cru qu'il était de notre devoir de protester formellement et hautement dans cette solennelle assemblée contre une telle résolution, entièrement contraire à nos pensées, attendu que, malgré notre indignité, nous tenons sur la terre la place de celui qui est l'auteur de la paix, l'ami de la charité, et que, fidèle aux divines obligations de notre suprême apostolat, nous embrassons tous les pays, tous les peuples, toutes les nations, dans un égal sentiment de paternel amour. Que si parmi nos sujets il en est que l'exemple des autres Italiens entraîne, par quel moyen veut-on que nous puissions enchaîner leur ardeur?

Mais ici nous ne pouvons nous empêcher de repousser à la face de toutes les nations les perfides assertions publiées dans les journaux et dans divers écrits par ceux qui voudraient que le Pontife romain présidât à la constitution d'une nouvelle république formée de tous les peuples d'Italie. Bien plus, à cette occasion, nous avertissons et nous exhortons vivement ces mêmes peuples italiens, par l'amour que nous avons pour eux, à se tenir soigneusement en garde contre ces conseils perfides et si funestes à l'Italie, à s'attacher fortement à leurs princes dont ils ont éprouvé l'affection, et à ne jamais se laisser détourner de l'obéissance qu'ils leur doivent. Agir autrement, ce serait non-seulement manquer au devoir, mais exposer l'Italie au danger d'être déchirée par des discordes chaque jour plus vives et par des factions intestines.

Pour ce qui nous concerne, nous déclarons encore une fois que toutes les pensées, tous les soins, tous les efforts du Pontife romain ne vont qu'à étendre davantage le royaume de Jésus-Christ, qui est l'Église, et non à reculer les limites de la souveraineté temporelle dont la divine Providence a doté ce saint-siége pour la dignité et le libre exercice du suprême Apostolat. Ils tombent donc dans une grande erreur, ceux qui pensent que l'ambition d'une plus vaste étendue de puissance peut séduire notre cœur et nous précipiter au milieu du tumulte des armes. Oh! assurément, ce serait une chose infiniment douce à notre cœur paternel, s'il était donné à notre intervention, à nos soins et à nos efforts, d'éteindre le feu des discordes, de rapprocher les esprits que divise la guerre, et de rétablir la paix entre les combattants.

En même temps que nous avons appris avec une grande consolation qu'en plusieurs pays de l'Italie les fidèles, nos fils, au milieu de ces révolutions, n'ont pas oublié le respect qu'ils devaient aux choses saintes et à leurs ministres, notre âme a été vivement affligée de savoir que ce respect n'a pas été également observé partout. Nous ne pouvons nous empêcher de déplorer ici devant vous cette habitude funeste qui se propage surtout de nos jours, de publier toute sorte de libelles pernicieux dans lesquels on fait une guerre acharnée à la sainteté de notre religion et à la pureté des mœurs, ou qui excitent aux troubles et aux discordes civiles, prêchent la spoliation des biens de l'Église, attaquant ses droits les plus sacrés, ou déchirent par de fausses accusations le nom de tout honnête homme....

Voilà, vénérables frères, ce que nous avons cru devoir vous communiquer aujourd'hui. Il ne nous reste maintenant qu'à offrir ensemble dans l'humilité de notre cœur de continuelles et ferventes prières au Dieu puissant et bon, pour qu'il daigne défendre sa sainte Église contre toute adversité, nous regarder avec miséricorde du haut de Sion et nous protéger, ramener enfin tous les princes et tous les peuples aux sentiments si désirés de paix et de concorde.

Ces inquiétudes d'une nation catholique, ces représentations de la diplomatie européenne, auxquelles le pape ne pouvait se dispenser de répondre, ont motivé l'allocution du 29 avril. Et si le premier effet de cette parole publique du souverain Pontife a été de troubler quelques esprits, il en faut imputer le tort aux rétrogrades qui l'ont provoquée par l'injustice de leurs récriminations, autant qu'aux violents qui en ont dénaturé le sens par l'iniquité de leurs commentaires. Pour nous, premièrement nous y voyons la preuve la plus manifeste de cette liberté dont on suppose Pie IX dépouillé dans sa prison royale du Quirinal. Comment pourrait-on révoquer en doute l'indépendance de jugement de ce prêtre qui, au milieu d'une ville tout échauffée du voisinage et du souffle même de la guerre, a pu tenir un langage si peu fait pour flatter les passions publiques ?

En second lieu nous remarquons la sagesse qui démêle les devoirs compliqués des deux puissances temporelle et spirituelle dans la formidable question de la guerre ou de la paix. Pie IX pouvait trois choses : prêcher la croisade comme pape, déclarer la guerre comme souverain, favoriser, comme Italien, l'enrôlement des volontaires pour la cause de l'indépendance. Comme pape, il le déclarait le jour même de la bénédiction des drapeaux, il est en paix avec l'univers. Il se refuse donc à prêcher la croisade contre une nation chrétienne. « Vicaire de celui qui est l'auteur de la paix et embrassant toutes les races dans un égal amour, » il n'a point d'anathème pour cette noble race allemande qui a payé, elle aussi, la dette du génie et du sang à la chrétienté, et qu'il ne faut pas rendre responsable des erreurs et des crimes de ses rois. Il ne lui est pas permis d'oublier les sévérités des historiens contre des papes du moyen âge qui prêtaient l'étendard de la croix à des guerres politiques; et les Italiens ne devraient pas oublier comment Dante juge les pontifes qui faisaient du peuple chrétien deux parts, mettant les Guelfes à leur droite, et à leur gauche les Gibelins.

Comme Italien, Pie IX n'a rien perdu de son tendre amour pour cette terre qu'il a tant de fois bénie, et qu'il lui est permis de chérir, disait-il, sinon comme la meilleure, du moins comme la plus proche. Nous ne voyons pas qu'il se repente d'avoir autorisé le départ de cette jeunesse qui naguère se pressait en armes sous son balcon. Quand il déclare qu'il lui était impossible « de retenir ceux de ses sujets qui, en-« flammés d'amour pour leur nation, ont uni leurs efforts aux « efforts des peuples italiens, » on voit assez qu'il ne les désavoue pas et qu'il partage cette ardeur qu'il n'a pu contenir. Enfin, comme souverain, Pie IX était assurément libre de déclarer la guerre à l'Autriche ; et si plus tard les événements le décident à cette extrémité, ce n'est pas nous qui regretterons de voir l'étendard de saint Pierre sur les champs de bataille. Mais quand toutes les puissances de l'Europe couvrent encore d'une sorte de respect superstitieux les traités de Vienne, quand la République française se refuse à les déchirer, lorsqu'en 1830 les campagnes de Pologne et de Belgique, lorsqu'aujourd'hui celles de Schleswig et de Lombardie, se sont faites sans qu'on osât proclamer la rupture du droit des gens de 1815, comment le pape, le gardien de la paix publique de la chrétienté, n'hésiterait-il pas à se charger d'une responsabilité si redoutable ? Dans un siècle où les peuples les plus belliqueux se laissent gagner par l'horreur du sang, où les plus généreux esprits rêvent l'abolition de la guerre, qui osera reprocher au successeur du Christ d'avoir trop aimé les hommes, trop cru à la puissance de la charité pour concilier leurs querelles ? Que celui-là lui jette la première pierre qui ne sent point en lui-même quelque chose de cette honorable faiblesse des grands cœurs.

L'allocution finit par repousser la pensée de mettre le Pontife romain à la tête d'une nouvelle république Italienne. Pie IX ne décline point, comme on l'a cru, l'honneur de présider une diète convoquée à Rome pour régler les intérêts communs de la nation. Il refuse le titre de chef de la république d'Italie, comme il rejetait l'an passé le titre de roi des Italiens. Et nulle part son patriotisme n'éclate davantage que dans ce refus de s'agrandir au péril de multiplier ces rivalités, ces discordes intestines qui divisent les cités lombardes jusqu'en présence de l'ennemi, qui, à l'heure qu'il est, ont peut-être rouvert aux Impériaux les portes de Venise, et qui donnent à l'Autriche plus d'auxiliaires dans les clubs de Milan qu'on ne lui en suppose à Rome dans les salons des cardinaux.

Tel est l'esprit de cette allocution, qui, reproduite par des échos infidèles, avait jeté dans Rome l'inquiétude et la consternation. On aurait assurément droit de blâmer sévèrement, avec le *Pensiero Italiano*, journal de Gênes, « cette disposition fatale du peuple romain à s'émouvoir si violemment au moindre bruit d'une intrigue autrichienne, cette mobilité des esprits qui se hâtent de dénoncer Pie IX comme le déserteur de la cause nationale, après tant d'actes qui répondent éternellement de lui. » Nous ne voudrions pas dire à quel excès peuvent se porter ces terreurs paniques qui, déjà, en juillet dernier, livrèrent Rome pendant trois jours à l'anarchie. Nous ne voudrions pas répéter que la crédulité est allée jusqu'à répandre qu'on venait de découvrir une mine destinée à faire sauter la ville entière d'Ancône avec ses quarante mille habitants, le dimanche 30 avril, à six heures précises du soir.

Le 1er mai, le Saint-Père expliquait l'allocution du 29 avril par la proclamation qui suit :

PIUS PP. IX

Quand Dieu, par une disposition ineffable de sa Providence, nous appela, malgré notre indignité, à remplir la place de tant de souverains Pontifes illustres par la sainteté, par la doctrine, par la prudence et par les autres vertus, nous connûmes à l'instant l'importance, le poids suprême et les difficultés si graves du grand office que Dieu nous confiait : et élevant vers lui les regards de notre âme découragée et oppressée, nous le disons avec franchise, nous le suppliâmes de nous assister par une abondance extraordinaire de toute espèce de lumières et de grâces. Nous ne méconnaissions pas la situation difficile, sous tous les rapports, dans laquelle nous nous trouvions, et ce fut un véritable prodige du Seigneur si, dans les premiers mois du pontificat, nous ne succombâmes pas à la pensée de tant de maux qui nous semblaient venir, nous consumant sensiblement la vie. Et il ne suffisait pas, pour calmer nos appréhensions, des démonstrations d'amour prodiguées par un peuple que nous avions toute raison de regarder comme dévoué à son propre père et souverain, et pour lequel nous nous empressions, avec une ardeur nouvelle, d'implorer les secours de Dieu par l'intercession de sa très-sainte Mère, des saints apôtres, protecteurs de Rome, et des autres bienheureux habitants du ciel. Cela fait, nous sondâmes la rectitude de nos intentions, et ensuite, après avoir pris les conseils de quelques-uns des cardinaux, nos frères, et quelquefois de tous, nous fîmes successivement, pour le bon ordre de l'État, tout ce qui a été fait jusqu'à ce jour.

Ces choses furent accueillies avec l'allégresse et les applaudissements que tout le monde sait, et qui servaient abondamment de récompense à notre cœur. Cependant survenaient les grands événements, non-seulement d'Italie, mais de presque toute l'Europe, qui, échauffant les esprits, firent concevoir le dessein de faire de l'Italie une nation plus unie et plus compacte en état de rivaliser avec les premières nations. Ce sentiment souleva une partie de l'Italie, brûlante de s'émanciper. Les peuples coururent aux armes, et les combattants sont encore face à face, les armes à la main. Une partie de nos sujets ne put se contenir et accourut spontanément pour se former en ordre de milice. Mais une fois organisés et pourvus de chefs, ils eurent instruction de s'arrêter aux frontières de l'État. Et ces instructions étaient conformes aux explications que nous donnions aux représentants des nations étrangères ; elles étaient conformes aux exhortations si pressantes adressées par nous à ceux de ces soldats qui, avant de partir, voulurent nous être présentés. Personne n'ignore nos paroles dans la dernière allocution, où nous disions qu'il nous répugne de déclarer aucune guerre, mais où nous protestons en même temps que nous sommes dans l'impuissance de mettre un frein à l'ardeur de cette partie de nos sujets que transporte, à l'égal des autres Italiens, l'esprit de nationalité. Et ici nous ne voulons pas vous laisser ignorer que nous n'avons en aucune façon négligé dans ces circonstances les soins de Père et de Souverain, et que nous avons pourvu de la manière qui nous a paru la plus efficace à la plus grande sûreté possible de ceux de nos fils et sujets qui, sans que nous l'eussions voulu, se trouvaient déjà exposés aux vicissitudes de la guerre. Nous avons détesté, par les paroles rappelées plus haut, une commotion qui menace de faire irruption en actes violents; qui, ne respectant pas même les personnes, foule aux pieds tout droit; qui cherche à teindre les rues de la capitale du monde catholique du sang de personnages vénérables, victimes innocentes désignées pour assouvir les passions effrénées de gens incapables d'entendre la voix de la raison. Et ce sera là la récompense que devait attendre un souverain Pontife pour les traits multipliés de son amour envers le peuple ! Mon peuple, que t'ai-je fait? (*popule meus! quid feci tibi?*) Ces malheureux ne voient-ils pas que, sans parler de l'excès énorme dont ils se souillent et du scandale incalculable qu'ils donnent à tout l'univers, ils déshonorent la cause qu'ils prétendent servir, en remplissant Rome, l'État et toute l'Italie d'une série infinie de maux? Et, dans ce cas ou autres semblables (Dieu veuille nous en préserver!), le pouvoir spirituel que Dieu nous a donné pourrait-il demeurer oisif dans nos mains? Que tous sachent, une fois pour toutes, que nous sentons la grandeur de notre dignité et la force de notre pouvoir.

O Seigneur ! sauvez Rome, votre Rome, de si grandes calamités ! éclairez ceux qui ne veulent pas écouter la voix de votre vicaire, ramenez-les tous à de meilleurs desseins, afin qu'obéissant à celui qui les gouverne, ils passent moins tristement leurs jours dans l'exercice des devoirs du bon chrétien, devoirs sans l'accomplissement desquels on ne peut être ni bon sujet ni bon citoyen.

Datum Romæ apud S. Mariam-Majorem die prima maii MDCCCXLVIII, Pontificatus Nostri Anno secundo.

Pius pp. ix.

Le Sénat et Conseil communal de Rome, dans la séance extraordinaire du 3 mai, arrêta l'Adresse qui suit au Saint-Père :

« Nous ne demandons pas, est-il dit dans cette Adresse, à vous, envoyé de paix (*nuncio di pace*), de provoquer à la guerre le peuple romain ; mais nous vous prions seulement de ne pas nous empêcher de pourvoir à la guerre par l'intermédiaire de ceux à qui vous voudrez confier la direction des affaires temporelles. Nous ne vous demandons pas de faire taire l'inspiration de votre cœur, ni de renoncer à l'horreur que doit avoir un prêtre pour une guerre entre croyants ; mais seulement veuillez pourvoir à la tranquillité de l'Italie tout entière, et éloigner tout soupçon que votre jugement solennel ait proclamé injuste la guerre de tous les Italiens pour le salut de la patrie commune.

« Saint-Père, proclamez la justice et le droit de l'Italie à revendiquer son indépendance et sa nationalité. Cette parole suffira pour calmer les esprits et empêcher l'interprétation que l'étranger donnerait à votre manière de voir sur notre cause. Tous nous vous serons reconnaissants. si, dans la mansuétude de votre cœur, et sans suspendre les opérations militaires, vous réussissez par des conseils pacifiques à terminer la question sur la base d'un complet éloignement des Autrichiens et de l'indépendance et de la nationalité de l'Italie. Nous vous serons reconnaissants de présider une Diète d'Italiens pour régler la marche intérieure. Nous bénirons constamment le nom du grand Pontife qui aura sauvé la patrie commune.

« Ces vœux, Saint-Père, vous prouveront que nous n'attendons que de vous seul notre bonheur, et implorons pour nous, pour les milices citoyennes et pour la ville votre bénédiction apostolique. »

A cette adresse étaient jointes les propositions soumises au Saint-Père à l'effet de le mettre en mesure de concilier les désirs du prince Italien et les scrupules du pontife.

1° Médiation dans l'intérêt de la paix.
2° Résolution de tolérer les opérations militaires.
3° Conditions de la paix : — A. Nationalité italienne et indépendance complète de l'étranger. — B. Éloignement des armées autrichiennes de l'Italie. — C. Diète à Rome.
4° Après l'acceptation de ces conditions préliminaires, le Pape sera créé président de la Diète qui se tiendra à Rome.

Ce même jour, 3 mai, le Saint-Père adressait la lettre qui suit à l'empereur d'Autriche :

« Ç'a été l'usage constant du saint-siége de prononcer une parole de paix au milieu des guerres qui ont ensanglanté le sol chrétien ; et, dans notre allocution du 29 avril, en proclamant qu'il répugne à notre cœur paternel de déclarer une guerre, nous avons expressément annoncé notre désir ardent de contribuer à la paix. Qu'il ne soit donc pas désagréable à Votre Majesté que nous fassions appel à sa piété et à sa religion, l'exhortant avec une affection paternelle à retirer ses armes d'une guerre qui, sans pouvoir reconquérir à l'empire les esprits des Lombards et des Vénitiens, traîne à sa suite un funeste cortége de malheurs, malheurs qu'elle-même déteste certainement. Qu'il ne soit point désagréable à la généreuse nation allemande que nous l'invitions à déposer les armes, et à convertir en utiles relations d'amical voisinage une domination qui ne serait ni noble ni heureuse, puisqu'elle ne reposerait que sur le fer.

« Nous avons donc la confiance qu'une nation, si légitimement fière de sa propre nationalité, ne mettra pas son honneur dans des tentatives sanglantes contre la nation italienne ; mais qu'elle le croira plutôt intéressé à reconnaître noblement celle-ci pour sœur, toutes deux nos filles, toutes deux chères à notre cœur, consentant à habiter chacune son territoire naturel, où elles vivront une vie honorable et bénie du Seigneur.

« Nous prions le dispensateur de toutes lumières et l'auteur de tout bien d'inspirer les résolutions de Votre Majesté, pendant que, du fond du cœur, nous lui donnons, à Elle, à Sa Majesté l'impératrice, et à la famille impériale notre bénédiction apostolique.

« Pius pp. IX. »

A Monsieur Farini, *chargé d'affaires de la cour de Rome au camp du roi Charles-Albert.*

Monsieur, le Saint-Père me donne l'honorable mission de vous retourner le document que vous Lui avez adressé à la date du 7 courant, du camp de Sa Majesté le roi Charles-Albert. Je ne vous cacherai pas que Sa Sainteté ne peut comprendre comment on veut donner à son allocution du 29 avril un sens différent de celui qu'elle a réellement. Le Saint-Père, dans cette allocution, ne s'est en aucune façon (menomamente) déclaré contraire à la *nationalité italienne;* il a seulement dit que, comme prince de paix et comme père commun des fidèles, il lui répugnait de prendre part à la guerre ; mais qu'il ne voyait pas comment il aurait pu enchaîner l'ardeur de ses sujets. Il y témoignait ensuite la satisfaction qu'aurait éprouvée son cœur, s'il avait pu devenir médiateur de la paix.

En partant de cette idée qui est parfaitement expliquée dans l'allocution, vous pensez que Sa Sainteté pourrait aujourd'hui très-opportunément interposer sa médiation comme prince de paix, *dans le sens de l'établissement de la nationalité italienne*. Vous savez que moi-même tout particulièrement, avant votre départ de Rome, j'ai caressé cette idée. Vous pouvez donc bien croire combien je serais heureux si je pouvais la voir menée à bonne fin.

Aujourd'hui Sa Sainteté m'a autorisé à vous donner communication, sous la réserve du plus grand secret, d'une lettre que, ces jours passés, Elle a écrite en ce sens à Sa Majesté l'empereur d'Autriche : vous pourrez voir que cette pensée n'a point échappé à la sagesse de Sa Sainteté et à l'amour qu'elle nourrit pour l'Italie ; je vous préviens que Sa Sainteté se dispose à écrire pour le même objet à Sa Majesté le roi Charles-Albert.

Si Sa Sainteté voyait les esprits disposés à des accommodements de paix raisonnables, dans le *but d'assurer la nationalité italienne*, vous pouvez penser si Elle serait disposée à s'y employer efficacement, au prix même de quelque ennui personnel que ce fût. Le Saint-Père recommande à votre activité et à votre prudence une bonne conclusion pour ce qui concerne les troupes pontificales se trouvant au delà du Pô.

Cardinal Antonelli.

Rome, 12 mai 1848.

Note 2, p. 83.

LA POLITIQUE ET LE DROIT CHRÉTIEN

(Extrait du livre de M. d'Azeglio, p. 67 et suiv.)

Il existe un petit traité des *Devoirs des sujets envers le monarque*, rédigé officiellement en vue des écoles primaires du royaume Lombard-Vénitien ; ce traité a été appris par cœur (en demandes et réponses) dans toutes les écoles de l'Italie supérieure, quarante années durant ; on en aura une idée par les passages qui suivent :

...... « *Pourquoi les sujets doivent-ils regarder le souverain comme leur maître?*

« Les sujets doivent regarder le souverain comme leur maître, parce qu'il a plein pouvoir sur leurs biens et sur leurs personnes.

« *Tous les souverains tiennent-ils leur autorité de Dieu?*

« Oui, tous les souverains reçoivent leur autorité de Dieu.

« *Pourquoi les empereurs et autres souverains tiennent-ils leur autorité de Dieu?*

« Les empereurs tiennent leur autorité de Dieu, parce que, dans le gouvernement des peuples, ils occupent la place de Dieu sur la terre.

« *Dieu ne règne-t-il pas lui-même sur le monde?*

« Sans doute ; mais étant invisible, il a mis à sa place, à la tête des nations, les empereurs et autres souverains.

« *De quelle manière Dieu récompense-t-il l'obéissance des sujets?*

« Dieu récompense l'obéissance des sujets par les bénédictions temporelles et par la vie éternelle.

. . . .

« *De quoi doivent s'abstenir les sujets en temps de guerre?*

« Les sujets doivent s'abstenir de parler sans raison des événements.

« *Que doivent faire les sujets pour ne pas se rendre suspects?*

« Les habitants des villes et des campagnes doivent rester tranquilles dans leurs maisons, et prendre garde à ce qu'ils font (*badare ai fatti loro*).

« *Est-il permis aux sujets de communiquer avec les ennemis?*

« En communiquant avec les ennemis, les sujets font un péché mortel.

« *Que doivent faire les sujets, une fois la victoire remportée?*

« Les sujets, une fois la victoire remportée, doivent éviter tous excès dans les démonstrations de la joie publique, et s'abstenir de ces réjouissances désordonnées qui pourraient troubler la tranquillité de la ville.

« *Les soldats peuvent-ils piller* (saccheggiare) *en temps de guerre?*

« Les soldats ne peuvent piller, excepté quand cela leur est expressément permis par le commandant. »

Qu'on remarque les questions et les réponses suivantes; elles étaient dictées, sans doute, en vue de la guerre de l'indépendance :

« *Comment Dieu punit-il les soldats qui abandonnent le souverain?*

« Dieu punit les soldats qui abandonnent le souverain par des peines temporelles et par des peines éternelles.

« *Quelles sont les peines temporelles?*

« Les maladies, la misère, l'ignominie.

« *Que doit-on penser des soldats qui abandonnent le souverain?*

« On doit les tenir pour gens qui ne craignent ni Dieu ni les hommes.

« *De quelle peine Dieu frappe-t-il les soldats qui abandonnent leur souverain?*

« De la damnation éternelle. »

Notez cette curieuse définition de la patrie :

« *Que faut-il entendre par patrie?*

« On entend par patrie, non-seulement le pays dans lequel nous sommes nés, mais encore celui *auquel nous nous trouvons incorporés.* »

Ainsi Dieu se trouvait directement complice du despotisme

étranger pour arracher l'Italie à elle-même ; et c'est par droit divin que la Lombardie devait rester *incorporée* à l'Autriche. Quel effet a produit sur des âmes généreuses une telle interprétation du dogme chrétien, le comprend-on? De par l'Autriche, la foi religieuse n'est plus ici qu'un instrument de règne et un moyen de police ; et les deux pouvoirs se donnent la main pour resserrer les chaînes qui étreignent les consciences.

Vous, qui avez toujours respiré le grand air de l'indépendance dans une patrie maîtresse d'elle-même, comprenez-vous les frémissements des cœurs italiens à l'énoncé de pareilles doctrines? Et si vous êtes sincèrement attachés à l'idée que représente la Papauté ; si vous ne voulez pas que cette idée soit maudite par tout ce qui invoque de ce côté des Alpes la résurrection de la patrie ; si vous voulez empêcher qu'un désert moral, plus désolé cent fois que la campagne romaine, soit le seul domaine qui reste en Italie à la Papauté acharnée à se détruire elle-même, hâtez-vous : sans elle, et malgré elle, brisez ces liens sacrilèges par lesquels s'unissent Rome et Vienne pour assurer, coûte que coûte, un avenir impossible. Bientôt, je vous le dis, elles n'auront plus pour elles, sur ce sol, que ces deux derniers soutiens des puissances qui tombent : la police et les mercenaires!

La Papauté, cette grande force morale qui a gouverné et sauvé le monde, la Papauté en est là ; elle en est là pour une motte de terre!

Si l'opinion avait pu hésiter encore sur le caractère de l'alliance de Rome et de l'Autriche en Italie, le dernier concordat serait venu à point pour rendre le doute impossible.

M. Eugène Rendu, dans son dernier livre : l'*Autriche dans la Confédération italienne*, met un talent de premier ordre au service d'un dévouement au Catholicisme qui s'allie, chez lui, à une rare intelligence des intérêts de l'Italie et des besoins religieux de notre siècle ; il démontre les funestes conséquences de stipulations, par lesquelles le pouvoir spirituel rend à la vérité ce déplorable service de lui donner l'appui du bras séculier ; il dénonce le piége auquel, une fois encore, l'autorité religieuse s'est laissé prendre, ainsi que le faux-fuyant adopté par le gouvernement autrichien, éludant, au moyen de circulaires secrètes, l'exécution d'un concordat qui répugne à tous les instincts de notre époque et au droit moderne.

Nous renvoyons nos lecteurs à ce livre. Il nous suffit ici de signaler la triste alliance des deux pouvoirs, en Italie, comme un des plus funestes produits du gouvernement de l'étranger, et en même temps comme une preuve nouvelle de l'incompatibilité radicale qui existe entre un gouvernement de ce caractère et les principes essentiels de la civilisation chrétienne au dix-neuvième siècle.

Que sur je ne sais quelle terre lointaine, un marchand d'esclaves, faisant bon marché de la conscience, imagine de ranger la religion parmi les moyens de répression, on le comprend. L'ignorance du nègre, son isolement, assurent les résultats du système en même temps qu'ils garantissent l'impunité du crime. Mais qu'à la face de l'Europe moderne, et au point où en sont aujourd'hui les esprits, les hommes qui ont la prétention de posséder le sens *positif* et *pratique* et de viser au succès, espèrent en imposer par une semblable profanation des choses saintes, en vérité, cela étonne, et cela fait pitié!

Que la politique y prenne garde. Quand elle croit que le *tour est fait*, il l'est sans doute, mais à ses dépens. Encore, si ce malheur était celui seulement d'une autorité, qui est parfaitement maîtresse, après tout, de se suicider, et que personne ne pleurera, nous pourrions nous consoler par ce mot trivial: c'est son affaire! Mais de bien autres intérêts sont en jeu : ce qui périt, c'est l'idée, la grande idée qui est la sauvegarde de notre société. Qu'on veuille bien écouter la voix d'un homme, qui ne parle pas ici en son nom propre, mais au nom de millions de ses concitoyens : les consciences cherchent la religion du Christ, et elles ne savent plus où elle s'est réfugiée. Voilà le suprême malheur dont souffre l'Italie, et ce malheur elle le doit à l'alliance de Rome avec la domination étrangère! Machiavel avait déjà lancé contre la cour de Rome cette accusation redoutable. Alors, pourtant, les occupations étrangères n'avaient pas revêtu ce caractère d'une domination moitié directe, moitié indirecte, sur la Péninsule entière; et les plans de Charles-Quint lui-même étaient des jeux d'enfants à côté de ce vaste système d'envahissement appliqué par l'Autriche à l'Italie depuis 1815.

D'ailleurs, la cour de Rome n'était pas livrée alors à l'étranger avec cet abandon qui est le scandale de l'Italie actuelle. Le pape Paul IV ne fit-il pas la guerre à Philippe II? Au seizième siècle, le gouvernement temporel n'était pas descendu si bas qu'il n'eût encore en lui-même la force de vivre. Son existence n'était pas indissolublement attachée à la présence d'une armée du dehors, et si le dérèglement des mœurs avait ébranlé les croyances, les âmes religieuses n'avaient pas été placées, comme elles le sont aujourd'hui, dans la terrible alternative de choisir entre les guides de leur foi et l'indépendance de leur pays. A l'heure qu'il est, que dirait Machiavel?

J'admets qu'au dix-neuvième siècle les principes généraux de la civilisation, qui ne sont autres que les principes chrétiens, puissent, jusqu'à un certain point, au sein des classes cultivées, sauver l'irréligion de sa funeste logique; mais quelle ressource reste-t-il aux masses, — dites-nous le, — le jour où, dans les cœurs ulcérés, se fait cette cruelle révélation : « La religion est une loi de police; la croix sert de hampe au drapeau de l'aigle à deux têtes ! »

Des politiques qui n'ont aucune raison pour gémir de l'affaiblissement du principe religieux auquel l'Italie a dû l'empire moral du monde moderne, des hommes d'État représentant une pensée hostile au Catholicisme, pourront prendre la parole et nous dire : « Eh bien, soit! l'Italie va glisser des bras de la Papauté défaillante dans les bras du protestantisme. Nos populations trouveront dans l'idée qui fait vivre l'Angleterre et l'Allemagne du Nord la conciliation de leurs besoins religieux et des intérêts nationaux. »

Je réponds à ces politiques : « Non ! renoncez à une pensée qui était pour vous un espoir. Les masses, en Italie, seront catholiques ou elles ne seront rien. Tous les efforts des sociétés bibliques et des missionnaires protestants ne réussiront pas à substituer une croyance à la croyance qui a nourri nos générations, qui a donné à l'Italie ses arts, ses mœurs, toute sa vie sociale; on peut arriver, en deçà des Alpes, à une dissolution des idées religieuses, à une décomposition morale, à un néant; le Catholicisme, qui a été notre gloire, peut devenir notre ruine; mais il est, dans le sens élevé de ce mot, notre fatalité et notre vocation; on peut le corrompre, le vicier, le dissoudre, dissoudre et corrompre avec lui le principe de la vie morale de nos populations; mais le remplacer par le protestantisme, jamais! » Et maintenant j'ajoute avec une douleur égale à ma conviction, que la première de ces alternatives est en train de se réaliser!

Quand l'Autriche et Rome auront vu s'accomplir une telle œuvre, elles sauront l'une et l'autre qui doit en porter la responsabilité devant Dieu et devant la conscience publique. Rome aura sacrifié, et sacrifié pour se perdre, la vie morale du peuple qui lui était confié directement, au plus misérable de tous les mobiles, à un intérêt!

Mais parfois, où l'homme ne peut plus rien, Dieu se révèle. Attendons!

Si la corruption qui se produisit en Italie aux seizième et dix-septième siècles, et que nous attribuons en grande partie à la domination espagnole, n'a point reparu avec les mêmes caractères sous la domination de l'Autriche, nous ne saurions en faire un mérite à cette puissance. C'est là le bénéfice du progrès de la raison chrétienne depuis 89.

Le gouvernement ou du moins la bureaucratie de l'Autriche sont toujours les mêmes; on connaît les efforts prodigués pour exciter nos paysans contre les classes supérieures et renouveler en Lombardie les catastrophes de Tarnow. A un autre point de vue les vieilles traditions n'ont pas cessé d'être suivies : détourner les esprits des préoccupations sérieuses et des devoirs austères de la vie publique par l'énervement des mœurs, voilà l'habileté suprême : les faits abondent; chacun de nous peut déposer à cet égard.

Noté comme adversaire déclaré de la domination autrichienne, sans qu'aucune accusation positive pût être formulée contre lui, un de nos plus intimes amis, le comte *** (d'une des plus illustres familles de Milan) est un jour mandé par le chef de la police. Ce fonctionnaire le reçoit à merveille, l'entretient des inconvénients auxquels s'exposent les jeunes gens qui se mêlent de politique; puis il ajoute du ton le plus dégagé : « Eh ! mon Dieu ! monsieur le comte, vous êtes jeune, « riche, noble, aimable ; n'avez-vous pas tous les moyens de « vous amuser? Que diable vous prend-il d'aller vous jeter dans « de pareils pétrins ! Les danseuses de la *Scala* vous font-elles « peur ? L'Empereur aime la jeunesse et veut qu'elle s'amuse ; « on ne vous demande rien de bien difficile; mais aussi n'y « mettez pas de mauvaise volonté et suivez mon avis ! »

Voilà l'impulsion qu'un gouvernement étranger est amené à donner à la jeunesse du pays où il campe ; voilà les honteux moyens auxquels le soin de sa sûreté le force à recourir ! Comme toutes les carrières sont fermées, comme un sentiment irrésistible de patriotisme en interdit l'accès, ne pouvant fournir un aliment à l'activité des esprits, on prend le parti d'en tarir la source ; l'élite d'une population s'est trouvée ainsi réduite, quarante années durant, à cette déplorable alternative : se vouer clandestinement à la politique, c'est-à-dire conspirer, selon l'interprétation de l'Autriche et des gouvernements soumis à sa pensée, ou se laisser tomber peu à peu dans le marasme moral que ce chef de la police définissait allégrement : « *S'amuser et passer sa jeunesse.* »

Est-il besoin d'ajouter que ce système d'énervement moral a été celui de tous les gouvernements italiens sur lesquels s'est appesantie la main de l'Autriche, et qui ne vivaient que par sa permission?

Avant d'adresser des reproches trop sévères à certaines populations de l'Italie, il serait juste d'étudier par quels moyens et avec quelle persistance on s'est efforcé d'absorber toute séve chez les hommes qu'un gouvernement national et intelligent eût animés au travail, aux nobles aspirations, par des moyens tout contraires. Si l'Europe savait tout ce qu'on a fait, en Italie, pour briser les caractères, corrompre les consciences, obscurcir les intelligences, elle s'étonnerait de ce qu'on a encore trouvé chez nous de vertu, de sagesse et de force d'âme. Les reproches dont nous parlons nous ont été adressés surtout après la guerre de 1848. L'Europe d'aujourd'hui, nous sommes heureux de le reconnaître, — gouvernements et organes de l'opinion publique, — nous a témoigné généralement le plus bienveillant intérêt, et, dans les circonstances les plus difficiles, nous a crié : « Courage ! » Si nous avons mérité ces sympathies, si la constitution morale de l'Italie s'est trouvée si notablement améliorée dans l'espace de dix années, à quelle cause attribuer un tel fait, sinon à cette aurore d'un meilleur avenir qui a succédé aux sombres ténèbres des époques antérieures?

L'Italie, en 1849, avait sombré ; oui, mais une grande épave flottait encore, portant à son mât de détresse le pavillon national. L'espoir dans le Piémont, quelque peu fondé qu'il pût paraître en certains moments, a suffi pour électriser la nation, pour assainir l'atmosphère où elle respire, pour retremper les âmes, et pour permettre à un peuple de déjouer les longues machinations d'un gouvernement corrupteur.

En exprimant ici les sentiments les plus profonds de notre âme, nous nous interrogeons devant Dieu : nous sentons que la vérité est dans notre bouche ; et nous sommes sûr de ne pas nous laisser entraîner trop loin par l'amour de la patrie, en demandant à l'Europe si une race dont les forces morales ont survécu à tant d'atteintes ne mérite pas, enfin, d'obtenir sa place au soleil, d'avoir sa vie respectée, son territoire garanti, au lieu d'être tantôt partagée et lacérée comme une proie, tantôt achetée ou vendue comme un troupeau, ou plutôt comme Joseph fut vendu par ses frères aux marchands étrangers?

Nous n'avons eu en vue, dans cette rapide esquisse, que de signaler la dégradation morale à laquelle le gouvernement de l'Autriche s'est donné pour tâche et a eu pour nécessité, peut-être, de pousser l'Italie. Quant aux souffrances matérielles qui nous furent infligées, aux spoliations qui ont ruiné les propriétaires lombards, on les connaît assez; et les violences sous lesquelles gémit, à l'heure qu'il est, la Vénétie, sont là pour témoigner des injustices passées.

Nous glissons sur cet ordre de faits ; aucun sentiment de colère ne nous ferait trouver plaisir à refaire la triste histoire de tant de malheurs ; et ce ne sont pas ces malheurs-là que nous nous sentons le plus de peine à pardonner.

D'ailleurs, pour une nation comme pour un individu, l'école

de l'adversité peut être salutaire; ce qui est funeste, c'est l'école de la corruption et de l'abâtardissement. Celle-là est vraiment intolérable; car elle est une atteinte permanente à la vie morale et l'audacieuse négation du droit chrétien. C'est de cette école que nous demandons à Dieu et aux hommes de nous voir enfin délivrés.

Note 3, p. 130.

LA POLITIQUE ET LE DROIT CHRÉTIEN

(Avant-propos.)

La question italienne, mûrie au milieu de luttes et de souffrances demi-séculaires, vient d'entrer dans une phase qu'il est permis peut-être de considérer comme définitive. Sous peine de laisser l'Europe se lancer dans des complications dont personne ne saurait prévoir l'issue, il importe que l'Italie cesse d'être une menace ou une proie pour les nations qui l'entourent.

Une triste expérience a prouvé quelle accumulation de maux a enfantés ce système d'atermoiements qui a prévalu, pendant de longues années, au sujet de problèmes politiques qu'il semblait aussi difficile de supprimer que de résoudre. Les peuples, ainsi que les gouvernements, se condamnent le plus souvent à de cruelles expiations, quand ils se hasardent à dire, comme cet ancien tyran : « A demain les affaires sérieuses! »

Par bonheur, la brillante campagne de Napoléon III, la paix de Villafranca, autant que l'attitude digne et ferme gardée si opiniâtrément dans ces derniers temps par les populations de l'Italie centrale, ont amené les choses au point où tout délai deviendrait, non-seulement un crime de lèse-humanité et de lèse-civilisation, mais une grande faute.

La plus puissante comme la plus respectable des autorités humaines va être mise en demeure de prononcer en dernier ressort; les nations qui marchent à la tête de la civilisation chrétienne sont appelées à aller solennellement aux voix; mais ici, il est impossible de se défendre d'un sentiment de crainte : l'arrêt qui interviendra dans un si grand litige doit être précisément prononcé au moment même où les principes les plus opposés, les intérêts les plus contradictoires, les passions les plus violentes, se disputent le terrain dans une mêlée ardente !

On s'étonne parfois, dans le calme des méditations historiques, de l'aveuglement dont les esprits les plus sains et les caractères les plus droits, ont été frappés en des circonstances suprêmes. En voyant les innombrables calamités qui ont été le résultat de ces erreurs, on se demande avec une sorte d'impatience comment les hommes de telle et telle époque n'ont pas vu les moyens simples et efficaces qui s'offraient à eux pour éviter de grands maux et pour saisir le bien qui était à leur portée.

La lucidité de la pensée et du coup d'œil, sous le feu de la bataille, est assurément le partage d'un petit nombre d'hommes ; mais la victoire n'est qu'à ce prix. Cette victoire du jugement calme sur les entraînements de la passion est plus que jamais nécessaire aujourd'hui à la paix et au bien-être de l'Europe.

Si l'esprit moderne, si fier de ses conquêtes, laissait échapper l'occasion qui se présente d'établir sur ses véritables bases le droit public des nations chrétiennes ; si, arrivé à un si haut degré de maturité, il cédait à des fascinations de jeunesse ; et si son œuvre d'aujourd'hui ressemblait à son œuvre d'hier, il recevrait bientôt, par une succession de formidables épreuves, un éclatant démenti.

En dépit de ces réflexions, et avec la meilleure volonté de soumettre à l'impassible raison notre pensée comme notre langage, nous ne nous dissimulons pas l'extrême difficulté qu'on éprouve à se placer en dehors de son époque, de ses sentiments les plus vifs, de ses affections les plus ardentes ; à oublier en quelque sorte sa personnalité pour avoir uniquement en vue ce qui est bon, ce qui est juste, et, partant, ce qui est utile au bien général.

Cette difficulté redouble pour un Italien qui, depuis longues années, aimant son pays comme on l'aime en Italie, a partagé jour par jour ses interminables angoisses, et, ce qui est plus intolérable encore, a senti sur son front les stigmates de ses humiliations.

A quoi bon le cacher ? Notre sang bout à la vue d'un uniforme autrichien! Et pourtant ce sentiment n'est ni d'un homme raisonnable ni d'un chrétien. Il rappelle le serment d'Annibal; il nous ramène à ces haines sauvages de nation à nation qui ont pu produire de grandes choses en même temps que de grandes calamités dans le monde païen, mais que réprouvent et la loi de l'Évangile et l'intérêt bien entendu de l'humanité. Loin de vouloir le justifier, nous le condamnons; de plus nobles aspirations nous serviront à nous en affranchir.

Le besoin de voir sa patrie réhabilitée rentrer dans la plénitude de ses droits, l'amour de son indépendance, sont d'assez grands sentiments pour remplir le cœur; et il ne doit pas y rester de place pour les bas instincts de la haine et de la vengeance.

D'ailleurs, l'outrage appelle l'outrage, le sang appelle le sang, et une triste alternative de calamités subies ou infligées remplit souvent de longues époques, dont la raison, autant que la loi chrétienne, auraient su profiter pour l'avantage de tous.

L'Autriche, citons l'exemple qui rentre dans notre sujet, a sans doute fait subir d'indicibles maux à l'Italie; mais si elle compte ses pertes, a-t-elle sujet de se louer de son système d'injustice et de violences? Les dernières conséquences d'une politique qu'elle a suivie avec tant d'obstination sont-elles de nature à lui en démontrer la sagesse et l'opportunité? La terrible expérience à laquelle elle a soumis tant de millions d'hommes, et qui a coûté des torrents de sang, a-t-elle déposé en faveur de son principe?

Il est temps, enfin, que l'humanité ait pitié d'elle-même. Il est temps que la politique examine ses titres, en constate la validité, et que, mise en éveil par les terribles avertissements que les faits lui ont donnés, elle se demande si, méconnaissant son point de départ, elle ne serait pas égarée loin de son véritable but. Que la diplomatie ne se fasse pas d'illusions; la conscience universelle, peu à peu, se sépare d'elle. Le sentiment moral marche et la devance; dans les hautes sphères du pouvoir, les esprits les plus sains sentent l'urgence de ne pas s'attarder sur la route; car aujourd'hui, pour les gouvernements comme pour les institutions, l'isolement c'est la mort.

On est frappé de la stérilité des efforts tentés depuis la première révolution pour résoudre certains problèmes qui menacent la tranquillité générale; les calculs des hommes d'État les plus éclairés n'ont pu soutenir la contre-épreuve de l'expérience.

Une grande erreur doit s'être glissée dans les doctrines politiques; il importe de la découvrir : et quelque hâte qu'aient, en ce moment, les esprits de se voir exclusivement en présence des faits; quelque naturelle que soit cette question adressée, à l'heure qu'il est, par l'opinion, à tous les écrivains venant parler de l'Italie à l'Europe : « Quelle est votre solution *pratique?* » on me permettra bien, quand il s'agit d'empêcher les erreurs du passé de redevenir les dangers du présent, d'offrir à la méditation de mes contemporains quelques-unes de ces idées qui, sans doute, ne peuvent se traduire directement en protocoles ni en articles de traités, mais en dehors desquelles, il faut le dire, traités et protocoles sont, par avance, frappés de mort.

Pour nous Italiens, le moment est suprême et sans précédents dans notre histoire. Nous sentons que tout notre avenir y est en germe; les plus nobles instincts comme les affections les plus profondes de nos cœurs nous créent un irrésistible besoin de nous réunir dans une action commune ; de chercher, tous tant que nous sommes, à influer, chacun par les moyens dont il dispose, sur des résolutions qui peuvent être déclarées lois. Que l'Europe veuille donc nous accorder la parole quelques instants. Qu'elle écoute une voix qui n'a jamais trahi la vérité ; car, de nos jours plus qu'en tout autre temps, la vérité seule, nous en sommes convaincu, est le *labarum* sacré qui conduit à la victoire.

Turin, 20 novembre 1859.

Note 4, p. 110, lettre XLVIII.

L'AUTRICHE DANS LA CONFÉDÉRATION ITALIENNE

(Extrait. — Paris, 1859.)

...... Que si maintenant on veut savoir à quelles extrémités le besoin de maintenir à tout prix une domination contre laquelle se soulèvent toutes les puissances de l'Italie, a pu conduire le gouvernement autrichien ; si l'on veut se donner le spectacle des témérités d'un pouvoir qui, se parant du titre d'*Apostolique* et se posant en défenseur-né de la religion catholique, ose faire de cette religion, je ne dirai plus un *instrument de règne*, mais un moyen de police ; si l'on veut se convaincre de la méprisante audace avec laquelle ce pouvoir s'est habitué à traiter l'autorité spirituelle, il faut lire la circulaire qu'à la date du 16 novembre 1850 le chef du cabinet de Vienne, prince Schwartzenberg, adressait à tous les archevêques et évêques du royaume Lombard-Vénitien. Nous tenons ce document d'une source vénérable, et nous l'avons traduit nous-même sur le texte. Le voici dans son entier ; et, pour le dire en passant, en même temps qu'il témoigne de l'attitude du pouvoir autrichien à l'égard de l'Église, il est la preuve authentique et irrécusable que l'immense majorité du clergé lombard-vénitien n'a cessé de prendre part au mouvement national italien.

Aux archevêques et évêques des provinces lombardo-vénitiennes.

« 16 novembre 1850.

« Monseigneur révérendissime,

« Bien que, dans plusieurs occasions, S. Exc. M. le feld-maréchal gouverneur général civil et militaire ait appelé le clergé à se relever de *l'abaissement moral et politique* auquel l'avaient réduit la licence et cette ambition personnelle effrénée que, dans le bouleversement de toutes les idées, on décore du nom de libéralisme, le gouvernement a cependant entre les mains des preuves irrécusables que, loin d'abandonner la mauvaise voie où il est entré, une grande partie du clergé persiste, *avec une perversité stupide* (con stupida nequizia) et en se dissimulant à lui-même les conséquences inévitables de son *action sacrilége et folle* (del sacrilego e pazzo suo operare), à prêter la main à l'agitation des esprits et à la propagation de libelles et d'écrits incendiaires subversifs *des principes fondamentaux de la religion*, de l'ordre et du trône; enfin, que, *faussant le sens des préceptes de l'Église* et *prostituant* aux menées des partis et des intérêts personnels *le ministère sacerdotal*, il se fait le *vil instrument de la corruption morale et politique*. Les plus profonds interprètes de la pensée catholique ont pensé et écrit que le sentiment religieux doit exercer la plus salutaire influence, en calmant les instincts violents des peuples et en apaisant les ébullitions des passions emportées. On ne peut se rendre coupable d'une trahison plus flagrante des intérêts de la conscience, de la paix et de la prospérité d'un peuple, qu'en profanant la pensée religieuse et en s'en servant comme de l'instrument le plus puissant pour exciter les tempêtes des mauvais penchants et pour irriter les passions.

« Il est notoire que, pour plusieurs membres du clergé, l'Évangile n'est sacré qu'alors qu'*on croit y trouver la justification de la licence* et de la rébellion; ce que la Providence avait préparé comme antidote a donc été transformé en poison, et sous l'*hypocrite prétexte de concilier la liberté avec l'Église*, la démocratie avec la religion, on n'a réussi qu'à avilir le sacerdoce et l'Église, à profaner la religion et à compromettre les intérêts les plus sacrés de la société et de la famille.

« Il est temps désormais que le clergé, *rougissant des erreurs passées* (vergognando dei passati trascorsi) et des *scandaleuses excentricités de tout genre dont se sont souillés un si grand nombre de ses membres,* se renferme dans les limites de son sacré ministère, et qu'au lieu de se faire *l'abject instrument de la démoralisation sociale*, il s'élève à la hauteur du mandat qui lui est propre et qui consiste à appeler les peuples à la paix et à l'amour de la légalité et de l'ordre.

« A cet effet, Monseigneur révérendissime, vous êtes invité, et par vous seront invités tous les curés, au nom de S. Exc. le feld-maréchal comte Radetzky, sous votre et sous leur responsabilité personnelle, à surveiller, avec le soin le plus exact et le plus assidu, le clergé placé sous votre direction ; vous l'inviterez, sous peine des mesures les plus sévères, à garder toujours une attitude irrépréhensible sous tous les rapports, et, en outre, à demeurer étranger à la plus petite affaire politique. Vous voudrez bien, ainsi que MM. les curés, exercer, à cet effet, la surveillance la plus active, *en recourant à des moyens sûrs* pour vous tenir informés de la manière d'être du clergé dépendant d'eux et de vous.

« J'attendrai, avec l'accusé-réception de la présente dépêche, l'assurance qu'elle a été communiquée à tous les curés de votre diocèse, me réservant la mission *d'éloigner immédiatement du ministère donnant charge d'âme* (dalla cura d'anime) tous les ecclésiastiques contre lesquels s'élèveraient des soupçons fondés de sentiments politiques déloyaux et d'abus de pouvoir spirituel.

« Agréez, Monseigneur révérendissime, les sentiments de ma considération distinguée.

« Signé : SCHWARTZENBERG. »

On reconnaît là le langage de cette politique qui fait du sentiment religieux une arme de guerre, et de la religion catholique, ainsi qu'on la nomme dans les actes officiels, *une religion impériale et royale d'État;* qui, ressuscitant au dix-neuvième siècle les maximes des légistes de Frédéric Ier et de Frédéric II, fait enseigner, dans les écoles populaires, cette doctrine païenne, « que le souverain est maître absolu de ses « sujets, et a tout pouvoir tant sur leurs biens que sur leurs « vies[1] ; » aux yeux de laquelle le crime irrémissible, c'est de chercher à unir, dans une sainte alliance, la religion et la liberté ; et qui, à bout d'arguments contre les réformes ponti-

---

1. Dans un livre imposé, par le gouvernement, aux écoles du royaume Lombardo-Vénitien, et qui a pour titre : *Devoirs des sujets envers leur souverain, pour servir à l'instruction et aux exercices de la seconde classe des écoles élémentaires*, section V, il est curieux de voir la politique autrichienne contemporaine renouveler ainsi les théories d'Ubertus de Lampagno, de Martinus et de Barthole.

ficales, osait bien, en 1847, appeler le vicaire du Christ « un « Robespierre en tiare! »

Quand la circulaire qu'on vient de lire parvint au patriarche de Venise : « Que vous semble de cette pièce ? » dit l'archevêque à un prêtre éminent qui jouissait de sa confiance intime[1]. — « Je renverrais cette circulaire au maréchal « Radetzky, répondit le pieux ecclésiastique ; le maréchal s'est « trompé d'adresse, elle était destinée au commissaire de « police! »

Tels sont les faits. Et maintenant un semblable état de choses est-il compatible avec la dignité, avec l'indépendance du Saint-Siége? Tous ces actes militaires ou diplomatiques, cette intervention continuelle d'une police étrangère, ces intrigues, ces exigences, ces obsessions, ce langage hautain à l'égard du pouvoir spirituel, ces recours à la menace pour combattre les réformes qui effrayent et faire avorter les pensées qui déplaisent, tout cet ensemble dit assez haut que les États de l'Église ont été en proie à une *occupation* permanente. Quel catholique, s'il a souvenir des gloires antiques de la Papauté et de l'attitude qu'il lui fut donné de prendre, de tout temps, vis-à-vis de l'empire d'Allemagne; quel homme d'État, s'il assigne à l'élément religieux, dans le gouvernement de la société, la part qui lui revient légitimement, s'il désire, par conséquent, voir l'Église catholique assumer, dans la personne de son chef, un rôle digne de sa grandeur, ne doit souhaiter que le Saint-Siége soit soustrait à une situation humiliante, et, pour rappeler une proclamation célèbre, délivré de « cette pression étrangère qui s'appesantit sur toute la « Péninsule? »

Qu'on ne dise pas que ces accusations, exactes sans doute quand elles s'adressent à l'Autriche de Joseph II, ne portent plus contre l'Autriche *régénérée* par le concordat du 18 août 1855. Nous aurons à parler plus loin du concordat en lui-même ; pour le moment, faisons justice d'une erreur de fait,

1. L'ecclésiastique dont nous parlons, et qui, à toutes les vertus sacerdotales ainsi qu'au plus noble caractère, joint un remarquable talent d'écrivain, est M. l'abbé Bernardi ; sa modestie nous pardonnera de lui rendre ici l'hommage qui lui est dû.

erreur sur laquelle repose toute l'argumentation des hommes qui réclament de bonne foi, dans l'intérêt de l'Église, le maintien de la domination autrichienne en Italie.

Le concordat de 1855, il faut qu'on le sache, n'a jamais été mis à exécution dans les provinces lombardo-vénitiennes ; il ne l'a pas été, et il ne peut pas l'être. Pourquoi? Par cette raison très-simple que le clergé lombardo-vénitien, participant, à peu d'exceptions près (la circulaire du prince Schwartzenberg en est une preuve assez éclatante), aux légitimes passions du patriotisme italien, tout exercice des libertés accordées par le concordat deviendrait pour l'Autriche un péril redoutable ; citons des exemples :

Les articles 4 et 24 du concordat portent que « toutes les « cures seront données au concours public, » et que les évêques « admettront aux fonctions ecclésiastiques ceux « qu'ils jugeront opportun d'y élever. » Eh bien ! en dépit de cette clause et en dehors de toutes les stipulations nouvelles, le gouvernement autrichien s'arrange de façon à exclure des postes dont il s'agit les prêtres qui ne sont point à sa dévotion. Une dépêche du 14 mars 1856 enjoint à l'archevêque de Milan d'attendre, pour donner suite aux nominations, que l'autorité autrichienne ait pu exercer son *veto*, « afin, dit ce document, que les bénéfices ecclésiastiques ne soient attribués qu'à des prêtres sur les principes politiques desquels le gouvernement puisse compter. » Des évêques, entre autres l'évêque de Vicence, Mgr Capellari, se sont adressés directement à Rome pour savoir s'ils devaient, en effet, consentir à ce que leurs listes de candidats fussent soumises à la révision gouvernementale. « Fermez les yeux sur cette exigence, leur a-t-on répondu, en considération des avantages qu'il y a lieu d'*espérer* d'ailleurs du concordat. » Les évêques ont obéi, et, après avoir mis les autorités autrichiennes à même de prononcer, ils ont fait de leur mieux pour dissuader les ecclésiastiques frappés du *veto* de se présenter au concours.

L'article 3 déclare expressément « que les évêques com- « muniqueront librement avec leur clergé et le peuple, et « qu'ils publieront, en toute liberté, leurs enseignements. » Une instruction, en date du 7 avril 1857, fait savoir à l'archevêque de Milan que, nonobstant cette stipulation, les lettres pastorales et tous les actes ecclésiastiques doivent être soumis à l'examen préalable de l'autorité civile, et une dépêche du 12 janvier 1858 renouvelle l'ordre de se conformer à cette recommandation. Le régime des lois joséphines se trouve ainsi rétabli en fait.

L'article 9, article de nature à créer au clergé les difficultés les plus grandes, accorde « aux évêques et aux prêtres ordi-« naires, le pouvoir discrétionnaire d'empêcher les fidèles de « lire des livres pernicieux, » et leur assure, dans ce but, le concours du pouvoir civil. Plusieurs évêques et grands-vicaires prirent cet article au sérieux et se mirent en devoir de l'exécuter. Ordre fut donné aux libraires de retirer du commerce tels livres qui leur furent désignés. Recours des libraires au gouvernement. Celui-ci ordonna la suppression des ouvrages suspects au point de vue politique, mais laissa librement circuler les livres où se trouvaient attaquées la religion et la morale.

Ainsi, l'on fait retomber sur le clergé l'odieux des dénonciations et des poursuites, et les exigences politiques une fois satisfaites, on se donne le bénéfice d'une indulgence qui est elle-même assurément la violation la plus directe des engagements contractés avec Rome.

Aux termes de l'article 32, les biens des diocèses, ainsi que tous les bénéfices vacants, doivent être administrés par des commissions mixtes, selon les formes arrêtées entre Sa Sainteté et l'Empereur. Une circulaire du 22 janvier 1856 décide que la gestion desdits biens devra avoir lieu d'après les règles en usage antérieurement au concordat, c'est-à-dire exclusivement par la main de l'autorité civile.

C'est par des instructions analogues du ministre de la justice (28 août 1857 et 27 mars 1859), que les dispositions du concordat, relatives à certaines causes matrimoniales et au témoignage à porter par les ecclésiastiques devant les tribunaux, se sont trouvées formellement rapportées[1].

1. Une circulaire très-récente du président du tribunal d'appel de Milan, dit, sans aucun détour : « L'eccelso ministro della giustizia ha

Tout ce que le clergé lombard paraît avoir gagné depuis le concordat, c'est une disposition d'après laquelle les bénéfices, lors de la nomination des nouveaux titulaires, supportent, au profit du trésor impérial, une taxe équivalant à une année de revenu.

Au mois d'août 1858, les évêques de la Vénétie se réunirent sous la présidence du patriarche de Venise, leur métropolitain, à l'effet de demander officiellement à l'empereur d'Autriche, que « le concordat conclu ne demeurât pas lettre morte. » On répondit de Vienne qu'il fallait attendre, et que le concordat serait mis à exécution lorsque les circonstances permettraient qu'il en fût ainsi. Cette réponse est le pendant de celle qui était faite, depuis quarante-cinq ans, aux réclamations des provinces lombardo-vénitiennes : les promesses solennelles de 1815 seront accomplies et les possessions autrichiennes d'Italie jouiront d'institutions nationales, quand la cour de Vienne croira possible de tenir ces promesses et d'accorder ces institutions sans péril ! Nous ne saurions trop le répéter : dans l'ordre ecclésiastique, non plus que dans la sphère politique, l'exercice d'aucune liberté ne saurait être toléré par l'Autriche au delà des Alpes. Entre ces mots : *Libertés religieuses ou politiques*, et ceux-ci : *Maintien de la domination autrichienne*, il y a, dans la Péninsule, contradiction absolue et fatale. La bonne volonté se briserait peut-être elle-même contre cette nécessité dont la cour de Vienne a toujours su tenir compte : la raison d'État.

Un évêque piémontais se trouvait à Venise au moment de la réunion dont il vient d'être question. Un jour, dans un cercle nombreux, la conversation s'engagea entre ce prélat et l'un des suffragants du patriarche, sur la situation respective des clergés piémontais et lombardo-vénitien. « Messieurs,
« répéta plusieurs fois l'évêque de la ville autrichienne, il
« faut avouer que l'épiscopat piémontais jouit d'une liberté
« d'action beaucoup plus étendue que le nôtre ! »

« dichiarato che, *an che dopo il concordato* stabilito colla Santa Sede,
« in generale *nulla osta* a che le persone del clero, etc., etc. » (Milan,
9 avril 1859.)

Voilà les fruits du concordat de 1855 dans le royaume Lombard-Vénitien. Si telle est la situation, il nous sera bien permis de demander quelle compensation l'Autriche peut offrir au catholicisme en Italie, pour la pression qu'elle est amenée forcément à exercer sur les États de l'Église, pour l'impopularité sous le poids de laquelle elle y écrase la Papauté, pour cette lutte redoutable qu'elle établit dans la Péninsule entière, entre *la conscience religieuse* et *la conscience nationale*, et dont la dissolution des croyances au sein de toutes les classes révèle assez les irréparables effets. Et s'il est impossible d'entrevoir cette compensation, si partout où apparaît la main de l'Autriche la résistance du sentiment italien se produit aussitôt sous la forme d'une protestation tout à la fois religieuse et politique, si la solidarité que l'Autriche cherche à établir entre ses intérêts et ceux du gouvernement romain, provoque contre le Saint-Siége, en Italie, des hostilités implacables, comment ne pas hâter de tous ses vœux le moment où, affranchie d'une tyrannie d'autant plus redoutable qu'elle affecte les allures de la protection, la Papauté s'entourera, comme d'un rempart, d'une zone infranchissable de neutralité............................

L'Autriche ne compromet pas seulement les intérêts du catholicisme, en exerçant sur les États de l'Église une intolérable pression. La lutte, qu'au détriment de la Papauté, elle soutient, depuis plus de quarante ans, dans l'ordre des faits politiques, elle la transporte dans la sphère des idées; et, donnant à cette lutte un caractère doctrinal, elle livre le catholicisme lui-même comme l'enjeu de cette partie désespérée. De même qu'en voulant établir une solidarité étroite entre le gouvernement pontifical et le maintien de sa domination en Italie, elle y déchaîne contre le pouvoir temporel du Saint-Siége les passions généreuses du patriotisme; ainsi, en identifiant avec le catholicisme des théories et des systèmes sociaux qui, en d'autres temps, on pu naître sous son égide, mais qui, pourtant, n'ont que la valeur de purs accidents, elle arme contre l'influence de l'Église les susceptibilités de cette puissance avec laquelle on doit compter et qu'il faut bien appeler l'esprit moderne.

Et, ici, il est nécessaire de poser quelques bases fondamentales et de rappeler quelques principes.

Notre siècle vient après trois siècles de révolutions profondes où le bien et le mal ont été étrangement mêlés, et qui, de quelque manière qu'on les juge, ont introduit en fait dans l'ordre social, inauguré, il y a mille ans, par la rénovation de l'Empire, des modifications décisives.

Au moyen âge, l'Église et la société étaient organisées d'après ce puissant système qui se formule dans un nom : *la théocratie*; dans la rigueur de son principe, la théocratie n'admet qu'un pouvoir *sui juris*, le pouvoir ecclésiastique, pouvoir souverain et inaliénable, duquel procèdent tous les autres, et dont ceux-ci ne sont que les instruments. Toute doctrine en désaccord avec la doctrine souveraine doit être extirpée par le secours du bras séculier, et quiconque professe une telle doctrine, cesse, par ce fait seul, de compter au nombre des membres du corps social [1].

L'Église régnant dans l'ordre des faits comme dans l'ordre spirituel, imposer des limites à son *droit*, c'est nier son autorité suprême et entraver *sa liberté*. La liberté de l'Église im-

1. L'inquisition et la suppression par la force de toute dissidence, ne sont qu'une application très-logique du principe accepté. Cela est si vrai, qu'au moyen âge, les adversaires politiques les plus acharnés des papes sont les premiers à se faire les instruments de la pensée qui domine l'ordre social. Voyez les lois promulguées contre les hérétiques, par l'empereur Frédéric II, en 1220, 1224, 1232, etc., etc., etc.

Édit de 1220. « ..... Sane adeo infidelium quorumdam iniquitas
« abundavit, ut non dubitent contra apostolicam disciplinam et sacros
« canones sua statuta confingere adversus Ecclesiæ libertatem... porro
« omnes hæreticos utriusque sexus, quocumque nomine censeantur,
« perpetua damnamus infamia... Statuimus etiam hoc edicto in perpe-
« tuum valituro, ut potestates et Consules seu Rectores pro defen-
« sione fidei præstent publice juramentum, quod de terris suæ juri-
« dictioni subjectis, universos hæreticos ab Ecclesia denotatos bona fide
« pro viribus exterminare studebunt. » (*Hist. diplom. Friderici se-
« cundi*, t. II, p. 3.) Voyez aussi la lettre si curieuse, où Frédéric II reconnaît et démontre que l'Église et l'Empire ne sont pas *deux* puissances, mais une puissance *double* agissant sous une impulsion unique. (*Raynald. Annal. ad ann.* 1233.)

plique donc la suppression de tout ce qui n'est pas elle[1]. Telle est, dans sa précision, la formule du système théocratique.

Quand le ressort de ce système se fut peu à peu détendu, le pouvoir laïque cessa d'être l'instrument du pouvoir ecclésiastique, mais la religion resta *loi de l'État;* l'intolérance *civile* continua à régler les rapports de l'individu avec le corps social; et le clergé, corps politique, se maintint en possession de priviléges qui demeuraient le signe et l'effet de son pouvoir. Cet ordre de choses régna en France jusqu'à la révolution de 1789. D'immenses événements avaient signalé le cours des seizième, dix-septième et dix-huitième siècles. L'invasion du protestantisme, les transactions formulées après des luttes sanglantes dans les conventions de Passau et d'Augsbourg et dans l'édit de Nantes, la rénovation de l'ordre politique européen par la paix de Westphalie, la substitution d'un droit devenu rationnel tout en restant chrétien au droit fondé sur la suprématie politique du pouvoir ecclésiastique, tous ces faits, d'une importance fondamentale, avaient amené, dans le monde des esprits, des changements aussi décisifs que les changements accomplis dans le domaine des faits. En 1789, sous la pression de nécessités impérieuses, et déterminée par l'assentiment du clergé lui-même, la volonté du pays consacra une révolution devenue nécessaire. Elle proclama la liberté de conscience, la liberté des cultes, la liberté de la parole, sauf le respect de l'ordre et des lois.

Le jour où cette révolution fut consommée, où la liberté religieuse, liberté qui n'a rien de commun, il faut le dire très-haut, avec l'*indifférentisme religieux* et l'*athéisme politique,* fut

---

[1]. Aussi, dans les édits contre l'hérésie, trouve-t-on toujours unies ces deux idées : « ..... *Procedere contra* pravitatem hæreticam « ac relevare *libertatem ecclesiasticam*..... » (*Hist. diplom. Friderici secundi,* t. II, p. 704) « ..... Salutem communis fidei unanimiter pro- « curemus, relevemus *ecclesiasticam libertatem,* commissos nobis gla- « dios in perversores fidei acuamus. » (*Ibid.,* t. IV, p. 409.) « ..... Ap- « prehenderemus arma defensionis et gladium cujus est nobis a Domino « pro tuitione fidei et *ecclesiasticæ libertatis* attributa potestas. » (*Ibid.,* t. III, p. 37.)

inaugurée ; où l'organisation sociale ne reposa plus que sur des principes de justice naturelle ; où l'État, se déclarant incompétent dans les choses religieuses, rendait cet hommage à la conscience humaine de la laisser maîtresse d'elle-même, et de restreindre l'empire de la force au maintien de la paix publique et de la sécurité de tous, ce jour-là, les bases qui avaient soutenu l'ordre ancien s'écroulant, la société moderne était fondée.

Or, cet avènement de la liberté religieuse ne rendait que plus nécessaire d'établir entre les deux pouvoirs un système bien défini de rapports : la théorie de la séparation de ces pouvoirs n'est pas seulement une utopie, c'est un oubli des principes fondamentaux qui président à la marche des sociétés chrétiennes. Quoi qu'on tente, et sous quelque forme que s'effectue le développement des institutions modernes, l'alliance de l'Église et de l'État gardant chacun son indépendance, s'unissant toutefois dans la poursuite de buts non pas opposés, mais distincts, ne cessera de répondre à des nécessités morales de premier ordre. Le concordat de 1801 fut l'expression de cette alliance et la formule de ces rapports.

Nous osons dire que les principes admis par ce concordat ont constitué le droit ecclésiastique et politique le plus favorable aujourd'hui aux véritables intérêts religieux, parce que seul il répond à des exigences qu'il ne serait ni juste ni prudent de méconnaître. Un système qui écarte du clergé tout ce qui, dans le passé, avait pu affaiblir le respect dont il doit être entouré ; qui permet au zèle du prêtre de se développer sans entraves, mais ne lui laisse pour armes que les armes dignes d'être employées dans les combats de Dieu, la parole et l'exercice de la charité, un tel système offre au clergé d'incomparables avantages pour l'accomplissement de sa mission divine ; et parmi ces avantages, le premier peut-être, est de montrer que l'expansion du Catholicisme se concilie admirablement avec ce qu'il faut pardonner à l'orgueil du dix-neuvième siècle de nommer les progrès de la raison publique.

S'il en est ainsi, et nous croyons difficile d'établir le contraire, ne faut-il pas voir un péril dans tout système qui, heurtant de front des idées profondément enracinées, entre directement en lutte avec la raison ou, si l'on veut, avec la passion d'une époque ?

C'est ce péril d'autant plus grand qu'il se dissimule sous les apparences d'un service rendu, c'est ce péril que l'Autriche a suscité au Catholicisme. Singulière destinée de ce pays! nous n'accusons pas les intentions; nous répugnons à croire qu'il y ait ici un plan savamment calculé d'odieux machiavélisme; mais, en fait, qu'elle ait conscience d'un tel rôle ou qu'elle se le dissimule à elle-même, il aura été réservé à l'Autriche de compromettre tour à tour les intérêts du Saint-Siége par des moyens absolument contraires; après lui avoir prodigué l'outrage et les déboires, passant tout à coup de l'oubli de ses devoirs à l'exagération des droits qu'elle avait méconnus, elle aura été conduite à exciter, contre la cour de Rome, les inquiétudes des gouvernements et les défiances des peuples; après avoir créé, dans les lois Joséphines, un arsenal où purent puiser, près d'un siècle durant, tous les ennemis des justes prérogatives de la Papauté, tous les contempteurs de l'indépendance et de la dignité du pouvoir spirituel, on l'aura vue, dans le concordat de 1855, relever, si l'on peut dire, les postes avancés où se retranchait la philosophie du dix-huitième siècle, pour diriger contre l'Église des traits qui, à coup sûr, ne sont pas épuisés. Certes, quand la cour de Vienne interdisait aux évêques de l'Empire toute correspondance avec Rome, quand elle soumettait leurs mandements et leurs instructions au *visa* de la police, quand elle osait renvoyer le saint pontife Pie VI, venu tout exprès en Autriche, sans qu'un adoucissement aux peines dont on l'abreuvait eût été accordé à ses prières, elle méritait toutes les sévérités dont la conscience chrétienne pouvait s'armer envers elle; mais quand, aujourd'hui, elle rend aux adversaires de l'Église les moyens d'attaquer, dans l'acte solennel passé avec le Souverain Pontife, un système rappelant, à tant d'égards, celui qui souleva jadis, contre le Catholicisme, des hostilités implacables; lorsque, tout en provoquant ces attaques, elle trouve moyen, par des instructions interprétatives, de frustrer le Saint-Siége des compensations sur lesquelles, du moins, il lui était permis de compter, de laisser le concordat lettre morte dans une portion considérable de l'Empire, de faire peser ainsi sur Rome l'impopularité d'un acte dont elle élude elle-même les conséquences, on en vient à se demander si le *service* d'aujourd'hui est de beaucoup préférable aux outrages d'hier, et à rechercher si, dans la pensée de l'Autriche, un acte si infécond, au point de vue religieux, ne serait pas, avant tout, une ressource de stratégie politique, et, pour dire le mot, une machine de guerre.

Ce qu'il est impossible de ne pas remarquer, en effet, c'est qu'en engageant la lutte dans la Péninsule avec les instincts et les besoins moraux dont l'ensemble constitue l'esprit du dix-neuvième siècle, l'Autriche s'efforce de provoquer un antagonisme analogue dans le pays qui s'est toujours fait gloire de professer, avec un profond dévouement pour le Saint-Siége, représentant et gardien de l'unité catholique, un attachement sincère à ses traditions nationales.

Ce n'est un mystère pour personne qu'au sein du Catholicisme français, de ce Catholicisme si fort par l'union de ses chefs, alors qu'il voyait honorer de la pourpre romaine les prélats les plus dévoués à des doctrines aujourd'hui dédaignées, les La Luzerne, les Bausset, les d'Astros; alors qu'il se glorifiait des Émery, des Frayssinous et des Quélen, il existe un parti que, sans porter atteinte à des sentiments dont il faut honorer la pureté et sans risquer d'ailleurs de le blesser d'aucune sorte, on peut appeler le *parti du concordat autrichien*; et ici, nous croyons user d'une liberté toujours reconnue dans l'Église, en soumettant à une critique respectueuse un acte qui, dans son double caractère, participe de la politique civile aussi bien que de la politique religieuse.

Personne, à l'heure qu'il est, ne songe, en France, à se replacer purement et simplement sur le terrain de l'ancien gallicanisme. Certes, le fonds des doctrines de 1682 est assez solide pour défier les attaques ; il faut répondre par un sourire aux puériles insultes dont sont l'objet, sous nos yeux, les enseignements qui ont nourri si longtemps la forte piété de nos pères. Mais la forme sous laquelle se sont produites ces doctrines pourrait soulever aujourd'hui des difficultés sérieuses, et d'ailleurs tout change avec les siècles. De même que le gallicanisme de Bossuet n'était pas celui de Gerson, ainsi le gallicanisme du dix-septième siècle ne peut être celui de nos jours. La doctrine de politique ecclésiastique qui doit gouverner notre siècle, se réduit, ce nous semble, aux points suivants : — indépendance du pouvoir séculier à l'égard de toute juridiction politique attribuée à l'Église; — légitimité des principes sur lesquels repose la constitution de la société moderne ; — résidence de la souveraineté spirituelle dans le corps épiscopal uni au Saint-Siége, — et, conséquemment, caractère tempéré de la monarchie pontificale.

Contre cette doctrine si modérée dans sa force, qui, sans froisser des susceptibilités légitimes ni sacrifier aucune de nos traditions nationales, satisfait, nous le pensons à toutes les exigences d'une orthodoxie scrupuleuse, contre cette doctrine, le parti du concordat autrichien reconstruit le système de la théocratie directe ou indirecte. Ce système, qui n'a jamais été complétement réalisé, même au moyen âge, constitue l'idéal de ses historiens et de ses publicistes. Dans l'avenir qu'on poursuit, le clergé recouvre ses priviléges de puissance politique et de juridictions exceptionnelles; les dogmes et les préceptes de l'Église redeviennent lois de l'État, et l'intolérance *civile* demeure le droit public auquel on ne déroge que momentanément et sous la pression regrettable des circonstances.

D'un tel point de vue naissent nécessairement ces conséquences : l'ordre nouveau, l'ordre ecclésiastique et politique du concordat français de 1801 est une déviation des principes qui doivent présider aux rapports des deux pouvoirs et une sorte d'apostasie des nations. Le droit public, inauguré en 1789 et consacré par toutes nos constitutions depuis cette époque, ne peut qu'être supporté, jamais accepté. On le subit sans le reconnaître, et l'on accomplit un devoir en l'attaquant par tous les moyens, pour ramener l'Europe à une théocratie pure ou mitigée. Dès lors, avec la facilité que donnent le parti pris et l'habitude de l'à peu près, on imagine toute sorte de théories pour justifier l'ordre théocratique en dépit de l'histoire qu'on mutile. Dans le passé, on nie les erreurs et les abus d'un système devenu, cependant, si funeste à l'Église ; dans le présent, on calomnie notre droit public, en le présentant comme incompatible avec le Catholicisme. Là où l'ordre ancien a été en partie conservé ou restauré, on glorifie ces débris d'un autre âge, comme si l'on tenait à honneur d'identifier le Catholicisme avec tout ce que le temps a solennellement condamné, et l'on arrive à présenter à la société moderne cette sommation très-simple : se renoncer elle-même et livrer son drapeau !

Certes, nous n'ignorons pas quelles irréprochables intentions dirigent les chefs du parti religieux, dont nous cherchons à définir la pensée ; nous savons que chez eux le talent est à la hauteur du zèle, et nous rendons hommage aux vertus qui dirigent une initiative inspirée par le dévouement. Mais nous demandons si les écrivains qui combattent sous leurs ordres ont bien calculé la portée de la déclaration de guerre si vaillamment adressée à leur siècle. Témoin d'une polémique dont le seul résultat est de faire confondre le Catholicisme avec les passions et les intérêts qui, de tout temps, ont su prendre son masque ; d'aigrir contre l'Église les esprits si nombreux atteints de ce scepticisme de bonne foi qu'il convient de ménager ; de semer la division dans des rangs qu'il importerait de ne pas éclaircir ; d'affaiblir, en un mot, l'empire de la religion sur les intelligences et sur les mœurs, — catholique et Français, nous nous effrayons de l'avenir qu'on prépare, et, prêt à soumettre notre pensée propre aux décisions non pas d'un parti, mais de l'Église, nous posons humblement ces questions :

Le Catholicisme, en général, a-t-il quoi que ce soit à gagner dans cette lutte ouvertement dirigée contre la société moderne, alors que les principes de cette société ne sont autres que des principes tout ensemble rationnels et chrétiens, la liberté de conscience et de culte, l'égalité civile ? Au lieu d'un duel à engager, n'y a-t-il pas plutôt un traité à conclure ? et où serait le gain pour les intérêts religieux si l'on ravivait une irritation toujours prête à renaître, en exprimant publiquement le regret que *la dureté des temps* ne permette pas de rétablir la *dîme*, le *droit d'asile* dans les églises, les *juridictions*

exceptionnelles, la *censure ecclésiastique* sur les livres, etc., etc.[1]?
— Le Catholicisme français, en particulier, trouve-t-il un avantage quelconque à déserter des traditions qu'autorisent les plus grands noms de notre histoire ecclésiastique? Serons-nous des chrétiens plus disposés aux combats sérieux de l'esprit, quand nous aurons fait litière de tous les usages nationaux, et qu'abandonnant les maximes sous l'égide desquelles ont grandi ces héroïques serviteurs de la foi immolés en 1793, nous aurons abaissé le droit de juridiction de nos évêques devant des décisions très-respectables sans doute, mais auxquelles un caractère *légal* n'a jamais été attribué parmi nous?. . . . .

1. Voyez les articles 9, 13, 14, 15, 33, etc., etc., du concordat autrichien.

Note 5, p. 90, lettre **XXXIX**.

ORIGINES HISTORIQUES DE L'IDÉE DE LA CONFÉDÉRATION

Extrait du *Mémoire* lu par M. E. Rendu à l'Académie des sciences morales et politiques, au mois de décembre 1858. (*L'Italie et l'Empire d'Allemagne.*)

Les deux grandes doctrines politiques dont j'ai signalé l'antagonisme, la doctrine théocratique et la doctrine de la monarchie impériale, n'étaient pas les seules qui, dans l'Italie du quatorzième siècle, se disputassent la domination. Sans doute, il faut bien le reconnaître, les esprits les plus éminents du moyen âge appartiennent à l'une ou à l'autre. Dante et saint Thomas eussent dédaigné tout plan d'organisation de l'Europe, dans lequel l'idée de l'unité absolue (que l'unité fût réalisée par le Pape ou quelle fût l'œuvre de l'Empereur) n'eût pas dominé et absorbé en quelque sorte l'existence individuelle des divers États, ou, pour parler plus exactement, des diverses provinces de la grande république chrétienne et impériale.

Pour l'auteur du traité *De Monarchiâ*, non plus que pour celui du *De regimine Principum*, j'ajoute pour l'Italie entière du treizième et du quatorzième siècle, la notion de la *patrie* renfermée dans des frontières invariables, dans des limites morales tracées par des lois et par des intérêts distincts, la notion moderne des *nationalités*, en un mot, n'existait pas. Et il n'y a point lieu de s'en étonner; la puissance de la Papauté et celle de l'Empire étaient précisément, pour l'Italie, le moyen d'étendre son influence sur l'Europe; c'est au nom d'un principe général, universel, absolu, que l'Italie pouvait prétendre à exercer la dictature; c'était par les croisades, cette expression suprême de la pensée pontificale et catholique, qu'elle avait saisi la direction de tout le mouvement militaire et commercial de l'Europe.

Mais tout autre allait être la situation de la Péninsule, quand, la force politique de la grande institution qui faisait d'elle le centre du monde venant à décliner, chacun des États s'efforcerait de conquérir une existence indépendante; l'Italie devait tendre dès lors à s'affaiblir dans la proportion même où grandiraient l'Espagne, la France, l'Angleterre, et le développement des peuples voisins devenait la mesure de sa propre décadence.

Pour se mettre à l'abri des conséquences d'une révolution si considérable, une ressource restait à l'Italie, c'était de saisir elle-même comme une arme défensive cette idée de la *nationalité*, qui, à partir de l'époque de transition inaugurée par le quatorzième siècle, va être au fond de tous les mouvements de la politique européenne.

Il faut ici le constater: cette nécessité de réagir contre le droit public des philosophes, des théologiens et des poëtes, les populations italiennes semblent l'entrevoir d'instinct, lorsque l'Empire, après vingt-trois années d'anarchie intérieure et le règne si sage de Rodolphe de Habsbourg, entreprend de faire valoir de nouveau ses prétentions sur la Péninsule. Sans doute, la pensée nationale ne se dégage point nettement encore des nuages que de séduisantes théories ont accumulés autour d'elle; mais, ainsi que s'en plaignait Henri VII, la *vacance de l'Empire* avait habitué les cités italiennes à vivre de leur vie propre[1], et, pendant l'expédition de ce prince, des protestations incessantes éclatent au sein des masses contre le rétablissement de la suprématie étrangère.

D'abord, et lorsque le bruit se répand que les bataillons allemands ont franchi les gorges des Alpes, ce sont partout des agitations et des terreurs, et ce frémissement qu'a coutume de soulever dans un peuple toute *nouveauté redoutable*[2].

---

1. « Postquam... disposuimus partes Italicas reformare, in quibus, vacante imperio, universæ communitates ac civitates Italiæ jura Romani Imperii occupaverunt. » (Albertini Mussati, *Histor. Aug.*, lib. XIV ; *Rer. Italic. scrip.*, t. X.)

2. Il faut lire, pour comprendre cette époque, l'*Historia Augusta*

Pendant que les partisans de l'Empire, à Milan, s'humilient devant Henri VII, la foule répandue par les rues et sur les places publiques, y accable l'Empereur d'imprécations[1], maudit les fureurs *tudesques*[2], appelle les premiers citoyens de la ville à s'unir dans une ligue contre César[3].

L'Empereur est contraint de faire remise des contributions qu'il a voulu lever; mais ce calcul ne triomphe point des haines de races[4]; l'irritation se propage; Crème, Crémone, Brescia chassent les vicaires impériaux; la flamme court de cités en cités[5].

Devant les menaces de ce mouvement national, le sens des événements échappe à l'Empereur déconcerté. Il ne comprend rien à un fait nouveau dont il voudrait conjurer les effets. Il a devant lui un peuple qui prétend à affirmer son existence, et il n'aperçoit toujours que le Pape et l'Empereur. « Que me
« veut-on? dit-il à ses Allemands; si je regarde en haut, je
« vois Dieu qui m'inspire; si j'abaisse les yeux, je vois le
« pape Clément qui me conduit. Voilà mes guides. Qui donc
« est contre moi? pourquoi cette lutte entre adorateurs du
« Christ? et lesquels sont le plus près de moi, les Germains,
« les Vandales, les Souabes, ou les Lombards et les Toscans[6]? »

de Mussato, patricien de Padoue, témoin oculaire et acteur dans les événements de son siècle, né en 1261, mort en 1330. « Increbescente fama per universas Italiæ civitates.... Germaniæ principes, populorumque theutonicorum frequentias Alpes transiisse, infremuere undique... *Formidolosum namque id novum...* » (Lib. I, rubr. X.)

1. « Jam Regem detestari per fora et plateas... »
2. « Jam *Theutonicorum furores* insupportabiles... » *Theutonicorum rabies* in Latinos insanire. » (Albert. Mussati, *Hist. Aug.*, lib. II.)
3. « Alloquia locis abditis inter utriusque partis Primores habita... Ut privatim unanimiter conspirantes Cæsarem oppeterent, urbe pellerent, communionem integrarent. » (*Ibid.*)
4. « Nec dilatio hæc, si distulit odia, tamen abstulit... » (Muss., lib. II.)
5. « Hæ favillæ... sic ferventes flammas extulere, ut *omnis Italia* novarum rerum jam excita motibus incaluerit.... » (*Ibid.*)
6. « Si sursum aspiciam, motorem Deum; si infra, Clementem Papam intueor. His ducibus vehor; et quis contra me?... ulla ne discretio inter Christicolas?... » (*Ibid.*)

Et, dans cette fausse vue qui le trouble, il faut prononcer contre les cités *rebelles au Saint-Empire* les anathèmes tenus en réserve par l'Église contre les déserteurs de l'orthodoxie[1].

La véritable portée des mouvements populaires tend pourtant à se révéler. A Brescia, comme les légats pontificaux engageaient le consul de la cité à *s'humilier sous le cilice et dans la cendre*, et promettaient l'intervention du Pape pour fléchir la colère impériale : « Que nous veut ce prétendu Empereur, « répondit le podestat de la ville? et pourquoi est-il venu, si « ce n'est pour extorquer l'argent de nos cités?... Et vous, « qui assistez le vicaire du Christ, nous apportez-vous la paix « que votre mission est de maintenir toujours? S'il en est « ainsi, grâces soient rendues au Créateur et à la sainte « Église à laquelle nous sommes attachés du fond de nos « entrailles. Autrement, nous avons encore dans la ville pour « six mois de nourriture; après quoi, il nous restera les « objets immondes dont s'empare encore le désespoir, et peut-« être même les corps de ces ennemis venus de toutes les pro-« vinces de l'Allemagne... Et ainsi nous attendrons la volonté « du Christ, dont vous-mêmes comme nous, comme toute « chair, subirez le jugement[2]. »

A Padoue, mêmes résistances, mêmes protestations contre l'étranger. « O honte! s'écriait Rolando de Piazzola, dans le « sénat de Padoue. Les nobles villes de la Lombardie gé-« missent sous la tyrannie des vicaires impériaux; mais ce roi « des Romains, quoi donc le rend si redoutable? Frappé par

---

1. « Imperialibus monitis papalia subjungens anathemata, ut tanquam extra Christicolarum communionem constituti Cremonenses loco eorum habeantur quos ad orthodoxæ fidei semita devios error abduxit. » (Muss., lib. II.)

2. « Ad quid aliud nisi ad pecuniarum extorsiones sedulus intendit? Quarum semper egens atque exhaustus subjectos populos semper sitibundus fugit.... quo absumpto, edenda nobis bruta et singula quæque usui non commoda; post, et... forte hostium prædas venabimur, corpora præsertim immania Suevorum, Vandalorum, nationibusque cujusque Germaniæ recreabimur reficiemurque... » (Mussati, *Hist. Aug.*, lib. IV.)

« Dieu, n'est-il pas aujourd'hui sans soldats? Mon avis est
« qu'il faut lui résister, unis à tous ceux qui s'appuient sur
« les mêmes droits que nous; qu'il faut effacer les aigles des
« édifices privés et publics. Que nos vies payent la liberté
« commune; et toi, ô vicaire impérial, dépouille cette dignité
« odieuse pour reprendre ta charge de podestat. »

Or, au moment même où retentissaient contre l'Empire les cris de la conscience populaire, et cette expression incertaine encore du sentiment national qui se cherchait lui-même, le plus grand génie du quatorzième siècle, Dante, adressait à l'Empereur la célèbre lettre contre Florence, et se préparait à écrire le Traité *de la Monarchie!*

Phénomène étrange et qui fait bien comprendre la difficulté que devaient éprouver les Italiens du quatorzième siècle à se soustraire aux séductions d'une politique cosmopolite! C'est le même homme que nous avons vu invoquer si ardemment le rétablissement du trône des Césars et célébrer si haut les droits de la souveraineté impériale, c'est ce même homme qui va essayer de donner à son pays la conscience d'un rôle personnel et indiquer les conditions de l'existence nouvelle que le progrès des temps assigne désormais à la Péninsule. Par une contradiction qui est elle-même une lumière jetée sur l'histoire des destinées italiennes, Pétrarque, héritier à tant d'égards de la théorie de Dante, à côté sinon en face de cette théorie, pose hardiment la doctrine d'une politique *nationale*, cette doctrine que les publicistes de l'Italie actuelle appelleraient la doctrine de l'*indépendance;* et c'est ainsi que l'ami de Charles IV et de Rienzi mérite d'être appelé dans le sens moderne et tout à fait exact de ce mot, le premier *patriote* italien.

Et d'abord, et par une sorte de protestation contre la théorie des droits de l'Empire, Pétrarque veut que les frontières naturelles données à l'Italie la défendent contre les convoitises des hommes du Nord :

> *Ben provide Natura al nostro stato*
> *Quando dell' Alpi schermo*
> *Pose tra noi e la tedesca rabbia.*

Ce n'est pas seulement dans l'entraînement de la passion poétique que Pétrarque invoque l'inviolabilité du sol national, c'est dans le calme des conseils adressés aux chefs des États italiens qu'il les supplie de fermer la patrie commune aux incursions de l'étranger : en 1351, Venise s'est alliée contre Gênes avec le roi d'Aragon : « Avec quelle douleur, écrit au
« doge Dandolo le confident des Visconti, avec quelle douleur
« j'ai appris le traité que vous venez de conclure ! Faut-il que
« l'appui de souverains *barbares* soit invoqué par des Italiens
« contre des Italiens ! D'où le secours viendra-t-il à la mal-
« heureuse Italie, si, non-seulement cette mère qu'il faudrait
« révérer est déchirée par ses propres fils, mais si encore
« les étrangers sont conviés à prendre part à ce parricide...
« C'est à bon droit que nous sommes tombés dans les mal-
« heurs que nous déplorons aujourd'hui, mais trop tard,
« puisque les Alpes et la mer, ces remparts dont la nature,
« par une faveur spéciale du ciel, nous avait entourés, nous
« avons cru bon de les ouvrir avec les clefs de la jalousie, de
« l'avarice et de l'orgueil, aux Francs, aux Teutons, aux
« Espagnols[1] ! »

Louis de Hongrie se dispose à passer les Alpes pour venger l'assassinat de son frère André, roi de Naples : « Voilà donc,
« s'écrie Pétrarque, ce que j'ai toujours redouté, ce que je n'ai
« cessé de répéter et d'écrire ; un tel crime ne pouvait rester
« impuni ; mais la vengeance est plus cruelle que je ne l'avais
« prévue ! Tourne ta colère, ô Dieu ! contre les auteurs du
« forfait et frappe les têtes coupables ; mais qu'a fait le
« peuple ? qu'a fait le sol sacré de la patrie ? Et pourquoi voici
« qu'il est souillé par les pas des barbares ! »

Après l'horreur que lui inspirent les irruptions des armées étrangères, le sentiment exprimé par Pétrarque avec le plus de vivacité, c'est le désir que les villes et les États italiens consentent à se grouper autour de Rome, redevenue la capitale de la Péninsule ; si je ne craignais de me servir d'un mot exprimant, à cette époque du moins, une idée plus germanique peut-être qu'italienne, je dirais qu'il aspire à les voir

---

1. Andr. Dandul., *Variar.*, lib. I, ep. I.

s'unir par les liens d'une confédération nationale. Et, en effet, ce qui excite l'enthousiasme du poëte pour l'entreprise de Rienzi, c'est que les chefs de l'Italie presque entière, depuis les Visconti, les Malatesta et les Pepoli, jusqu'aux marchands de Florence et à la reine de Naples, envoyant des ambassadeurs au tribun pour lui offrir leur appui, Pétrarque peut se flatter un instant que les diverses parties de la Péninsule si longtemps en lutte se rapprocheront, dans une paix féconde, sous l'influence d'un pouvoir modérateur.

Il faut lire la lettre où le poëte rend compte à Rienzi d'une conversation qui avait eu lieu à Avignon, entre de hauts personnages, les politiques de l'époque : on avait agité la question de savoir s'il serait utile à l'Europe « que Rome et l'Italie « fussent en paix et unies dans une pensée commune (*Expe-* « *diret ne terrarum orbi urbem Romam et Italiam esse pacificas* « *atque unanimes*). » Après une discussion prolongée, on avait conclu à la négative : *Nullatenus expedire.* « Je reconnais bien « là, s'écrie Pétrarque, le venin d'une vieille et profonde « haine... Signale cette parole au peuple romain ! Qu'il voie « comment ces politiques entendent nos intérêts. Sans doute « ils ne peuvent nous nuire ; mais une telle parole met leur « pensée secrète à découvert, et révèle ce qu'ils veulent pour « nous. Je n'assistais pas à cette discussion ; si je m'y fusse « trouvé, malheur à plusieurs d'entre eux ! Car le silence « n'eût été pour moi ni honorable, ni possible ; mais je te la « dénonce à toi, le vengeur de notre liberté !... J'espère qu'elle « éveillera dans tous les cœurs italiens le feu d'une juste « colère, et que l'indignation dissipera la torpeur de nos « âmes [1]. »

Cette pensée de l'association de toutes les forces italiennes, plus encore de la solidarité de tous les États de la Péninsule [2], inspire la plupart des lettres politiques de Pétrarque. S'il écrit au gonfalonnier de justice de Florence (en 1349), il a soin de rappeler les liens d'origine qui rattachent la répu-

---

1. *Epist. sine titul.*, 3.
2. Voyez la seconde lettre à Dandolo.

blique à Rome[1]); s'il s'adresse au doge de Venise pour l'engager à la paix : « Que les esprits s'unissent aux esprits, « s'écrie-t-il, les drapeaux aux drapeaux[2]! Et il montre la domination des mers devenant le prix de l'union des grandes cités maritimes de l'Italie : « A cette condition l'Océan et les « ports de l'univers s'ouvriront à vos flottes, et partout vous « accueillera le respect des rois et des peuples. A cette con- « dition l'Indien, le Breton, l'Éthiopien, vous redouteront, et « vos navigateurs aborderont Taprobane, les îles Fortunées, « et cette fameuse Thulé encore inconnue aujourd'hui. « Soyez-vous réciproquement un appui, et nul péril ne peut « vous menacer d'ailleurs[3]. »

Pétrarque recommande avec d'autant plus d'instance l'union des cités et des États que, dans sa pensée, c'est en faisant appel à ses seules forces, en rompant avec la funeste habitude d'invoquer les secours du dehors, en réveillant le vieil esprit militaire, que l'Italie doit lutter contre la décadence dont les causes se multiplient autour d'elle et en elle. Pétrarque n'a pas assez d'invectives d'un côté, contre le système des *Condottieri*, qui, tout en mettant l'Italie à sac, lui désapprennent les vertus guerrières[4], et en font une proie pour toutes les convoitises; de l'autre, contre cette manie d'imitation étrangère, qui, en inspirant le dédain des vieilles coutumes et de traditions tutélaires, prépare et consomme l'altération du caractère national[5]. Nul, à ce double point de

1. « Genitor ille vester, populus romanus... » (*Variar.*, ep. LX.)
2. « Animos animis, signis signa conjungite. »
3. « Sic vos Indus, sic Britannus, Æthiopsque permetuet. Sic Taprobanem, sic Fortunatas insulas famosamque sed incognitam Thylem... Securus vester nauta transiliet; modo invicem tuti sitis, nil aliunde trepidandum est. »
4. « Qui ad bellum quasi ad nuptias compti et imbelles, vina et fercula et libidinem meditantes eunt, fugamque pro victoria cogitantes.... (*Senil.*, l. V, ep. III). »
5. « Quem morem nescio quidem unde, sed non utique a Romanis parentibus ac fundatoribus nostris accipiunt, ut omnis exotici dogmatis, externæque consuetudinis miratores, sic paternorum atque salubrium indociles exemplorum... » (*Senil.*, l. II, ep. I.)

vue, n'a ressenti plus profondément en lui-même le contre-coup des fautes que commettait son pays; nul n'a plus souffert de ses douleurs et tenté avec plus de fermeté de mettre le fer sur la plaie saignante :

> *Voi cui fortuna ha posto in mano il freno*
> *Delle belle contrade*
> *Di che nulla pietà par che vi stringa,*
> *Che fan qui tante pellegrine spade?*

« Ah! s'écrie-t-il, en s'adressant à Boccace, qui exprimera
« l'indignation dont je suis animé, quand je vois des hommes
« nés sur le sol italien, s'ingénier à l'envi pour paraître
« *barbares*. Puissent-ils en réalité être barbares, pour délivrer
« les yeux de tout véritable Italien d'un si honteux spectacle,
« ces traîtres à qui il ne suffit pas d'avoir oublié les vertus
« des ancêtres, d'avoir perdu, par leur indolence, la gloire des
« armes et la gloire des arts de la paix, mais de qui la dé-
« mence déshonore encore la langue maternelle [1]! »

Ainsi, — condamnation de l'influence étrangère, à tous les points de vue, — résolution de fermer les frontières de la patrie commune aux incursions du dehors, — plan de fédération, ou du moins, pour éviter un mot qui réveille une idée trop moderne, plan d'union et de protection réciproque pour les différents États de la Péninsule : triple fondement sur lequel s'appuie une doctrine que, dans toute la force du terme, je le répète, il faut appeler *nationale*; qui se pose avec une netteté singulière à l'encontre de la doctrine des droits de l'Empire; qui, après tout, il ne faut pas craindre de l'affirmer (quoi qu'aient pu dire, à cet égard, d'éminents publicistes de la Péninsule)[2], donne un puissant relief à une physionomie dont le rayon d'une gloire plus douce a trop amolli les

---

1. *Senil.*, I. XVI, ep. II.
2. Dante n'abandonne jamais le point de vue de la politique impériale et comospolite. Pétrarque, au contraire, a le sentiment vrai des intérêts de l'Italie. Nous ne sommes pas de l'avis du comte Balbo lorsqu'il écrit « Petrarca fù un gran letterato, et nulla piu. » (*Della storia d'Italia*, p. 227.)

traits, et qui place Pétrarque au premier rang des grands hommes dont le patriotisme italien doit invoquer le souvenir.

Que l'Italie eût embrassé cette doctrine, et les siècles qui vont suivre n'auraient pas répété en vain la plainte du poëte :

> *Italia che suoi guai non par che senta*
> *Vecchia oziosa, e lenta*
> *Dormirà sempre e non fia chi la svegli?*

Mais l'Italie pouvait-elle rompre facilement avec les traditions de tant de siècles, et avec l'enseignement de ses grands hommes? Pétrarque lui-même, comme s'il dût résumer en lui la lutte qu'allaient se livrer les deux doctrines contraires, Pétrarque, après avoir indiqué du doigt la route de l'avenir, ne se retournait-il pas vers les voies où ses devanciers avaient traîné son pays, et, dans l'incertitude de ses desseins, n'invoquait-il pas de nouveau la fatale protection de l'Empire?

La théorie nationale demeure donc impuissante contre la théorie du droit politique de l'époque antérieure. L'Italie continue sa marche vers le terme où la précipitent des illusions invincibles; et quand l'empereur Charles IV descend une seconde fois au delà des Alpes, elle subit, comme par le passé, ce prestige funeste qui la pousse à abdiquer devant César : à Pise, Agnello, seigneur de la ville, sollicite de la haute suprématie du prince la confirmation de son pouvoir et le titre de vicaire impérial. A Sienne, le peuple, qui s'est insurgé et a taillé en pièces les gendarmes allemands, s'effraye tout à coup de son audace, et achète le pardon de sa victoire au prix de 20,000 florins. Florence, de qui Charles IV réclame les *droits* de l'Empire, au lieu de répondre à cet étranger en lui fermant ses portes, ne se débarrasse de lui que moyennant finance. Pise lui demande la consécration de *ses privilèges* et consent à payer 50,000 florins. Lucques achète pour une somme quadruple le parchemin qui la déclare indépendante.

Appauvrissement matériel, amoindrissement de la vie nationale, ainsi se résume, pour les cités italiennes, chacune des expéditions des Empereurs. Au quatorzième siècle comme au douzième, au dixième et au neuvième siècle, dans des circonstances et sous des formes très-diverses, l'Empire est tout ensemble la séduction et le fléau de l'Italie. Depuis le moment où les deux Bérenger firent hommage, pour prix d'un secours, le premier à Arnolf (888), le second à Othon le Grand (952), l'Italie fut une proie entre les serres de l'aigle germanique. Sans doute, par quelques empereurs allemands, la Péninsule échappa pour un temps à l'anarchie qui la dévorait; mais ce bien lui-même fut un mal, et ce remède un germe de mort. Malheur au pays qui cherche la vie en dehors de lui-même ! Un gouvernement national, si mauvais qu'il soit, vaut mieux pour un peuple qu'un gouvernement étranger, si bon qu'on le suppose, car le premier passe et le pays reste; le second, au contraire, tarit dans sa source cet indispensable élément de toute force nationale : le sentiment de l'indépendance. Depuis les Othons, l'Italie s'habitua à vivre d'une vie empruntée : princes, cités, papes eux-mêmes reconnurent et invoquèrent presque toujours la suprématie de l'Empereur; la lutte ne porta que sur la mesure dans laquelle il était opportun de la reconnaître. Il parut bien que la nation n'avait pas conscience de son existence propre, quand après la grande guerre contre Frédéric Ier Barberousse, après la glorieuse bataille de Legnano, et cette entrevue de Venise où le plus haut représentant de la ligue, le pape Alexandre III, avait posé le pied sur la tête de l'Empereur, les communes lombardes appelées, par le jugement des armes, à constituer une nation et à graver le nom de l'Italie sur les tables du droit européen naissant, y écrivirent de leur épée victorieuse, non pas le mot d'*indépendance*, mais celui de *priviléges impériaux* : « Nous voulons satisfaire, disaient-elles, à tous les devoirs « auxquels, selon les anciennes coutumes, l'Italie est *tenue* « *envers l'Empereur*; nous ne lui refusons pas les *anciennes* « *justices*, et nous désirons être reçus par lui en grâce, pourvu « qu'il nous conserve notre liberté[1]. » La liberté, c'était cette

---

1. Romualdi salernitani chronic. R. I. S., t. VII, p. 220. — V. le comte Sclopis, *Storia della legis. Ital.*, t. I, c. IV, p. 134.

vie purement municipale qui se conciliait avec le serment de fidélité à l'Empereur ; ces priviléges n'étaient autres que les droits de toute nation qui affirme son existence [1], droits qu'au lieu de ne devoir qu'à leur épée, les communes italiennes préféraient tenir d'un souverain étranger. Or, une fois cette abdication consentie, l'Italie, sous la main de ses légistes, roule insensiblement vers l'abîme : lorsque Henri VII descend en Italie, un siècle et demi seulement après la paix de Constance, bon nombre de citoyens de Milan, en dépit de l'irritation populaire, prêtent entre les mains de l'Empereur ce serment qu'il faut citer : « Les soussignés seront soumis et « obéissants, comme de fidèles et vrais vassaux et sujets, au « seigneur roi et à ses vicaires... Ils ne participeront à aucun « fait, traité ou conseil qui puisse porter atteinte aux droits « dudit seigneur roi et de l'Empire... Ils l'aideront à main- « tenir, recouvrer et conserver les droits et régales... pour « l'honneur et l'unité du seigneur roi et de l'Empire ; ils seront « toujours prêts avec armes ou sans armes, selon qu'il plaira « audit seigneur ou à ses vicaires, de le ou de les défendre, « protéger et maintenir contre tous. » Et des fils des héroïques promoteurs de la ligue lombarde ne reculent pas devant la condamnation de la gloire de leurs pères : « Ils ne souffriront « pas que nul soit affilié à la ligue, s'ils ne le croient en « bonne conscience, ami dévoué dudit seigneur et de l'Em- « pire, s'il n'y a été admis du consentement et de la volonté

---

[1]. L'Empereur reconnut aux villes confédérées tous ceux des droits régaliens qu'elles avaient acquis par usage ou par prescription, notamment le droit de lever des armées, de construire des fortifications, d'exercer dans leurs murs la juridiction civile et criminelle. Par contre, il était stipulé que les consuls recevraient l'investiture d'un légat de l'Empereur ; celui-ci conservait dans chaque cité un juge d'appel ; chacune d'elles continuait à devoir le *fodero* royal quand l'Empereur entrait en Lombardie, et les *parata* quand il se rendait à Rome pour se faire couronner ; enfin la ligue s'engageait à renouveler tous les dix ans un serment de fidélité. — La victoire des cités lombardes, on le voit, n'aboutissait qu'à une limitation et par cela même à une consécration de la souveraineté impériale. — V. le préambule hautain du traité.

« du seigneur roi ; ils observeront fidèlement tout ce que ci-
« dessus, et n'y contreviendront en fait ni en paroles, taci-
« tement ni expressément, et nonosbtant tous serments, pro-
« messes, pactes et conventions contraires qui auraient pu
« être faits autrefois [1]. »

De tels actes suffisent, entre tant d'autres, à montrer ce que fut l'Empire pour l'Italie : il y corrompit l'esprit national ou l'absorba, à peu près comme ces instruments qui, dans leurs aspirations puissantes, s'emparent de l'air respirable et ne laissent subsister que le vide [2]. Dans cette atmosphère appauvrie, les noms qui excitent avec le plus de puissance le sentiment national ne retentissent plus bientôt que comme des sons étouffés, et n'y réveillent plus d'écho. Après Dante, après cet illustre exemple des égarements du patriotisme, le fantôme impérial s'élève plus menaçant que par le passé. A partir du quinzième siècle, l'existence de la Péninsule, malgré des protestations dont l'histoire doit tenir compte, n'est plus qu'un long acte de vassalité envers tous les souverains qui, à la suite des Empereurs,[3] se précipitent au delà des Alpes pour

1. *Acta Henrici VII*, p. 39 et 40, edid. Dœnniges. Berol.
2. La souveraineté directe de l'Empire se substitue insensiblement au droit de suzeraineté éloignée. Ainsi, en 1238, Chieri demande à l'Empereur appui contre les villes voisines. Frédéric accorde pour privilége à ses habitants « non nisi in *curia nostra* vel legatorum nostrorum aut Capitanei nostri specialiter qui loco eidem de mandato nostro præfuerit, tam in criminalibus quam in civilibus causis debeant ad justitiam conveniri. » (*Hist. diplom.*, t. V, p. 177.)
3. Maximilien descend en Italie (1496) et envoie deux ambassadeurs à Florence avec ordre de dire : « Qu'il avait jugé à propos de passer en Italie pour y rétablir la paix..... Que pour remplir le devoir de sa dignité impériale, il voulait connaître des différents de Florence avec Pise ; qu'il souhaitait que jusqu'à ce qu'il eût entendu les deux parties, il y eût suspension d'hostilités..... Qu'il était disposé à faire bonne justice. » On répondit par l'éloge de ce dessein de l'Empereur. (Guicciard., liv. III, cap IV.)

Quand Louis XII se brouille avec Jules II, il offre à Maximilien « de l'aider à se rendre maître de Rome et de l'État de l'Église, et même de toute l'Italie comme appartenant de droit à l'Empire, hors le duché de Milan, Gênes, Florence et Ferrare. (*Ibid.*, liv. IX, c. III.)

s'en disputer les lambeaux. Il ne s'agit plus de savoir si l'on sera esclave, mais des mains de qui l'on revêtira les livrées de la servitude [1]. On verra s'ouvrir des bouches italiennes pour apprendre aux conquérants comme il faut mutiler le cadavre de l'Italie afin que jamais la vie ne puisse ranimer ses membres épars [2]; et un publiciste parlant la langue du Dante et de Machiavel, Campanella, enseignera l'art d'étouffer si complétement la conscience nationale, que jamais l'idée de l'affranchissement ne puisse faire battre un cœur italien [3].

Si l'Empire a failli tuer l'Italie, l'idée qui le reconstitua fut, pour l'Europe moderne, la source d'interminables calamités. Nous le répétons : l'Empire, cette forme sous laquelle le monde ancien avait conçu l'unité, répondait à l'idée de la force matérielle et de la conquête. Cette idée ne pouvait reparaître dans le monde chrétien qu'en y ramenant avec elle tous les périls inhérents à la notion païenne du pouvoir. En faire la clef de voûte de l'édifice politique nouveau, c'était raviver l'antagonisme des deux mondes, et relever, pour une lutte où les plus grands intérêts de la civilisation moderne seraient en jeu, l'ennemi même que l'esprit chrétien semblait avoir terrassé.

Je veux croire qu'une haute pensée inspira le pontife romain [4]

---

1. V. le curieux traité de Campanella *De Monarchia hispanica*, c. xix, *de Regnis hispanorum propriis* : « Ipsi etiam principes et respublicæ Italiæ quæ ad hoc usque tempus à partibus Gallorum steterunt, transirent ad Hispanos. »

2. « Faciat quoque ut dominia et prædia nobilis regni Neapolitani, Mediolani..... ab exteris emantur..... quo fiat, ut barones indigenes humilientur..... cavendum est ut loca munita unquàm baronibus concedantur. » (Chap. xiv, *de Baronibus et nobilibus Imperii hispanici*.) — « Elaborandum est regi ut principum Italianorum dissidia alat,... etc., etc. » (Chap. xxi *de Italia*.)

3. « Curandum præterea ut omnes illorum (Baronum), filii magistros hispanos habeant, qui hispanizare illos doceant in habitu, moribus et modis hispanicis. » (Ch. xiv.)

4. Nous répugnons à nous placer au point de vue mesquin et personnel qui, selon Marsile de Padoue, aurait été celui du pape Étienne II, au début des rapports politiques du Saint-Siége avec les Carlovingiens:

alors qu'aux derniers jours de l'année 800, il plaça sur la tête de Charlemagne cette couronne ramassée parmi les débris d'une civilisation vaincue. Sans doute, au moment où le peuple assemblé dans l'église de Saint-Pierre souhaitait « vie « et victoire à Charles-Auguste, couronné de Dieu, grand et « pacifique Empereur des Romains, » en ce moment on put se flatter que, ayant de l'Église le sacre, de Rome la tradition du gouvernement, de la Germanie le génie belliqueux et un certain respect de l'indépendance personnelle [1], le pouvoir nouveau serait en réalité, comme il l'était dans les désirs, le *Saint-Empire romain*. Sans doute, le rêve de la chrétienté gravitant dans un harmonieux équilibre autour de deux centres, le Pape et l'Empereur, de ces deux soleils illuminant les choses de Dieu et les choses de la terre,

> *Duo soli... che l'una e l'altra strada*
> *Facean vedere, e del mondo e di Deo.*
> (*Purg.*, c. XVI.)

un tel rêve put naître dans l'esprit du pape Léon III avant de devenir l'idéal des philosophes et des poëtes, de saint Thomas et de Dante. Mais cet idéal, dans un si long espace de la vie du monde, eut à peine un instant de réalité [2]. A part ces courtes années où Charlemagne, véritablement évêque du dehors, étend respectueusement sur l'Église la protection du sceptre des Césars, où, véritablement maître de l'ancien Empire [3], il reçoit tout ensemble l'hommage du roi des Asturies et

« His autem beneficiis Stephanus papa allectus, et videns illius temporis Imperatoris imbecillitatem, procuravit Romanum Imperium de Græcis transferri in Francos, minime reminiscens beneficiorum per Imperatores romanos Ecclesiæ concessorum, in alienos atque remotos Imperium transferre satagens, ut Græcis oppressis, Gallicis hæc parum curantibus, posset Papa Italiæ liberius dominari. » (*De Translatione Imperii*, c. VII.)

1. V. Ozanam, *Études germaniques*, t. II, p. 366.
2. Le fait est reconnu par un des plus savants et des plus éloquents admirateurs de la pensée de Léon III, Fr. Ozanam, *Études germaniques*, t. II, c. VIII.
3. Sur la manière dont Charlemagne comprit la mission de l'Empire, voyez le célèbre capitulaire de l'an 802, ap. Pertz, t. I, leg., p. 91.

des chefs des clans irlandais, les *deux astres* ne cessent de s'entre-choquer, et, loin de guider les nations naissantes dans la voie de leurs destinées, compriment violemment leur essor ou égarent leur marche dans les ténèbres d'une guerre éternelle : sous les yeux même de Pétrarque, l'Empire et le sacerdoce se heurtent dans une lutte de vingt-cinq ans; et au nom de l'autorité dont l'investit son titre[1], Louis de Bavière décerne au roi d'Angleterre, contre le roi de France, le mandat souverain de vicaire impérial.

Dans l'universelle confusion créée par le couronnement qui inaugura le neuvième siècle, ce n'est jamais l'Empire qui se met au service de la civilisation chrétienne. Quand Benoît VIII fait présent à Henri II de l'emblème qui symbolisera le pouvoir souverain, le Pape place bien sur le globe du monde cette croix devant laquelle devait s'incliner l'Empereur[2]; mais si l'Empire se laisse proclamer *l'avocat de l'Église*[3], dédaignant les devoirs, il se contente de faire valoir les droits. Cette haute attribution qu'il reçoit de la main des Papes est pour

---

1. Au quinzième siècle, l'empereur Frédéric III prendra, comme on sait, cette devise: « A, E, I, O, U, » c'est-à-dire : « Austriæ est imperare orbi universo. »

Voyez dans M. Himly les textes qui formulent les prétentions des Empereurs à la suzeraineté sur tous les princes chrétiens, à l'exception pourtant des rois de France et d'Espagne. (*De Sancti Imperii Romani indole atque juribus*, p. 33 et suiv.)

2. « ..... Ut dum si quidem illud respiceret princeps terreni Imperii, foret ei documentum, non aliter debere imperare vel militare in mundo quam ut dignus haberetur vivificæ crucis tueri vexillum. » (Rodulfi Glabri, *Hist.*, l. I, c. v.)

3. « Sanctæ Catholicæ Ecclesiæ advocatus universalis. » En 1309, Clément V dit à Henri VII : « Sacerdotium vero pium et tutum debet habere recursum ad Imperialem mansuetudinem debita sibi veneratione conjunctam ut Imperii Romani fastigium et ejus Culmini præsidens *specialis advocati et defensoris* præcipue circa Ecclesiam gerat officium. » (Raynald., *Annal.*, anno 1309, § 10.)

L'empereur Sigismond écrira encore en 1413 : « Cum teneamur matrem Ecclesiam per Imperiale officium tueri, cujus etiam Canones S. S. Patrum nos appellant advocatum et defensorem. » (Apud Hontheim, l. I, cité par M. Himly, p. 67.)

lui un moyen de violenter l'Église¹ et de maîtriser l'Italie, jamais une raison de défendre la première et de relever la seconde; c'est un contrat pour l'exécution duquel l'une des parties a toutes les charges et l'autre tous les bénéfices; dans la main de l'Empereur je vois toujours l'épée qui menace, je ne vois jamais le bouclier qui protége.

Il faut déplorer l'incurable aveuglement qui, malgré de mortelles déceptions, met sans cesse à la bouche de l'Italie ce nom qui la subjugue, César! On a peine à comprendre l'opiniâtre méprise qui, en dépit d'un antagonisme perpétuel, pousse la Papauté à chercher dans l'Empire l'instrument d'une pensée toujours combattue et la garantie de l'harmonie sociale. Après Frédéric Ier et Frédéric II, quelques années avant Louis de Bavière, le siége pontifical professe encore que le Sacerdoce et l'Empereur ont été établis par Dieu, « à cette « fin, qu'étroitement unis dans la communauté des desseins « et dans l'accomplissement de leur ministère, fortifiés de « leur mutuel appui, ils donnent la paix au monde et en pro- « tégent l'unité². »

Or, pendant qu'à travers tout le moyen âge se perpétue ce malentendu funeste, il est un peuple qui exerce en réalité le mandat nominalement déféré à l'Empire, un peuple qui est véritablement l'avocat de l'Église et le soldat de la civilisation chrétienne, c'est le peuple Franc.

Lorsque Clovis sortit chrétien du bassin baptismal de Reims, le pape Anastase lui écrivit : « Le Seigneur a pourvu aux « besoins de l'Église en lui donnant pour défenseur un prince « armé du casque du salut; sois pour elle une couronne de « fer³. » Cette parole resta sur la France et marqua sa vocation : c'est le peuple Franc qui, avant l'Empire, sauve le

---

1. Prétentions élevées par Frédéric II au sujet des droits des Empereurs de convoquer les conciles (Raderic., l. II, c. 54 et 55), élection de l'antipape Victor III.

2. « Tam in executione commissi regiminis, quam in voti unitate concordes..... pacem mundo pariat, tranquillitatem inducat, et nutriat unitatem. » (Raynald, ann. 1309, § 10.)

3. Gregor. Turr., l. II, c. xxxiv.

Christianisme à Poitiers ; c'est lui qui, après la création de l'Empire, est l'avant-garde de la grande armée européenne dans la formidable lutte engagée contre la barbarie musulmane; c'est lui qui, demeuré le dernier sous les armes pour venger l'honneur de l'Occident, donne à la civilisation chrétienne le héros qui en fut la personnification et le martyr.

Supprimez l'institution de l'Empire, la chrétienté n'aurait pas moins vu les peuples qu'elle enfantait se grouper dans l'unité morale, la seule qu'admette le monde issu de la parole du Christ; elle n'eût pas moins affermi le sol sous ses pas[1], enchaîné la Hongrie à ses lois[2], brisé l'élan des cohortes sarrasines[3]; elle n'eût pas moins produit les croisades, la chevalerie, la scolastique, toutes les grandes choses du moyen âge. Mais supprimez l'Empire, l'histoire n'aurait eu à déplorer ni la civilisation compromise par trois cents années d'une guerre qu'il faut appeler civile, ni la ruine et presque la mort de cette nation italienne, la première-née de l'Europe moderne.

Au quinzième siècle, alors que chacun des peuples destinés à former l'Europe moderne, acquiert plus distinctement chaque jour la conscience du rôle personnel qui lui est assigné, l'Italie s'acharne à s'absorber dans l'Empire. On s'indigne, à ce moment décisif, d'entendre des voix autorisées déclarer que l'Empire a de droit divin quatre capitales, parmi lesquelles Milan et Rome[4] ; de voir un docteur italien portant le grand nom de Piccolomini, célèbre lui-même par

1. Charlemagne a conquis définitivement l'Allemagne sur les Saxons dès l'année 785. Othon le Grand donne au Christianisme et à la civilisation la Bohême, la Pologne et la péninsule danoise; avant d'aller chercher en Italie la couronne impériale.

2. Par la main de Henri l'Oiseleur, vainqueur à Mersebourg.

3. Bataille d'Ostie sous le pape Léon IV, qui crée la cité léonine comme un rempart contre les invasions.

4. « Imperii quatuor loca principalia sancti Spiritus ordinatione novimus attributa, Aquisgranum, Arelatum, Mediolanum, et urbem Romam. » (Magistri Jordani chronica, *Qualiter Romanum Imperium translatum fuit ad Germanos*, c. XXII, ap. Goldast.)

sa science avant de monter à la première dignité du monde
chrétien, dédier au « divin Frédéric III César Auguste [1] » un
livre dirigé « contre les hommes assez décriés pour prétendre
« qu'il est des peuples et des princes que des franchises
« dégagent de tout lien de vassalité à l'égard de l'Empire
« romain [2]. » Ce livre d'Æneas Sylvius où revivent, avec la
doctrine politique de Dante [3], les plus serviles maximes des
légistes de Bologne, est, en plein quinzième siècle, la négation
radicale du principe des nationalités et l'audacieuse immolation de tous les droits individuels. On y professe que les
peuples, les rois et les princes sont les sujets de l'Empereur
chargé par Dieu de présider à toutes les choses temporelles [4].
L'Empereur lui-même ne pourrait accorder l'affranchissement
du lien qui enchaîne tout pouvoir secondaire à l'Empire, car

1. « Compellit me, Dive Friderice, Cæsar Auguste, nonnullorum
inscitia tibi ut aliqua scribam. »

2. « Maledicorum hominum voces qui populos quosdam et principes
sic liberos francosque dicunt, ut nullo penitus jure Romano Imperio
sint obnoxii. » (Æneæ Sylvii Piccolominei tractatus *De Ortu et autho-
ritate Imperii Romani*, præf.)

3. On retrouve dans Æneas Sylvius cette pensée que la *Monarchie*,
vainement poursuivie par Sémiramis et par Alexandre le Grand, a été
réalisée par l'*Empire*, pour soustraire le monde à l'anarchie, conséquence de la diversité des pouvoirs. L'Empire providentiellement établi a été consacré par le Sauveur, qui a voulu naître au moment où
le monde entier obéissait à Rome, et payer le tribut à César. L'Ante-
christ ne paraîtra pas tant que vivra l'Empire : « Hæc igitur summa
principis Romani authoritas quam communis utilitas desideravit, na-
tura invenit, Deus dedit, filius confirmavit, consensus hominum appro-
bavit. » (c. VIII.) Le peuple romain qui, par ses vertus, avait créé la
monarchie de l'univers, transporta le pouvoir suprême des Grecs à
Charles le Grand, « concurrente summi Pontificis consensu..... quod
(Imperium) per varias manus deductum, ad te denique, dive Cæsar
Friderice, per legitimam electionem derivatum est, tibique suprema
in temporalibus est ex alto commissa potestas. » (Cap. IX.)

4. Cap. IX et X : « Romano principi quoslibet liquet esse subjectos....
qui temporalibus præsit omnibus.... » — « eos esse sub Imperio dici-
mus. » (C. XIV.)

il créerait par là un second pouvoir ne relevant que de soi ; or, il ne peu texister deux absolus, deux infinis; et l'Empereur, non plus que Dieu, ne saurait créer son semblable[1]. L'Empereur, de sa pleine et unique autorité, fait toutes les lois et n'est soumis à aucune[2] ; il est maître souverain des propriétés et des domaines[3] ; alors même que l'on serait dépouillé injustement, il n'est pas permis de réclamer, de s'insurger en paroles ni en fait ; car il n'est personne qui puisse connaître des actes temporels de César, et au-dessus de lui il n'est pas de tribunal[4]. Et ainsi le quinzième siècle arrive à professer, au nom du pouvoir temporel, des maximes absolument semblables à celles qu'au nom de la théocratie avait proclamées le douzième siècle.

Quand l'Italie annonçait ces maximes, elle se préparait à subir, de la part de l'Allemagne, les irrémédiables atteintes qui devaient la pousser jusqu'aux derniers degrés de l'abaissement politique. C'est le *droit impérial* qui fait donner à Lu-

---

1. « Etsi maxima sit Romani principis authoritas, eo tamen privatur Augustus ut sui similem possit efficere, quod certe faceret si regem aliquem in omnibus liberum a se redderet... sicut nec Deus desinit esse omnipotens, quamvis in deitate non possit nisi unicus fore. » (Cap. XI.)

2. « Leges sacratissimas quæ constringunt hominum vitas solius imperatoris est condere, cui quidquid placuerit legis habet vigorem. Quodcumque Imperator per epistolam et subscriptionem statuit, vel cognoscens decrevit, vel de plano interlocutus est, vel dicto præcepit, legem esse constat..... non asserendum est imperatorem legibus esse subjectum. » (Cap. XIX et XX.)

3. « Liberum est imperatori non solum homini nequam sed etiam viro bono ac de republica bene merito propriam domum, proprios agros, propriasque possessiones auferre. » (Cap. XVII.)

4. « Non reclamare licet, vituperare vel impugnare, cum nemo sit qui de suis factis temporalibus possit cognoscere (cap. XVI)... Qui nullum habet in temporali causa superiorem (cap. XXII)... Cum in Cæsare summa potestas sit, summaque authoritatis plenitudo, nihil est quod, adjunctis principibus, authoritatis accedat, quoniam neque summo adjici quicquam potest, neque plenum potest effici plenius... cum nemo sit judex qui temporalia Cæsaris facta valeat examinare... et sicut quæ Deus jubet implenda sunt, nihilque contra replicandum est, sic temporalia Cæsaris mandata... » (cap. XXIII.)

dovic Sforza, puis revendiquer par l'Empire et attribuer enfin à la maison d'Autriche cette Lombardie,

Del mondo la più bella parte,

qui frémit aujourd'hui sous la main de ses dominateurs. C'est l'Empire qui ouvre l'Italie à Charles-Quint ; c'est l'Empire qui, déjà en proie à toutes les faiblesses au milieu desquelles il prolongera sa décrépitude, introduit dans la Péninsule la domination espagnole.

Qu'on ne l'oublie pas cependant : au milieu même d'une décadence dont rien ne ralentit le cours, des protestations se produisent, qui viennent de loin en loin interrompre la prescription du droit national. Laurent de Médicis établit entre Florence, Milan et Naples une ligue qui tendait à se transformer en une véritable confédération, et, dix années durant, se fait le représentant de la politique dont l'application persévérante eût préservé son pays de mortelles invasions. Bientôt et en face des armées de toutes les nations de l'Europe acharnées à leur proie, Machiavel écrit le XXXVIe chapitre du livre du *Prince;* puis, dans les dernières années du seizième siècle, à cette époque la plus calme peut-être, mais aussi la plus douloureuse de l'histoire de l'Italie, alors que les quelques États dont l'Espagne n'a pas occupé les territoires, — la Savoie, Florence, les domaines de l'Église, Parme et Mantoue, — n'ont plus d'autre rôle que de flotter entre l'Espagne et la France, et, selon l'énergique expression d'un contemporain, de *mesurer la longueur de la chaîne;* à ce moment même, un publiciste en qui revit l'esprit de Pétrarque, *Traiano Boccalini*, s'efforce de réveiller dans l'esprit des chefs des États péninsulaires le sentiment de la solidarité nationale : « Que les princes, dit-il, sortent de leur léthargie,
« que toute attaque dirigée contre l'un d'entre eux soit pour
« eux tous une ruine, une préparation à leur propre servi-
« tude ; que, dans l'oubli de toute passion, de toute haine
« privée, ils embrassent l'intérêt de la cause publique. »
Puis, montrant aux princes que le salut de l'Italie est dans leurs mains, les engageant, pour le succès de l'entreprise

libératrice, à incliner *un peu* du côté de la France, *parce que la domination autrichienne et espagnole est nécessairement mortelle, tandis que la suprématie de la France, semblable à une fièvre maligne, et encore que très-dangereuse, laisse pourtant quelque espérance de vie* : « Allons, s'écrie-t-il, s'adressant à
« chacun des États italiens, toi, État de Milan, toi, royaume
« de Naples, toi, Sicile, toi, État ecclésiastique, comment
« vous trouvez-vous? Examinez-vous une bonne fois et consi-
« dérez la dissolution qui s'opère ; voyez comme on vous
« arrache continuellement vos fils et vos biens ; comment
« vont se nourrissant de votre substance des guerres très-
« injustes, et comment vivent de votre or ces horribles
« harpies qui souillent vos places publiques et vos maisons,
« et qu'il vous faut souffrir et caresser jusque dans vos
« foyers..... Donc, ô mon Italie ! » continue l'écrivain dans une apostrophe qui rappelle la façon de Machiavel, « par le
« sang que versent tes enfants en Provence, en Savoie, en
« Flandre et en France, par ces larmes que répandent les
« mères, par cette liberté si chère que tu as surabondamment
« achetée, prends enfin pitié de toi-même. Ces biens, ces
« peuples que Dieu t'a donnés, conserve-les, aime-les, et
« cesse de les confier à l'impudente barbarie de ces faux
« catholiques qui ne veulent de toi que pour te faire esclave
« de leurs passions et de leur orgueil [1]. »

Ces patriotiques exhortations, qu'on peut du moins opposer aux conseils par lesquels Campanella se faisait le complice de Philippe II, n'empêchent pas le joug austro-espagnol de peser de plus en plus sur la Péninsule ; mais, dans la première moitié du dix-septième siècle, l'idée nationale trouve un représentant dans le chef de cette maison de Savoie qui, à toutes les époques, semble appelée à l'honneur de porter le drapeau de l'Italie. De 1614 à 1617, Charles-Emmanuel soutient une lutte qui révèle tout ensemble et l'énergie guerrière du Piémont et la décadence de la monarchie de Philippe II ; et, pendant qu'éclate le bruit des batailles, une voix

---

[1]. *Ragguagli di Parnaso.* (Voy. Note C, un fragment d'un article de M. L. Galeotti, extrait de l'*Archivio storico.*)

s'élève frémissante et indignée, la voix d'*Alessandro Tassoni*, appelant tous les princes de la Péninsule à l'union avec le duc de Savoie et à la délivrance de la patrie commune [1].
« Jusques à quand nous résignerons-nous, ô princes et
« nobles italiens, à être, je ne dis pas dominés, mais écrasés
« par l'orgueil des peuples étrangers?... Toutes les autres
« nations n'ont rien de plus sacré que la patrie ; elles ou-
« blient, pour la défendre, les haines qui les divisent ; et
« nous, nous Italiens, seuls différents de tous les autres
« hommes, nous abandonnons la patrie pour nous unir à nos
« ennemis du dehors... Mais, enfin, nous sommes dans nos
« frontières, la justice est pour nous, et ce pays a autant de
« soldats que tout autre pays du monde... Mettons-nous donc
« au cœur de ne vouloir plus être sujets, de réclamer des
« souverains nés de notre sang, élevés dans nos mœurs, et
« disons : Tous nos princes sont membres d'un même corps
« qui est l'ITALIE [2]. »
Les invectives de l'ardent publiciste ne tirèrent point les princes italiens de la torpeur où l'Empire avait su endormir la Péninsule. Venise et Rome, les seuls États restés indépendants bornaient leur politique à étendre mesquinement leur frontière et à jalouser les princes de Savoie. Le silence du tombeau continua à planer sur l'Italie. Et pourtant la tradition du droit national, l'idée de l'association des États italiens entre eux se transmirent avec une telle continuité à travers les temps les plus sombres de l'histoire de la Péninsule, qu'au commencement du dix-neuvième siècle, en 1805,

1. *Le Filippiche* di Alessandro Tassoni ; publiées à Florence, par M. G. Canestrini.
2. V. aussi le morceau *Risposta del Tassoni al Soccino*. Tassoni défend ainsi le duc de Savoie : « Alcuno non ha mai detto che quel duca sia conservatore della libertà d'Italia, perciocchè l'Italia non ha libertà. Hanno ben detto quelli che non sono d'animo maligno e nemico della propria nazione, che il duca di Savoia è conservatore della libertà e reputazione de' principi italiani..... imperocchè egli è stato il primo à mostrar faccia da principe libero, e quando ha veduto incalzarsi, ha messo mano alla spada, protestandosi che vuol viver libero con quella o morire con quella .... (*Le Filipp.*, p. 107). »

alors qu'il s'agissait pour l'empire d'Autriche de grouper tous les peuples de l'Europe dans la troisième coalition contre la France, quel était le plan que, d'accord avec la Russie, le cabinet de Vienne lui-même présentait comme un leurre à la nation italienne? La constitution d'un royaume subalpin relevant les Alpes entre elle et l'Allemagne, et l'organisation fédérale des États péninsulaires sous la présidence d'un prince italien.

Note 6, p. 91, lettre XL.

PLAN DE CONFÉDÉRATION ITALIENNE

Au mois de février 1859.

(Extrait de la brochure : *L'Empereur Napoléon III et l'Italie*.)

Faut-il faire un seul royaume de l'Italie? L'histoire, la nature elle-même, s'élèvent contre cette solution : l'unité italienne ne pourrait se constituer qu'après bien des efforts, par la grandeur militaire ou par la tyrannie révolutionnaire. Des Alpes à la Sicile la Péninsule italique présente des différences profondes, rendues sensibles par les divisions mêmes où se reproduit toujours l'originalité primitive. En même temps que cette évidente variété on constate une conformité de langage, de mœurs, d'intérêts, qui à toutes les époques se révèle par la tendance fédérative, mais qui ne va jamais jusqu'à la fusion. On peut dire que l'unité absolue sous le sceptre de Rome n'a été qu'un accident. Les Romains furent obligés, pour maîtriser et unifier la Péninsule, de transporter des populations entières. Ils ne mirent pas moins de temps à faire cette conquête qu'à asservir le monde. Ils durent faire violence à l'Italie comme ils firent violence à l'univers.

Quand Napoléon Ier a fait un royaume d'Italie, il obéissait à une pensée plus haute qu'une ambition dynastique; il concentrait sous sa main puissante les agglomérations éparses pour en faire sortir une nationalité forte et virile; il songeait moins à fonder un royaume qu'à régénérer un peuple.

Personne ne pourrait ramasser aujourd'hui la couronne de fer tombée de son front; elle serait aussi lourde à porter que difficile à conquérir. Il s'agit d'ailleurs de rassurer l'Europe en pacifiant l'Italie, et non de fomenter une guerre de succession.

Ce n'est donc pas l'*unité absolue* qu'il faut poursuivre en Italie, c'est l'*union fédérative*. Cette idée d'*union* se présente comme l'expression d'un besoin commun à tous les États italiens; elle est pour eux tous une tradition et une solution. Nous allons le démontrer.

En Italie les confédérations semblent naître d'elles-mêmes comme une production naturelle du sol. Après l'empire romain, sous l'impulsion des papes, par l'initiative des Médicis, ces tentatives se renouvellent sans cesse : elles sont souvent heureuses et glorieuses. Dante ne poursuit pas une autre pensée lorsqu'il appelle l'empereur Henri VIII en Italie, et l'idée d'une union fédérale inspire la parole émue de Pétrarque lorsqu'il écrit aux doges de Venise et de Gênes pour les supplier de briser des armes fratricides et de s'unir pour se partager la domination des mers. A ceux qui nient la solidarité des États italiens il fait cette belle réponse : « Ne te persuade pas que, l'Italie périssant, Venise pourra être sauvée, car elle est un membre de ce grand corps. »

Ailleurs Pétrarque s'indigne que l'on ait osé, dans une réunion d'hommes politiques, poser cette question : « S'il était utile à l'Europe que la ville de Rome et l'Italie fussent unies par un intérêt commun. »

Même aux époques les plus douloureuses de son histoire, l'Italie ne perd pas la conscience de son avenir. Au commencement du dix-septième siècle, Trojano Boccalini exhorte les princes des divers États « à oublier toute passion égoïste, à prendre en main la cause de l'intérêt général, à se considérer vis-à-vis de l'étranger comme solidaires les uns des autres. » Pour les engager à s'unir il leur montre ainsi les maux qu'enfante l'isolement : « Toi, État de Milan; toi, royaume de Naples; toi Venise, et toi, Rome, quelle est votre situation? Examinez-vous une bonne fois vous-mêmes, et considérez la mort qui vous assiège. On vous enlève vos fils et vos biens, et vous allez nourrissant de votre propre sang des guerres funestes. »

Après l'avortement des tristes insurrections de 1821 et de 1831, les hommes d'État qui dirigeaient alors les affaires de l'Europe tranchaient la question italienne en deux mots : *L'Italie est morte*, disaient-ils. Ils se trompaient. C'est précisément à cette époque que surgissait cette école jeune et virile qui depuis quinze ans résume et dirige tout le mouvement national.

Cette école répudiait les conspirations et les sociétés secrètes : elle invoquait hautement l'union des princes et des peuples, l'alliance de la religion et de la liberté ; par ses publications, par son influence réelle sur les esprits, par l'autorité légitime de ses chefs, elle a vraiment remué l'Italie : c'est elle qui a enfanté Pie IX et Charles-Albert, un instant unis pour la même cause, avant la révolution de 1848.

L'idée fondamentale de cette école politique c'est celle qui se dégage de l'histoire de l'Italie, des aspirations de tous les peuples qui la composent, et qui se présente comme le résultat du travail des siècles : c'est la fédération.

« L'idée de l'unité fédérative, disait l'un des chefs de cette école illustre, l'abbé Gioberti, bien loin d'être nouvelle pour les Italiens, est très-ancienne dans leur pays ; elle est naturelle à leur génie, à leurs mœurs, et conforme aux institutions et aux conditions géographiques de la Péninsule. »

Le comte Balbo, dont le nom est entouré d'un respect si universel, adoptant cette idée, la justifiait ainsi : « La proposition de former une confédération italienne permanente, et de réaliser ainsi, d'une manière durable et par la main de la politique moderne, ce que l'Italie, dans les premières phases de son développement social, n'a pu faire qu'incomplètement, est un fait national. »

Ainsi fut accueillie, lorsqu'elle se formula nettement et définitivement, pour entrer dans les préoccupations de la politique contemporaine, l'idée d'une confédération des États Italiens. Cette idée est donc tout à la fois l'expression historique et politique du mouvement italien ; elle le résume dans le passé et dans le présent. Aujourd'hui elle est enracinée dans tous les esprits pratiques de la Péninsule, d'autant plus forte qu'elle a résisté à plus d'épreuves.

Ce que l'on voulait donc en 1847, c'était l'union des princes et des peuples, *la Confédération*, présidée par un chef. Or, ce chef, quel serait-il ? Celui qui personnifie l'idée la plus universelle et la plus puissante, qui rallie sur le sol de la Péninsule les enthousiasmes et les respects, qui a donné à l'Italie ses arts, ses mœurs, sa vie sociale, qui a fait de Rome le centre de la terre et qui lui assure une seconde éternité! Les hommes d'État qui dirigeaient ce grand mouvement n'hésitent pas; pour chef de la confédération italienne ils désignaient le pape.

Une fois l'idée de la confédération entrée dans les esprits, les chefs de l'opinion en Italie s'appliquent avec une incroyable ardeur à s'en assurer l'exécution. Pie IX lui-même en sera la consécration. Cette idée revêt d'abord la forme d'une ligue douanière, conclue le 3 novembre 1847 sous l'inspiration du pape. Elle s'ébauche comme ligue militaire lorsque le roi de Naples et le grand-duc se déclarent prêts à unir leurs troupes avec celles de Charles-Albert. Enfin elle se précise et se formule dans toute sa portée politique après les désastres de l'armée piémontaise, lorsque fut rédigé, sous les yeux mêmes du saint-père, le projet qui en était la formule complète.

La diplomatie ne pouvait rester indifférente à une idée qui devait amener un changement si considérable en Europe. La France était absorbée en ce moment par ses dissensions civiles; l'Angleterre suivait avec une persistance sympathique le mouvement italien. Son représentant à Vienne, lord Ponsonby, soutenait de son influence le projet d'une confédération. C'est ce qui résulte d'une dépêche où nous trouvons ce qui suit :

« Le premier moyen de remédier aux dangers de la situation de la Péninsule, selon l'honorable diplomate, est dans la reconnaissance franche et loyale de la nationalité italienne; non d'une nationalité provinciale qui se bornerait à accorder à la Lombardie et à la Vénétie ce que l'empereur a accordé à tous les pays qui composent la monarchie, c'est-à-dire une administration provinciale et communale et les droits sanctionnés par la constitution en bienfait, cela ne suffirait plus; mais il faudrait que l'Autriche déclarât qu'elle veut contribuer de tout son pouvoir à la formation de la confédération italienne sur les bases les plus nationales, à condition que cette confédération reconnaisse sa stricte et permanente neutralité, et que l'Europe sanctionne à son tour cette neutralité, ainsi qu'elle l'a fait pour la Suisse en 1815.

« Cette déclaration, ajoute lord Ponsonby, devait être faite au gouvernement anglais en lui demandant sa médiation, et au pape, qui, en sa qualité de souverain temporel et comme chef de la religion catholique, trouverait dans cette grande mesure les moyens de se tirer des embarras qui le menacent, parmi lesquels un schisme en Allemagne n'est pas le moins pressant et le moins funeste dans ses conséquences. »

Ce projet, qui éveillait tant d'espérances en Italie, et que soutenait, comme on voit, de ses vœux la diplomatie de l'Angleterre, sombra dans la révolution. Le parti révolutionnaire, qui préparait à Rome un fantôme de république, ne voulut pas d'une combinaison qui aurait eu tout à la fois pour résultat d'agrandir le prestige moral de la papauté, de populariser les princes, et de consolider l'ordre monarchique en Italie en le conciliant avec l'intérêt national.

Mais il est curieux de voir comment un souverain dont le témoignage n'est pas suspect, le roi de Naples, adhérait à la pensée de cette grande organisation politique, avant même qu'elle fût formulée. Le 7 avril 1848, Ferdinand II adressait à son peuple la proclamation suivante : « Votre roi, disait-il, « partage avec vous la satisfaction qu'éveille dans tous les « esprits la cause italienne. Bien que la ligue ne soit pas en- « core consacrée par des conventions positives, nous la con- « sidérons comme existant de fait, puisqu'elle est conclue d'a- « vance par l'universel consentement des princes et des peu- « ples, et que nous allons voir se réunir à Rome le congrès « que nous avons été les premiers à proposer, et auquel, les « premiers, aussi, nous députerons les représentants de cette « partie de la grande famille italienne. »

Et les mains augustes de Pie IX s'élevaient à leur tour pour bénir l'Italie. Dans une magnifique allocution où le patriotisme et la foi s'unissaient dans son cœur, il s'écriait : « Quel péril peut menacer l'Italie tant qu'un lien de gratitude et de confiance unit la force des peuples à la sagesse des rois! »

Le jour où cette union de la sagesse des rois et de la force des peuples a été brisée, tout s'est évanoui ; l'Italie est retombée sous le poids de ses malheurs. Cependant, de ces généreux élans et de ces nobles efforts que nous venons de rappeler, il reste quelque chose : il reste l'image glorieuse, quoique bien fugitive, d'une Italie un instant régénérée par le sentiment national et par le sentiment religieux. Pour que cette image pût se fixer et devenir une réalité durable, qu'a-t-il manqué à cette époque ? Il a manqué ce que nous avons aujourd'hui : une France calme, forte, capable de se faire écouter en Europe et de défendre en Italie une politique qui fut toujours la sienne, sous Henri IV comme sous Napoléon Ier.

La politique française a des traditions qu'elle ne saurait abandonner à aucune époque, parce qu'elles répondent aux intérêts permanents de son influence. L'une de ces traditions, c'est que les Alpes, qui sont pour elle un rempart, ne deviennent pas une forteresse armée contre sa puissance. Nos vieux rois l'avaient compris comme le comprirent plus tard la république et le premier empire. Dans cette pensée nationale, Henri IV ne faisait que devancer Napoléon. Ce grand roi, dont l'esprit était aussi pratique que le cœur chevaleresque, savait qu'entre la France et l'Autriche, l'Italie devait s'étendre librement et n'appartenir qu'à elle-même : « ils sont si di-
« visés et si irrésolus, disait-il en parlant des princes italiens,
« que chacun advancera sa servitude. » — Or, la servitude de l'Italien était le but que poursuivait avec une persistance infatigable la maison d'Autriche, comme la condition même de sa grandeur. L'obstacle à l'accomplissement de ce but était dans la volonté de Henri IV, qui n'aurait jamais permis la domination de la maison de Habsbourg, par l'amoindrissement et l'humiliation de la France. On reconnaît son génie politique dans le plan qu'il organise en vue de la lutte que sa clairvoyance pressentait. D'abord, lui, l'ancien chef des protestants, n'hésite pas à soutenir le saint-siége, et il comprend à merveille que, pour être forte, l'Italie doit s'unir au Pape. Il blâme la république de Venise de sa lutte avec Rome, et il intervient pour opérer une réconciliation aussi essentielle aux intérêts religieux qu'aux intérêts politiques. D'accord avec le pape Clément VIII, il détache ensuite le duc de Savoie de la maison d'Autriche, et il en fait son allié

en même temps que le défenseur de la nationalité italienne. Par cette alliance, il assure à la France la liberté des Alpes, et, en cas de guerre, un magnifique champ de bataille pour une lutte offensive ou défensive. Sa mort prématurée renversa ce plan au moment où il allait recevoir son exécution et donner à la monarchie française une puissance et un éclat qu'elle n'avait plus depuis longtemps. La nationalité italienne en serait sortie nécessairement victorieuse : en perdant Henri IV elle perdait tout, et elle se trouvait ainsi rejetée dans un ajournement dont la Providence seule sait le terme.

Dans le plan de Henri IV, le Milanais était attribué au duc de Savoie, qui prenait le titre de roi de Lombardie ; la Sicile était donnée aux Vénitiens, et le royaume de Naples passait dans le domaine du pape. Quelques places importantes étaient données à la Toscane; un lien fédératif devait unir et consacrer l'existence de ces différents États, «...afin, dit Sully, que tous ces Estats et princes, estant associés ensemble en communauté d'intérests, ils en fussent rendus plus considérables sans que néanmoins, par cette confédération, il fust rien changé en leurs possessions et lois accoustumées...»

Ainsi se conservent, à travers la différence des temps, les mêmes pensées, quand elles répondent à des intérêts permanents et à une politique tout à la fois nationale et européenne.

Il est remarquable que la pensée de Henri IV, si bien définie par Sully, se soit retrouvée en 1847 dans le plan de confédération qui échoua en 1848. Ce que le chef de la maison de Bourbon n'a pas eu le temps d'accomplir et ce qui a échoué en 1848 par des causes générales qui, grâce à Dieu, n'existent plus, peut-il se faire aujourd'hui ? Est-il nécessaire de changer les conditions d'existence politique de l'Italie ? Est-il possible de lui donner une organisation conforme à son histoire, à ses mœurs, à ses intérêts, à ses vœux ? Cette organisation, longtemps préparée, déjà formulée, trouvera-t-elle des obstacles et répondra-t-elle au but que doit se proposer l'Europe ? Tels sont les points qui nous restent à éclaircir pour compléter cet exposé.

D'abord, est-ce nécessaire ? — Après l'analyse que nous

avons faite de la situation des États italiens, nous pouvons en conclure qu'il n'est pas un seul d'entre eux, Rome comme Turin, Naples comme Florence, qui, chacun dans une mesure et par des raisons différentes, selon son caractère propre, selon le rôle que lui imposent des nécessités supérieures ou des circonstances spéciales, selon le degré d'importance dont il jouit et la part d'influence qu'il est appelé à prendre dans les affaires générales de l'Europe ; il n'en est pas un, disons-nous, qui ne sente la nécessité de modifier les conditions de son existence politique. Cette nécessité reconnue, faut-il l'éluder, l'ajourner? N'est-il pas plus sage de l'aborder franchement, et de s'y soumettre avec cette confiance que donne le sentiment d'un grand devoir à remplir?

Maintenant, est-ce possible? — Est-il possible, aujourd'hui, dans les conditions où se trouve l'Italie, de la confédérer, comme l'Allemagne, et de créer ainsi une force italienne qui la fasse vivre de la vie nationale et qui la délivre de la nécessité des occupations militaires et de la fatalité des révolutions?

Le point le plus délicat, c'est Rome, à cause du caractère mixte de ce pouvoir, où le spirituel et le temporel sont confondus. Quel sera l'effet d'une confédération italienne par rapport au pape? Cet effet, selon nous, peut se résumer ainsi : il grandira le prestige et le pouvoir moral de la papauté; il détendra le lien trop étroit qui unit le prince au pontife, et qui enserre toute l'activité d'un peuple, au risque de le faire éclater, dans le cercle inflexible du pouvoir ecclésiastique.

Aujourd'hui, comme il y a onze ans, on ne peut concevoir qu'une ligue italienne dont le centre serait à Rome et dont le pape aurait la présidence. La préséance de Rome sur les autres villes de la Péninsule est consacrée par le temps, par la gloire, par l'admiration et la piété de tous les peuples. La préséance du pape résulte de son titre de pontife; il représente la souveraineté éternelle de Dieu, et ce caractère auguste permet aux plus grands rois de s'incliner devant lui. Ce n'est pas un maître, c'est un père !

Turin, Naples, Florence, Milan, Venise, ont leurs souvenirs, leur importance, leur grandeur, qui pourraient créer entre elles des droits égaux et de justes rivalités; mais ces droits s'effacent devant la ville éternelle. Aucune de ces capitales n'est humiliée de reconnaître la tête de la fédération dans une ville qui fut la capitale du monde.

En recevant cet accroissement d'influence morale, en se trouvant investi de cette sorte de protectorat sur toute l'Italie, que lui décernent les respects de tous les peuples, le pape peut, sans s'amoindrir, diminuer son pouvoir temporel et soulager sa responsabilité politique. Il peut, sans s'exposer, organiser au-dessous de lui un contrôle sérieux, une administration séculière, une législation civile, une magistrature régulière et indépendante. Tout ce qu'il perd en priviléges il le gagne en importance. Au lieu de gouverner un peuple immobile, il étend sa main sur toute l'Italie pour la bénir et la conduire; il est le chef irresponsable et vénéré d'une confédération de 26 millions de chrétiens qui, classés en différents États, aboutissent tous au centre où se résument l'activité et la grandeur de l'Italie.

Voilà pour le pape : sa part est belle assurément. Celle des autres États ne laisserait rien à regretter à leur ambition ou à leur dignité. La Sardaigne y gagnerait d'être dégagée de ses embarras intérieurs et extérieurs; elle se produirait dans la confédération avec le rôle important qu'elle joue en Italie et en Europe. Son armée, éprouvée par des revers et par des victoires, serait la tête de l'armée fédérale; ses hommes d'État, ses lumières, ses luttes politiques, lui donneraient sur l'opinion une influence qui s'étendrait bien au delà de sa frontière et qui rayonnerait dans la Péninsule tout entière. Enfin le roi de Naples, le grand-duc de Toscane, etc., condamnés à régner sous la protection de l'Autriche, retrouveraient leur indépendance, pourraient redevenir princes italiens sans craindre les révolutions.

On comprend que nous ne donnons pas ici un plan de confédération. Celui qui avait été rédigé en 1848, et auquel avaient adhéré le pape, le roi de Naples, le roi de Piémont, le grand-duc de Toscane, fournirait encore plus d'un élément utile. Il reposait, comme le pacte germanique, sur ce double principe facile à organiser et à concilier même avec des formes diverses de gouvernement : solidarité de tous les États confédérés dans la défense intérieure et extérieure; indépendance de chacun d'eux dans l'exercice de leur souveraineté particulière.

Les États italiens confédérés, c'est l'Italie pacifiée, c'est la papauté consolidée et élevée à toute la grandeur de sa mission; c'est l'Europe affranchie d'un péril réel qui peut la troubler profondément. L'intérêt général conduit donc à cette solution.

Mais il y a un obstacle en dehors de l'Italie, en dehors de l'intérêt européen : c'est la situation de l'Autriche en Lombardie. Il est donc dans la logique de la politique autrichienne de s'y opposer, comme elle s'est opposée aux réformes, comme elle s'opposera à tout.

Que faut-il faire ? Faut-il se courber sous le *veto* de Vienne ? faut-il passer outre ? Est-ce un appel à la force ou un appel à l'opinion qui peut triompher de cette résistance et amener une solution réclamée par l'intérêt général ? C'est la dernière question que nous avons à résoudre.

Les traités qui lient les gouvernements sont les lois internationales des peuples, et ils ne seraient invariables que si le monde était immobile.

Si les traités qui doivent protéger la sécurité de l'Europe la mettent en danger, c'est qu'ils ne répondent plus aux nécessités ou aux besoins qui les ont dictés. La sagesse politique conseille alors de leur substituer autre chose.

Une puissance qui se retrancherait derrière des traités pour résister à des modifications réclamées par le sentiment général aurait pour elle, sans doute, le droit écrit, mais elle aurait contre elle le droit moral et la conscience universelle.

Donc, s'il est démontré que la situation des États italiens soit non-seulement une cause de souffrance pour ce pays, mais encore une cause d'inquiétude, de malaise et peut-être de révolution pour l'Europe, la lettre des traités serait vainement invoquée : elle ne pourrait pas tenir contre la nécessité de la politique et l'intérêt de l'ordre européen.

Qu'y a-t-il donc à faire ? En appeler à la force ? Que la Providence éloigne de nous cette extrémité ! Il faut en appeler à l'opinion.

Lorsque la véritable situation de l'Italie sera connue dans toute l'Europe, et que tout le monde sera convaincu qu'il y a au milieu des États les plus éclairés du globe, sur cette terre où naquit la civilisation, un foyer de trouble, de désordre, de perturbation profonde, qui pourrait si facilement devenir un foyer de lumières et de noble activité, alors l'opinion pourra juger et s'imposer peut-être, comme la justice pacifique du bon droit.

C'est pour la mettre en mesure de prononcer ce jugement que nous avons fait ce travail.

Nous n'avons aucune hostilité contre l'Autriche. L'Italie est le seul motif de difficulté qui puisse exister entre elle et la France. Nous respectons sa situation en Allemagne qui n'a rien à craindre de nous sur le Rhin. La solution de la question italienne aurait pour résultat d'effacer entre la France et l'Autriche tout sujet de dissentiment. Ces deux puissances peuvent se rapprocher par beaucoup d'intérêts communs, et ce n'est pas trop de l'union de tous les grands gouvernements de l'Europe pour prévenir les complications de l'avenir. C'est pour resserrer cette entente de vues et d'efforts si nécessaire au bien général, que nous voudrions écarter toutes les difficultés actuelles et résoudre l'une des questions les plus urgentes et les plus durables de ce moment.

Gouverner, c'est prévoir. La meilleure manière d'assurer la paix, c'est de devancer les complications susceptibles d'amener la guerre. Il y a des dangers en Italie, nous les signalons ; il y a de ce côté des garanties à donner à des intérêts fondamentaux, nous les réclamons. Il y a des causes qui ne peuvent pas succomber dans le monde ; celle-ci est du nombre, parce qu'elle n'est ni égoïste ni exclusive : c'est la cause de la nationalité d'un peuple vivant, de l'équilibre de l'Europe et peut-être de l'indépendance de la papauté que la France a toujours défendue. Dieu réserverait sans doute une belle part de gloire humaine à ceux qui soutiendraient cette lutte. La gloire ne nous tente pas ; nous en avons assez dans l'histoire du passé comme dans nos événements contemporains pour n'en pas désirer davantage. Nous souhaitons donc ardemment que la diplomatie fasse, la veille d'une lutte, ce qu'elle ferait le lendemain d'une victoire. Que l'Europe s'unisse énergiquement pour cette œuvre de justice et de paix! Elle doit être avec nous, parce que nous serons toujours avec elle pour défendre son honneur, son équilibre et sa sécurité.

C'est contre le plan qui vient d'être rappelé, que les chefs du parti qu'on appelait le parti religieux, et que les feuilles qui se donnaient pour les organes des intérêts catholiques, l'*Univers*, le *Correspondant* et l'*Union*, dirigèrent le feu croisé de leurs batteries! Il faut rappeler ce fait, selon le mot de M. d'Azeglio, « à leur éternel honneur. »

Aujourd'hui, ces mêmes hommes et ces mêmes feuilles redemandent la *confédération* qu'ils ont tuée, en maudissant l'*unité* qu'ils ont faite.

TABLE DES MATIÈRES

1847

Pages.

LETTRE I. — A M. DOUBET. — Édit sur la Presse du 15 mars 1847. — La politique française et la politique anglaise en Italie. — Pie IX et l'Autriche.................. 1

LETTRE II. — *Au même*. — Le cardinal Micara. — Grassellini, gouverneur de Rome. — *Programme pour l'opinion nationale*. — L'ambassade de France à Rome............ 4

LETTRE III. — *Au même*. — Orioli et le journal la *Bilancia*. — Dragonetti. — Le *Programme* et Pie IX. — Le comte Balbo. 7

LETTRE IV. — *Au même*. — Le cardinal Gizzi. — Adresse au Pape. — L'ambassadeur de France. — Ciceruacchio. — Édit sur la garde nationale. — La *Revue des Deux-Mondes*.... 10

LETTRE V. — Adresse au Pape............... 13

LETTRE VI. — A M. DOUBET. — Signature de l'Adresse. — La *Bilancia* et le Pape. — Conspiration sanfédiste. — Tumultes à Rome. — L'espion Minardi et le P. Ventura. — Retraite du cardinal Gizzi. — Le cardinal Ferretti. — Grassellini renvoyé. — Prédication contre Pie IX. — Le parti rétrograde. — Charles Albert. — Pie IX et les Juifs........ 16

LETTRE VII. — *Au même*. — M. d'Azeglio en Romagne. — Préparatifs de résistance contre l'agression de l'Autriche. — Situation morale et militaire de l'Italie............ 21

LETTRE VIII. — A M. EUGÈNE RENDU. — Le comte Balbo et le gouvernement piémontais. — Pie IX et le mouvement libéral. Rôle de la Papauté. — Pie IX et le roi Louis-Philippe... 23

LETTRE IX. — *Au même.* — La *Consulte* d'État. — Le cardinal Antonelli et M. Minghetti. — Discours du trône en France. — L'ambassade française à Turin. — Le *Journal des Débats.* — Lord Minto. 27

1848

LETTRE X. — A M. DOUBET. — Rôle de la *Consulte d'État.* — Mouvements populaires à Rome. — Le cardinal Ferretti et Ciceruacchio. — Hésitation dans le gouvernement romain. — Encore l'ambassade de France à Rome. 28

LETTRE XI. — A M. EUGÈNE RENDU. — La Révolution de Février. — Situation de Rome. — La Constitution. — Pensée du Pape au sujet de la République. 31

LETTRE XII. — *Au même.* — *Adresse des Italiens* au Saint-Père. — Situation politique de la Papauté. — Réponse du Pape à l'Adresse. — La lutte commence contre le chef de l'Église et le prince temporel. 33

LETTRE XIII. — A M. DOUBET. — L'armée pontificale au delà du Pô. — Situation morale de l'Europe. — M. d'Azeglio, adjudant général. — Le général Durando. — Physionomie de l'armée du Pape. — Le *carroccio.* — Prêtres et moines soldats. 34

LETTRE XIV. — *Au même.* — L'armée pontificale dans Vicence. — La République de Venise. — Les républicains et la monarchie. — Les Napolitains. — M. d'Azeglio refuse la pairie. — Candidature à la députation. 38

LETTRE XV. — A M. EUGÈNE RENDU. — L'*Ère nouvelle.* — Le Pape et la cause italienne. — Antagonisme entre le Pontife et le Prince. — Sens des émeutes de Rome. — L'encyclique du 29 avril. — Rôle offert au Pape. — Lettre du 3 mai à l'empereur d'Autriche. — La Monarchie et la Papauté en Italie. Opérations du général Durando. 42

LETTRE XVI. — *Au même.* — Capitulation de Vicence. — Blessure de M. d'Azeglio. — Situation de l'Italie au mois d'août 1848. — Le Mazzinisme en Toscane. — M. d'Azeglio à Florence. — Articles dans la *Patria.* 45

LETTRE XVII. — *Au même.* — Publication des *Timori e speranze.* — Agitations en Toscane. — La République en France. . . 48

TABLE DES MATIÈRES. 407

1849

LETTRE XVIII. — *Au même.* — Compte rendu *ai suoi elettori.* Page sur Rome. — Pie IX trahi des deux côtés. 50

LETTRE XIX. — A M. DOUBET. — Proposition faite à M. d'Azeglio de former le cabinet (janvier). — Refus. — Ministères démocratiques à Rome, Florence et Turin. — L'abbé Gioberti. — Pie IX et la révolution. — La médiation. 51

LETTRE XX. — *Au même.* — Situation de l'Italie. — Les *exaltés*. — Le peuple *rovinato*. — Bravades et criailleries à Florence et à Rome. — Le Piémont dans la guerre. 54

LETTRE XXI. — A M. EUGÈNE RENDU. — La bataille de Novare. — *Nous recommencerons!* Espérances de l'Italie. 58

LETTRE XXII. — *Au même.* — L'impôt progressif à Florence, en 1497. — L'indifférence politique. — M. d'Azeglio nommé à l'ambassade de Paris. 61

LETTRE XIII. — *Au même.* — Le Proudhon du XVe siècle. — La République en France. 63

LETTRE XXIV. — *Au même.* — M. d'Azeglio, président du Conseil. — Programme du Ministère. 64

LETTRE XXV. — *Au même.* — Le ministère Azeglio et la chambre des Députés. 66

LETTRE XXVI. — A M. DOUBET. — Signature de la paix. — Les élections et la société *agraire*. 67

LETTRE XXVII. — A M. EUGÈNE RENDU. — La démocratie en Italie. — Dissolution de la Chambre. 69

1851

LETTRE XXVIII. — A M. DOUBET. — La loi Siccardi. — Affaires de Rome. — Situation religieuse. 71

1852

LETTRE XXIX. — A M. EUGÈNE RENDU. — Le *Connubio*. — Rupture de M. d'Azeglio et du comte de Cavour. — M. Rattazzi, président de la Chambre. — Démission du Ministère. — M. d'Azeglio chargé de composer une nouvelle administration. — Exclusion de MM. de Cavour et Farini. — M. Galvagno. . . . 73

LETTRE XXX. — *Au même.* — M. d'Azeglio à Conegliano. . . 77
LETTRE XXXI. — *Au même.* — M. d'Azeglio quitte le pouvoir. — Sa querelle avec M. de B***.. 78

1853

LETTRE XXXII. — A M. DOUBET. — État moral de l'Italie. . . 79

1854

LETTRE XXXIII. — *Au même.* — Le *statu quo*. 81
LETTRE XXXIV. — A M. EUGÈNE RENDU. — Situation des États Romains. — Le protestantisme en Italie. — Les évêques français. — Rôle de Pie IX. 82

1855

LETTRE XXXV. — *Au même.* — M. d'Azeglio à Paris. 85

1857

LETTRE XXXVI. — A M. DOUBET. — L'Italie et les réformes. . 85

1858

LETTRE XXXVII. — A M. EUGÈNE RENDU. — L'histoire et le présent. 87
LETTRE XXXVIII. — *Au même.* — Cannero.. 88
LETTRE XXXIX. — *Au même.* — Mort de M. Doubet. — L'Italie et l'empire d'Allemagne. 89

1859

LETTRE XL. — *Au même.* — La brochure *Napoléon III et l'Italie.* — La confédération; présidence du Pape. — Le pouvoir temporel. — M. d'Azeglio *Cavourien*.. 91
LETTRE XLI. — *Au même.* — M. d'Azeglio en mission à Rome. L'empereur Napoléon. — La *brochure Napoléon III et l'Italie* et le P. Ventura. 94

TABLE DES MATIERES.   409

Lettre XLII. — *Au même.* — M. d'Azeglio, ministre plénipotentiaire à Paris et à Londres. — Les *petits traités*..   97

Lettre XLIII. — *Au même.* — Affaires de Romagne. — M. d'Azeglio *capitano di Ventura*. — Lettres du P. Lacordaire. . .   99

Lettre XLIV. — *Au même.* — Les zouaves et le roi Victor-Emmanuel.   103

Lettre XLV. — *Au même.* — La Romagne..   104

Lettre XLVI. — *Au même.* — La Romagne. — Pérouse. . .   106

Lettre XLVII. — *Au même.* — La paix de Villafranca. — L'Italie centrale. — Dictature de M. d'Azeglio, à Bologne. — Son retour auprès du roi..   108

Lettre XLVIII. — *Au même.* — L'Autriche et Rome. — Situation nouvelle de la Papauté..   110

Lettre XLIX. — A M. Dantier. — Les votes de l'Italie centrale.   112

Lettre L. — A M. Eugène Rendu. — Les clochers s'écroulent. — Article du *Moniteur* (9 septembre). — La mission de MM. de Reiset et Poniatowski. — M. Rattazzi. — Brochure en vue du Congrès..   113

Lettre LI. — *Au même.* — Effets de la paix de Villafranca. Nécessité de créer un État compact. — A qui la faute ? — L'ambition de Victor-Emmanuel. — L'évêque d'Arras. . .   119

Lettre LII. — *Au même.* — Affaires de Parme. — Le colonel Anviti. — Les mandements des évêques français. — Les provinces annexées. — Un autre Novare, plutôt que l'abandon..   123

Lettre LIII. — *Au même.* — M. Rattazzi. — La politique européenne. — M. d'Azeglio et sa brochure. — *Imprimez ou jetez ça au feu!*.   126

Lettre LIV. — *Au même.* — Garibaldi. — L'Italie centrale. — Le prince de Carignan..   128

Lettre LV. — *Au même.* — La brochure *la Politique et le Droit chrétien*. — Les principes..   130

Lettre LVI. — *Au même.* — Envoi de la brochure. — Mgr de Poitiers.   131

Lettre LVII. — *Au même.* — La princesse Mathilde. — M. d'Azeglio représentant de l'Italie centrale au Congrès   132

LETTRE LVIII. — *Au même.* — Succès de la brochure. — Giorgini. — Sa publication : *Sul dominio temporale dei Papi.* — La France et le Pape. — L'Italie et la Papauté temporelle. — L'intérêt catholique. — L'utilitarisme chrétien. — Le gouvernement romain et les réformes. — Le *despotisme éclairé* à Rome. — Les ennemis de Pie IX. — Le « parti catholique. » — Rome, *ville libre*, avec la *concitoyenneté* universelle. — La brochure *le Pape et le Congrès*................ 133

1860

LETTRE LIX. — *Au même.* — M. Walewski et le Congrès. — Mgr Cœur, évêque de Troyes.............. 144

LETTRE LX. — *Au même.* — Encore *le Pape et le Congrès.* — La Romagne. — Lettre de l'Empereur au Pape. — Le Congrès ajourné................... 145

LETTRE LXI. — *Au même.* — Chute du ministère Rattazzi. . . 146

LETTRE LXII. — *Au même.* — L'*Univers* et M. Veuillot.... 148

LETTRE LXIII. — *Au même.* — M. d'Azeglio, gouverneur de Milan. — Retour du comte de Cavour aux affaires..... 150

LETTRE LXIV. — *Au même.* — Adresse du clergé milanais au roi. — La vie officielle et Cannero............ 152

LETTRE LXV. — *Au même.* — Les solutions proposées. — *Adresse* au Saint-Père. — Les annexions........... 153

LETTRE LXVI. — *Au même.* — La Savoie. — Sentiment de l'Italie dans cette question. — Le suffrage universel. . . .

LETTRE LXVII. — *Au même.* — Les annexions. — L'excommunication. — Les Dames du Sacré-Cœur.......... 158

LETTRE LXVIII. — *Au même.* — Le général de Lamoricière. — jugement des Italiens sur l'expédition dont il est le chef. — Caractère de la *Croisade.* — M. Rattazzi........ 160

LETTRE LXIX. — *Au même.* — M. Rattazzi et M. de Cavour. — M. d'Azeglio et les Italianissimes à Milan. — L'armée italienne. — L'imprévu dans la politique de l'Italie. — Situation morale des États Romains............. 161

LETTRE LXX. — *Au même.* — La Savoie et M. Rattazzi. — Discussion sur le traité du 24 mars. — Le Mazzinisme et Garibaldi................... 164

Lettre LXXI. — *Au même.* — Affaires de Naples. — Les arrestations d'évêques. — Les *luoghi pii* en Lombardie..... 166

Lettre LXXII. — *Au même.* — Démission de M. d'Azeglio, comme gouverneur de Lombardie. — Expédition de Garibaldi. 168

Lettre LXXIII. — *Au même.* — Les troupes italiennes dans le Patrimoine. — Caractère des faits accomplis....... 169

Lettre LXXIV. — *Au même.* — L'assassin Milano. — Protestation de M. d'Azeglio au Sénat............. 170

Lettre LXXV. — *Au même.* — La légalité et le droit. — L'esprit public en Italie. — Naples............. 172

Lettre LXXVI. — *Au même.* — Naples et le Capitole.... 174

1861

Lettre LXXVII. — *Au même.* — Le comte de Cavour et le Mazzinisme. — M. Rattazzi. — Jugement sur Garibaldi.... 175

Lettre LXXVIII. — *Au même.* — Avenir de l'Italie. — Pie IX. M. d'Azeglio et « Rome capitale. » — Publication des *Questioni urgenti*..................... 177

Lettre LXXIX. — *Au même.* — Le *Capitole* et le Mazzinisme. — Rome et Solferino. — Question de la Capitale pour l'Italie. — La Centralisation dans la Péninsule........ 179

Lettre LXXX. — *Au même.* — Florence, siége du gouvernement. — Cavour et Azeglio. — Le comte de Cavour lui-même ne veut pas aller à Rome............... 183

Lettre LXXXI. — *Au même.* — Les Italiens et les catholiques étrangers. — Garibaldi. — Véritables vues du comte de Cavour...................... 188

Lettre LXXXII. — *Au même.* — « Rome capitale » opinion factice et non générale................ 190

Lettre LXXXIII. — *Au même.* — Lettres de M. de Montalembert à M. de Cavour. — Le gouvernement Piémontais et Mazzini........................ 191

Lettre LXXXIV. — *Au même.* — Attaque de M. de Montalembert contre M. d'Azeglio. — Réponse........... 192

Lettre LXXXV. — *Au même.* — M. d'Azeglio dans la polémique religieuse..................... 195

Lettre LXXXVI. — *Au même.* — Mort du comte de Cavour. — Rôle de cet homme d'État. — Situation politique de M. d'Azeglio................. 196

Lettre LXXXVII. — *Au même.* — Brochure de M. Cernuschi. — Discours de M. Ricasoli............. 198

Lettre LXXXVIII. — *Au même.* — L'Italie méridionale et M. de Cavour. — M. Ricasoli............ 201

Lettre LXXXIX. — *Au même.* — Publication dans la *Patrie* d'une lettre de M. d'Azeglio à M. Matteucci. — Naples. . . 203

Lettre XC. — *Au même.* — Explications de M. d'Azeglio. — — Rome et Mazzini. — Situation qui doit être assurée au Pape. — Rome, ville libre, à la fois Pontificale et Italienne. — Le comte de Cavour n'avait pas la pensée d'aller à Rome. 205

Lettre XCI. — *Au même.* — Entente entre l'Italie et la France au sujet de Rome. — Première pensée de la Convention du 15 septembre 1864. — Caractère de M. Ricasoli. — M. de Cavour et le mazzinisme. — Affaiblissement de la *Romomanie*. — Encore M. Ricasoli. — Son homélie au Pape........ 208

Lettre XCII. — *Au même.* — M. Rattazzi............ 210

1862

Lettre XCIII. — *Au même.* — Le collège international. — M. Rattazzi.................... 211

Lettre XCIV. — *Au même.* — Les démonstrations. — L'illustre exilé..................... 212

Lettre XCV. — *Au même.* — Le ministère Rattazzi. — Discussion de l'Adresse dans les chambres françaises. — Mazzini. — Discours de M. de la Guéronnière, — de M. Bonjean. — Le prince Napoléon. — Le Pape et l'indépendance nationale. — La sincérité dans la polémique............ 214

Lettre XCVI. — *Au même.* — L'avenir du gouvernement temporel; souveraineté nominale. — L'Empereur et la question romaine. — Garibaldi et le baron Ricasoli........ 218

Lettre XCVII. — *Au même.* — Le marquis Gino Capponi : le Pape règne sans gouverner. — Le *mal* du Capitole..... 219

TABLE DES MATIÈRES.

Lettre XCVIII. — *Au même*. — La marquise Alfieri d'Azeglio. — M. Durando. — La question romaine. — Affaires de Naples. 221

Lettre XCIX. — *Au même*. — La Rome d'autrefois. 223

Lettre C. — *Au même*. — Le caractère chez les individus et dans les peuples. — L'enseignement international et la politique. — L'unité de l'Italie et les libéraux. — Garibaldi. . 224

Lettre CI. — *Au même*. — La manifestation des évêques à Rome. 227

Lettre CII. — *Au même*. — La carte à payer. — L'Italie se fera. 228

Lettre CIII. — *Au même*. — Le journal *la France*. — Exposé de la question de « Rome capitale. ». 229

Lettre CIV. — *Au même*. — Le chevalier Torelli. 233

Lettre CV et CVI. — *Au même*. — Encore *la France*. — M. Rattazzi, ministre. 233, 234

Lettre CVII. — *Au même*. — Projet de brochure-lettre. — La question Garibaldi. 236

Lettre CVIII. — *Au même*. — Aspromonte. — Garibaldi et sa réputation. 238

Lettre CIX. — *Au même*. — Nécessité d'une entente entre les gouvernements italien et français sur le terrain de la question romaine. — Agitation factice en Italie. — Brochure de M. Piétri. — Son discours au Sénat. 240

Lettre CX. — *Au même*. — Le plan de M. de la Guéronnière dans sa brochure : *l'Abandon de Rome*. — Naples appartient à qui la prend. — L'Italie ne peut plus être divisée. — L'unité de l'Italie est-elle un danger pour la France ? — Les Italiens désirent-ils Rome pour capitale. 242

Lettre CXI. — *Au même*. — Mort du P. Tapparelli d'Azeglio, frère de Massimo. 246

Lettre CXII. — *Au même*. — Situation politique de M. d'Azeglio. 248

Lettre CXIII. — *Au même*. — *La France*. — Le ministère italien. — Affaires de Naples. — Ouvrage de M. Chiala. — Mot de M. d'Azeglio sur lui-même. 250

LETTRES CXIV et CXV. — *Au même.* — M. Farini, président du Conseil. — Les hommes du sacrifice : M. de Collegno... 252

1863

LETTRE CXVI. — *Au même.* — Mort du marquis Robert d'Azeglio.......... 254

LETTRE CXVII. — A MADAME EUGÈNE RENDU. — Envoi d'une vue de Cannero........... 255

LETTRE CXVIII. — A M. EUGÈNE RENDU. — Brochure : *la Souveraineté pontificale et l'Italie.* — Polémique avec M. de Montalembert. — M. d'Azeglio et la *Revue des Deux-Mondes*... 256

LETTRE CXIX. — *Au même.* — Les Réformes à Rome. — L'Empereur et sa lettre du 20 mai 1862. — Comment les gouvernements français et italien peuvent et doivent s'unir dans la question de Rome. — Transformation indispensable du gouvernement pontifical. — Le ministère italien....... 259

LETTRE CXX. — *Au même.* — Brochure de M. Jacini...... 264

LETTRE CXXI. — *Au même.* — *Mémoires* de M. d'Azeglio... 265

LETTRE CXXII. — *Au même.* — Réponse de l'article de la *Revue des Deux-Mondes.* — L'Angleterre et l'Italie. — Le marquis Gino Capponi. — Sa lettre sur l'unité de l'Italie....... 267

LETTRE CXXIII. — *Au même.* — L'Église et le gouvernement italien............. 269

LETTRE CXXIV. — *Au même.* — Vues de M. d'Azeglio sur l'unité. — Ses *Mémoires*............ 271

LETTRE CXXV. — *Au même.* — Opinion du marquis Gino Capponi. — M. Minghetti, successeur de M. Farini....... 272

LETTRE CXXVI. — *Au même.* — Les *Débats* et le *Constitutionnel.* — M. Pasolini............. 273

LETTRE CXXVII. — *Au même.* — Affaires de Naples..... 274

LETTRE CXXVIII. — *Au même.* — Le catholicisme italien. — Lettre de Manzoni............ 275

LETTRE CXXIX. — *Au même.* — Cartes photographiques de M. d'Azeglio. — Les trois poses. — La Pologne et une guerre européenne............. 277

Lettres CXXX et CXXXI. — *Au même.* — Voyage à Évian. — Les projets.................. 278

Lettre CXXXII. — *Au même.* — M. Renan. — La brochure de l'abbé Freppel................ 280

Lettre CXXXIII. — *Au même.* — Discours de l'Empereur. — Proposition d'un Congrès. — Napoléon Ier et Napoléon III. . 281

1864

Lettre CXXXIV. — *Au même.* — La question politique et la question sociale. — Les rédempteurs du genre humain. — L'Allemagne et l'Italie............... 283

Lettre CXXXV. — *Au même.* — Mort d'Ambroise Rendu. — Le sommeil des nations................ 284

Lettre CXXXVI. — *Au même.* — La Convention du 15 septembre. — Émeutes à Turin. — M. d'Azeglio parrain de la Convention. — Sa situation politique. — *Fo parte da me.*. 285

Lettre CXXXVII. — *Au même.* — M. Cousin et M. Thiers. — Opinion de M. d'Azeglio sur la Convention. — Lettre de Mgr l'évêque de Poitiers à M. le duc de Persigny........ 292

Lettre CXXXVIII. — *Au même.* — Toujours le « Capitole. » — La souveraineté honorifique. — « Trop! et trop peu! » — Discours de M. Visconti-Venosta........... 296

Lettre CXXXIX. — *Au même.* — M. d'Azeglio annonce l'intention de prendre la parole, au Sénat, dans la discussion sur la Convention de septembre.............. 299

Lettre CXL. — A Madame Eugène Rendu. — Attacher le grelot. — Température morale............ 300

Lettre CXLI. — A M. Eugène Rendu — Discours de M. d'Azeglio. — Son succès................ 301

Lettre CXLII. — *Au même.* — Vote du Sénat........ 307

1865

Lettre CXLIII. — *Au même.* — M. Cousin et l'Encyclique. — La politique du Christianisme. — Les Papes et l'histoire. — Mot de M. Pasolini à propos de la Convention....... 311

LETTRE CXLIV. — *Au même.* — La discussion au Sénat français. — Le privilége d'être pendu.. 313

LETTRE CXLV. — *Au même.* — *Lettre de Rome* de M. le duc de Persigny. — M. Veuillot.. 315

LETTRE CXLVI. — *Au même.* — Les élections du parlement. — Brochure de M. d'Azeglio : *Agli elettori.* 317

LETTRE CXLVII. — *Au même.* — Le faux héroïsme et les pillards. — Sentiments de reconnaissance de M. d'Azeglio pour la France et pour l'Empereur. 319

LETTRE CXLVIII. — *Au même.* — La nouvelle Chambre. — Rome. — Échéance de la Convention de septembre.. 321

NOTES

NOTE I. — Sur l'encyclique du 29 avril 1848. — Lettre du Pape à l'Empereur d'Autriche ; — Lettre du cardinal Antonelli à M. Farini. 325

NOTE II. — Extrait de l'ouvrage de M. d'Azeglio : *la Politique et le Droit chrétien.* 340

NOTE III. — Avant-propos du même ouvrage. 349

NOTE IV. — L'Autriche dans la Confédération italienne. . . . 353

NOTE V. — Origines historiques de l'idée de la Confédération. 369

NOTE VI. — Extrait de la brochure *Napoléon III et l'Italie*.. . 393

FIN DE LA TABLE DES MATIÈRES.

Paris. — Typographie de P.-A. BOURDIER et Cⁱᵉ, rue des Poitevins, 6.

NOUVELLE COLLECTION DES MÉMOIRES RELATIFS A L'HISTOIRE DE FRANCE
Par MM. Michaud et Poujoulat,
Avec la collaboration de MM. Champollion, Bazin, Moreau, etc.

34 volumes grand in-8 jésus à 2 col., illustrés de plus de 400 portraits sur acier. Prix: 390 fr.

TOME I.
G. DE VILLEHARDOUIN. — H. DE VALENCIENNES. P. SARRAZIN. — SIRE DE JOINVILLE. — Sur le règne de saint Louis et les Croisades (1198-1270).
DU GUESCLIN. — Mémoires (13...-1380).
CHRISTINE DE PISAN — Le Livre des faits, etc., du roi Charles V (1336-1372).

TOME II.
CH. DE PISAN.—Le Livre des faits, 2e part.(1378-1380).
EXTRAITS DES CHRONIQUEURS, sur les règnes de Philippe le Hardi, etc., jusqu'à Jean II.
JEAN LE MAINGRE dit BOUCICAUT (1368-1421).
J. DE URSINS (1380-1422). — P. DE FENIN (1407-1427).
ANONYME. — Journal d'un bourgeois de Paris sous Charles VI (1409-1422).

TOME III.
MÉMOIRES sur Jeanne d'Arc (1422-1429).
G. GRUEL. — Hist. d'Artus de Richemont (1413-1457).
ANONYME. — Journal d'un bourgeois de Paris sous Charles VII (1422-1449).
O. DE LA MARCHE. — J. DU CLERCQ (1435-1489).

TOME IV.
PH. DE COMINES. — Mém. (1464-1498).
JEAN DE TROYES. — Chronique (1460-1483).
G. DE VILLENEUVE. — Mém. (1494-1497).
J. BOUCHET — Panég. de la Trémoille (1460-1525).
LE LOYAL SERVITEUR. — Hist. du bon chevalier Bayard (1476-1524).

TOME V.
LA MARK, seign. de Fleurange. — Hist. des règnes de Louis XII et de François Ier (1499-1521).
LOUISE DE SAVOIE. — Journal (1476-1522).
MARTIN et G. DU BELLAY. — Mém. (1513-1547).

TOME VI.
F. DE LORRAINE, duc de Guise. — Mém. (1547-1561).
L. DE BOURBON, prince de Condé (1559-1564).
A. DU PUGET. — Mémoires (1561-1596).

TOME VII.
B. DE MONTLUC. — FR. DE RABUTIN. — Commentaires (1521-1574).

TOME VIII.
SAULX-TAVANNES. — Mémoires (1515-1595).
SALIGNAC. — Le siège de Metz (1552).
COLIGNY. — Le siège de S.-Quentin (1557).
LA CHASTRE. — Mémoires du duc de Guise en Italie, etc. (1556-1557).
ROCHECHOUART. — ACH. GAMON. — J. PHILIPPI. — Mémoires (1497-1590).

TOME IX.
VIEILLEVILLE. — Mém. (1527-1571). — CASTELNAU. (1559-1570).—J. DE MERGEY (1534-1589).—FR. DE LA NOUE (1562-1570).

TOME X.
B. DU VILLARS. — Mém. (1559-1569). — MARG. DE VALOIS. (1569-1582). — PH. DE CHEVERNY (1553-1582).—PH. HURAULT, év. de Chartres.(1599-1601).

TOME XI.
DUC DE BOUILLON. — Mém. (1555-1586). — CH. DUC D'ANGOULÊME (1589-1593).—DE VILLEROY. Mém. d'État (1581-1594).— J.-A. DE THOU (1553-1601).
J. CHOISNIN. — Mém. sur l'élection du roi de Pologne (1571-1573).
J. GILLOT, L. BOURGEOIS, DUBOIS. — Relations touchant la régence de Marie de Médicis, etc.
MATH. MERLE et S.-AUBAN. — Mém. sur les guerres de religion (1572-1587).
M. DE MARILLAC et CLAUDE GROULART. — Mém. et voyages à la cour (1588-1600).

TOMES XII-XIII.
P. — Chronol. novenaire (1589-.
P. septenaire, etc. (1598-1604).

TOMES XIV-XV.
P. DE L'ESTOILE. — Registre-journal d'un curieux, etc. (1574-1589), publié d'après le manuscrit autographe presque entièrement inédit, par MM. Champollion. — Mém. et journal (1589-1611.)

TOMES XVI-XVII.
SULLY. — Mém. des sages et royales œconomies d'Estat, etc. (1570-1628).
MARGAULT, secrétaire de Duplessis-Mornay. — Remarques inédites sur les Mémoires de Sully.

TOME XVIII.
JEANNIN. — Négociations (1598-1609).

TOME XIX.
FONTENAY-MAREUIL (1609-1647). PONTCHARTRAIN Mém. (1610-1620). — M. DE MARILLAC. — Relation exacte de la mort du maréchal d'Ancre. — ROHAN. Mém. sur la guerre de la Valteline, etc. (1610-1629).

TOME XX.
BASSOMPIERRE (1597-1610). D'ESTRÉES (1610-1617). TH. DU FOSSÉ — Mémoires de Pontis (1597-1652).

TOMES XXI-XXII.
CARDINAL DE RICHELIEU. — Mémoires (1600-1635).

TOMES XXIII.
C. DE RICHELIEU. — Mém. et Testam. (1633-1658)
ARNAULD D'ANDILLY — Mém. (1610-1636).
ABBÉ ANT. ARNAULD (1634-1675).
GASTON, duc d'Orléans (1608-1636).
DUCHESSE DE NEMOURS. — Mémoires.

TOME XXIV.
Mme DE MOTTEVILLE. — LE P. BERTHOD (1615-1668).

TOME XXV.
CARD. DE RETZ. — Mémoires (1648-1679).

TOME XXVI.
GUY JOLY. — Mém. (1648-1665). CL. JOLY. — Mém. (1630-1655). — P. LENET. — Mém. (1627-1659).

TOME XXVII.
BRIENNE (1615-1661). — MONTRÉSOR (1632-1637).
FONTRAILLES. — Relation de la cour, pendant la faveur de M. de Cinq-Mars (1641).
LA CHATRE. — Mém. (1642-1643). — TURENNE. Mém. (1643-1659). — DUC D'YORK. Mém. (1652-1659).

TOME XXVIII.
Mlle DE MONTPENSIER. — Mémoires (1627-1686).
V. CONRART. — Mém.. (1652-1661).

TOME XXIX.
MONTGLAT. — Mém. sur la guerre entre la France et la maison d'Autriche (1635-1660).
LA ROCHEFOUCAULD. — Mém. (1630-1652).
GOURVILLE. — Mémoires (1642-1698).

TOME XXX.
O. TALON.— Mém. (1630-1653). — CHOISY (1644-1724)

TOME XXXI.
HENRI, duc de Guise. — Mém. (1647-1648). — GRAMONT. — Mém. (1604-1677). — GUICHE. — Relation du passage du Rhin. — DU PLESSIS. — Mém. (1622-1671). M. DE *** (de Brégy). — Mém. (1613-1690).

TOME XXXII.
LA PORTE. — Mém. (1624-1666).
CHEVALIER TEMPLE. — Mém. (1672-1679).
Mme DE LA FAYETTE. — Hist. de Mme Henriette d'Angleterre. — Mém. de la cour de France (1688-1689).
LA FARE.—Mém. (1661-1693).—BERWICK.—Mém. (1670-1734). — CAYLUS. — Souvenirs. — TORCY. — Mém. p. servir à l'hist. des négociat. (1697-1713)

TOME XXXIII.
VILLARS.—Mém. (1672-1734).—FORBIN (1677-1710). — DUGUAY-TROUIN. — Mémoires (1689-1710).

TOME XXXIV.
DUC DE NOAILLES. — Mém. (1663-1756). — DUCLOS. — Mém. secrets, etc. (1713-1725).
Mme DE STAAL-DELAUNAY. — Mémoires.

www.ingramcontent.com/pod-product-compliance
Lightning Source LLC
Chambersburg PA
CBHW070538230426
43665CB00014B/1733